KB194395

문화분단

남한의 개인주의와 북한의 집단주의

이 책은 2009년 정부(교육과학기술부)의 재원으로 한국연구재단의 지원을 받아
제작되었습니다.(NRF-2009-361-A00008)

문화분단 -남한의 개인주의와 북한의 집단주의-

초판 1쇄 발행   2012년 3월 31일

편   자 | 건국대학교 통일인문학연구단
발행인 | 윤관백
발행처 | 선인

편   집 | 이경남 · 김민희 · 소성순
표   지 | 안수진
영   업 | 이주하

인   쇄 | 대덕인쇄
제   본 | 광신제책

등록 | 제5-77호(1998.11.4)
주소 | 서울시 마포구 마포동 324-1 곳마루 B/D 1층
전화 | 02)718-6252 / 6257   팩스 | 02)718-6253
E-mail | sunin72@chol.com
Homepage | www.suninbook.com

정가 20,000원
ISBN   978-89-5933-159-8(세트)
ISBN   978-89-5933-522-0 94900

· 잘못된 책은 바꿔 드립니다.

문화분단

남한의 개인주의와 북한의 집단주의

건국대학교 통일인문학연구단 엮음

선인

발간사

　분단된 한반도의 현실에서 통일에 대한 새로운 패러다임을 찾겠다는 취지로
'통일인문학' 연구는 시작되었습니다. 기존의 다양한 통일 담론이 체제 문제나
정치·경제적 통합을 전제로 진행되는 가운데 시류에 따라 부침을 거듭하는 것
이 현실입니다. 통일인문학은 사회과학 차원의 통일 논의가 관념적이면서도 정
치적인 한계를 가지고 있다고 진단하고, 사람 중심의 인문정신을 바탕으로 한
반도의 통일문제를 진단하고 그 해법을 찾고자 하는 새로운 학문영역입니다.

　사람을 중심에 둔 통일 논의는 기존의 통일 담론에서 크게 확대된 개념으로
이해할 수 있습니다. 즉 지리적으로도 한반도에 국한되지 않고 코리언 디아스
포라를 모두 포괄하는 것으로, 남과 북의 주민은 물론이고 전 세계에 산재한
약 800여만 명의 코리언을 아우릅니다. 나아가 '결과로서의 통일'에만 역점을
두고 연구 사업을 진행하는 데 그치지 않고 '과정으로서의 통일'까지도 목표로
삼고 있습니다. 따라서 통일이 이루어지는 시점은 물론 통일 이후의 사회 통합
과정에서 반드시 풀어가야 할 사람간의 통합을 지향합니다.

　이에 통일인문학은 '소통·치유·통합'을 주요 방법론으로 제시합니다. 인문

정신에 입각하여 사람 사이는 물론 사회계층 간의 소통을 일차적인 방안으로 삼습니다. 이러한 소통은 상대와 나와의 차이를 인정하면서 그 가운데 내재하는 공통의 요소들을 탐색하고 이를 적극적으로 활용하는 가운데 가능한 것입니다. 그를 위해 분단 이후 지속적이면서 현재까지 거듭 생산되고 있는 분단 트라우마의 실체를 파악하고, 이를 치유하기 위한 방안들을 모색하는 것입니다. 우선 서로에게 정신적·육체적으로 씻을 수 없는 상처를 가한 분단의 역사에 잠재 되어 있는 분단서사를 양지로 끌어 올리고 진단하여 해법으로 향하는 통합서사를 제시함으로써 개개인의 갈등요인이 되고 있는 분단 트라우마를 치유하고자 합니다. 그리고 우리 사회 전반에 자리 잡은 체제나 이념의 통합과 우리 실제 삶속에서 일어나고 가라앉는 사상·정서·생활 속의 공통성과 차이성 간의 조율을 통하여 삶으로부터의 통합이 사회통합으로 확산될 수 있기를 기대합니다.

이러한 취지에 따라 통일인문학은 철학을 기반으로 한 사상이념, 문학을 기반으로 한 정서문예, 역사와 문화콘텐츠를 기반으로 한 생활문화 세 가지 축을 기준으로 삶으로부터의 통합과 사회통합으로의 확산이라는 문제를 풀어가는 데 연구역량을 기울이고 있습니다. 그리고 이렇게 인문정신을 바탕으로 연구 생산한 성과들이 학계와 대중에게 널리 홍보되어 후속연구의 발판이 되고 사회적 반향으로 이어지기를 기대합니다. 그와 관련된 노력은 우선 국내외의 통일 관련 석학들과의 만남을 통하여 선행연구의 흐름을 파악하거나, 한반도의 통일 문제를 연구 화두로 삼고 있는 학자나 전문가들과의 학술심포지엄을 정기적으로 개최하는 등의 활동에서 이루어지기도 합니다. 그와 함께 분단 트라우마 진단을 위한 구술조사도 지속적으로 행하고 있으며, 통일인문학의 대중화를 위한 시민강좌나 교육프로그램 개발은 물론이고, 통일콘텐츠 연구개발 사업 등 다양한 방면의 모색과 실천을 거듭하고 있습니다.

그리고 이러한 다양한 활동과 사업의 성과들은 출판물로 외현되어 학계와 대중들이 적극 공유할 수 있는 장으로 옮겨집니다. 본 연구단에서 특히 출간기획에 주력한 것은 『통일인문학총서』 시리즈입니다. 현재 『통일인문학총서』 시리즈는 모두 네 개의 영역별로 분류되어 출간중입니다. 첫째, 본 연구단의 학술연구과정의 성과들을 주제별로 묶은 『통일인문학 연구총서』, 둘째, 분단과 통일 관련 구술조사 내용을 구술현장의 묘미를 잘 살려 정리한 『통일인문학 구술총서』, 북한연구 관련 자료와 콘텐츠들을 정리하고 해제·주해한 『통일인문학 아카이브총서』, 남북한 연구에 도움을 줄 수 있는 희귀 자료들을 현대어로 풀어낸 『통일인문학 번역총서』 등이 그것입니다.

통일인문학의 정립과 발전을 사명으로 알고 열의를 다하는 연구단의 교수와 연구교수, 연구원들께 고마움을 전합니다. 아울러 연구 사업에 기꺼이 참여해주시는 통일 관련 국내외 석학·전문가·학자들께도 심심한 감사를 드립니다. 그리고 무엇보다 자신의 소중한 체험과 기억을 구술해주신 분들께도 머리 숙여 고마움을 표합니다. 마지막으로 통일인문학의 취지를 백분 이해하시고 흔쾌히 출판을 맡아주신 출판사 관계자분들께도 감사드립니다.

사람의 통일, 인문정신을 통한 통일을 지향하며
건국대학교 통일인문학연구단장 김성민

문화통일의 봄을 기다리며

남북이 행동원리로 채택하고 있는 것은 합리적 사고가 아니라 특정한 믿음의 체계를 가진 신체화된 성향체계, 곧 분단의 아비투스입니다. 분단의 아비투스는 분단의 적대성과 상처가 낳은 특정한 성향이자 믿음의 체계로서 무의식적으로 내면화되어 남한과 북한 주민들의 생활세계와 생활문화 속에서 작동하고 있습니다. 그런 의미에서 남북의 분단은 영토의 분단일 뿐 아니라 몸과 마음의 분단, 문화의 분단입니다.

그간 정치경제와 제도 중심의 통일담론은 분단체제가 사람들의 몸에 남긴 흔적과 상처들, 그리고 분단체제가 우리의 몸과 마음에 심어 놓은 가치, 정서, 생활양식들에 천착하지 못하였습니다. 인문학적 접근방식이라고 하더라도 주로 통일에 대한 관점과 가치와 이념을 분석하는 데 집중했으며, 분단이 사람들의 신체와 심성에 끼친 영향을 연구의 중심에 두지는 못하였습니다. 건국대학교 통일인문학연구단은 이러한 문제의식을 가지고 분단의 아비투스와 생활문화를 주제로 연구를 진행해왔고, 그러한 연구의 결실로 이 책『문화분단 : 남한의 개인주의와 북한의 집단주의』를 엮어내게 되었습니다.

이 책에서 필자들은 1950~60년대 남북한의 사회문화적 변화에 초점을 맞추어 남북한 주민들의 삶을 재조명하고자 하였습니다. 필자들은 주민들이 받아들인 미국과 소련의 모습, 개인주의와 집단주의로 대표되는 남북한의 생활양식, 남북한의 체제 대립이 낳은 산업화와 군사화, 억압적인 동원체제 속에서도 역동적으로 움직이는 주민들의 삶의 양상을 드러내고자 하였습니다.

이 책은 크게 두 부분으로 구성되어 있는데, 제1부는 미국과 남한이라는 주제 아래 남한에 미친 미국의 영향, 분단과 전쟁 이후 남한 주민의 문화적 변화상에 대한 연구 성과를 담았습니다.

먼저 오영숙은 「1950년대 남한의 코미디 영화와 미국주의의 이중성」에서 미국을 추종한 남한 주민들의 문화적 맥락을 코미디 영화를 통해 규명하고자 하였습니다. 그는 1950년대 문화풍경의 독특한 현상으로서 '미국주의'를 문제 삼고, 미국주의의 유통경로인 코미디 영화에 주목하였습니다. 그는 미국 영화를 모방한 코미디영화가 끌고 들어온 것이 미국의 물질주의와 퇴폐주의가 아니라 평등의식과 자유의지, 논쟁과 토론이었고, 그것이 키워낸 개인주의나 자유민주주의에 대한 열광이 4·19혁명을 가능케 한 원동력이었음을 논파하고 있습니다.

다음으로 김동춘은 「한국전쟁 직후 남한의 생활문화 : 전쟁, 분단의 아비투스」를 통해 전쟁의 아비투스가 전쟁 속에서 만들어져 전쟁체제를 지탱해주는 분단구조의 일부가 되었음을 강조하고, 전쟁과 분단의 아비투스를 담고 있는 구조물의 실체를 밝히고자 하였습니다. 그는 '생존'을 위해 선택한 권력에의 절대 복종과 순응이 정치적 무관심과 냉소주의를 낳았고, 전쟁과 국가폭력으로 인한 가족파괴를 극복하기 위한 시도가 '가족제일주의'라는 가족에 대한 뒤틀린 집착을 낳았으며, 억제된 계급갈등과 출세욕, 생존과 물질적인 성공에 대한 열망이 '교육'과 종교의 폭발로 나타났음을 밝혔습니다. 또한 이 세 가지 구조물이 긴밀한 연계고리를 형성하면서 전쟁과 분단의 아비투스로 작동하고 있음을 규명하였습니다.

정진아는 「1950~60년대 남한의 개인·사회·국가」에서 이승만·장면·박정희 정권을 거치면서 개인—사회—국가의 관계가 어떻게 정립되었는지 살펴보고자 하였습니다. 그는 이승만 정권이 일민주의를 통해 개인—민족—국가의 일체화를 꾀했으나 전쟁으로 이러한 시도가 좌절되었고, 장면 정권은 개인의 자유로운 활동과 시민사회의 발전을 바탕으로 개인과 사회가 국가와 길항관계를 형성하는 관계를 지향했으나 결국 사회개혁을 요구하는 개인과 사회의 요구를 수용하지 못하고 개인—사회와 긴장관계에 들어가면서 삼자의 안정된 관계 정립에 실패했다고 주장합니다. 그리고 결국 박정희 정권이 근로와 멸공의 대가로 경제적 이익을 제공하면서 "일하면서 싸우고, 싸우면서 일하는" '제3공화국형 인간형'을 주조하는 과정을 분석하였습니다.

이봉범은 「1960년대 검열체재와 민간검열기구」에서 1960년대 검열이 문학의 존재방식을 어떻게 통제하고 규정하였는지 그 양식과 작동원리를 밝히고자 하였습니다. 그는 박정희 정권이 뛰어난 검열 기예를 바탕으로 민간검열기구인 각종 윤리위원회의 자율적 검열을 확대하였고, 민간검열이 국가권력의 관제검열을 능가하는 수준으로 시행되어 국민의 언론과 사상의 자유를 옥죄었음을 규명하였습니다. 또한 검열이라는 지배와 이에 대한 저항의 상호 대결과정 속에서 사회문화 세력이 자기정체성을 확보하였고, 민간검열이 고도화됨에 따라 문화주체들 내부에서도 분열적 대립이라는 새로운 국면이 조성되고 있었음을 밝히고 있습니다.

김영미는 「평택 칠원 마을이 최우수 새마을이 된 사연」을 통해 사람들의 삶의 공간이 총체적으로 변화하는 근대화가 국가정책이라는 위로부터의 방식뿐 아니라 마을공동체와 민중들의 움직임이라는 아래로부터의 역동적인 변화를 통해 만들어지고 있었음을 드러내고자 하였습니다. 그가 주안점을 두었던 것은 민중들을 역사의 주체로서 우뚝 세우는 것이었습니다. 그는 새마을운동의 발상지인 평택 칠원 마을의 사례를 통해 소년단과 청년단이 추축이 되어 마을에 경제적·문화적 새바람을 일으키고, 그것이 마을행정 라인인 이장권의 개혁을 뒷받침하면서 마을행정 근대화를 이루고 자발적으로 새마을운동을 추진해나갔음을 밝히고 있습니다.

제2부는 소련과 북한이라는 주제 아래 북한이 수용한 소련문화와 분단과 전쟁 이후 북한 주민의 문화적 변화상을 '집단주의'라는 키워드로 풀어내고자 하였습니다.

정진아는 「북한이 수용한 '사회주의 쏘련'의 이미지」를 통해 북한에 사회주의를 건설하기 위해서 김일성 정권이 적극 수용하고 북한 주민이 내면화하였던 '사회주의 쏘련' 이미지의 실체에 접근하고자 하였습니다. 그는 열광적인 소련 문화 수용 붐 속에 북한정권이 수용하고자 하였던 '사회주의 쏘련' 이미지의 핵심이 당과 수령의 지도력과 사회주의적으로 무장한 인민의 굳건한 결합에 있었다고 주장합니다. 김일성 정권이 개인의 이익을 희생하고 스탈린의 영도를 따라 사회주의 건설에 일로 매진하는 소련 인민들의 모습을 김일성의 영도를 따라 전후재건과 사회주의 건설에 매진하는 북한 인민들의 모습으로 치환시키고자 하였음을 강조하고 있습니다.

김진환은 「조선노동당의 집단주의 생활문화 정착 시도」에서 집단주의 사상을 기반으로 한 집단주의적 행위를 인민대중의 지배적 생활문화로 정착시키려던 조선노동당의 시도를 면밀히 추적하고 있습니다. 그는 한국전쟁으로 인한 극심한 파괴가 북한 사회에 집단주의 생활문화가 조기 정착될 수 있는 조건이 되었다고 강조합니다. 또한 전후복구 방향을 둘러싼 권력집단 간 충돌에서 승리한 김일성 세력이 미국·남한에 대한 북한 주민들의 적개심을 활용해 북한 사회에 집단주의를 확산시켜나간 과정을 밝히고 있습니다.

전영선은 「북한 문예조직 형성과 문학의 주체화」에서 문예조직에 대해 별다른 정책이 없었던 남한과 달리 정권수립 초기부터 문화예술인들을 적극적으로 포섭해 조직화하였던 북한정권의 문예조직 형성과정이 갖는 의미를 밝히고자 하였습니다. '『응향』사건'에 주목한 그는 자유주의 성향을 가진 문인들이 배제 당하는 이 사건을 문단 정비과정의 출발점으로 평가하였습니다. 아울러 그는 8월종파사건과 갑산파 숙청 이후 혁명예술이 부각되면서 북한 문단이 주체문학예술일변도의 '체제문단'으로 자리 잡게 되었으며 유일사상체계 구축기에는 유일사상체계에 복무하기 위한 문학예술 창작 방법으로서 수령형상문학으로 경도되어, 결국 남북의 이념 갈등은 문화예술의 분단으로, 다시 감성체계의 분단으로 이어지고 있다고 주장하였습니다.

유임하는 「대중 동원과 문학의 무기화 : 1960년대 북한소설에 나타난 천리마운동과 국가 신화 만들기」에서 1960년대 북한소설의 특징인 "대중동원을 위한 문학의 무기화"라는 현상을 분석하고자 하였습니다. 그는 천리마운동 시기의 북한소설이 대중적인 영웅상을 부각시키는 데 주력하였고, 천리마운동을 다룬 작품들에서 제시된 청년세대와 대중영웅들은 북한의 모범적 인간상으로서 사회동원체제에 합당한 국가주의적 개인을 창출하는 데 기여했다고 주장합니다. 그는 또한 대중영웅들의 등장과 동시에 대두한 김일성의 절대화는 수령을 정점으로 한 동원체제의 등장을 알리며 사회성원을 교화하는 역할을 하였다고 강조하면서, 그 결과 북한사회는 근대의 자율주체가 아니라 사회주의 대가정의 일원이라는 봉건적 주체를 창출하면서 봉건적 질서를 구축해나갔음을 규명하였습니다.

이처럼 『문화분단 : 남한의 개인주의와 북한의 집단주의』의 필자들은 분단 이후 남북한 사회의 사회문화적 특징을 드러냄으로써 전쟁과 분단에 따른 체제 대결 의식이 얼마나 남북한 주민의 일상에 깊이 내면화되어 있는지, 그 구체적인 작동원리는 무엇인지를 규명하고자 하였습니다. 이 책이 분단과 전쟁의 아비투스를 완벽히 재현하지는 못했을지라도 남북의 행동원리와 사회문화적 습

속의 큰 줄기를 드러내는 데는 성공을 거두었다고 생각합니다. 부디 이 책이 남북의 문화통일에 한 걸음 다가서는 주춧돌이 되기를 고대해봅니다.

  끝으로 건국대학교 통일인문학연구단과 문제의식을 공유하고 집필의 과정에 함께 참여해주신 필자들께 이 자리를 빌어 깊은 감사의 말씀을 전합니다. 그리고 오랜 산고를 거쳐 이 책이 모습을 드러내기까지 연구를 독려해주신 건국대학교 통일인문학연구단의 김성민 단장님과 연구단 성원들, 원고가 완성될 때까지 묵묵히 기다려주시고 맵시 있는 책으로 만들어 주신 도서출판 선인의 식구들께도 감사의 말씀을 전하고 싶습니다.

2012년 3월
필자들을 대표하여 정진아 씀

문화분단

제1부

미국과 남한

1950년대 남한의 코미디 영화와
미국주의의 이중성

오영숙*

1. 머리말

1950년대 들어 가장 뚜렷한 문화적 현상 중 하나는 미국문화가 우리 사회
의 문화와 풍속에 막강한 영향력을 행사했다는 것이다. 이 시기에 남한사회
는 미국식 민주주의와 자본주의를 우리가 따라야 할 '보편성'으로 받아들이면
서 급속하게 미국화를 추구해가기 시작했다. 50년대라는 문화적 상황 속에서
미국이 차지하고 있는 위치가 그 이후의 변화를 압도할 정도로 컸던 만큼 그
에 대한 구체적인 해명이 요구되는 것은 당연한 일이다. 그 어느 시기보다 빠

* 성공회대학교 동아시아연구소 HK연구교수

르게 진행되었던 미국화를 정의할 적절한 어휘와 개념을 마련하는 일은, 50년대 사회와 문화를 정치하게 읽고자 하는 이들의 과제일 것이다. 이 글은 외견상 강력하게 미국화된 것처럼 보이는 1950년대의 문화풍경을 들여다보고 이 시기만의 독특한 문화현상이 궁극적으로 의미하는 것이 무엇이었는지 탐문하고자 한다.

1950년대 대중들을 매혹했던 미국은 대체 어떤 모습이었으며 왜 그토록 급속하게 미국화될 수 있었는가? '미국화'의 구체적인 내용은 무엇이며, 대중들이 미국에 대해 보여주었던 태도는 어떤 것이었고 미국화는 남한 대중의 문화경험에 어떤 변화를 초래하였는가? 이러한 질문에 답하는 것은 많은 어려움과 마주한다. 우선 미국이라는 말이 지시하고 있는 바의 애매함이 그러하다. 미국이라고 할 때 그 말이 지시하는 것은 미국적인 삶의 방식이나 태도처럼 '미국적인 것'이라 할 만한 것일 수도 있고, 다른 한편 그와는 다른 차원에서 정치·경제·외교 영역에서 미국이라는 국가의 정책이나 행동을 일컫는 말일 수도 있다. 미국 그 자체와 미국의 행동 간의 구별이 애매하며, 둘을 분리하는 것은 쉬운 일이 아니다.

게다가 미국이라는 존재는 서로 반대되는 것들이 함께 동거하는 모순적인 것이기도 하다. 미국주의라고 할 때 그것은 이상적이면서 동시에 물질적이고, 개인주의적이면서 동시에 체제 순응적이고, 무질서하면서 동시에 통제적이고, 여성에게 자유를 주면서도 동시에 여성을 가부장제 내부로 구속하는 사고를 포함한다. 쉽사리 화해하기 어려운 상반된 가치들이 미국주의라는 말 안에 내포되어 있는 형국이다. 흑인과 인디언을 제외하고는 대부분 자발적인 이민자들로 이루어진 '예외적인 국가'가 미국이다. 서로 다른 배경과 가치를 지닌 국민들을 통합해내고 자기동일성을 갖도록 만들려는 목적에서 마련된 신화가 미국주의였던 만큼, 미국주의라는 용어 속에 정반대되거나 상충되는 가치나 사고가 역설적으로 공존하고 있는 것은 놀라운 일이 아니다.

미국주의가 지니고 있는 이러한 복합성을 감안한다면, 한국현대사에서 남한의 사람들이 미국을 바라보는 시선 안에 다양한 입장과 생각들이 교차하고 있는 것은 당연한 일이라 하겠다. 이를테면 '미국적인 것'이라는 말은 그것이 제기된 시기나 논자들의 입장에 따라 가장 보편적인 선이라 할 민주주의 이념일 수도 있고, 풍요로운 자본주의 문명일 수도 있으며, 선진적인 여성해방이 될 수도 있다. 어떤 이들에게는 황금만능의 저속한 물질문화이거나 "대중들의 저급한 감정에만 '아필'하려는 폐단"에 불과한 상업주의[1]에 불과한 것, 민족문화를 해치는 저속한 외래문화이자 여성들을 풍기문란하게 만드는 퇴폐문화의 온상이기도 했을 것이다. 미국문화라는 말이 단순히 개별 국가의 문화를 지칭하는 것이 아니라면, 미국화에 대한 개념 규정은 이처럼 포괄적이고 모순적일 수밖에 없다.

1950년대가 사람들의 다종다양한 기대가 뒤섞여 있는 신생독립국의 출범기였음을 상기한다면 문제는 더욱 복잡해진다. 한 세대는 동일한 경험공간 속에서 살아가지만, 그 구성원들 각각이 간직하고 있는 인식의 지평은 천차만별이다. 게다가 50년대는 새로움을 향한 희망과 변화에 대한 두려움이 공존하는, 그 어느 때보다 복잡한 시기였다. 미국을 바라보는 시선 역시 세대와 성별에 따라, 혹은 지역과 이념에 따라 다르며 때론 서로 부딪칠 수밖에 없었을 터인데, 1950년대 남한의 미국경험의 장은 흡사 다양한 관심과 입장들이 조우하고 충돌하는 전쟁터처럼 보인다. 그러므로 50년대 문화의 전체성을 일방적으로 규정하거나 어떤 경향을 단순하게 특권화하려는 시도들은 실패하기 십상이다. 50년대의 문화적 경험을 자기 동일적인 모습으로 설명해내는 것은 말 그대로 희망일 뿐이다. 동시대의 조급한 의미화는 유혹적이지만, 50년대 문화를 명료하게 요약하려는 노력들은 그것에 대한 폭력적인 이름 붙이기의 차원에 그칠 위험이 있다. 자기 안에 너무나 많은 모순을 내재하고 있어서 어떤 이념이나 틀에 의해서도 결코 독점될 수 없는 복합성을 지닌다는 점이야말로 50년대적인 특수성이다. 그렇다면 우리에게 요청되는 것은 다채로운 실천들이 이루어졌던 50년대라는 시간대를 보다 구체적이고 정밀하게 조망하는 작업이다. 이 글은 50년대라는 시대의 전체상을 복원하는 것 아니라 새롭게 부상하는 의미있는 어느 국면에 대해 말하는 방식으로 위와 같은 어려움을 돌파하고자 한다.

1950년대 한국사회에 미친 미국의 영향에 대해서는 새로운 말을 첨가한다는 것이 불가능해 보일 정도로 많은 논의가 있다.[2] 영화와 노래를 비롯한 미국 대중문화가 수용되던 다양한 통로에 대한 논의에서부터 패션이나 헤어스타일의 유행과 같은 일상적 변화에 이르기까지 미국문화의 유입과 그 영향에 관한 연구는, 오랜 시기 동안 광범위하게 그리고 지속적으로 이루어졌다. 1950년대 사회문화에 가해진 다양하고 성실한 해석들은 이미 남한사회에서 미국문화의 압도적인 영향력을 충분히 강조해주었으며, 그런 연구들을 통해 1950년대 남한과 미국의 의미심장한 문화적 연계가 그 윤곽을 드러낼 수 있었던 것은 적잖은 성과이다.

그러나 다종다양한 그간의 논의들이 다시금 환기시키는 것은 미국의 영향과 위상을 규정적으로 논리화하는 작업이 결코 쉬운 일이 아니라는 사실이다. 더군다나 신생독립국으로서 새로이 출발하던 시기라는 점에서 미국화 현상은 단순한 모방이나 일방적인 영향의 주고받음으로 치부해버리기에는 예사롭지 않은 측면이 있다. 미국을 추종했다면 그러한 추종을 가능케 한 우리의 맥락은 무엇이었는지, 미국이 왜 그토록 문제적일 수밖에 없었는지를 대중들의 내면의 욕망에 의거하여 밝혀내는 일이야말로 요긴할 터인데 그러한 작업이 충분히 이루어졌다고는 말하기 어렵다. 그런 의미에서 1950년대의 한국과 미국의 관계라는 거대한 텍스트는 아직 그 전모를 노출하지 않았다. 따라서 이 시기의 문화경험은 여전히 거듭 논의될 수밖에 없다.

이 글에서 문제삼고자 하는 것은, 포괄적으로 다양한 의미를 가진 채 대중문화의 영역에서 모습을 드러내고 있는 미국화라는 현상이다. 특히 영화에서 나타나는 현상에 집중하고자 한다. 이는 일차적으로 영화가 1950년대의 다른 대중문화에 비해 그 사회의 집단적인 상상을 구체적으로 그리고 가장 역력하게 드러내는 매체일 수 있다는 판단에서이다. 대중의 욕망을 충족시키고 그 욕망 자체를 재생산하는 매체라는 점에서 영화는 무엇보다도 당대의 현실을 기반으로 형성될 수밖에 없고 어떤 방식으로든 시대의 흔적을 간직한다. 영화 현상에 집중하는 또 다른 이유는 미국화에 대한 평가를 선명하게 내려주는 지식인 중심의 사회담론들과 거리를 두고자 함이다. 베버와 하버마스가 말하였듯이 근대에 와서 문화영역은 각기 독자적인 논리를 따르는 가치영역으로 분화된다.3 영화는 여타의 영역들과는 차별적인 방식과 너비로 일상의 각 부분에 침투하였을 것이며, 그 시대를 기록하였던 엄중하고 명료한 사회담론과는 다른 방식의 목소리를 들려줄 수 있으리라 생각한다.

이 글이 코미디 영화에 주목하려 함4은 바로 이런 이유 때문이다. 식민지 시기부터 해방공간에 이르기까지 거의 모습을 드러내지 않았던 코미디 장르가 전후에 새로이 부상했다는 점은 그냥 지나치기 어려운 측면이 있다. 50년대의 사회적·문화적 변화가 코미디 영화를 통해 육화되는 과정과 그 형식의 의미와 시대적인 맥락을 미국문화의 유입이라는 측면에서 읽어내는 것이 우리의 일차적인 관심거리이다. 무대화된 웃음의 코드야말로 이 시기의 특수성을 보여주는 정서적 풍경이다. 50년대에 코미디 장르가 내거는 웃음과 경쾌함은 당대의 시대 흐름과 어떤 방식으로 조응하고 있었을까? 이를 해명하는 작업은 50년대 코미디 영화에서 반복적으로 드러나는 몇 가지 특징적인 장치들을 추출해내는 과정으로 구체화될 것이다. 이런 작업들을 통해, 50년대 사회문화적 지형 속에서 미국화 현상이 함축하고 있는 실천적인 의미를 도출해보는 것, 더 나아가서는 1950년대라는 시대가 가지고 있는 의미를 성찰해보는 것, 이것이 이 글의 궁극적인 관심사이다.

2. 코미디 장르의 관용과 미래지향성

1950년대 영화의 새로운 지평을 열어놓은 여러 지점들 중에 코미디가 돋보이는 데는 몇 가지 맥락이 있다. 당대의 풍속이나 생활방식에 대한 논평이 다른 장르에 비해 비중있게 등장한다는 점, 미국의 영향을 드러내는 적나라한 순간들을 다량으로 함유하고 있다는 점에서 그러하거니와, 무엇보다도 전시대에는 매우 희귀했던 코미디가 50년대에 본격적으로 등장했다는 사실 자체가 예사롭지 않다.

한국영화에 본격적으로 코미디가 제작되기 시작한 것은 50년대 중반의 일이다. 1956년에 제작, 개봉된 〈청춘쌍곡선〉(한형모 감독)을 가리켜 한국 최초의 희극영화라고 일컫는다거나[5] 1956년 12월에 대중에게 선보인 〈시집가는 날〉이 "우리나라에서 처음 보는 희극영화"라는 언급이 있는 것으로 보아,[6] 일제 강점기 몇 편의 코믹물과의 연속성과는 무관한 자리에서 50년대 중반에 코미디가 시작된 것으로 짐작된다. 극작가이자 영화평론가였던 오영진은 1955년에, 그간의 한국영화가 비극성에만 주력해온 것에 대해 비판하고 그로부터 탈피해야 함을 역설한 바 있다.

> 30년 동안 한국영화계는 '비극'만을 제작해 왔다. 그렇지 않으면 활극을—이 활극조차도 대부분의 작품이 억지로라도 그 끝을 비극으로 맺기가 일쑤이다. '한국사람은 비극을 좋아한다'는 누구의 정의인지 모를 이 그릇된 정의를 제작자들이 금과옥조로 수주(守株)해온 결과이라고 할 수밖에 없다…(중략)…식민지의 백성으로서 40년 그동안에 우리도 모르게 비극적인 민족성격이 생겨났겠지만 이와 동시에 낙천적인 체념과 신랄한 풍자의 '에스프리'와 반항의 정신도 자랐을 것이다. 그럼에도 불구하고 우리 영화계는 '비극'이라는 한 면에만 관심을 두었다.[7]

50년대 전반부까지 우리 영화계의 거개가 비극적인 감수성에서 벗어나지 못하였다는 오영진의 말이 과장일 수는 없다. 그만큼 웃음과 유머를 가동시킨 영화들이 희박했었기 때문이다. 왜 "우리 민족은 기쁠 때에도 종시 기뻐할 줄 모르는 그 찌푸린 얼굴의 주름살을 좀 펴지" 못하는지, 만일 우리에게 채플린의 영화처럼 웃음을 통해 가슴과 머리를 움직이게 만드는 작품이 존재했다면 "영화를 감상하는 관중들도 참말로 경쾌한 마음을 가"졌을 터인데 무슨 이유로 우리의 영화계는 그러한 영화를 만들어내지 못했는지를 한탄하는8 당대 어느 논객의 목소리도 비슷한 맥락에 놓여 있다.

그러나 코미디의 부재가 감독 개인의 자질 부족이나 남한 영화계의 전반적인 무능에서 기인한 것이 아님은 말할 나위도 없다. 웃음과 위안이 절실히 필요한 상황이면서도 진정한 의미의 웃음의 내용을 지닐 수 없었던 사정은 감독 개인의 역량 너머의 문제이다. 시대적인 상황이 그러했다는 것이다. 코미디의 부재는 영화제작자의 한계라기보다는 그 시대의 정서 일반이 지니고 있는 어떤 한계 때문이라고 말할 수 있다. 웃음의 정서를 육화시킬 수 있는 영화의 새로운 문법이 마련되기 위해서는 때를 더 기다려야 했다는 것인데, 그것이 1950년대 중반이 아닌가 싶다.

그런 의미에서 코미디 영화가 전후에 이르러 본격적으로 대두했다는 점은 이 시기 남한영화사의 특이성이자 이 시기가 전시대와 결별하고 있다는 증거이기도 하다. 도시소시민의 생활을 담아낸 〈결혼진단〉(이만흥 감독, 1954)을 필두로 하여 56년에 이르러서는 갑작스럽다고 느껴지리만치 이전 시대에 비해 현저하게 많은 수의 코미디가 제작되었다. 〈벼락감투〉(홍일명 감독, 1956)와 〈시집가는 날〉(이병일 감독, 1956), 〈서울의 휴일〉(이용민 감독, 1956), 〈청춘 쌍곡선〉(한형모 감독, 1956)이 모두 같은 해에 제작되었고 그 이후 코미디의 강세가 두드러진다. 〈인생차압〉(유현목 감독, 1958), 〈오부자〉(권영순 감독, 1958)와 같은 풍속희극에서부터 구봉서와 양훈·양석훈 콤비와 같은 악

극단 출신의 코미디언이 총출동하는 '통속희극'에 이르기까지 다양한 양식의 코미디 영화가 등장했다.

이러한 사정을 감안한다면 50년대 중반에 들어와 전면으로 등장하고 있는 코미디 영화는 이 시대가 전 시대와는 다른 방향으로 진행되고 있었음을 증명해주는 것이라 추론해볼 수 있다. 말하자면 남한의 영화사는 1950년대 중후반에 들어 다양한 방식의 코미디 영화들을 거느리게 된 셈인데, 그렇다면 이같은 현상은 어떻게 설명되고 이해되어야 하며, 또 50년대의 코미디는 어떤 모습으로 자신의 시대적 성격을 드러내고 있는가? 그리고 왜 하필 50년대이고 코미디였는가?

50년대의 코미디 속에는 미국영화를 모방한 흔적이 널려 있다. 우선 미국영화의 미장센을 모방한 세트와 의상들로 가득하다는 점에서 그러하다. 〈자유결혼〉의 주된 배경이 되는 박사의 집을 들여다보자. 자동차가 현관 앞까지 들어가는 규모가 큰 2층 벽돌집에 소파와 테이블이 놓여 있는 넓은 거실, 신발을 벗을 필요가 없는 서구식 바닥, 두툼한 카페트, 정원이 내려다보이는 넓은 테라스, 안락의자, 거실 뒤편의 2층으로 이어지는 우람한 계단, 페치카와 그 위에 놓인 자잘한 사진 액자들, 기하학적인 무늬 벽지, 벽을 장식한 그림들, 장식용 화분, 공간 곳곳에 놓여 있는 스탠드, 커튼과 라디오, 커피잔, 오르골, 뻐꾸기시계와 같은 자잘한 소품들에 이르기까지 이 공간은 미국 중산층의 전형적인 주택을 연상시킨다.

어디 공간뿐이겠는가. 여배우들은 할리우드 스타 못지않은 매무새로 등장하며 '맘보 스타일'이니 '헵번 스타일'이니 하는 말들이 영화 속에 직접 언급되기도 한다. 〈서울의 휴일〉 속의 신혼부부는 로스앤젤레스 필하모니의 야외연주회를 예약하고 클럽의 가수는 '자니기타'를 노래한다. 미대륙을 휩쓸던 맘보나 차차차 리듬은 이미 서울의 어느 골목, 중년 부부의 가정 내부까지 유입되었다. 젊은이들은 덕수궁이 내려다보이는 야외 카페에서 맥주를 마시며 맥주에 대한 찬사를 늘어놓는다. 영화마다 골프가 등장하지 않는 경우가 드물며 야구나 농구경기 역시 자주 목격된다. 인물들이 나누는 대화에 영어가 끼어들지 않는 경우는 거의 없어서, 예스, 엔조이, 플랜, 랑데부 스케줄, 휴매니티, 에고이스트와 같은 외국어들이 불쑥불쑥 튀어나온다. '미국식 스타일' 운운하는 자의식 섞인 말들이 등장하는 일도 빈번하다. 도도한 '오피스 걸', 자유분방한 '아프레 걸(apres-guerre)', 화려한 악단과 댄서, 미국문화에 심취한 청년, '레이디 퍼스트'를 외치는 미국 유학파, 물질만능주의를 외치는 사장 등등의 인물들은 당시 남한의 사회가 미국문화와 생활패턴의 유입에 고스란히 노출되어 있음을 상징적으로 보여주는 존재들이었다.

그러나 사정이 그렇다 하더라도 미국문화의 유입과 모방이라는 사실 자체만으로는 왜 하필 이 시기에 코미디가 양산되었는가에 대해 설득력 있는 설명을 제공해주지 않는다. 〈청춘쌍곡선〉의 경우 로맨틱 코미디의 형식에 뮤지컬을 결합시키는 그동안의 영화장르에서 쉽게 목격될 수 없는 장르적 조합을 기하고 있고, 〈서울의 휴일〉이라는 제목의 영화는 1955년에 국도극장에서 개봉되었던 할리우드 영화 〈로마의 휴일〉을 연상시키고 있으며 심지어 영화 속에 노골적으로 〈로마의 휴일〉을 언급하고 있기까지 하다. 그러나 이것은 어디까지나 외양의 차원에 불과하다. 〈서울의 휴일〉은 "국산영화의 특징인 궁상스러운 맛이 하나도 없"고 "모던 서울 탓취적인 가벼운 신선미"라는 장점을 가지고 있지만,[9] 이청기의 오리지널 시나리오를 토대로 제작된 영화였고, 서사가 담고 있는 내용 자체는 할리우드의 〈로마의 휴일〉과 무관했다.[10] 코미디는 미국영화에서 바로 튀어나온 듯한 미장센을 끌어오고 있지만, 이는 멜로드라마를 비롯하여 여타의 현대물에서라면 어렵지 않게 목격할 수 있는 풍경들이며 이러한 풍경들이 곧바로 코미디의 출현으로 연결되지는 않는다. 외양의 유사함 때문에 이 시기 코미디 영화의 출현이 미국영화의 직접적인 모방에 기인한 것이라고 말하기는 어렵다는 얘기다. 옷차림과 같은 것들이야

단순한 외관에 불과한 것이며, 문제의 본질은 그런 외관을 가능케 만드는 마음가짐이나 의식의 변화에 있을 것이다.

　미국영화는 남한의 영화 속 미장센과 같은 부분들에는 많은 영향을 미쳤음에 분명하지만, 코미디라는 장르의 부상 자체를 촉발하는 데 결정적인 역할을 했다고 말하기는 어렵다. 50년대의 코미디 영화들은 대개 "세태에 '어필'하는 흥행본위"의 영화, "세태풍속을 그린 영화"[11]로 받아들여지고 있었다. 내부의 미장센은 상당부분 미국영화에서 비롯된 것이되, 웃음을 유발하는 내용이나 정서 자체는 당대의 일상풍경과 비전에 기반하고 있었다고 할 수 있다. 남한의 코미디 영화는 다분히 남한 내 대중들의 현실적인 관심사와 정서 변화에서 양산된 것이라고 말하는 것이 옳을 듯싶다.

　코미디의 출현이 갖는 의미를 보다 정교화하기 위해 비극과 코미디의 차이를 언급하는 것도 유용하리라 생각된다. 주지의 사실이지만, 코미디와 비극은 매우 상이한 기능을 수행한다. 보편적인 경험에 바탕을 두고 악인이나 선인의 갈등을 즐겨 서사화하는 비극과는 달리, 코미디에서는 선악의 구분이 무의미하며 시대성이나 사회성이 문제가 된다. 비극이 격렬한 감정에 사로잡힌 특정한 순간 특정한 인간의 고통을 그리고 있다면, 코미디는 일상적인 생활현장에서 살아가고 있는 인간들의 성정을 그리고 있는 까닭이다. 비극이 인간의 능력으로는 어떻게 할 수 없는 운명적 힘과 마주하고 선 인간의 모습을 보여주는 것에 반해 코미디가 다루는 갈등은 인간이 극복하기 어려운 불가항력적인 어떤 것이 아니다. 인물들은 각기 다른 가치들을 추구하는 까닭에 서로 갈등할 수 있지만, 그러한 갈등들은 대개 타협이나 이해를 통해 쉽사리 극복될 수 있는 것들이다.

　요컨대 코미디는 서로 다른 가치들이 대결하고 갈등을 일으키지만, 어느한 가치가 일방적으로 승리하기보다는 다른 쪽 가치를 대변하는 인물까지도 관용하면서 이상적인 조화를 성취하는 장르이다. 문제가 발생한다 해도 그것을 실현하려는 의지만 있다면 충분히 극복할 수 있는 것으로 제시된다. 코미디적 세계 인식의 밑바탕에 자리하는 것은, 삶의 현실에서 직면하게 되는 어떤 장애이든 간에 인간의 능력으로 극복할 수 있다는 확신이다.[12] 코미디가 보여주고 있는 이런 감수성을 취함으로써 남한의 영화는 앞 시대의 경우와 선명하게 구분되는 것으로 보인다. 무엇보다 코미디 영화에는 회복 불가능할 정도로 치명적인 과거의 상처가 없고, 갈등이 있다 하더라도 근본적으로는 낙관적이다. 슬픔과 고통, 노스탤지어를 표현하는 과거지향적 장치인 비극에 비해, 코미디는 실제 세계의 문제와 오해들을 협상하는 법을 가르치는 관용적이고 현재지향적이며 미래지향적인 장르이다.[13]

사정이 이러하다면 50년대 영화가 현실을 대면하는 방식을 논함에 있어서 코미디를 문제 삼는 것이 결코 새삼스러운 일일 수는 없다. 무대화된 웃음이야말로 이전 시대에는 쉽게 발견할 수 없었던, 50년대에 새로이 회복된 정서적 풍경을 이룬다. "유머와 익살은 문화적 성숙의 표지이고, 냉소주의의 미덕은 타자에 대한 관대함"[14]이라고 했다. 1950년대의 코미디는, 긴 식민지 기간과 전쟁으로 인해 받았던 상처를 웃음으로 다스리고, 서로의 차이에 대해 열린 시각으로 바라보고자 했던, 새로운 시대에 임하여 미래지향적인 갱신을 꾀하고자 했던 대중들의 마음의 풍경으로 읽힐 수 있는 가능성을 얻는다.

3. 자본제적 일상과 세속성

전후의 50년대는 전시대에 비해 이념의 무게로부터 상대적으로 자유로웠던 시대였다. 비록 반공주의의 그늘이 드리워져 있긴 했으나 대중들이 실감하는 이념에의 압박은 현저히 적었다. 해방 공간까지 강력한 시대정신으로 존재했던 민족주의는 50년대에 접어들면서 현저히 약화되었고[15] 심지어 이승

만 정권이 '민족'이라는 말을 불온시하기까지 했던 상황이었다.[16] 민족주의를
대신하여 자유민주주의가 1950년대 한국사회를 지배한 정신적 주조가 되었
지만, 당시 미국이 전파한 민주주의 개념은 다분히 '비정치화'된 형태로 유입
되었다. 민주주의는 이념이기보다는 문화나 생활과 관련된 것, "특정의 지배
질서나 정치체제가 아니라 특정의, 즉 미국식 생활태도나 문화, 관습 등으로
전치되어" 대중들에게 전해졌다고 할 수 있다.[17]

　이념에 대한 강박이 사라졌을 때 남는 것은 개인의 사적인 생활에 대한 감
각이다. 이념의 권위가 나 자신에게 부과한 행위 법칙에 복종하는 것이 아니
라 자유롭게 내가 나 자신에게 부과한 법칙을 따르는 것을 자율성이라 한다
면, 이러한 개인의 자율성이 현대적인 것처럼 의식되기 시작한 때가 50년대
였으며, 사적 영역은 그것이 실현될 수 있는 장으로서 부각되고 있었다. 50년
대에 급격하게 이루어진 도시화는 애정 교류와 내밀성을 위한 최우선적인 공
간인 사적 영역으로서 가정이라는 공간의 부상을 유도했고, 덕분에 일상생활
에 대한 다양한 관심을 유발시켰다. 개별적 자아실현을 추구할 수 있도록 추
진하는 힘이 바로 사생활, 일상생활의 제 조건들 속에 있는 것처럼 일반 대중
들이 생각하게 되었다고 할 수 있다.

　해방 공간의 영화들은 다분히 민족주의의 산물이었고, 민족수난 시기를 재
현하는 것 그 자체만으로도 충분히 뜨거운 관심의 대상일 수 있었다. 이에 반
해 50년대 영화들은 세속적인 일상을 포착하는 데 특별한 능력을 보여주었으
며, 그중에서도 코미디는 으뜸이었다. 영화라는 것 자체가 본디 당대의 시세
와 풍속을 떠나서는 존재하기 어려운 매체이지만 50년대 코미디의 경우는 좀
더 특별했다. 코미디는 사적인 생활 공간에 천착하여 일상에 산재해 있는 제
문제들을 서사의 영역으로 끌어들여 세태와 풍속의 다채로운 모습을 담아내
었으며 그리 잘날 것도 없는 세속적인 인물들의 욕망을 영화의 전면에 포진
시켰다. 50년대의 코미디가 당시에 '현대적 도회생리'[18]와 같은 시대상의 표

정들을 풍부하게 구현했다는 평가를 받았던 것도 그러한 이유에서이다.

이러한 점은 코미디라는 장르 자체의 속성에 기인한 것이기도 하다. 멜로드라마는 인물에 대한 동일시가 전제되어야만 의미효과가 제대로 이루어질 수 있지만, 코미디의 경우는 사정이 다르다. 웃음과 유머는 이상적인 인물이 아니라 현실적이고 개성적인 인물의 매력에 의존하는 까닭이다. 웃음이라는 알리바이가 있는 한 얼마든지 세속적인 인물들이 자신의 속내를 솔직하게 밝힐 수 있는 것이 코미디이다. 어떤 인물이 대변하는 가치를 긍정한다면 그에게 동일시할 것이지만, 납득하기 어려운 가치를 대변하거나 수용할 수 없는 가치를 대변하는 인물이라면 관객은 일정한 거리를 유지하면서 그들을 평가하고 비판함으로써 또 다른 즐거움을 맛볼 수 있다. 코미디 영화 안에 현실적인 각종 다양한 인물들이 설정될 수 있는 것도 그러한 장르적 힘이 있었기 때문이다.

비록 현대문화의 세례를 받은 인물들의 방종과 속물성에 대한 경계를 촉구했다는 면이 있기는 했지만, 도덕적 엄격성에 대한 추진력은 크게 약화될 수밖에 없다. 중심인물들은 구태의연한 선악의 이항대립으로부터 벗어나 있었고 자기희생과 헌신과 같은 통속적인 모럴에 얽매이지도 않았다. 욕망과 이기심을 솔직하게 드러내는 여사장(〈여사장〉)이나 '미국식 비즈네스'에 현혹되어 돈을 좇다가 결국 아들마저 잃은 주부(〈돼지꿈〉), 인정도 눈물도 사랑도 없는 운수회사 사장(〈백만장자가 되면〉) 등등 코미디의 주인공들은 윤리적 견결함과는 거리가 멀었고 기본적인 점잖음과도 동떨어져 있었다. 비단 주인공이 아니더라도 재산만을 탐하는 속물적인 위인에서부터 난봉꾼에 이르기까지 전 시대의 통념으로는 결코 이상적일 수 없는 이러한 인물들이 영화의 전면에 등장하여 이야기의 구심점을 형성하였다. 이전 시대의 영화들이 사악하고 타락한 힘들에 맞서는 윤리적으로 단호한 인물들을 즐겨 담아내었던 것과는 크게 달라진 모습이었다.

코미디가 만들어내는 웃음은 대개 세속적 생태에 대한 풍자에서 비롯되는데, 그중에서도 가장 큰 웃음의 순간은 인물들의 속물근성이 노출될 때에 찾아온다. 윤리나 도덕 따위는 염두조차 두지 않는 속물들의 적나라한 대화는 웃음을 유발하는 가장 긴요한 요소였다. 이를테면 〈서울의 휴일〉의 한 장면을 보자. 나폴리 미장원에서 머리를 하고 있는 세 명의 부인이 나누는 대화의 일부이다.

> 부인1 : 얘두, 이렇게 좋은 날을 영감하고 따분해서 어찌 지낸단 말이냐.
> 부인2 : 그럼 이 길로 새잔 말이지?
> 부인1 : 아 실컷 놀다 돌아와서 적당하게 수술해놓으면 되지 않니. 영감 하나 쯤이야.
> 부인1 : 글쎄 뭐처럼 영감이 애걸복걸하던데...
> 부인2 : 홍, 너도 영감 하나 물고 떨어지더니 김빠진 맥주모양 냄새부터가 흐리터분하구나 싫으면 그만 둬라.
> 부인3 : 얘, 오늘 파트너는 아주 젊고 근사하단다.
> 부인1 : 아, 호주머니 두둑헌 게 제일 조건이지 뭐냐.
> 부인2 : 그야 빈틈 있겠니? 누가 물어 왔다구.

이 순간이 웃음을 주는 이유는 인물들이 자신의 속물적 내면을 드러내는 그 당당함 때문이다. 가능한 한 능청스럽고 뻔뻔하게 자신의 속물성을 드러낼수록 큰 웃음이 유발된다. 비록 윤리적으로는 열등한 인물이지만 그 열등함에 전혀 개의치 않고 자신의 심성을 부끄럼 없이 노출할 때, 그 인물은 오히려 현실적이고 생기 있는 인물이자 개성의 소유자로 보일 수 있었다.

50년대 코미디에서 이러한 속물성은 때론 자본주의 사회의 도덕적 타락과 퇴폐와 향락을 말하는 것으로, 때론 지나치게 미국적 사고에 젖어 있는 것으로 번안되었다. 누구를 위해서도 희생할 줄 모르는 저 인색한 자본가, 미국물을 흉내 내는 '얼치기 양행가'들, 물질문화에 현혹된 타락한 상류층은 이 당시

영화들이 즐겨 찾던 풍자의 대상이다. 〈여사장〉의 한 장면을 보자.

> (여자—조미령) : 내 강아지에요. 내 강아지에게 양과자를 먹이든 금덩어
> 리를 먹이든 무슨 상관이에요.
> (남자—) : 그게 사장님의 생활관이십니다. 그 생활관이 내 비위에 맞지
> 않습니다.
> (여자—조미령) : 그래서 내 강아지를 찼군요?
> (남자—) : 그렇습니다. 개쯤 차면 좀 어떻습니다.
> (여자—조미령) : 개쯤이라구요? 내 강아지에요. 내 소유물이에요..

미국영화에서 그대로 나온 듯한 의상을 하고, 미국영화의 한 장면처럼 애완견을 데리고 거리를 산책하면서 자신의 애완견에게 양과자를 먹이는 여자, 그리고 남들이야 어떻든 사적 소유권만을 거듭 주장하는 신요안나라는 여성이 이 영화에서 주된 풍자의 대상이 된다. 이는 공공선을 벗어난 자본주의와 개인주의가 어떤 문제를 지니는지를 보여주었고, 결과적으로 "한국식 민주주의에 대한 하나의 풍자"19라는 말을 들을 수 있었다.

그러나 영화는 이 여자가 이 모든 것을 반성하는 쪽으로 진행되지는 않는다. 게다가 그녀를 풍자함으로써 획득되는 웃음은 공격적이기보다는 따뜻한 쪽에 가깝다. 무엇 때문인가. 영화는 윤리적 엄격함으로 그녀를 복종시키기보다는 오히려 그녀에게 자유로운 발화의 기회를 제공하는 일에 열중한다. 윤리적 엄격함과 계몽적 어투로 인물들을 단죄하지 않고 속물들의 풍경을 웃음으로 개방하는 것, 이것은 전시대의 영화들로부터 50년대 코미디를 구별시키는 인상적인 부분이다. 전시대의 통념으로는 결코 이상적일 수 없는 인물들이 영화의 전면에 등장하여 이야기의 구심점을 형성한다는 점도 그러하거니와, 그러한 모습을 명랑하고 경쾌하게 담아내는 일이 전시대에는 보기 힘든 것이었기 때문이다. 식민지 시기에도 간혹 〈미몽〉(양주남 감독, 1936)처럼 윤리적

굴레에 매이지 않는 인물들이 자신을 표현하는 영화가 있었지만, 궁극적으로
그것은 비극적인 처벌로 마감될 것이었다.

당시의 민주문화에 대해 말했던 어떤 이의 말은 이런 점에서 시사하는 바가
있다. 그에 따르면 "민주문화란 엄연한 사회악을 고의적으로 은폐함으로써
국민대중을 가장의 미궁 속에 몰아넣는 데서 생겨나는 것이 아니"다. 오히려
"악을 악으로 공개하고 국민대중으로 하여금 악에 대한 저항력을 강하게 하
므로 각자의 정당한 비판정신을 창달시키는 데서만 진정한 민주문화가 개화
된다는 것"[20]이다. 아무리 야비하고 부정적인 점이더라도 무엇이든 드러낼 수
있는 자유, 이것이 50년대에 통용되던 민주주의의 한 모습이었다. 비루한 인
물들이 영화의 상당부분을 지배하며 비도덕적인 자신의 모습을 숨김없이 드러
내는 것, 이러한 솔직성과 자유로움이야말로 50년대 사람들이 받아들이던 민
주주의의 한 특성을 이룬다. 당시 대중들 사이에 유행처럼 회자되던 '민주주의'
는 정치적인 이념이기 이전에 개인의 자유로운 목소리를 지칭하는 말이었다.
타락이나 퇴폐, 방종, 허영과 같은 것들까지도 솔직하게 드러내는 당당함을
가리키는 것이기도 했다. 60년대에 이르면 자유라는 말이 이념과 결합하면서
민주주의는 개인의 차원을 넘어선 정치적 의미를 지니게 되지만, 50년대의 민
주주의는 개인의 자유로 번안되어 대중들에게 통용되고 있는 것이었다.

집단에 가려졌던 인간 개개인이 제 모습을 드러내고 자신의 구체적 욕망을
발화할 수 있는 적극성이야말로 50년대의 코미디 영화에서 우리가 주목해야
할 부분이다. 영화의 말미에는 그것이 부도덕한 향락일 뿐이라고, 무분별한
타락일 뿐이라고 결론짓지만, 그런 결말로 채 가려지지 않는 당대의 현실과
대중들의 욕망이 개방적으로 모습을 드러내고 있었다. 인물들이 개인의 욕망
을 자유롭게 드러내는 시대, 자신의 속물성을 부끄럼 없이 발화하는 시대, 이
것이 전과는 구분되는 50년대의 특이성이다. 그 개인이 누구이며, 그의 내부
에서 무슨 일이 일어나고 있고, 그가 저질렀을지도 모를 과오가 어떤 것이며,

어떠한 유혹에 그가 빠질 수 있는가를 자유로이 말하는 것, 그리고 다양한 디테일들을 동원하여 그러한 속물들의 욕망이 예외적인 한 개인의 문제가 아니라 당대 대중들이 모두들 가지고 있는 보편적인 면면이라고 이야기하는 것이 가능해진 시대가 50년대였다. 개인의 발화를 가능케 하는 힘이야말로 우리가 주목해야 할 부분이라는 것인데, 이전의 영화들과 비교해본다면 그것은 확실히 변화이자 변혁이었다. 속된 세속의 무리가 명랑하게 자신의 속내를 발화하는 풍경은 전 시대에는 찾기 어려운, 1950년대에 새로이 발견된 것이라 할만하다.

4. 사적 공간의 데모크라시

1) 평등의식과 자유의지

50년대 코미디의 인상적인 또 다른 지점은 평등한 가족관계가 즐겨 표상된다는 점이다. 영화에 등장하는 가족들에게는 이렇다 할 만한 가부장적 위계가 존재하지 않는다. 할아버지에서부터 아버지와 어머니, 딸, 아들에 이르기까지, 누구도 권위를 내세우는 법이 없으며 권위에 주눅들지도 않는다. 딸의 미래를 두고 잔소리하는 어머니가 있지만 그것은 그저 잔소리일 뿐이다. 아내의 방종에 대해 남편은 불평을 늘어놓지만 그 역시 투정에 불과하다. 연장자나 남성의 말이 결정적인 힘과 영향력을 행사하는 일은 드물다. 따라서 가부장제의 권위가 갖는 억압적 힘도 존재하기 어렵다.

인물들의 행동을 결정하는 주요 동인은 외부의 권위가 아니라 자유의지이다. 결혼을 반대하는 부모 때문에 가출을 감행한 딸은 가족들에게 편지를 남기는데 그 내용인 즉, "나의 일은 내 뜻대로 하겠다…난 내 의사대로 하겠다"

는 것이다. '내 뜻' '내 의지'를 강조하는 이러한 대목은 영화 곳곳에 반복적으로 등장한다. 말괄량이 셋째 딸은 자신의 옷차림이나 행동방식에 대해 누군가 지적을 하면 전혀 주눅들지 않고 대응한다. 그녀의 태도에는 누가 뭐라고 하던 간에 내가 좋으면 그만이라는 당당함이 있다. 그녀가 어머니와 나누는 대화의 한 대목을 보자.

> 셋째 딸 명희 : 자식이 성인이 된 이상 연애와 결혼 같은 건 민주주의 원칙에 의해서 자식의 자유의사를 존중해야 해요.
> 어머니 : 그 자유의사 때문에 네 큰 언니를 저 모양으로 만들었어.
> 명희 : 전 어머니에게 미리 경고해두지만 앞으로 저의 결혼문제에 대해선 절대로 간섭해선 안 되요. 전 제 의사대로 할 테이니까요.
> 어머니 : 잘 지껄인다. 얘, 어서 가서 아침이나 좀 먹어라.

이 장면에서 전통적인 사고관의 어머니는 자유의사를 강조하는 딸을 못마땅해 하지만 실질적인 구속을 행사하지 않으며, 또 그렇게 할 능력도 없다. 그렇다고 해서 젊은 딸의 의견에 수긍하고 그것을 무조건 추종하지도 않는다. 누가 누구의 밑으로 종속된다거나 어느 누구의 견해가 우월하게 자리 잡는 일이 없이 부모와 자식이, 남편과 아내가 동등하게 어깨를 나란히 하고 자신의 가치와 입장을 이야기할 수 있는 탈위계의 장이 각 영화들 안에서 펼쳐지고 있다는 점이야말로 50년대 코미디의 매력적인 부분이다. 여기에는 만인이 평등하며, 누구든 자기의지를 갖는 독립적인 존재라는 민주주의적 사고가 깔려 있다. 어느 누구를 막론하고 모든 인간은 단순히 외부의 의사에 따라서 움직이는 꼭두각시가 아니라, 자신의 의지에 따라서 행동하고 그 결과도 스스로 책임지는 자유의지의 소유자라는 인식이 코미디 영화에 골고루 포진하고 있다. 그 덕분에 일반적으로 타자로 인식되곤 하는 여성이나 아이가 당당하고도 비중 있는 존재로 위치하게 되는데, 이 점이야말로 50년대 코미디의 인상적인 특징이다.

1950년대에 이르러 한국영화에서 처음으로 로맨틱 코미디가 등장했다는 것은 이러한 분위기와 무관하지 않다. 여성의 위치가 전대에 비해 격상하고 있다는 사실은 영화의 곳곳에서 감지된다. 영화 속 여성은 솔직하고 당당해 졌다. 남성과 동등할 정도가 아니라 아예 남성보다 우위를 점하고 있다는 농담이 나올 정도로 여성의 목소리가 커졌다. 사랑을 쟁취하기 위해 먼저 움직이는 것도 여성이었고, 구태의 사고방식이나 어떤 장애에도 아랑곳하지 않고 사랑을 향한 자기 의지를 관철시키는 것도 여성이었다. 사랑이라는 이름으로 자기희생과 헌신을 하던 여성의 모습은 더 이상 없었다.

이러한 여성의 지위 변화는 남녀 관계를 보다 팽팽한 긴장이 유지되는 것으로 만들었다. 50년대 로맨틱 코미디가 스크루볼 코미디의 형식을 취하곤 하는 것도 그 때문이다. 스크루볼 코미디는 남녀 사이의 사회적 평등이 보장되는 사회, 즉 남자와 여자가 평등하게 대우받는 사회야말로 로맨틱 코미디가 생산될 수 있는 여건이라는 사실을 새삼 실감케 해준다. 조지 메러디스는 코미디가 생산되기 위해서는 활발한 지적 활동과 남녀 사이의 사회적 평등이 보장되는 사회, 즉 남자와 여자가 평등하게 대우받는 교양 있는 사회가 필요하다고 말한 바 있다.[21] 그런 의미에서 코미디의 번성 여부와 정도는 그 나라의 민주주의의 발전 여부를 판단하는 기준이 될 수도 있다.

물론 이야기의 핵심이 되는 로맨스를 좇다 보면 전통적인 여성상과 어느 정도 타협을 하게 되는 측면이 없지 않다. 50년대 로맨틱 코미디의 대부분이 그 아슬아슬한 줄타기에서 성공한다. 〈자유결혼〉에서 어떤 굴레에도 매이지 않는 독립적이고 자기의사가 분명했던 여대생이 결국 전통적인 사고방식의 남자에 이끌리고, '여존남비'를 외치던 〈여사장〉의 여주인공 역시도 고지식한 남자의 아내가 되어 그 남자에게 자신의 자리를 내주고 가정주부의 길을 선택하기에 이른다. 그러나 이 역시도 전적으로 자기 의사에 따른 결정이며 자신의 힘으로 얻어낸 성취라는 점이 중요하다. 영화의 제목이 〈연애결혼〉이 아니라 〈자유결혼〉이라는 데에서 잘 나타나듯이, 영화의 초점은 '연애'가 아니라 '자유'에 놓여 있다. 중요한 것은 자기 의지대로 선택하고 이루어낸 연애라는 사실이다. 외부의 여건이나 가치관이 아니라 철저히 자기감정과 의사에 따른 연애담은 경쾌하지 않을 수 없다.

이렇듯 자기주도적인 여성의 연애담이 보여주는 경쾌함과 명랑함이 50년대의 사회적 분위기에 맞닿아 있음은 물론이다. 이 시기는 "민주주의 세상을 맞이한 덕택에 여성이 오랜 구속의 사슬에서 해방되고 자유를 얻었고 남녀는 동권이 되었다"[22]는 생각이 팽배해 있던 때였다. 여성을 바라보는 시선 변화는 사랑을 바라보는 시선의 변화와도 그 궤를 같이 한다. 남성이 좋아하는 여성 스타일도 달라져, "과거에는 순정가련형이 만인의 사랑을 받았지만 시대가 진화되어 남성과 대등케 나갈 수 있는 여성이 새로운 여성으로서의 인기를 얻었다"는 것인데, 자신만만하고 독립적인 현대여성에 대한 매력이 급격하게 어필되는 때가 1950년대였다. 이들 영화들을 통해 우리는 '민주주의'라는 말과 함께 만인평등이라는 이상이 유행처럼 회자되던 당대의 시대적 분위기를 실감할 수 있다. 때론 여성의 독립과 자유의 타당성을 이야기하기보다는 그 과정에서 빚어지는 폐단을 말하고 여성을 전통적인 자리로 귀환시키려는 영화도 없진 않지만, 그런 경우라 하더라도 사회적으로 여성의 지위가 현격하게 격상되었으며 새로운 남녀 관계가 형성되고 있음을 보여준다는 점에서는 큰 차이가 없었다.

아이의 경우도 사정은 다르지 않다. 여성이 그렇듯이 아이 역시도 독립적인 자기의지를 가진 어엿한 인간임이 강조된다. 〈자유결혼〉에서 막내인 중학생 광식이 어린 아이를 때리는 상급생과 싸우게 되었을 때, 과외선생은 그것을 목격하고도 말리지 않는다. 왜 싸움을 말리지 않았느냐는 광식모의 힐난에 과외선생 준철은, "광식군은 오늘 제 결단대로 싸웠고 난 그 의지를 방해

하고 싶지 않았다. 광식은 훌륭했다. 제 의지대로 싸웠기 때문이다"라고 답한
다. 아무리 어린 아이라도 제 결단과 자기 의지를 갖고 있다면 그의 뜻은 존
중받아야 한다는 것이다. 이 경우 부모나 선생님은 아이에게 뭔가를 가르치
고 훈계하는 존재가 아니라 동등하게 이야기를 나눌 수 있는 위치에 설 수밖
에 없다. 덕분에 50년대 코미디는 남한의 영화사 전체에서 건방지게 어른의
대화에 개입하는 가장 수다스러운 아이의 표상을 얻게 되었다.

50년대 코미디 영화 속의 아이의 모습은 이 당시 발표되었던 명랑소설 「얄
개전」의 '얄개'와 많이 닮아 있다. 조흔파의 「얄개전」이 잡지 『학원』에 연재
되던 1954년은 전쟁 직후였고 너나없이 힘든 때였지만 한편으로는 전후 복구
에 대한 국민적 열망이 교육의 열망으로 표출되는 시기이기도 했다. 하는 짓
이나 말이 짓궂고 조금은 되바라진 아이라는 의미에서의 '얄개'는, 그의 태도
의 괴상함이나 버릇없음에도 불구하고, 당시 학생들은 물론이고 교사나 아버
지 독자들까지도 지지를 보내는 이상적 인물상이었다. 특히 "얄개는 전후 유
입된 미국식 자유주의의 축복 속에 있"는 아이였다.[23] 아들이 낙제를 하든 말
썽을 피우든 허허 웃어넘기는 아버지는 대학의 영문과 교수이고, 얄개가 다
니는 학교의 교장은 "학생을 때리는 일, 민주주의가 아닐뿐더러 하나님 도리
에 맞지 않습니다. 뺨을 때리는 선생님 악마요"라고 말하는 미국인이다. 선생
님은 매를 들지 않을 뿐더러, 오히려 번번이 얄개에게 골탕을 먹는다. 50년대
작품 속의 얄개는 전근대적 권위가 아예 존재하지 않는 공간에서 살고 있는
자유분방한 아이였다고 할 수 있다. 선생님과 부모의 권위에 도전하는 듯하
지만 결국 착한 제자이자 아들로 돌아오는 70년대 영화 속의 얄개와는 다른
자리에 50년대의 얄개가 놓여 있었던 셈이다. 비록 그 시대 사람들의 삶은 얄
개의 삶과 많이 달랐지만, 얄개가 보여준 개성과 자율성은 민주주의라는 이념
의 생생한 모습이었고 당대인들이 곧 도달할 수 있으리라 믿었던 이상이기도
했다.

그렇다면 이러한 변화가 그토록 빠르게 진행될 수 있었던 이유에 대해서 질문하는 것이 순서일 것이다. 이 질문에 답하기 위한 방편으로 당대의 교육의 문제를 점검해보는 것이 우회적이나마 도움이 되리라 생각한다. 50년대의 교육은 어떤 것이었나. 해방 전까지의 교육의 역사가 학생 키우기가 아니라 길들이기의 역사였다면 미군정기의 '새교육운동'이 내건 모토는 학생 개개인의 개성과 자율성을 신장하는 일이었다. 가령 초등학교에서 강조된 덕목들은 자율·가치·준법정신·복종심·책임감 등이었으며, '민주 시민'이라는 모토가 새로운 교육 지표로 등장했다. 김병익의 회고에 따르면 6·25 직후 미국식 민주주의 교육의 핵심이 바로 우리 대표를 자유롭게 우리 손으로 뽑는다는 것이었고, 그런 교육을 받은 세대에게 중요한 것은 개성과 자율성의 확보, 즉 선택할 수 있는 자유와 권리를 가진다는, 내가 주체적으로 선택할 수 있는 권리를 가지는 체제를 만든다는 점이었다.[24] 그것이 당대에 얼마나 현실적인 실효성을 갖고 있었는가는 논란의 여지가 많을 것이다. 단지 관념뿐인 개혁이었고 초등학교부터 학생들의 일상을 관리하고 통제하는 규율의 메커니즘은 여전히 존속했다는 사회학계의 주장도 만만치 않은 것이 사실이다.[25] 하지만 그것의 현실적 개혁 여부와는 상관없이, 개성과 자율성에 대한 이상화가 당대 대중들에게 작용했던 영향력은 무시할 수 없이 컸다고 할 수 있다. 개성과 자율성은 하나의 이상으로 50년대 대중들에게 다가가고 있었다고 할 수 있다.

주지의 사실이지만, 개성과 자율성이라는 교육이념은 1961년을 넘어서면서 다시금 수정된다. 5·16은 학교 교육에서 그나마 싹을 틔우려던 개성을 죽이고 집단 규율을 강조하는 전환점이었다. 5·16 이후 국가의 자주성, 민족 주체성, 국민의 사명감 및 반공 교육을 강조하는 교육이념으로 바뀌었다. 그만큼 50년대 코미디 영화가 보여준 자유의지를 지닌 자율적인 아이라는 이상은 박정희체제 이후에 곧 사라지게 될 50년대만의 한시적인, 그러나 의미심장한 특수성이라고 할 수 있다.

2) 자유 공론 : 논쟁과 토론

50년대 코미디에서 가장 돋보이는 특징 중 하나는 인물들이 대화를 나누는 방식에 있다. 매 영화마다 어떤 사안을 두고 인물들 간에 팽팽한 논쟁이 벌어지는 장면이 등장하기 때문이다. 연애와 결혼의 문제를 놓고 응접실에서 대토론이 펼쳐지는 〈자유결혼〉(이병일 감독, 1958)이 그러하며, 〈여사장〉(한형모 감독, 1959)에서 여성의 지위 변화를 두고 벌이는 설전이 그러하고, 〈로맨스 빠빠〉(신상옥 감독, 1960)의 빈번하게 벌어지는 식구들 간의 논쟁이 역시 그러하다. 〈청춘쌍곡선〉(한형모 감독, 1956)에서 빈부의 차이로 나뉘는 남녀들의 이야기 공방은 또 얼마나 치열한가. 등장인물들은 남녀의 구분이나 세대 차이, 계층 차이에 상관없이 대등하게 말할 기회를 가지며, 서로 열띤 논쟁을 벌인다.

가령 이런 것이다. 〈자유결혼〉의 중반 부분, 거실 한가운데서 아버지와 딸의 일대 설전이 벌어진다. 설전의 주제는 연애와 결혼의 문제이다. 연애결혼과 중매결혼은 어떻게 다르고 또 어느 쪽이 최선인가. 논쟁의 시작은 둘째딸의 결혼을 반대하는 부모에게 막내딸이 불만을 제기하면서 비롯된다. 다소 길게 이어지는 그들의 대화를 그대로 인용해보자.

> (딸-조미령) : 아버지, 언니의 소원을 들어줘요. 정말 딱해서 못 보겠어요.
> (아버지-최남현) : 나도 되도록이면 자유의사에 맡기고 싶지만 큰 애의
>   실패 이후론 너희들 결혼문제는 너희들에게만 맡겨서는 안 된다
>   는 것을 절실히 느꼈어.
> (딸-조미령) : 그럼 아버진 연애결혼을 부인하시나요?
> (아버지-최남현) : 부인하는 건 아냐. 다만 위험성이 많다고 할 뿐이야.
> (딸-조미령) : 위험성 많기론 중매결혼이 더 하지요. 성격도 취미도 이해
>   할 수 없는 남남끼리 잠깐 동안 한자리에서 마주보구. 그것도 진
>   실한 태도를 보는 게 아니지요. 그리곤 쓸데 없는 말 몇 마디를

주고받곤 그 다음에는 예스냐 노우냐 거든요. 이 얼마나 위험한
행위에요?

(아버지—최남현) : 동감이야.

(딸—조미령) : 동감요?

(아버지—최남현) : 응 동감이야.

(딸—조미령) : 연애결혼은 위험하다, 중매결혼도 위험하다. 이게 어떻게
된 논법이죠? 그럼 결혼은 다 위험하다, 이런 결론인가요? 따라서
안전한 결혼은 결혼을 포기하는 데 있다는 건가요?

(아버지—최남현) : 그렇지 그것도 안전한 방법이 되지.

(딸—조미령) : 도대체 아버진 뭘 주장하시는 거에요?

(아버지—최남현) : 연애결혼도 중매결혼도 아닌 것.

(딸—조미령) : 새로운 형식의 결혼이군요.

(아버지—최남현) : 그렇지 새로운 형식이지 말하자면 중매연애결혼이라
고나 할까. 중매결혼과 연애결혼을 절충한 거야. 절충이란 언제나
결과가 좋은 거거든.

(딸—조미령) : 구체적인 방법을 들려주세요.

(아버지—최남현) : 즉 결혼적령기가 된 자녀를 가진 부모는 먼저 적당한
후보자를 선택한단 말이야. 그럼 젊은이들이 일시적인 연애감정
에 사로잡혀서 상대방을 택하는 것보단 위험성이 덜 하거든. 왜냐
하면 부모는 결혼에 대해서 경험자니까. 말하자면 이게 중매의 과
정이란 말이야.

(딸—조미령) : 그리곤 그들을 교제시킨단 말이죠?

(아버지—최남현) : 그렇지 그들이 교제해서 서로 사랑하고 이해하게 되
는 동안이 말하자면 연애의 과정이지.

(딸—조미령) : 그럼 결국은 연애를 중매하는 셈이군요. 결혼을 중매하는
것이 아니라.

(아버지—최남현) : 오 그렇구나. 연애를 중매한 셈이야. 어때, 내 이론이,
진보적이지?

(딸—조미령) : 초진보적이지요. 그런데 언니의 결혼을 왜 허락치 않으세
요? 그들은 서로 사랑하고 서로 이해하고 있는데.

(아버지—최남현) : 서로 사랑하고 있는지는 몰라도 이해하고 있지는 못
　　　해. 부부생활의 비극은 이런 데서 오는 거야.
(딸—조미령) : 그건 공연히 사물을 과장하고 분석하려고만 하는 아버지
　　　어머니만의 생각이에요. 공연한 망상의 두려움을 느끼는 부모의
　　　의구심이에요. 그런 것으로서 생명과 생명이 맞부딪히는 젊은이
　　　들의 뜨거운 사랑을 막을 수가 없어요.
(아버지—최남현) : 사랑이란 확실히 무서운 거야. 꼭 열병 같거든.
(딸—조미령) : 의학박사다운 견해시군요.
(아버지—최남현) : 음 그럴런지도 모르지.

　　두 사람은 속사포처럼 말들을 쏟아내며 거의 숨 쉴 틈 없이 논쟁을 이어나
간다. 3분이 조금 넘게 이어지는 논쟁이지만 이 긴 논쟁의 결론은 제시되지
않는다. 딸은 아버지의 말을 끝으로 자리를 뜨고, 이후 다른 공간에서 다른
방식으로 논쟁을 이어나간다. 어느 한 쪽의 승리로 귀결되지 않는 논쟁이 길
게 이어질 뿐이다.

　　이때의 토론은 팽팽한 공방이자 공정한 언어 거래에 가깝다. 말할 기회는
모든 사람에게 공평하게 주어진다. 각각의 견해들 사이에 위계도 없다. 인물
들은 서로 다른 입장을 표명하지만, 그 말들이 갖는 무게는 비슷하기에 자연
스레 팽팽함과 긴장이 유지된다. 논쟁이 벌어지는 동안 인물에게 부여되는 쇼
트의 크기나 비중 역시도 대등하다. 누구도 상대의 견해에 굴복되지 않는다.
어느 한 쪽이 밀리거나 우세한 경우가 없이 서로 동등한 위치에서 자신의 견
해를 표명한다. 우월한 누군가의 목소리로 대화가 정리된다든가, 하나의 결론
을 유도하려는 식의 태도는 찾아보기 힘들다. 당연히 훈계의 방식이나 어조
도 배제된다. 결론이 날 수 없는 팽팽한 견해들이 한바탕의 각축전을 벌이는
것이라 할 수 있다. 그 속에서 위계화하거나 전체화할 수 없는 사회의 가치들
이 모습을 드러내며 세대 · 계층 · 성별에 따라 분화된 여러 목소리들이 능란

하고 유창하게 구사된다.

영화 전반에 걸쳐 다양한 주제로 열띤 공방이 오고가고 각자의 견해들은 서로 좁혀지지 않는 차이를 노정하지만, 영화는 명료한 결론이나 어느 하나의 우월함을 강조하는 식으로 귀결되지 않는다. 말 그대로 대등한 목소리 간의 대화를 보여주는 선에서 멈추고 있는 셈이다. 굳이 답을 내야 하는 경우라면 다수결의 원칙에 의거하는 일이다. 〈자유결혼〉에서 할아버지는 손녀의 결혼이 못마땅하지만 결국 가족들 개개인의 의사를 하나씩 묻고는 다수의 견해에 따라 결혼을 허락하는 쪽으로 결론을 낸다.

이와 같은 대화 장면이 반영하는 획기적인 점은 이전 영화가 예외 없이 간직하고 있는바 강력한 교훈주의 내지 단일한 목소리로의 통합에의 집착에서 벗어나 있다는 사실이다. 〈로맨스 빠빠〉의 오프닝 씬을 떠올려보자. '로맨스 빠빠'인 아버지는 카메라를 보며 자신의 위치와 관심사를 말한다. 그 뒤를 이어 등장하는 어머니는 남편의 말을 반박하며 자신의 주장을 편다. 쇼트의 크기와 길이는 인물들마다 거의 차이가 없다. 어머니의 뒤를 이어 맏딸 음전, 애인 우택, 맏아들 어진이, 그의 애인인 여배우 마리, 둘째 딸 곱단, 작은 아들 바른이, 막내딸 이쁜이에 이르기까지, 그리고 아버지의 회사 동료 미스터 리에서 도둑 주성태에 이르기까지 각 인물들의 입장과 생각들이 동등한 비중으로 표현된다. 그 안에서는 구세대와 신세대가, 부모와 자식이, 정신과 물질이 서로 대등한 위치에서 팽팽하게 힘겨루기를 한다. 각각의 목소리들이 어떤 억압이나 장애도 없이 풍성하게 향연을 벌이는 한바탕의 '카니발'이라고도 하겠다.

토론회를 연상시키는 이러한 식의 논쟁은 영화 내부 곳곳에서 만들어지며, 토론의 주제는 다양하다. 가장 빈번하게는 현대 여성을 바라보는 시선이 주제로 채택되지만 가장인 아버지의 능력 여부나 부모의 가치와 같은 무거운 주제를 논의 선상에 올리기도 하고, 막내딸의 연애편지를 딸의 허락 없이 읽어도 될 것인지 혹은 큰 딸이 자신의 남자친구를 뒤늦게 인사시키는 것이 과연 옳은 것인지 등의 사소한 사안을 두고 펼쳐지기도 한다. 토론은 사람들이 모이는 곳이라면 어디든지 수시로 벌어진다. 때로는 길게 이어질 수도 있고, 때로는 짧은 순간 벌어지기도 한다.

자유로운 공론과 같은 이러한 대화는 경쾌하지만, 대개 이야기 전체의 흐름과 무관하게 이루어지기 때문에 영화적 서사의 경제성에 좋은 영향을 미친다고 하기 어렵다. 인물들이 나누는 논쟁은 이야기 줄거리를 암시하는 기능을 넘어서 언어의 유희성을 떠올릴 정도로 과잉되게 이루어진다. 이들은 대부분 등장인물의 일상적 효용성에서도 유리되어 있을 뿐만 아니라, 길고 열띤 토론에도 답이 제공되지 않기 때문에 비효율적이고 무의미한 입씨름처럼 보이기도 한다. 덕분에 1950년대 코미디는 한국영화사에서 가장 시끄러운 영화, 수다스러운 영화로 자리하게 되었다.

그러나 중요한 것은 토론의 장이 제공되고 있다는 사실 자체이다. 다소 수다스러울 정도로 자신의 견해를 피력하는 것, 남녀노소 어느 누구라도 주눅들거나 뒤로 물러남이 없이 자신의 입장을 견지하는 것, 어떤 권위적인 목소리에 굴복하거나 어느 한 쪽에 치우치지 않고 공평하게 대화를 지속하는 것, 하나의 목소리로 통합될 수 없는 다양한 목소리들의 팽팽한 경연을 보여준다는 것 그 자체가 인간사회 내부의 차이에 대해 열려 있다는 증거일 수 있기 때문이다. 비록 잡다하고 시끄러우며 결론을 내리지 못하는 비효율적인 대화이지만, 이러한 대화는 인간 현실의 모든 획일적 규정과 싸우려는 욕망과 관련되어 있다는 점에서 의미 깊다. 이 속에서 인물 개개인은 자기 내부에서 발견한 자유의 권리를 각자의 목소리를 통해 고양시키고 있을 뿐이다. 낡은 형식과 규범에 순응할 필요도, 다른 이념의 목소리에 굴복당할 필요도 없다. 누군가에게 압도당하지 않아서 좋은 것이 이 대화의 장이다. 이런 점에서 50년대 코미디가 정말로 비판하고 있는 것은 계몽주의적 목소리라고 할 수 있다.

세계란 일원적 목소리로 잘 설명될 수 없다는 것, 그 어느 쪽도 진실에 해당될 수 있다는 사고가 대화 형식의 바탕에 놓여 있는 까닭이다.

엄밀히 말하자면 이러한 대화씬이 코미디만의 전유물이라고 할 수는 없다. 50년대 영화들 전반에서 토론 혹은 논쟁의 순간은 드물지 않게 목격되는 것이기도 하다. 〈자유부인〉(한형모 감독, 1956)에서 바람난 남편에게 어떻게 대처해야 하는지를 두고 중년여성들이 벌이는 토론이나, 〈피아골〉(이강천 감독, 1955)에서 빨치산들이 앞으로의 거취를 두고 벌이는 논전, 〈돌아온 사나이〉(김수용 감독, 1960)에서 대학생들이 나누는 진지한 토론 등이 다 그러한 예들이다. 차이가 있다면 코미디는 대화 형식의 구현에 있어서 그 어떤 장르보다 우세한 특장을 지닌다는 사실이다. 중심 내러티브에의 강력한 구속이 없어 더욱 자유스럽고 활기차게 대화씬을 구사할 수 있고, 재기발랄한 감수성과 솔직함, 싱싱한 위트가 가미되어 여유와 활기를 부여할 수 있다는 이유에서일 것이다.

이러한 대화 장면이 반복적으로 확인하고 있는 것은 "여론과 민주정치의 기초는 의견의 자유스러운 교환에 있다"는 통념이다. 그리고 이러한 생각이 미국적 민주주의의 모방에 토대하고 있다는 것은 잘 알려진 사실이다. 당시에 쓰여진 어떤 논객의 글은, 코미디를 비롯한 50년대 한국영화가 대화와 토론 형식에 왜 그토록 매력을 느꼈는지를 가늠케 한다. 1957년에 쓰여진 글이다.

> 각기 마음먹은 바를 의견이나 질문으로 내놓을 줄 알고 또 내놓지 않으면 아주 그런 의견·의문이 없는 사람으로 여겨지고 만다면, 자연히 의견의 토로와 의문의 표시는 그대로 사람의 마음먹은 바와 뜻하고 있는 바를 사진같이 보여주는 것이라고 인정될 것이며, 이러한 의견과 뜻의 교환 위에 선 여론은 바로 공론이 아니냐 하는 이론이 나올 것이다. 또 미국식 민주주의는 이러한 이론을 그 한 개의 초석으로 하고 서 있다는 것도 모

두가 알고 있는 바이다. 우리네는 의견발표를 전통적으로 꺼려하고, 여론
이라는 것은 일부의 지도의견의 觀이다. (…중략…) 사람은 묵묵히 입을
닫고 있고 말없이 듣고만 있다가 나중에 행동으로 제 뜻을 결정하고 만
다. 이러한 식의 동양적 여론 위에 민주정치는, 적어도 이 점에 있어서는
미국과 달라질 것 같다.26

미국식 민주주의의 핵심은 구성원 누구나 "각기 마음먹은 바를 의견이나
질문으로 내놓을 줄 아는 것"에 놓여 있다는 사고가 당대의 대중들에게 통용
되고 있었음을 짐작케 하는 대목이다. "묵묵히 입을 닫고 있고 말없이 듣고만
있"던 것이 전통의 방식이라면, 미국식 민주주의를 지향하는 새 시대는 전시대
와는 달라야 한다는 것, 자신의 뜻을 밝히고 서로의 의견을 교환하는 것이야
말로 미국식 민주주의의 기본이라는 생각이 일종의 지침처럼 공유되고 있었
다고 하겠다.

이러한 사정들을 고려한다면 50년대 코미디 영화에서 쉴 틈 없이 이어지는
대화와 논쟁은 대중들이 미국식 민주주의를 시연하고 훈련하는 장치 중의 하
나였다고 할 수 있다. 영화 속의 대화 안에는 시대의 새로운 문화 모형과 과거
잔존물 간의 갈등이 표출되기도 하고, 성별과 계급에 관한 문화적 통념과 실
제 현실의 차이가 언급되기도 하며, 서로 양립하기 어려운 가치의 격차들이
확인되기도 하지만, 그 와중에 나름의 화해의 길을 찾아가는 과정이 담겨 있
다. 당시 발행된 잡지 이름처럼 '자유로운 공론'27이 벌어지는 과정을 즐겁게
바라보면서, 아직 현실에 정착하지 않은 민주주의를 상상으로나마 실험하고
훈련했었다고도 할 수 있다. 50년대의 코미디 영화는 공적인 공간만이 아니라
사적인 공간에서도 민주주의의 생활화가 실천되고 있었음을 짐작케 해준다.

5. 맺음말 : 미국주의의 역설

1950년대의 코미디의 부상을 가능하게 해준 가장 궁극적인 요인은 새로운 시대가 도래했다는 대중들의 믿음이다. 집단윤리에 갇히지 않는 자유로운 개인의 목소리가 허용되는 사회, 어떤 권위나 우상에 복종함이 없이 자기의사를 밝힐 수 있는 사회, 전시대에 제 목소리를 내지 못하던 여성이나 어린이까지도 동등한 권리를 가지며 당당하게 자신의 생각을 주장할 수 있는 사회, 세속적인 삶도 존중받을 수 있으며 속물들조차도 자신의 심사를 솔직하게 드러낼 수 있고 그것이 오히려 인간적인 면이자 개성으로까지 받아들여질 수 있는 사회, 모든 개인이 동등한 발언권을 갖고 공평한 대화를 나눌 수 있는 사회, 법 앞에 만인이 평등한 사회, 이것이 이 시기 코미디 영화가 구사하는 이상적인 사회상이었다. 개인과 자유의지, 민주주의를 핵심 가치로 하는 이상적 사회와 그러한 사회를 가능케 하는 새 시대에 대한 기대가 코미디의 밑바탕에 놓여 있는 것이다.

그리고 이렇듯 이상적인 비전이 놓여 있는 한 영화는 활기차고 낙관적일 수 있었다. 작품마다 얼마간의 차이는 있어, 〈서울의 휴일〉처럼 여성의 위상 변화와 같은 일련의 변화를 매우 낙관적인 태도로 다루는 영화가 있는가 하면, 독립적이고 도도하던 현대 여성이 한 남자의 아내라는 자리로 돌아가는 〈여사장〉과 같은 작품도 있고, 〈자유결혼〉처럼 신구 세대의 서로 다른 가치가 이상적으로 결합되는 영화도 있다. 정도의 차이는 있지만 그 어떤 경우이든 간에 영화는 행복한 비전을 제시하는 것으로 마무리된다. 슬픔이 있으되 회복하지 못할 만한 것은 아니고, 좌절과 절망도 어렵지 않게 이겨낼 수 있을 정도의 것이다. 만나기만 하면 툭탁거리던 남자와 여자는 결국 사랑으로 맺어지고, 한때 고난에 처할지라도 종국에는 행복하게 마무리된다. 세대와 계급의 간극조차도 별다른 무리 없이 메워진다. 과거의 상처가 치유되고 갈등이 해결되며 차이가 봉합되는 이상적 사회가 이제 곧 오리라는 미래지향적이고 낙관적인 믿음이 50년대의 대중들에게 공유되고 있었고, 이러한 정서적 공유가 바탕이 되었을 때 50년대의 코미디는 가능할 수 있었다.

1950년대라는 시대가 극심한 빈곤과 반공주의의 엄혹함이 존재하던 시절임을 감안할 때, 50년대 코미디가 당대의 사회적 현실을 온전하게 담아낸 영화라고 말하기는 어렵다. 이상화된 영화와 남한 현실의 격차가 지나치게 컸지만, 영화는 그러한 격차를 고의적으로 지워버렸다. 영화 곳곳에 편재하는 미국식 생활양식과 의상을 비롯한 소품들은 영화와 삶 사이의 간극을 새삼스레 일깨운다. 그러나 중요한 것은 그러한 외관이 아니다. 영화가 묘사하는 리얼리티가 실제 현실 그대로만을 의미하는 것이 아니라 그 사회의 문화적 상상과 염원을 포함하는 것이라면 50년대 코미디는 충분히 현실적이고 당대적이다.

영화에서 구현되는 이상적 사회상은 바로 그들이 미국식 민주주의라 이해하고 있었던 바로 그것의 구체적인 모습이기도 했다. 그들에게 민주주의란 "각인(各人)의 개성을 존중히 여기며 각자의 자유를 찾는" 것을 의미했고, 선거권이나 정당정치를 통해 누구라도 의사결정에 동등하게 참여할 수 있는 것, 누구나 자신의 견해를 표할 수 있는 권리가 주어지는 것이었다. 코미디 영화에서 반복적으로 제공되는 자기의지에 대한 찬양이나 자유롭고 공평한 대화적 장치에 미국식 민주주의와 개인주의의 가치에 대한 공감이 내재되어 있는 것은 물론이다. 미국의 표상이 얼마나 다양하게 진행되든 간에 여전히 변함없이 유지된 생각은, "법 앞에 만인이 평등"한 사회, 일체의 구속들로부터 해방된 개개인이 자기 의지대로 행동할 수 있는 자유로운 사회가 곧 미국이라는 의식이다. 민주주의의 힘을 통해 우리도 그렇게 모든 사람이 "자율적인 인간으로서 가장 풍요하게 살 수 있는" 세계에 도래하리라는 믿음이 있었다.[28] 그 시대 사람들 모두가 그러했다고는 할 수 없지만, 이러한 변화가 지식인들만이 아니라 당대 대중들의 삶에 변화를 초래할 정도로 적지 않은 영향력을 행사하고 있었음을 50년대 코미디는 헤아리게 해준다. 영화는 대중들이 민주주의의 가치와 방식을 감각과 정서로 체득하는 곳이자 민주주의의 강령을 익혀가는 훈련장이었다.

급속한 변동은 역기능과 반작용을 수반하기 마련이다. 개인주의와 민주주의를 내용으로 하는 전후의 미국화 과정이 급속하게 진행됨에 따라 수반되는 부작용에 대해서는 50년대 당시에도 많은 지적이 있었다. 오랫동안 민주주의의 발전을 이루어온 서구와는 달리 남한은 그러한 긴 준비기간이 없이 갑작스레 민주주의 제도를 받아들인 탓에 "'**자기**'라는 것이 너무 억세고 지나치게 해방되었"(강조-인용자)29기에 자유와 방종, 타락 간의 구별이 제대로 되지 않는 문제가 발생하고 있다고 누군가는 말했다. 민주주의 도입으로 인해 생활철학과 태도가 급변한 까닭에 "오랜 세월 동안 봉건적 사회습속에 예속되어 **자기**라는 생활을 가져본 적이 없"던 여성들이 준비 과정 없이 급격한 변화를 맞아 "자유를 부르짖다가 그 도가 지나쳐 방종에 흘러가"(강조-인용자)30는 문제가 생긴 것이라고도 했다. 개인과 사회의 조화로운 균형이 강조되는 서구의 경우와는 달리, "개인주의와 사생활에 대한 강조는 흔히 정치에 대한 무관심과 혐오와 결부되는 경향이 있"31었고, 개인적 자아의 발전이 "시민적 혹은 집단적 자아의 각성으로 발전할 가능성이 배제되고 있었"던 것32도 어느 정도는 사실이다. 그러나 이런 문제들은 토대 없이 시작된 민주주의가 정착하는 과정에서 당연히 유발되는 부작용일 수 있다. 어느 정도의 시간이 흐르면 자율적인 반성과 노력에 의해 해소되어 갈 수 있는 성질의 것들이었다.

영화 안에 미국주의에 대한 비판과 추종이 동시에 존재하는 것은 이러한 부작용에 대한 반성적 사고가 당시의 대중들에게도 광범위하게 공유되고 있었음을 느끼게 한다. 〈자유결혼〉에서 미국에서 방금 돌아온 유학파 남성의 '레이디 퍼스트' 정신이 웃음으로 희화화되고 〈돼지꿈〉에서 황금만능주의에 젖어 '미국식 비지네스'를 꿈꾸는 서민의 속물성이 풍자의 대상이 된다. 현실

과 동떨어진 미국식 생활패턴이나 미국지향적인 사고가 비판의 시선을 받는
것은 이 시기의 코미디 영화에서 왕왕 목격하게 되는 것이다. 영화는 무분별
한 미국문화의 수입이나 미국지향적 사고에 대해 풍자적 태도를 취함으로써
미국문화의 일방적 수용이 갖는 위험으로부터 일정한 거리를 취하려 한 흔적
이 있다. 이처럼, 한편으로는 새로운 미국주의를 추구하면서도 또 한편으로
는 지나친 미국화로부터 거리를 두기 위한 노력이 지속적으로 이루어지고 있
었음을 목격할 수 있다. 미국의 풍속들만 쫓아가는 속물주의에 대한 반박으
로서 존재하는 진짜 미국적인 것. 혹은 사람들이 진짜 미국적인 것이라 생각
하던 것, 혹은 미국이 표상하고 있다고 믿었던 긍정적인 힘이 그 내부에 존재
하고 있었다. 미국적 사고를 구사하는 여자가 선택하는 남자는 오히려 한국
식 사고방식을 가진 사람이다. 미국식으로 개화한 여성이 사랑하게 되는 남
자는 미국화된 행동과 말투를 자랑하는 남자가 아니라 그것을 거부하는 남자
라는 것이다. 가장 미국적인 사고방식을 가진 여성이 가장 한국적인 남자에
게 사랑을 느낀다는 이 공식은 이 당시 로맨틱 코미디의 전형적인 결말이다.
미국에 대한 매혹과 나란히 지나친 미국화에 대한 비판이 동시에 존재하고
있었다고 할 수 있다. 진짜 미국과 가짜 미국, 얼치기 미국주의와 진정한 미
국주의를 구분하는 작업이 영화 속에 이루어지고 있었던 것이다. 미국의 풍
속들만 쫓아가는 '얼치기 양행가'들과는 다른 진짜 미국적인 것에 대한 추구
가 미국 표상들의 핵심의 자리에 놓여 있었다는 것이다.

　이러한 새로운 문화적 현상들을 두고 무가치하거나 허망한 것이라고 비난
한다면, 5·16쿠데타의 성공 이후 닥쳐온 역사적 불행 때문일 것이다. 60년
대의 한국영화는 사적 공간보다 공적인 공간에 더 많은 관심을 기울였고, 개
인의 자유와 자기의지에 대한 찬가는 빠르게 모습을 감추게 된다. 60년대 이
후의 역사가 고스란히 보여주듯이, 강화된 것은 자율적인 개인과 건강한 시
민사회가 아니라 오히려 가부장제와 국가 자본주의의 시스템에 의해 더 깊게

관리되는 개인이었다. 개인의 자유의지라는 말은 이기주의로 번안되어 부정적인인 것으로 취급되었고, 집단이념에 헌신하는 개인들의 계몽적 목소리가 다시금 꽃피우게 된다. 요컨대 1950년대의 영화현상은 우리 영화사의 맥락에서 보자면 매우 이질적인 것이고 또한 60년대 들어 본격화된 이른바 조국 근대화의 논리 속으로 해체될 수밖에 없는 운명을 가진 것이었다.

1961년 이후로 접어들면서부터는 50년대의 로맨틱 코미디를 움직이던 힘들이 더 이상 가동되지 못한다. 이를테면, 5 · 16 발생 후 불과 몇 달이 지나지 않아 발표된 〈언니는 말괄량이〉(한형모, 1961)는 50년대의 로맨틱 코미디와 유사한 주제를 취하고 있으면서도 전혀 다른 방식으로 이야기를 마무리한다. 이 영화의 가장 인상적인 부분은 유도장에서 아버지가 딸과 대련을 펼치는 장면이다. 남자를 우습게 알고 결혼한 후에도 조신한 아내가 되지 못하는 딸에 대해 아버지는 극단의 처방을 내린다. 남편과 다투고 난 뒤 친정집으로 돌아와 남편에게 돌아가지 않겠다고 고집을 피우는 딸을 아버지는 유도장에 세운다. 아버지는 딸에게 일방적인 공격을 가하고, 딸은 쉼 없이 내팽개쳐진다. 결국 남편이 있는 집으로 딸이 돌아가는 것으로 영화는 끝을 맺는데, 딸의 역할과 책임을 아버지가 강제적으로 부여하는 이 과정은 50년대 코미디 영화가 즐겨 구사하던 가족 내의 민주적 의사 결정 과정과 근본적으로 궤를 달리 한다. 아버지가 딸을 승복시키는 대련 장면에서 인상적인 것은 편집 없이 길게 이어지는 쇼트 내내 화면의 중앙을 지키고 있는 태극기의 이미지이다. 엄한 아버지의 표상과 국가의 표상인 태극기가 한데 어우러지는 이 장면은 남성 중심의 군사적 가부장주의를 향해 나가기 시작한 60년대 국가의 운명을 환기시킨다.

대책 없이 오만하고 쉽게 길들여지지 않는 여성이 결국 한 남성의 조신한 아내라는 자리로 돌아간다는 점에서 이 영화는 50년대 후반에 제작되었던 〈여사장〉과 흡사한 구도를 지니고 있다. 심지어 〈여사장〉의 여주인공은 '여존남비'의 현판이 붙은 사무실에서 '남존여비'라는 액자가 붙여진 가정으로 들어간다는 점에서 노골적인 보수적 가치체계로의 회귀처럼 보일 수도 있다. 그러나 놓치지 말아야 할 점은, 1950년대 〈여사장〉의 가정으로의 귀환이 순전히 자기의지에서 비롯된 것이었다면, 1961년의 〈언니는 말괄량이〉에서는 철저하게 아버지의 의지에 따른 것이라는 점이다. 드센 독신녀를 고집하건 아니면 참한 아내가 되건 간에, 그 어느 쪽도 내 의지에 따른 것일 뿐이라는 생각이 50년대의 〈여사장〉에 깔려 있다면, 60년대의 〈언니는 말괄량이〉는 여자가 깨닫기 위해서는 그것을 가르쳐줄 강한 남성의 존재가 필요함을 보여준다. 아버지의 목소리로 딸을 규율하고 통제하는 모습은 50년대 영화에서 아이가 자기의지에 의거해서 행동을 결정하던 것과는 아주 다른 모습이다. 50년대 코미디에서 인자하기만 했던 아버지, 그래서 때로는 무력해보이기까지 했던 아버지의 페르소나였던 김승호가 강력한 아버지로 돌변하여 딸을 가부장의 아내 자리로 돌려보내는 후반부는, 60년대가 50년대와는 다른 방향으로 진행되리라는 것을 예감케 한다. 이에 관한 한 더 이상의 부연은 무의미할 것이다. 어떻든 분명한 것은, 50년대의 코미디가 보여준 모습은 1961년 이후가 되면 다시 사라지게 될, 한시적인 풍경이었다는 사실이다.

비록 한시적이었다고 하더라도 어떻게 그렇게 짧은 시기에 급작스러운 미국화가 진행될 수 있었는가를 설명하는 일은 그리 간단치 않다. 다만 그러한 힘들을 만들어낸 보다 근원적인 힘으로서 이제 막 시작하는 신생독립국의 정신적 에너지와 열정을 주목할 필요가 있다. 새로운 시대를 맞이하여 전 시대와는 다른 무엇인가가 시작되고 있다는 기대가 그 배후에 존재하고 있었기에 그러한 변화가 가능했다는 말을 할 수 있을 것이다. 50년대 코미디의 낙천성과 활기는 신생국가로서 민주주의에 대한 열망과 미래에 대한 당대 대중들의 기대가 있음으로써 비로소 가능한 것이었다. 미국주의라는 표상은 신생독립국이 지니고 있는 민주주의에 대한 정치적 열망의 표현이었다. 민주주의를 향한 밑으로부터의 열망을 가리켜 미국적 문화에의 경도라고 한다면 이때의 미국이라는 존재는 단순히 특정한 국가라는 차원을 넘어선 것, 보편자로서 존재하고 있는 그 무엇이라 할 수 있다. 실제로 그들이 본 것이 미국의 진정한 실체였느냐 하는 문제는 중요하지 않다. 미국의 실상과는 상관없이 미국적인 무엇이 이상적 표상으로 다가왔다는 점이 중요하다. 미국화가 1950년대라는 시대정신과 어떻게 조응하는지가 문제라는 것이다.

여기서 주의할 것은 친미주의와 미국주의가 동일한 말이 아니라는 점, 둘 사이를 구별할 필요가 있다는 점이다. 이러한 점은 친미주의자였던 이승만과 자유당이 개인, 사익, 사유재산, 경쟁, 시장 같은 자유주의적 가치에 극도로 부정적이었던 반면, 민주당을 비롯한 야당은 자유당과는 달리 개인과 경쟁, 시장, 사유재산, 창의를 중시하며 사적 이익의 표현을 존중하는 노선을 분명히 했던 점에서도 여실히 증명되는 바이다.[33] 50년대 코미디가 끌고 들어온 것은 친미주의가 아니라 미국주의라는 표상이었다. 50년대 대중들이 꿈꾸었던 자유주의와 민주주의는 "워싱턴보다 더 강력한 반공드라이브로"[34] 권위주의 체제를 유지하던 이승만 정권의 반공민주주의와는 확연히 다른 자리에 놓여 있었던 것이다.

이러한 정황에 대해, 그들이 지향했던 것이 미국을 구심점으로 하는 허상뿐인 세계주의라고 비판하는 것은 너무 거친 논리로 보인다. 물론 미국에 대한 지나친 이상화가 가능할 수 있었던 배후에는, 남한을 반공투쟁의 전진기지이자 동시에 자본주의경제와 민주주의 정치체제의 성공적인 진열장으로 삼고자 했던 미국의 이해관계에 대한 인식의 부재가 놓여 있었다. 하지만 국가 간의 실제적인 이해관계와는 무관하게 대중들은 새 시대의 이상적 표상으로서 미국주의를 향유했던 것도 부정할 수 없다. 개인주의나 자유주의, 민주주의의 담론이 서구의 경험적 맥락 속에 있다고 해서 그것의 보편성이 의심되는 것은 아닐 뿐더러, 서구의 영향을 너무 절대적인 존재로 인식할 필요도 없다. 아무런 주관적 의지도 개입되지 않은 모방이란 불가능하다. 변화를 위한 자극이 외부적인 것으로부터 올지라도 변화를 위한 계기는 언제나 내부에 존재하고 있다.[35] 전적으로 자발적인 변화도, 전적으로 외부에 의해 이루어진 변화도 찾아보기 어렵다는 것이다. 요컨대, 당시 벌어지고 있던 변화가 주체적인 의지와 상관없는 외래적인 것이었다라는 식의 시각은 재고되어야 한다는 것이다.

그런 의미에서 현실의 제 모습을 가린 채 진행되었던 1950년대의 미국에 대한 몽상은 무모했지만, 몽상은 시대의 고난을 견디게 만드는 힘이자 미래를 꿈꾸는 원동력이기도 했다. 개인주의나 자유민주주의에의 열광이 4월혁명을 가능케 한 원동력이라는 사실을 염두에 둔다면, 50년대 대중들의 미국에 대한 몽상이 무의미한 착각일 뿐이고 허위의식에 지나지 않았다고 하는 것은 성급한 판단이다. 1950년대에게 미국은 권위주의나 엄숙주의와 반대편에 있는 것, 일체의 권위와 우상으로부터 벗어나는 꿈을 꾸게 만드는 환상이었다. 일체의 개인의 표현을 방해하는 권위와 우상은 철저하게 타파되어야 한다는 이러한 태도는, 기존의 전통에 반하는 것임과 동시에 과거의 질곡과 죄책감을 새 시대에 대한 기대로 치유하는 과정이기도 했다. 또한 권위적인 자유당 정권에 대항하는 힘이었고, 미래를 꿈꾸는 새로운 세대의 이상으로 이해될 만한 것이었다. 더 나아가 그것은 1950년대의 미국화는 보수적인 전시대를 부정하고 비판하는 알리바이가 되어주었다. 외견만으로 보자면 미국을 향한 일방적인 추종으로 보일 수도 있지만, 적절한 때가 오면 미국과 결별하고 맞설 수 있는 힘을 축적하는 과정이기도 했다는 것이다. 그런 점에서 1950년대의 미국주의는 친미주의뿐 아니라, 1980년에 들어 본격화되는 현실적 반미주의까지도 자기 안에 포함하고 있었던 것이라고 해야 한다. 미국주의가 지니고 있는 그러한 역설의 한 편린을, 1950년대의 코미디 영화의 내적 문법이 우리에게 여실히 보여주고 있다.

■■■ 주석 ■■■

1 「발전할 토대를 마련/정유(丁酉)영화계 총결산」, 『서울신문』 1957년 12월 18일자 4면.

2 남한사회에 미친 미국문화의 영향에 관해서 크고 작은 많은 논의들이 이루어졌다. 그중에 미국화 현상을 집중적으로 논의한 대표적인 저서만을 언급하자면, 학술단체협의회 엮음, 『우리 학문 속의 미국』, 한울아카데미, 2003 ; 김덕호 · 원용진, 『아메리카나이제이션 : 해방 이후 한국에서의 미국화』, 푸른역사, 2008 ; 허은, 『미국의 헤게모니와 한국 민족주의 : 냉전시대(1945~1965) 문화적 경계의 구축과 균열의 동반』, 고려대학교 민족문화연구원, 2008 등이 있다.

3 막스 베버, 전성우 옮김, 『직업으로서의 학문』, 나남출판, 2006 ; 위르겐 하버마스, 이진우 옮김, 『현대성에 대한 철학적 담론』, 문예출판사, 1994.

4 코미디 영화가 출현했던 1950년대 중반부터 5 · 16 쿠데타가 일어나기 직전까지의 시기를 논의의 대상으로 삼는다.

5 「청춘의 쌍곡선」, 『경향신문』 1956년 9월 19일자 4면.

6 정비석, 「영화에 나타난 가정상(5)」, 『한국일보』 1957년 2월 24일자.

7 오영진, 「영화제작계의 반성」, 『대학신문』 1955년 11월 7일자.

8 임긍재, 「국산영화의 스타일 문제」, 『조선일보』 1957년 12월 3일자.

9 「신영화 : 풍기는 신선미 〈서울의 휴일〉」, 『한국일보』 1956년 12월 5일자 4면.

10 당시 일간지에도 〈서울의 휴일〉이 〈로마의 휴일〉을 모방한 것이 아니라 "서울의 휴일 하루 동안의 인간상"을 스케치한 근본적으로 다른 영화임을 언급하고 있다. 「신영화 소개 : 서울의 휴일」, 『경향신문』 1956년 11월 30일자 4면.

11 이봉래, 「작품경향 / 저급에서 답보 / 흥행 본위 경향」, 『조선일보』 1956년 12월 26일자.

12 이덕수, 『회극적 갈등양식과 셰익스피어 희극』, 영남대학교출판부, 2002, 186쪽.

13 E. Valentine Daniel & John Chr. Knudsen edited, *Mistrusting Refugees*, University of California Press, 1995, p.131.

14 서영채, 『문학의 윤리』, 문학동네, 2005, 244쪽.

15 김경일, 『한국의 근대와 근대성』, 백산서당, 2003, 162쪽.

16 송건호, 「민족지성의 회고와 전망」, 김병익 · 김주연 편, 『해방 40년－민족지성의 회고와 전망』, 문학과지성사, 1985.

17 박찬표, 『한국의 국가형성과 민주주의』, 고려대학교 출판부, 1997, 314~315쪽.

18 이청기, 「감각적 연출미－영화 〈유전의 애수〉를 보고」, 『조선일보』 1956년 8월 1일자 석간 4면.

19 「[신영화] 청신한 '코메디' / 〈여사장〉」, 『서울신문』 1959년 12월 24일자 4면.

20 「키스 장면의 시비 / 영화 〈자유부인〉을 계기로 / 찬성론이 지배적, 일부 의원과 가정부인은 반대」, 『동아일보』 1956년 6월 10일자 3면.

21 George Meredith, "An Essay on Comedy", *Comedy : An Essay on Comedy by George*

Meredith and Laughter by Henri Bergson, Wylie Sypher edited, Johns Hopkins University Press, 1980, p.47.

22 마해송, 「한국여성의 비극」, 『여원』 1956년 7월호.

23 박숙경, 「얄개전」, 『국민일보』 2004년 4월 24일자.

24 김병익 외, 『4월 혁명과 60년대를 다시 생각한다』, 창작과비평사, 2001, 18~67쪽.

25 임지현, 『이념의 속살』, 삼인, 2001.

26 이용희, 「美國的이라는 것」, 『신태양』 1957년 7월호, 28~29쪽.

27 1958년에 창간된 『자유공론』은 시사논문·문예창작에서부터 좌담회·단평·화보 등에 이르기까지 폭넓은 분야를 포괄하였던 월간 종합잡지였다. 일반대중의 절실한 현실적이고 사회적인 문제를 주로 다루었고, 5·16 직후인 1961년 7월에 종간되었다. 영화 〈신여성〉에서는 『자유공론』의 이름이 직접 언급되기도 한다.

28 박찬표, 『한국의 국가형성과 민주주의』, 고려대학교 출판부, 1997, 315쪽.

29 김광섭, 「에티켓트와 民主主義」, 『여원』 1957년 1월호.

30 이태영, 「현대 여성은 지성을 상실했는가」, 『여원』 1955년 10월호, 27쪽.

31 김경일, 『한국의 근대와 근대성』, 백산서당, 2003, 212쪽.

32 김병익, 『상황과 상상력』, 문학과지성사, 1979, 105쪽.

33 박명림, 「1950년대 한국의 민주주의와 권위주의」, 역사문제연구소 편, 『1950년대 남북한의 선택과 굴절』, 역사비평사, 1998.

34 위의 글, 92쪽.

35 서영채, 『사랑의 문법』, 민음사, 2004, 27쪽.

한국전쟁 직후 남한의 생활문화

전쟁, 분단의 아비투스(habitus)

김동춘*

1. 머리말

일상사, 생활사, 일상생활을 다루는 문학, 역사학, 사회학은 거시 정치경제 변동을 괄호 안에 두고 미시적인 분석에 치중하는 경향이 있다. 실제 가족생활, 종교 활동 등과 같은 극히 사적인 활동도 큰 정치경제적 경험과 무관하게 이루어지는 법은 없다. 예를 들어 한국전쟁 후의 베이비붐이라는 인구현상은 전쟁으로 인한 파괴와 상실, 가족의 붕괴라는 경험을 빼고서는 전혀 설명할 수 없는 것과 마찬가지다. 국내 거시적인 정치변동도 한 가족의 운명이나 일상을 거의 완전히 지배하는 경향이 있는데, 특히 한국과 같이 국가, 정치 혹은 중앙정부의 지배가 압도적인 곳에서는 국가의 영향이 마을 단위 한 가족

* 성공회대학교 사회과학부 교수

의 일상에까지 직접 영향을 미친다. 특히 전쟁과 분단의 고착화를 거친 50년
대 일상영역은 전국단위, 더 나아가 국제정치적인 대격변과 무관하게 진행되
지 않았다. 그래서 일상의 활동은 그 자체로서 관찰될 수 없고, 국가 및 거시
정치적인 변동과 연동해서만 관찰, 설명될 수 있다.

　한국에서는 사적인 영역과 공적인 영역을 명확히 구분하는 것은 어렵다. 예
를 들어 지난 시절 한국에서는 가족의 재생산도 산아제한 등의 방식으로 공적
인 영역으로 간주된 적도 있지만, 50년대의 경우 종교 활동, 자녀교육, 가족
재생산 등의 극히 사적인 활동 영역도 처음부터 국가가 개입하지 않은 경우
는 거의 없었고, 또 개인적으로는 사적인 활동으로 간주해도 객관적으로는
공적 성격을 지니기도 한다. 공과 사의 엄격한 구분은 서구 시민사회의 형성
사를 반영하고 있는데, 가족이 공적 활동의 기본이 되는 유가(儒家) 철학이 지
속적인 영향을 미쳤으며 개인이 충분히 분화되지 못한 동아시아의 정치사회와
시민사회 연구, 생활세계 연구에는 제한적인 타당성만 지니고 있다. 교육활동
의 경우가 대표적이다. 자녀교육은 가장 사적인 활동이지만, '입신출세'라는 가
치에는 사적인 것과 공적인 것이 결합되어 있다. 사적인 동기로 교육활동에
참여하더라도, 교육은 극히 공적 인간을 만들어내기도 한다.

　현대 한국인들의 일상문화에 대한 연구는 거의 없지만, 약간의 연구조차도
현대 한국사회의 일상생활, 문화를 다룰 때 주로 전근대/근대의 큰 도식 아래
에서 접근하고 있다. 이런 연구에서는 산업화가 본격화된 1960년대 이후가 주
로 대상이 되고 있으며, 1950년대는 거의 언급조차 되지 않고 있다. 본격적인
자본주의 산업화는 이루어지지 않았으나 도시화와 시장경제는 이미 일제시기
를 거치면서 상당히 침투해서 일상을 지배하고 있었고, 전 국토 전국민을 전
투원으로 만들어낸 한국전쟁이라는 큰 정치적 사건을 겪은 50년대 남한 사람
들의 일상은 주로 학문적 관심을 받기보다는,[1] 주로 문학의 소재가 되고 있을
따름이다. 우리는 사람과 사람 간의 관계가 적대적으로 분열하는 상황이자

재산의 박탈은 물론 생명의 유지 여부 자체도 극히 불투명한 상황인 전쟁, 극단적 이념적 대립과 금기와 타부가 존재하는 반공주의 체제, 가족 상실의 고통과 가족 강제 분리 체제인 분단, 만성적인 국가 전쟁 선전과 남북한 군사대결체제로서의 분단, 그리고 주민 감시체제로서의 분단이 다른 정치경제 현실보다 50년대 한국인들의 일상을 압도적으로 지배했을 것으로 판단하고 있다. 그러나 지금까지 50년대 이후 현대 한국사회 및 한국인들의 행동방식, 일상에 대한 사회학적, 심리학적 연구에서는 한국전쟁, 분단이라는 상황이 별로 고려되지 않는 경향이 있다. 전쟁과 분단이라는 문제의식이 1950년대 연구에서 완전히 삭제된 것은 역설적으로 당시를 겪은 한국인들에게 하나의 강력한 트라우마로 작용하고 있거나 성찰하고 싶지 않은 가족사, 개인사로 작용하고 있어서 사실상 정면으로 대면할 수 없었기 때문인지도 모른다. 예를 들면 『사상계』와 같은 50년대의 대표적 잡지에서는 한국의 정치나 사회가 분석과 조사연구의 대상이 되지 못하고 주로 외국의 논문을 소개하는데 치중하고 있다. 한국전쟁, 분단, 미국 등 압도적 현실을 언급하지 않는 한국인들의 심리구조에는 거꾸로 전쟁, 분단과 미국이 마치 공기처럼 들어와 있어서 대상화, 객관화할 수 없었다는 말도 된다.

　여기서는 한국전쟁 후 50년대 일상을 다루면서 부르디외(Bourdieu)의 아비투스(habitus)의 개념을 변형해서 사용하고자 한다. 부르디외의 아비투스는 집합적 개인의 행위, 지향, 성향, 동기체계 내의 실천 등을 지칭하는 데, 그의 표현을 그대로 빌리면 '구조화된 구조(structures structuree)'로 존재한다. 아비투스는 물질적 존재조건을 기반으로 하지만, 독자적인 시간 지속성과 구조화된 실천의 형태로 존재한다.[2] 그리고 아비투스는 의식적 활동과 무의식적인 실천을 포함하고 있으며, 과거 경험하고 겪었던 일이 그 후에 일정한 시간적 갭을 갖고서 실천된다는 점과, 미래에 대한 일정한 감각과 기대가 포함되어 있다는 특징을 갖는다. 즉 집단화되고 구조화된 인간의 행위에는 과거와 미래가 통합되어 있는 셈이다. 그런데 부르디외는 주로 자본주의 시장경제, 혹은 시장경제로의 이행과정에 있는 사회에서의 경제적 실천과 연관하여 사회적 실천으로서 아비투스 개념을 사용하고 있지만, 이 글에서는 주로 정치 연관적 실천, 개인과 가족의 모든 질서를 완전히 뒤흔들어 놓은 '전쟁'이라는 정치적 사건과 연관된, 그러면서도 과거 이래의 습관과 지향이 그것과 결합된 실천들에 주목하고자 한다. 한국전쟁과 분단이라는 정치현실은 당시 최고 권력층에 속해 있었던 사람을 포함하여 거의 모든 한국인들에게는 감히 거역할 수 없는 '구조'였고, 이 현실 속에서 나름대로의 적응적 행동을 하지 않을 수 없었다. 이 전쟁과 분단이 어떤 방식으로 진행되었는가, 그리고 일상을 지배한 국가와 정치가 어떻게 의미화되었는가는 한국인들의 행동에 지배적인 영향을 미쳤고, 또 이들 반복 행위들이 주어진 구조를 지탱시키고 또 강화시키는 힘을 가진, 그 자체가 이미 구조로 전화된 행위들이기도 했다.

이러한 일상세계 아비투스의 실천자들은 당시의 남녀노소 모두이지만 공적 생활에 상대적으로 덜 참여하는 여성들이 주요 인자다. 그렇게 보면 젠더(gender)의 주체로서 여성의 일상보다는 전쟁 후 주요 경제·사회 활동의 주체로서의 여성, 가족의 핵심구성원으로서 여성이 실천적으로 개입한 가족 재생산, 종교, 교육 활동에 비중을 둔다. 여성은 군인이 될 수 없지만, 전쟁이라는 가장 남성적인 활동은 많은 남성을 희생시키기 때문에 남성을 공적 영역에서 퇴장시키고 여성을 '비정치적'인 방식으로 주체화시키는 결과를 가져온다. 그래서 우리는 전쟁 후 여성화된 남성, 남성의 역할을 하게 된 여성을 통해서 현대 한국인들의 아비투스의 원형을 발견할 수 있으며, 그것은 곧 현대 한국사회라는 건축물을 발견하는 일이 될 것이다.

2. 한국전쟁, 자본주의, 분단과 50년대 한국인들의 존재조건

어떤 전쟁이든지 전쟁은 개인과 가족을 감히 상대할 수 없는 엄청난 폭력 앞에 노출시킨다. 전쟁의 개시, 방어, 계엄선포, 작전명령, 강제 입대조치,[3] 주민동원, 강제이주, 소개, 후방치안 유지 등을 위한 어떤 정책도 전투 수행을 위한 강력한 명령의 형식으로 이루어지며, 개인이 그것에 영향을 미칠 가능성은 거의 없다. 한국전쟁 중인 이승만 정권기가 그러했지만 국민의 대표인 국회의원이나 군 지휘관조차 입법, 사법권까지 군 총수인 대통령에게 위임한 조건에서 정부의 정책일반은 물론 전쟁 수행 정책에 대해 이견을 제시하거나 비판했다가는 반역자로 몰리거나 목숨을 바칠 각오를 해야 했다.[4] 따라서 보통 시민의 입장에서 자신과 가족의 목숨을 벼랑 끝으로 몰아가는 전쟁 정책은 자신이 통제할 수 없는, 그저 주어진 현실이며, 자신은 오직 그 주어진 현실 속에서 최대한 생명을 유지, 보존하는 선택지만 가능하다. 그래서 전쟁 상황에서 일상의 '옳고 그름', '좋고 나쁨'은 정책에 대한 판단이 아니라 생명의 유지 보존을 위한 기준하에서 가늠된다. 그래서 전쟁 상황에 대해 특별한 식견을 갖고 있는 지식인이나 엘리트층이 아닌 보통 사람들에게 전쟁으로 인한 개인과 가족의 불행은 '그들의' 탓 이전에 '자신의' 탓이 된다.

전쟁은 그 자체가 무법상황이고 무법, 탈법, 불법, 편법을 만들어 낸다. 전쟁에서는 법을 지켜도 칭찬받지 않고, 법을 어겨도 처벌을 피해갈 수 있다. 전쟁 시 군인에게 전투에서 이기는 것보다 더 중요한 일은 없고 민간인들에게 살아남는 것보다 더 중요한 일은 없다. 전쟁기에 정부가 퍼뜨리는 요란한 아군 승리 선전이나 전사들의 영웅담에도 불구하고, 군인이나 민간인이 목숨을 잃게 되는 것은 정부의 잘못이라기보다는 '운명의 장난'이거나 심지어는 '어리석은' 일로 간주된다. 그것은 전쟁이라는 상황 자체가 국가가 국민의 생명과 재산을 보호하는 기능을 하지 못하게 만들기 때문이다. 전쟁, 특히 한국전쟁과 같은 내전이 발발하면 이웃, 심지어는 가족구성원을 포함한 모든 사람이 잠재적인 적으로 돌변한다. 즉 모든 사람들이 자신의 생명을 보전하기 위해 협잡, 기만, 아부, 타협, 굴종, 배반을 서슴없이 감행하기 때문에 지도자, 공권력, 이웃에 대한 신뢰도 거의 사라진다. 전쟁 시 목전에서 가족의 죽음을 목격한 사람들은 깊은 트라우마를 간직하게 된다. 이러한 상처는 그 이후 일생 동안 그들을 지배한다. 피해를 당하지 않은 일반인들 사이에서도 허무주의가 확산된다. 전쟁 트라우마와 허무주의는 끊임없는 불안과 자기 증명의 욕구, 이기주의, 어떤 공적인 활동에도 참여를 기피하는 폐쇄성을 낳게 된다. 이러한 참여기피증과 허무주의는 권력과 권위에 대한 일방적 복종과 그 반대급부로 적나라한 욕망추구 심리를 수반한다.

그러나 다른 편으로 보면 전쟁 상황이 강요하는 '생명의 유지보존'이라는 절체절명의 과제는 전통적 권위, 각종의 사회적 차별, 특히 신분에 의한 구분을 무의미하게 만든다. 모든 이가 총탄의 세례에서 자유로울 수 없고, 적과 나의 대립과 구분이 사회를 가로지르는 가장 일차적인 분할선이 된 상황에서 사회 내의 계급적 신분적 차별의 의미는 희석될 수밖에 없다. 또한 전쟁기의 피난, 대량의 집단이주는 인간을 전통적 마을 친족 공동체로부터 이탈시킨다. 그래서 전쟁은 전통질서를 무너뜨리는 근대화 혁명의 효과를 갖고 있다. 한국의 경우도 전통사회에서의 하층민이었던 사람들이나 경제적 빈곤층이 징집 등을 통해 시민으로 탄생하였다. 여성에게도 각종 경제활동 참가 기회를 부여하는 등 완전한 시민권을 부여하였으며, 지방 혹은 농민에 대한 차별도 없는 매우 단일하고 균질적인 '감자 부대 속의 주민'을 만들어냈다.[5]

물론 한국의 경우 전통적 차별이나 족쇄로부터의 해방이 곧바로 "교환기회의 이용을 통해 이윤을 얻을 수 있다는 기대, 평화롭게 영리를 획득할 수 있다"는 베버(Weber)식의 자본주의 정신을 낳지는 않았다.[6] 당시의 시점에서 베버가 말하는 '자유노동을 합리적으로 조직한 기업'은 맹아적으로만 등장하였다. 1950년대를 풍미한 이기주의, 금전욕 그 자체가 자본주의는 아니기 때문이다. 50년대 한국사회에서 70% 이상의 노동력은 농업노동에 종사하고 있었기 때문에 영리를 위한 생산과 교환은 도시지역만의 현상이었다. 그러나 그것은 점차 한국사회의 지배적 아비투스로서 자리 잡아 가고 있었다. 생존을 지상목표로 하는 전쟁과 인간을 무차별적인 경쟁에 노출시키는 시장은 박경리의 소설, 「전장과 시장」에서 그려지는 것처럼 대단히 친화적인 측면이 있었기 때문이다.

한국전쟁은 일차적으로 좌·우 간의 정치적, 이데올로기적 전쟁이었다. 해방정국에서 형성되기 시작한 좌와 우의 정치적 구분이 가장 극단적인 형태로 충돌한 전쟁이 한국전쟁이었다. 북한이 남침하면서 남한 내에서 본인의 실제 정치적 지향과 무관하게 '좌'로 분류되는 사람은 적으로 취급되었다. 그 전쟁에서 북한이 승리하면 우익 지도자들이 모두 죽거나 탄압받을 가능성이 있었고, 대한민국이나 미국이 승리하면 좌익이 모두 죽거나 처벌당할 위험이 있었다. 전선이 계속 이동하기는 했지만 남한의 주권이 미치는 곳에서 전쟁 이전 '좌'의 편에 섰던 일부 사람들을 제외한 대다수의 사람들은 '좌'로 분류되지 않는 것이 살아남을 수 있는 길이었다. 여기서 국민으로서 '권리와 의무'는 헌법상의 규범으로는 존재했지만, 실제로는 공공연히 무시되었다. 좌와 우의 어느 편에 서는 것만이 인간으로서 생존을 도모할 수 있는 길이었다. 지역사회 내에서, 그리고 피난길에서 모든 사람들은 검문과 감시에 노출되었다.

분단은 전쟁이 휴전이라는 '상대적 평화상태'로 지속되는 것을 의미한다. 열전이 잠시 멈추었기 때문에 분단은 다가올지도 모르는 전쟁을 위한 준비와 동원, 그리고 한국사회 내부에서 적과 협력할 위험이 있는 요소에 대한 통제를 수반한다. 같은 시기 타이완에서 백색테러와 내부의 '적'에 대한 숙청이 만연하였듯이,7 한국에서도 반공지상주의와 독재, 정치깡패들의 테러, 월북자 가족이나 좌익 가족에 대한 통제가 지속되었다.

전쟁 기간 죽음의 원인은 큰 괄호 속에 놓인다. 그것은 자신이 통제할 수 없는 영역이다. 물론 군대에 징집된 후 학살당할 상황에서 도망쳐 살아남는 것은 개인이 선택할 수 있는 일이었으나, 만약 그러한 일이 발각되면 남은 가족들은 엄청난 괴롭힘을 당해야 하고 나중에 잡히면 거의 죽음을 각오해야 했다. 정확히 말하면 당시에 도망갈 곳은 거의 없었다. 경찰이 면 단위 마을 단위까지 통제하고, 마을에는 이웃 주민들을 감시하는 경찰 끄나풀들이 있었던 전쟁 시기, 그리고 전쟁 후 수십 년 동안 좌익 관련자, 월북자, 피학살자 가족들에게 한국은 거대한 감옥이었다.

법과 도덕은 전쟁이라는 문턱 앞에서 멈추고 폭력이 그 자리를 대신하는 법이지만 특히 한국전쟁은 국가, 사회, 이웃 등 모든 객관적 환경 혹은 일반화된 타자가 상식적으로 예상하고 기대했던 방식으로 반응하지 않는다는 것을 가르쳐 주었다. 대통령 이승만은 이미 서울을 떠나서 대전에 간 다음 국민들에게 서울을 사수하자고 말했다. 그것은 최고의 배신이었다. 한편 이승만 정부는 국민들에게 예고도 하지 않은 채 한강교를 폭파했다. 그래서 한강 다리 위에 있던 수백 명의 피난민이 한강물에 빠져 죽었다. 이승만 정부는 전향하면 살려준다고 해 놓고 국민보도연맹원을 검속하여 학살하였다. 이것은 정부의 약속과 완전히 배치된 것이었다. 또한 이승만 정부는 국민방위군을 소집하여 그중 수만 명을 굶거나 얼어 죽게 만들었고, 그에 대해 어떤 책임도 지지 않았다. 군 징집에 응하는 것은 '애국적' 행동이 아니라 배고픔을 벗어나기 위한 탈출이거나 강제를 거역할 수 없어서 할 수 없이 택한 길이었다. 전투 현장에서 총에 맞아 죽거나, 동원 중 병과 배고픔으로 죽거나, 집에 있다가 좌우익 어느 편에 의해 학살당하는 것은 분명히 성격이 다른 죽음이지만, 전쟁 기간 중 그 차이는 실질적으로 그렇게 크지 않았다. 그 어느 것도 당시의 청년들이 자유의지로 선택한 것이 아니며 거역할 수 없는 힘에 의해 강제로 주어진 현실이었다.[8]

서울 수복 후 피난에 대한 사과 제안을 일축하면서 이승만은 "제갈공명이 있어도 불가능"하다고 답했다. 그리고 적반하장격으로 자신의 거짓 방송 때문에 피난을 가지 않고 남아있다가 인민군에게 시달린 사람들을 향해, "당신들은 사상이 불순하기 때문에 서울에 남아있었고, 남아있는 동안 인민군에게 부역을 했다"는 이유로 체포하였으며, 그들 중 다수를 재판 없이 처형하였다. 이것은 박완서의 체험적 소설에 잘 그려져 있다.

> 여보슈. 백성들을 불구덩이에 버리고 도망간 사람은 누구유? 거기서
> 살아남은 죄로 죽여줘도 난 원망 안할 테니 그 사람 얼굴 좀 보고 그 죄
> 나 한번 묻고 죽읍시다.[9]

강원룡 목사도 "재빨리 피난을 간 사람은 애국자가 되고 대통령을 믿고 남아있던 사람들은 용공분자나 부역자가 되는 이상한 세상이 되어 버렸다"[10]고 개탄했다. 1952년 부통령 김성수는 "사변발발 직후에는 국민을 기만하여 적의 마수하에 남겨둔 채 무질서한 도주를 감행하여 저 무수한 애국자를 희생시킨 천추의 총한사를 저질러 놓고도 한 사람도 책임을 지고 국민 앞에 사과하는 자가 없었을 뿐 아니라 도리어 마치 구국의 영웅이나 된 모양으로 권력을 남용하여 민주국가에서 도저히 상상도 할 수 없는 중대한 인권유린을 감행하였으며…"[11]라는 성명을 발표하고 부통령직을 사퇴하였다.

국민보도연맹 학살 당시 '순경의 압잡이들'이 직접 총살을 집행한 경우도 있다. 면장, 방위대장을 지낸 사람도 가담하였으나 서북청년단, 대동청년단이 이들을 직접 잡아오는 역할을 하였다. 즉 동네의 안면이 있는 사람이 자신을 밀고하거나, 연행하는 사람이 되었고, 심지어는 자신을 죽이는 사형 집행자가 되었다.[12]

전쟁 발발 후 피난 상태의 이승만 정부는 국가의 충성스러운 시민과 잠재적인 적, 즉 국민과 비국민을 나름대로 확정하였다. 그리고 이것은 현대 한국

사회에서의 외부자(outsider)와 내부자(insider)의 경계선 확정, 즉 국민됨의
자격증 부여 과정이기도 했다. '충성스러운' 주민인지 여부 확인을 위해 '양민
증', '도민증'이 발급되었으며, 이것이 없는 사람은 적으로 분류되어 죽을 수도
있었다. 의무병제를 도입하면서 모든 남성들을 군인을 통한 '국민 만들기' 과
정에 참여시켰다. 비국민으로 분류 확정하는 과정 역시 이웃의 고발과 평판,
밀고 등에 의해 이루어졌기 때문에 다분히 일방적이고 폭력적이었다. 그리고
국민 내에서도 일정한 등급과 위계가 존재하였다. 서북청년단, 반공투쟁 경
력자, 기독교인 들은 '일등 시민'으로 대접받았고, 보통 우익이나 어느 쪽에도
속하지 않은 사람은 '보통 시민'이었다. 군인 · 경찰 가족, 공무원 가족, 월남
자 가족, 지주나 자본가들 가족은 모두 남한 편에 서야 할 존재들이었다. 이
들은 확실한 시민으로 보장받을 수 있었던 존재였으나 이들을 제외한 다수는
잠재적으로는 비시민 혹은 적으로 의심받을 수 있는 존재였다. 가족 구성원
중 피학살자, 월북자, 좌익활동가 등이 있는 사람들은 지속적인 경찰의 방문과
호출, 압박이 가해졌고, 이후에는 '요시찰인'으로 분류되어 연좌제의 피해를 당
했기 때문에 이들은 확실히 이등시민, 또는 비시민으로 분류되었다. 인민군
점령기 부역행위의 혐의를 받았다가 살아난 사람들은 '금치산자', 혹은 사실상
의 집행유예 상태로 살아야했기 때문에 정신적으로는 사망한 존재였다.[13] 결
국 전쟁을 거치면서 현대 한국사회에서 권리와 의무의 묶음으로서 주권 국가
내 주민인 '시민'은 단순히 법 앞에 평등한 개인들의 집합체가 아니었다. 사회
적 차원에서의 시민권의 질과 등급은 개인이 아니라 가족 단위로 규정되었다.

그러나 전쟁 상황에서는 좌와 우의 어느 편에 선다고 해서, '국민'이 되기
위해 군에 입대한다고 해서 개인과 남은 가족의 생명이 보장되는 것은 아니
다. 국군에 자원 입대한 사람의 가족이 좌익 부역자로 분류되어 학살당한 사
례나 그 반대의 경우도 비일비재하다. 전쟁이 발발하면 모든 사회구성원은 예
외 없이 생사의 기로에 놓이지만 전쟁기에 모든 사람이 전투에 참가하는 것

은 아니기 때문에, 청·장년 남성을 제외한 여성 대다수의 인구는 평상시와 같은 일상을 영위한다. 우선 청·장년 남성들은 징집, 각종 노무동원, 청년단 활동 등을 통한 행사 동원의 주역이거나 피동원자가 된다. 이들은 전선 어느 편에 서야 하는 정치적 존재가 되기 때문에 생사의 기로에 가장 전면적으로 벌거벗겨진 존재가 된다. 나머지 가족들은 대체로 집안의 기둥인 이들 청·장년 남성들의 생존을 위해 일차적으로 동원이 된다. 가족 구성원들은 이들 가족 중 남성 청·장년의 입지에 따라 전원 죽음의 길로 들어설 수도 있고, 생존의 희망을 가질 수도 있다. 한국과 같은 가부장주의 사회에서 청·장년 남성은 개인으로 존재하는 것이 아니라 가족의 대표자로서 존재한다.

한편 식민지 시기나 한국전쟁 시기 전쟁의 주체는 한국인들이 아니었다. 즉 한국은 주권국가로서 전쟁에 참여한 것이 아니었다. 따라서 전쟁에 관한 모든 정책 결정은 식민지 시기에는 일본인들, 해방 후에는 미군정, 미군사고문단, 작전권을 가진 유엔군에 의해 이루어졌고 한국의 대통령과 국회의원은 그것에 아주 제한적인 힘만 행사할 수 있었다. 1950년 7월 14일 대전협정 이후 전쟁 상황에서 한국의 국가는 모든 주권을 미국에게 양도하였다. 미국은 사실상의 한국인들의 운명을 좌우한 신과 같은 존재였다. 따라서 사실상의 주권부재의 상황에서 한국인들이 겪었던 가공할만한 폭력의 힘은 주권국가 주민의 그것과 또 다른 성격을 갖고 있다. 여기서 군사·정치적으로 거의 '구세주'와 동격이었던 미국에 의존하고 있었던 한국의 지배층들은 자신의 문화나 역사에 대한 존중감, 정체성을 가질 수 없었다. 그래서 한국의 정치, 문화, 전통 일반에 대한 극도의 경멸이 자리 잡았다.

결국 한국전쟁은 전후 남한 사람들에게는 가장 엄격한 정치적 훈육(poltical displine)과 도덕적 규제, 이후의 일상을 지배한 원체험이었다.14 그런데 역사학자들 일부는 일제 말 중일전쟁부터 시작해서 한국전쟁까지 언제나 전쟁상태였다고 말한다. 이것은 객관적으로도 그러했지만 당시를 살았던 사람들의 생활세계와도 어느 정도 부합한다. 그런데 정확히 말하면 전쟁은 중일전쟁 이전에도 있었고, 1953년 이후에도 있었다. 그 이전의 조선 총독부의 식민지 체제도 군인이 총독이 되어 폭력을 앞세운 전쟁체제였으며 그 이후의 박정희 전두환 정권 시기까지도 남북한 간의 휴전 상태와 그것을 빌미로 한 군사독 재가 유지되었기 때문에 교전이 없는 전쟁상태는 훨씬 더 오랫동안 지속되었 다. 따라서 20세기 한국인들에게 전쟁이라는 정치 상황은 부르디외가 말한 자본주의 경제 조건 이상으로 압도적이었다. 한국인들의 아비투스는 반드시 전쟁, 가시적 폭력과 구조화된 폭력 속에서 만들어졌고 이들의 전쟁 적응 아 비투스가 그러한 전쟁체제를 지탱해 주는 구조의 일부였다.

3. 일상문화의 구조화 : 남한 주민 아비투스의 원형

모든 가족은 생계를 위한 경제적 활동 외에 재생산과 자녀교육, 그리고 유 교 전통이 강한 한국에서는 관혼상제가 큰 비중을 치지하는 일상 속에서 살 아간다. 경제활동은 당장의 생계유지를 위한 목적에 의해 수행되지만, 자녀 교육을 통한 빈곤 탈출과 가족의 복원과 지위 향상이라는 미래지향성도 가지 고 있다. 그리고 생계유지를 위한 경제활동 외의 일상활동은 모두 기존의 관 습, 혹은 과거의 경험 속에서 얻어진 '지식의 묶음'의 지휘하에 진행된다. 즉 '관습'이라는 지식의 묶음과 '과거의 경험에서 얻어진 지식의 묶음'은 사회 구 성원 개개인의 실천 속에서는 서로 구분될 수 없을 정도로 얽혀 있다.[15]

1) '생존'을 위한 복종과 순응

청·장년 구성원을 포함하여 모든 가족 구성원들이 전쟁이라는 예측하기 어려운 가공할만한 폭력 상황에서 가장 일차적으로 당면한 과제는 목숨을 부지하는 것 자체, 즉 생존이었다. 생존은 미국의 폭격, 전투의 총탄, 그리고 그것보다 더 무서운 정치폭력을 피해갈 수 있는가의 문제와, 먹을거리를 해결할 수 있는가의 문제로 집약된다. 내전 상황에서 만연한 정치폭력을 피하기 위해서는 그때그때 어느 편에 서야 하는가에 대해 극히 중요한 판단을 내려야 한다. 피난을 가야할지, 그냥 남아있어야 할지, 간다면 어디로 가야할지 판단을 내려야 한다. 먹을거리를 해결하기 위해서 농민들은 농사를 지어야 하고, 도시민들은 집안의 금붙이를 정리하거나 시장에 내다팔 것은 모두 팔아서 양식을 마련해야 하고, 연줄과 연고를 통해 일거리를 구해야 한다. 먹을거리가 없으면 남성들의 경우 남의 집의 머슴으로라도 들어가야 하고, 심지어는 도둑질도 감행해야 한다. 그리고 생계를 유지할 수 없는 여성들은 자신과 가족을 위해 몸이라도 팔아야 한다.16

 해방 정국 그리고 한국전쟁을 겪으면서 한국 사람들이 체득한 것은 남북 양 측, 좌우 이데올로기 대립에서 어느 쪽 편을 들던 앞장서면 죽는다는 것이었다. 해방 직후 건국준비위원회, 인민위원회가 수립된 것을 시작으로 1953년 휴전까지 세상이 여러 번 바뀐 경험을 했고, 이 세상에서 영웅이 된 사람이 다른 세상에서 적이 되어 죽음을 맞은 것을 목도했다. 그래서 애초 한두 번 이것을 경험한 사람은 대한민국과 인민공화국, 국군과 인민군에 양다리 걸치기를 한다. 아들 중 한 명은 국군에 다른 한 명은 인민군에 보내거나, 씨족단위 부락에서 한쪽은 대한민국 편에 다른 쪽은 인민공화국 편에 서도록 하기도 한다. 이러한 상황에서는 국군과 경찰에 투신했다고 해서 우익의 편에 섰다고 볼 수 없으며, 인민군 치하에서 의용군에 들어갔다고 좌익이라 볼 수는 없다. 그것은 가족 혹은 지역공동체를 지키고 보존하기 위한 본능적인 생존전략의 일환이었다. 이것을 한국인들은 불입당(不入黨)의 원칙이라고 부르기도 한다. 즉 난세에는 어느 쪽에도 가담하지 말고 집안을 계승해야 한다는 것이다.[17] "앞서가지 마라, 일등은…남이 한 다음에 중간가서 해야지. 어디 가서 총을 쏴도 중간가면 안 죽는다"[18]라는 한국인들에게 익숙한 경구는 바로 이러한 경험을 반영하고 있다. 즉 좌익이나 우익은 지식인, 정치가, 잘난 사람들의 세계이고 보통 사람들은 살아남아야 하기 때문에 대세에 편승해야 한다는 삶의 철학이 체득된 것이다. 즉 정치적 생존을 위해서는 양다리 걸치기를 해야 하며, 경제적 생존을 위해서는 수단과 방법을 가리지 말아야 한다는 것이었다.[19] 실제로 휴전 이후에 남한 땅에 살아남은 사람들은 전쟁을 정면으로 체험할 수 없었던 허약자, 기피자들이었고, 전선에서 돌아온 사람도 "전쟁체험을 이미 승화시킬 수 없는 저질적 부상병뿐이었다"는 지적도 그러한 현실을 나름대로 말해주고 있다.[20]

군에 입대하여 사후적으로는 '참전 용사가 된 사람의 실제 입대 동기는 배고픔을 벗어나기 위해, 강제에 의해, 혹은 '빨갱이'의 오명을 벗어나기 위한 역설적 사회적응 행동인 경우가 많았다. 가난한 농촌 청년들이 대거 군에 입대하여 스스로 '국민' 자격증을 확보하였으며, 제주도 4·3사건 관련 피해자들처럼 좌익으로 의심받지 않기 위해 군에 입대하는 등 '내부자'로 인정받기 위한 '인정 투쟁'도 수반되었다. 여기서 특별히 주목할만한 적응 행동은 이들 피학살 가족, 월북가족 등 사회의 주변부에 있는 사람들의 순응적 행동이다. 아비투스는 주어진 구조가 허용하는 행동과 허용되지 않은 행동에 대한 의식적 무의식적 선택을 포함한다. 한국전쟁을 겪으면서 사람들은 이유를 불문하고 좌익은 죄악이고, 우익은 칭찬 받는다는 것을 알게 된다. 빨갱이, 빨갱이 가족, 빨갱이 마을, 빨갱이 섬이라는 지목을 당한 사람들은 대한민국의 국가가 허용하는 이데올로기 범위 내로 자신의 처신을 이전시킨다. 그것은 의심받을 행동을 하지 않는 것, 즉 야당을 지지하지 않고 적극적으로 정부의 편에 서는 것이었다. 남북이 분단되고 가족 전원이 '요시찰인'으로 지목되어 있는 상황이었기 때문에, 남한에서 떠날 수 없는 한 의도적으로 여당을 지지하는 행동을 보여주는 것이 더욱 현실적인 선택지였다. 제주도 4·3사건 피해자들이나 거창사건의 피해자들이 전쟁 이후 선거 때마다 여당이나 무소속을 지지했다고 말한 것도 이런 이유 때문이었다. 대한민국이 자신을 죄인으로 취급했기 때문에 그것을 '씻어내기' 위해 의도적으로 군에 입대하거나, 정부의 시책에 협조하거나 관변단체에 가담한 경우가 여기에 해당한다. 이승만 정권기에 수리조합에 들어가거나, 박 정권 시기에 공화당에 입당하는 행동들도 모두 여기에 속한다.21 이들은 대한민국 정부, 경찰로부터 일상적인 감시를 당하고 연좌제 등으로 계속되는 불이익과 차별을 당하면서도 대한민국을 원망하거나 비판적인 목소리를 내기보다는 무조건 침묵하거나 아예 자신의 과거를 의도적으로 잊어버리거나 현실을 '적극적 회피'하는 등 의식·무의식적으로 탈정치적 행동을 하는 것도 순응적 적응 행동으로 설명할 수 있다.22

그런데 여기서 한 걸음 더 나아가 안정적인 생존을 확보할 뿐 아니라 물질적·정치적 지위를 보장받기 위해 가해자의 편에 서거나 경찰 끄나풀이 되어 이웃을 밀고하는 행위도 만연하였다. 이러한 행동은 극우반공주의의 상징체계 혹은 신호체계가 행위자를 유도한 결과였다. 전쟁, 파시즘, 전체주의 체제 하에서 죄인으로 지목된 사람과 친분관계가 있거나 그를 도와주는 것도 동일한 죄로 취급되는 경향이 있었기 때문에 소극적으로는 그들과 거리를 두지만 적극적으로 그들을 감시하고 밀고하는 행동이 가능했다. 예를 들어 진주 형무소 수감자들이 1950년 7월 학살당한 현장에서 동네사람들이 시체를 치우러 경찰에 동원되었다. 그런데 총을 맞고도 살아난 사람들이 적지 않았다. 목숨이 붙어있는 사람들이 살려달라고 애원을 했다. 그러나 경찰들이 지켜보고 있어서 살려줄 수가 없었다. 자신도 죽을 수 있었기 때문이다. 며칠 후 생존자 한 명이 사흘간 숲 속에 숨어 있다가 배가 고파 마을에 내려왔다. 그러나 마을 사람들은 후환이 두려워 그를 신고했다. 그는 경찰에 잡혀서 총살을 당했다.23 주민들은 자신과 가족의 생존을 위해 국가가 배제한 집단의 고통에 대해서는 모른 체 해야 했고, 앞장 서서 국가와 한몸이 되어 그들을 고발하고 짓밟는 일도 마다하지 않았다.

그런데 이와 같은 권력에 대한 절대 순응행동은 "몽유병자와 같은 기계적인 무표정",24 냉소주의, 무관여주의(retreatism)와 병행되었다. 공기관의 신뢰가 상실되면 사람들은 각자도생(各自圖生)의 길을 갈 수밖에 없다. 농촌사회에서 그러한 현상은 더욱 두드러졌다. 당시 인구의 70퍼센트를 차지하던 농민들은 한국전쟁을 겪은 후 또다시 일제 시기와 같이 깊은 좌절감과 냉소주의에 빠졌다. "그놈이 그놈이다", "콩으로 메주를 쑨다고 해도 믿지 않는다"는 냉소는 해방이 되어 일제의 심각한 수탈, 즉 '미곡공출' 같은 것이 완전히 없어지고 농민들이 농정에 개입할 수 있을 것으로 기대했으나, 해방 후 좌우익의 대립과 전쟁을 겪으면서 그러한 기대가 철저하게 좌절된 것과 관련이 있다.25 즉 지도자 일반에 대한 깊은 불신, 믿을 곳은 오직 자신밖에 없다는 생각을 갖게 된 것이다.

2) 가족제일주의

한국전쟁 이전, 일제시기 그리고 그 이전인 조선시대 이래 한국인들의 행동은 개인 단위의 선택이 아니라, 특히 양반층의 경우에는 확대가족으로서 친족, 씨족 단위의 선택의 성격이 강했다. 그래서 한국인들은 개인으로 존재한 것이 아니라 가족 구성원, 가족 개인(family individual)으로 존재했다고 볼 수 있다. 여성들은 주로 남성들에게 종속되었으며, 가장 혹은 호주는 가족 구성원의 행위를 실질적으로 관장하는 존재였다. 부모 및 연장자에 대한 복종과 존경은 유교문화의 굳건한 전통으로 남아있었으나 전쟁은 연장자에 대한 존경이라는 유교적 가치도 크게 흔들어 놓았다. 30대가 군과 경찰의 최고 지휘관의 역할을 하게 되는 당시 한국사회에서 연장자에 대한 존경도 크게 흔들렸다.26 그래서 씨족, 친족단위의 위계질서와 유교적 가족중심주의, 씨족 유대는 크게 흔들렸다.

그런데 전쟁으로 인해 공권력의 보호기능과 신뢰가 무너짐으로써 이러한 가족 단위의 행동 패턴은 오히려 더 강화되었다. 전쟁은 겉으로는 국민적 단결을 강화시키는 측면이 있으나 사회적 응집성을 해체시키고 사회 내에 의사소통 구조를 차단한다. 이러한 강제된 상황은 개인을 국가에 일방적으로 충성하도록 만들기도 하지만 동시에 가족만이 유일한 피난처라는 생각을 강화시키고, 가족적 결속을 자신의 생존권 보장이나 사회적 열망을 실현시키는 가장 중요한 단위로 만든다. 전쟁 상황에서는 형식적으로는 '국가'라는 주어진 공동체에 대한 충성이 강요되나 실제로는 오직 '가족'에 매달릴 수밖에 없는 딜레마가 존재하였다. 한국의 경우 이것은 이기적 가족주의, 사회적 원자화(social atomization)로 나타났다.

전쟁이라는 비상상황에서 국가가 국민의 생명과 재산을 보호해 주지 못한다면 주민들은 가족 혹은 넓은 의미의 가족인 친족 밖에 믿을 곳이 없다. 당시 조사에 의하면 "누구를 가장 믿을 수 있느냐"라는 질문에 한국인들 중 53.8%는 가족이라고 답했으며, 14.2%는 친척이라고 답했다.27 국가가 주민을 불신하고 주민들이 서로 간에 불신하는 상황에서 가족이나 친척의 보증은 가장 중요한 안전판이었고 그 다음은 가까운 이웃 주민의 보증이었다. 전쟁후 새롭게 조직된 관변 여성단체인 대한부인회의 모토는 "가정제일주의 생활 태도, 시국에 대한 명철한 인식"이었다.28 공적 보증이 정착되지 않은 사회에서 대인적 보증은 생명줄과 같은 것이었다. 군 경찰 등과 같은 외지에서 온 국가권력 대행자들에 맞서 주민들끼리 상호 뒤봐주기를 한 것도 이런 상황을 잘 보여 준다.29

50년대는 국가중심의 행정질서가 마을, 가족 단위까지 장악해 들어온 시기이며, 이러한 행정질서와 마을 단위의 공동체 질서도 병행한 시기였다고 볼

수 있다. 이 경우 마을의 구성원은 행정적인 지시와 마을 단위의 공동체적 질
서 양쪽에 충성을 바쳐야만 했다. 행정과 친족, 마을 단위의 결속은 전쟁을 통
해 파괴된 공동체 질서를 복원하기 위한 전략이었다. 친족 유대를 강화하기
위한 제사나 문중행사의 강화, 마을 단위 동제의 강화는 전통의 부활이라기
보다는 전쟁이라는 극한적 경험을 거친 이후에 전쟁의 상처와 파괴에서 벗어
나기 위한 일종의 문화적 전략이었다.30 겉으로는 전통의 부활로 보이는 이러
한 행위는 전쟁으로 인한 도덕의 붕괴에 대처하고, 파괴된 인간관계를 복원
하기 위한 전략이었던 것이다.

그렇다면 전후 가족의 범위, 가족의 개념은 어떠했나? 일제 시기, 전쟁 이전
의 한국의 촌락에서는 확대가족, 혹은 친족질서가 사실상 가족과 같은 의미로
사용되었다. 그런데 전쟁은 가족뿐만 아니라 확대가족으로의 친족까지 파괴
하였다. 동성부락에 특정 지도자가 좌익, 혹은 우익 노선을 견지하면 온 친족
들이 그를 따르는 경우가 많았고, 그것은 마을 전체를 황폐화시키는 결과를
가져왔다. 상호 학살과 밀고가 거듭되면서 친족 집단이 파괴되어 마을과 마을
간에, 그리고 마을 내의 특정 성씨들 간에 원수지간이 된 경우도 발생했다.
전국적으로는 수백만 명의 이산가족이 발생했고, 가족이 정치적인 이유로 강
제로 분리되거나 파괴되었다. 공간적인 대이동은 과거의 전통을 붕괴시켰고,
개인의 독립성과 존재가치를 더욱 의미심장하게 받아들이도록 하였다.31

이러한 가족파괴, 가족 유대의 파괴는 한편으로는 가족의 복원시도를, 다
른 편으로는 핵가족에 대한 집착을 강화시키는 요인으로 작용하였다. 전쟁으
로 인한 가족의 파괴와 대량의 인구이동은 가족의 복원, 즉 여성의 경제활동
참여, 출산, 양자들이기, 친족·씨족 간의 상호 유대 강화 등의 방식으로 가족
을 다시 세우는 노력에 불을 댕겼다. 친족과 가족 간의 신뢰와 유대를 극대화
시키기 위해서 공동의 전통적 의례, 즉 제사, 계 등 사회적 종교적 행사를 통
해 결속을 다졌고, 가족 단위로 출산을 통한 재생산, 자녀교육에 매달렸다. 전

후 베이비 붐 역시 상실된 가족을 복원하기 위한 가장 중요한 시도였다고 볼 수 있다.

그러나 도시지역에는 또 다른 변화가 나타나고 있었다. 한국전쟁 이전이나 70, 80년대 이후나 가족이 한국인들의 삶에서 차지하는 중요성은 변함이 없다. 그러나 문중 혹은 씨족 중심, 부계우위, 혈연존중, 직계우위의 가족 원리는 전쟁을 거치면서 점차 약화되기 시작하였으며, 도시지역은 특히 그러했다. 이효제의 조사에 의하면 서울의 경우 부부와 자녀로 이루어진 2세대 가구가 전체 조사대상자의 66%였으며 3세대는 21% 정도에 불과했다. 여성의 경제활동이 확대되면서 여성은 '자유부인' 현상처럼 사친회, 동창회, 계, 댄스교습 등 가정 밖의 활동에 더 많이 노출되었다.[32]

전쟁 이후 핵가족 중시, 더 정확히 말하면 아버지 없는 편모의 가족, 부모와 자식 간의 핵가족을 축으로 하는 현대적 형태의, 그러나 전쟁피해가 낳은 매우 특수한 형태의 가족중심주의가 자리 잡기 시작하였다. 산업화는 본격화되지 않았지만 일제시기 이후 형성된 시장질서 역시 씨족으로서의 가족이 아닌 핵가족으로서의 가족의 이기적인 생존전략을 강요했다. 정치적 억압과 시장 경제는 모두 합리적 절차와 문제해결, 그리고 수평적인 연대의 기회를 차단하는데, 이 경우 사회구성원은 가족의 보존, 그리고 가족구성원인 자녀의 성공에 사활을 걸게 되는 것이다. 조혜정은 이것을 공리적 가족주의라고 불렀다. 이러한 공리적인 가족주의는 가족이 일종의 사회적 자본(social capital)의 역할을 하는 조건에서 생존, 지위상승, 복지의 필요에 의해 조장된 합리적 행동이라고 볼 수 있다.[33]

이처럼 현대 한국에서의 신가족주의는 한국전쟁을 거치면서 국가와 가족 사이를 매개할 수 있는 사회조직이 해체되고, 개인과 가족이 국가, 즉 관(官)과 수직적인 관계 망을 형성하게 되는 조건 위에서 형성되었다.[34] 여기서 가족에 가장 적극적으로 애착을 갖는 사람은 전쟁을 통해 남성 가장을 잃어버리고, 아무 데도 기댈 곳 없는 전쟁미망인들, 특히 피학살유족 여성들이다. 따라서 이 가족주의는 서구 중산층의 '마이홈주의'와는 성격을 달리한다. 그것은 아무도 돌봐주지 않고, 오히려 이들을 노골적으로 차별하는 차가운 세상에서 살아남기 위한 방편이고 생존의 전략이었다. 따라서 이 경우 가족주의는 전쟁 이전의 가부장주의적 가족주의와도 성격이 다르다. 혼자 살아남아야 하는 젊은 부인들은 가장이 되어 삶의 전선으로 뛰어 들어가지 않을 수 없었기 때문에 자녀들에게는 무서운 어머니, 강인한 어머니가 되지 않을 수 없었으며, 핵가족 중심의 가족주의와는 다른 의미의 가족 신앙, 가족 결집이 이루어지게 된다.35 가족의 중심은 어머니였다.

한국의 가족주의는 단순히 전통의 유산이 아니라 제국주의 지배와 한국전쟁의 산물로 이해할 수 있는데, 공적 가치에 무관심하고 공권력에 대한 불신을 갖고 있으며, 미래에 대한 예측가능성을 인정하지 않는다는 특징을 갖고 있다.

3) '교육'과 종교의 폭발

(1) 과잉 교육열

일제 식민지 지배와 한국전쟁은 양반층을 일소하고 자본주의 시장경제를 전면화함으로써 새로운 '기회'를 창출한 계기였다. 전통적 지배계급 대신에 새 지배계급으로 군림해온 일본 총독부체제가 사라진 1945년 해방의 공간에서 '기회의 폭발'은 필연적이었다. 한국전쟁 역시 마찬가지의 효과를 갖고 있었다. 한국전쟁 와중에서 토지개혁이 실시되고, 귀속재산의 분배가 정치적 연고를 중심으로 이루어지면서 학력 자격증을 통한 권력자원의 획득은 가장 확실한 '기회'로서 작용하게 되었다. 한국에서의 교육은 자본주의 시장경제 질서와 분단 반공체제를 유지하기 위한 지배체제의 일부를 이루어 피지배계급을 유인하는 구조로서 작동한 셈이다. 비록 산업화는 본격화되지 않았지만, 일제 식민지 지배와 해방은 한국을 '근대화'의 길로 들어서게 한 계기가 되었다. 이제 '미래를 가능성의 장'으로 표상하는 것이 자본주의 시장경제 질서하에서 가능해졌다.[36]

그런데 한국전쟁 중이나 이후 국민들에게는 이승만과 자유당 지지만이 위험하지 않은 정치적 선택이었고, 사회참여 활동은 극우세력이나 이승만 계열이 주도하는 관변단체만이 가능했다. 다수의 청·장년이 전쟁으로 육체적·정신적으로 사망하기도 했지만, 살아남은 다수의 남성들도 환멸감을 느끼면서 공적 활동에서 퇴장하였다. 결국 정치·사회적 의사표현이 일정하게 차단된 구조하에서 '허용된' 영역으로 활동의 열정은 옮아가게 되고 그 영역은 다른 주체에 의해 주도되었다. 즉 한국전쟁으로 공적 활동 참여가 청·장년 남성들 사이에서는 극히 위축된 가운데 여성이 사적영역의 주체로 등장한 것이다.

한국에서 식민지 경험과 한국전쟁은 이중적인 차원에서 교육열을 강화시켰다. 우선 엄격한 국가통제주의, 극우반공주의는 사회 내부에서 계급 간 갈등의 공간을 폐쇄하였다. 계급갈등의 폐쇄, 즉 피지배계급의 계급적 동원 기회를 봉쇄함으로써 국가권력에 대한 수직적인 접근을 통해서만 중간층과 피지배계층의 불만과 요구를 수렴할 수 있도록 한 것이다. 교육열(education fever)을 사회 내에서 이익표현을 제도화하는 하나의 방식, 혹은 계층상승, 계급갈등의 다른 표현이라고 볼 때, 아비투스로서 한국의 높은 교육열은 바로 억제된 계급갈등의 반사적 표현이자 일종의 출구 찾기라고 해석할 수 있을 것이다. 특히 50년대의 과잉 교육열은 전쟁으로 인해 이익정치나 계급정치가 완전히 사라진 마당에서도 정치권력에 접근하거나, 국가관료가 됨으로써 가족과 개인의 복리를 도모할 수 있다고 생각했던 한국인들의 아비투스였다.[37]

그런데 교육적 실천의 아비투스는 사실 전통사회의 유산이기도 하다. 평민들은 공부할 기회가 제한되었기 때문에 전통사회에서 교육에 대한 관심은 양반사회, 양반가족 만의 특권이었다. 그런데 이 경우 교육은 주로 가족의 번영과 복리를 위한 입신출세 교육이었다. 과거시험 합격을 위한 공부가 그 중심적인 부분을 차지하고 있었다. 입신출세의 기회 포착 전략으로서 학습은 조선시대 이래 한국인들에게 깊이 내면화되어 있었다. 교육기회의 신분적 제약은 일제 식민지 지배하에서 부분적으로 개방되었고 8 · 15 해방으로 인해 완전히 개방되었다. 조선시대 지배층인 양반들의 교육활동은 이제 전 국민의 아비투스가 되었다. 물론 당시까지 장남 혹은 남성들의 교육을 위해 가족자원을 집중한 것은 전통사회의 유제였다. '모두가 양반'이 된 사회'에서 교육은 국민적 관심사가 되었다. 특히 전쟁, 가족상실, 월남 등으로 인해 가족의 재산과 생명을 상실하고 상당수의 사람들이 계층지위의 하락을 겪은 이후, 허용된 지위 상승의 출구로서 교육이 가진 중요성은 더욱 확대되었다. 일제로부터 해방된 이후 교육열의 아비투스는 자본주의 시장경제, 동등한 경쟁을 통한 기회의 포착이라는 정치경제 조건의 변화 위에서 가능한 것이었지만, 부르디외가 말했듯이 그 리듬이나 주기는 경제구조와는 다르게 움직였다.

"가옥이나 재산을 남겨주는 것보다 가장 확실한 유산은 교육"[38]이라는 신조에서 나타난 것처럼 한국전쟁 후 교육은 한국인들에게 보다 확실한 형태의 재산 상속, 가족 지위향상 등 가족의 복리를 위한 도구적 행동으로 자리 잡았다. 그래서 가족제일주의와 교육열은 뗄 수 없는 관계를 맺고 있다.[39] 가족이 사회 단위의 중심인 사회에서 '가족의 미래'는 자녀의 출세를 통해 보장받고 자녀의 출세는 오직 상급학교 진학, 권력을 가진 지위에 올라서는 것을 통해 가능하다는 생각이 있었다.

그런데 전쟁이라는 특수 상황, 특히 남성 가장의 죽음, 전쟁 전후의 좌우 양측에 의한 피학살로 인한 가족의 파괴와 몰락, 특히 가족의 계층적 지위 하락은 여력이 있는 부모들로 하여금 더욱 자녀교육에 집착하게 만들었다. '빨갱이 가족'이 되는 것은 한국에서 이등국민 혹은 비국민이 되는 것이기 때문에 지역사회에서 완전히 소외되고 천대받는 지위로 전락하는 것을 의미한다. 특히 국가폭력과 학살은 대체로 재산 탈취를 수반하였기 때문에, 남은 가족들은 가장의 상실로 인한 경제적 곤궁함과 더불어 토지, 소 등 재산의 박탈에 의해 이중, 삼중의 계층적 지위 하락을 경험하게 된다. 여기서 살아남은 여성들 중 경제력이 있는 경우는 남은 자녀, 특히 아들의 출세를 통해 계층상승과 정치적 시민권을 획득하려고 하였다. 그것이 바로 교육의 전쟁 연관성, 즉 한국전쟁 직후의 교육열의 중요한 기반이었다고 할 수 있다.[40]

전쟁 후 극도의 가난한 상태에서도 한국인들의 66%는 자녀를 대학까지 시킬 의향을 갖고 있었다.[41] 이 때문에 대학망국론까지 제기되었다. '우골탑' 논란에서 나타난 것처럼 국민소득 이상으로 대학교육에 과잉투자를 하고 있다는 이야기였다. 심지어는 농촌경제 파탄의 원인이 이러한 무리한 교육열이라는 비판도 있었다. 교육에 대한 맹목적 집착은 교육을 거의 종교의 수준으로까지 끌어올렸다. 모든 학생들이 법, 행정을 전공하거나 고시에 합격하여 권력자가 되려는 지향을 가진 것은 오직 한국의 전통과 결부시켜서 이해할 수 있다. 전쟁 후 한국사회에서 권력자란 법과 행정 분야에 종사하는 자, 곧 고시합격을 의미하였다. 그래서 유망한 청년들은 모두 법대생이 되기를 희망하였다.

학부모의 관심은 교육의 철학과 내용이 어떠한가, 자신의 자녀가 어떠한 인간이 되어야 할 것인가라는 점보다는 과연 세상에서 출세하고 성공할 수 있는가에 초점이 있었고, 50년대 이후의 치맛바람은 바로 일류 초, 중, 고, 대학을 향한 바람 외의 다름 아니었다. 그런데 일류, 즉 '좋은 학교'라는 것은 학교의 시설이나 교사, 교수진의 구성과는 무관한 것이었다. 그것은 우수한 학생이 많이 간다는 것을 의미할 뿐이었다. 좋은 학생이 많이 가므로 한편으로는 사회적 평판에 의해, 다른 편으로는 좋은 학생들과의 사귐을 통해 입신출세를 할 수 있는 등용문이 된다는 것이다. 교육의 질과 내용보다는 간판의 추구가 교육열의 배경이었던 것이다. 그런데 한국에서 '간판'은 바로 여타의 정치, 경제, 사회적 자원을 취득할 수 있는 종신적인 표지였기 때문에 과거 신분제의 현대적인 변용태가 되었던 셈이다.

한편 교육을 입신출세의 자격증으로 생각한다는 말은 교육실천의 아비투스 자체가 철저하게 기성의 질서에 길들여지는 과정이라는 말이 된다. 따라서 한국 학부모들의 높은 교육열이 자식을 통한 가족의 복리와 가족 단위의 계층의 이동의 추구에 초점이 맞추어지는 한, 그러한 교육열은 분단 반공주의 체제의 유지에 순기능하게 된다. 아니 기존의 분단 반공의 지배체제야말로 교육을 통해 대중의 열망을 탈정치화시키려 하였고, 그래서 한국인들의 교육열은 지배계급이 만들어놓은 신호체계에 적절히 순응하는 행동이 될 수밖에 없었다.

그러나 모든 것을 상실하고 전쟁의 트라우마에 신음하던 한국인들이 이러한 기회를 적극 활용하여 상황을 돌파하려 했다는 사실 자체는 매우 중요하다. 가족복리 추구전략에서 미래의 시간은 오직 자녀 교육을 통해 채워질 수 있었고, 교육은 현실극복의 미래지향 전략이었기 때문이다. 전쟁으로 인한 파괴와 가족상실의 고통, 정치적 억압과 만연한 빈곤에서 그냥 절망하고서만 앉아있지 않고 미래를 가능성의 영역으로 적극적으로 표상하였으며, 습관을 미래를 위한 자원으로 적극 활용하였다는 점은 이후 한국사회의 변화를 예측할 수 있었던, 매우 역동적이고 의미 있는 현상이었다. 그 점에서 1950년대는 산업화는 본격화되지 않았지만 미래지향적인 시장 적응 행동이 발화한 시점이었고, 교육열은 그 중심에 있었다. 1960년대 이후 미국 이민이 본격화되면서 미국으로 이주한 한국인들의 행동, 자녀교육에 대한 그들의 열정도 이러한 새로운 기회의 추구라는 점에서 상당히 유사한 현상이었다.[42]

(2) 종교에 의탁

국가가 목숨을 지켜줄 수 없고, 좌와 우의 어느 편에 서더라도 살아남을 가능성이 희박한 상황에서 사람들이 믿을 구석은 가족과 자기 자신밖에 없었다. 전쟁기에 군인들은 물론 민간인들은 언제나 죽음의 공포와 더불어 살아갈 수밖에 없었다. 남한의 공권력, 군과 경찰은 물론 북한 정권에 대해서도 어떤 기대를 할 수 없었던 보통 사람들은 극도의 불신과 분노를 가질 수밖에 없었고, 이 불신감 역시 종교 부흥의 큰 자원이 되었다. 생과 사의 경계를 매일 넘나들게 되면 사람들은 말기적·퇴폐적 문화에 빠져들게 된다. 살인, 성폭력, 협잡, 사치와 낭비 등 인간사회에 존재하는 가장 타락한 행동들이 전쟁을 틈타 만연한다.[43] 만약 국가가 기능을 정지하고 가족이 파괴되어 보호 기능을 할 수 없다면, 그리고 이러한 도덕적 타락으로부터 뭔가 구원받을 수 있는 안식처를 찾는다면 완전히 자포자기하거나 그렇지 않으면 절대자에게 의탁할 수밖에 없었다.

종교에 기대는 것은 극히 사적인 활동에 속하지만 이러한 사적인 활동도 공적인 환경과 구조 안에서 진행된다. 교육과 마찬가지로 종교활동도 철저히 정치 연관적인 것이고 주체적으로 의식된 행위이다. 전쟁, 분단으로 인한 피해와 공적 활동에 대한 조상제사도 일종의 종교활동이라고 본다면 한국인들의 가장 보편적인 종교활동은 조상제사와 점술에 의존하는 샤머니즘이었다. 전쟁이 종료된 이후에도 재산과 가족을 상실하고 미래가 극히 불투명한 한국인들에게 마지막으로 붙잡을 수 있는 지푸라기는 신앙이었다. 가문, 씨족질서가 유지된 구 양반층은 조상제사에, 이들을 포함한 대다수 국민들은 점술에 의존하는 것이 일반적이었다. 1955년에서 1960년 사이는 일종의 '미신업자'의 시기였다고 볼 수 있다. 이 기간 동안 무속, 점, 관상, 수상 풍수 등에 종사하는 인구는 거의 100% 증가하였다.[44] 『정감록』의 이야기는 피난민들 사이에 떠도는 루머의 진원지였고 『정감록』 이야기에 따라 피난처를 구해 나섰다. 그리고 온갖 사이비 종교는 생사의 기로에 선 사람들의 영혼을 빼앗았다. 월남한 여러 기독교 교파는 피난지 부산에서 천막 교회를 차리고 사람들을 끌어들였다. 천년왕국을 설파하는 종말론이 창궐한 것도 이와 무관하지 않았다.

그러나 전쟁 후 가장 주목할만한 종교 현상은 역시 개신교의 확대, 각종 기독교 분파 신흥종교의 창궐이라고 볼 수 있을 것이다. 기독교 역사에서 보면 개신교 인구가 가장 크게 팽창한 시점은 1950년대 후반 이후였다. 이 기간 기독교 인구는 거의 500% 증가하였다.[45] 1952년에서 1960년 사이에는 약 67.9%의 성장을 보였다. 이 모든 시기 개신교 신자의 60% 이상은 여성이었다. 50년대 말 서울의 가족을 연구한 이효제의 조사에 의하면 여성들의 일상생활은 가정 외에는 주로 학부모로서 사친회에 참여하는 것, 교회에 나가는 것이 대부분이었다.[46] 전자는 응답자의 51%, 후자는 응답자의 44%를 차지하였다. 그 외에 계나 동창회 등도 있었지만 활동의 압도적인 부분은 사적인 영역에 국한되어 있음을 알 수 있다. 즉 1960년대 이후의 산업화, 도시화로 인한 사회적 유동성과 혼란 등이 개신교 확대에 중요한 배경으로 자리 잡고 있음을 유추할 수 있다.

기독교 성장의 가장 큰 배경으로서 세 가지를 들 수 있다. 첫째는 미국의 지원과 수많은 기독교인들의 월남, 전후의 극우반공주의였다고 볼 수 있다. 이승만을 포함한 기독교인들은 미국을 구세주처럼 받아들였고, 북한과의 전쟁을 십자군전쟁으로 간주하였다. 1950년대 중반까지 신설된 2,000개의 교회 중 90%가 월남 기독교인들에 의해 건립된 것들이었다.[47] 전쟁 중 좌우대립 과정에서 많은 기독교인들이 좌익에 의해 학살을 당하기도 했다. 극우반공주의가 거의 신앙처럼 자리 잡게 되자, 교회에 나가거나 기독교 신자가 되는 것은 반공주의의 징표, 일등 시민의 자격증을 갖는 일을 의미하였다. 즉 '비시민'의 의심에서 벗어나 당당한 시민권을 갖는 행위가 되었기 때문에 여러 가지 이유로 남한 정부의 의심을 받던 사람들은 교회에 나감으로써 하나의 안전판을 가질 수 있었다. 특히 피학살자 유족들이나 월북자 유족들은 남한에서 '시민'으로 대접받기 위해 교회에 나가는 일이 많았다. 반공주의하에서 교회는 좌익

경력자들에게 일종의 피난처 역할을 하였던 것이다. 제주 4·3 피해자들이 서둘러 입대를 한 것과 같은 원리로 기독교 신자가 되는 것은 일종의 공개적 개종, 스스로 대한민국의 국민으로서 자격증을 부여받기 위한 의미가 있었다. 미국의 전 국무장관인 올브라이트(Madeleine Albright)의 가족들이 유대인으로서 폴란드에서 살아남기 위해 카톨릭으로 개종한 것과 비견될 수 있다. 월남자들의 경우에도 교회는 종교 공동체이자 서로 간의 연결을 유지하기 위한 사회조직의 역할을 하였다. 재미동포 사회에서 교회가 하는 역할과 유사하다고 할 것이다.

둘째, 국가가 정교분리의 헌법을 위반하면서 기독교 선교의 선봉장 역할을 하였다.[48] 9·28 서울 수복 당시 중앙청에 들어선 맥아더와 이승만은 서울 입성의 공식 의례로 함께 기도를 하였다. 1952년에는 개신교 신자인 장·차관, 도지사, 시장 등 32명의 정치인이 참가한 가운데 '정계인사 특별기도회'를 열었다. 1953년 이후에는 대통령을 비롯한 국방장관, 육군참모총장 등이 성탄절 메시지를 발표하기도 했다. 대부분의 국가의식이 기독교식으로 치러졌고, 공무원층의 개신교 입교를 유도하기도 했다. 가장 결정적인 것은 군종제도였다. 전쟁 중 군대와 포로수용소에는 오직 기독교와 가톨릭만이 접근할 수 있었고, 급기야는 군종제도가 도입되었다. 군종제도로 인해 군에서의 기독교 인구가 급팽창하였다.

셋째, 교회는 전후 구호의 사회복지 기관으로서의 역할을 담당하였다. 즉 미국으로부터의 원조물자는 주로 미국의 교회에서 온 것이었는데 이를 배분하는 기관이 교회였다. 실제로 미국 교회는 한국 교회의 증축에도 크게 기여하였기 때문에 교회가 지역사회, 시민사회의 중심적인 기관으로서 자리 잡는데 결정적으로 기여하였다.

전쟁 후 양적으로 뿐만 아니라 참여자의 열정과 열기에서 교회의 대부흥 운동을 따라갈 수 있는 종교는 없었다. 당시 살아남은 사람들의 고통과 절망의 깊이 만큼 교회 부흥운동의 참여 열기는 뜨거웠다. 당시 기독교는 강한 복음주의적 성격을 갖고 있었다. 전쟁통에 살아남은 사람들은 자신의 생존을 오직 '하나님의 은총'으로밖에는 설명할 수 없었다.[49] 각종 신비스러운 체험을 고백한 신흥 교파가 창궐하였으며, 교회의 분열도 대단히 심각한 양상으로 전개되었다. 전도관, 통일교 등 기독교 신종파도 탄생하였다. 그중 반공주의를 등에 업은 대표적인 신흥종교는 통일교였다. 월남한 문선명이 창립한 통일교는 전쟁 이전에 신비주의를 토대로 특수한 원리를 만들어 이단으로 불려졌으나 대중의 절망에 편승하고 반공주의 이념을 자산으로 하여 크게 교세를 확장시켰다.[50] 통일교를 비롯한 이들 신흥종파는 종말론적 요소, 한국적 샤머니즘의 요소, 기복신앙의 요소를 갖고 있었다.[51] 기독교의 기복신앙적 요소는 지금까지 한국 교회의 지속적인 특징이 되었다. 생존과 물질적인 성공을 '하나님의 은총'과 '축복'으로 받아들이는 한국 교회와 목회자들의 아비투스 역시 당시의 조건에서 형성된 것으로 볼 수 있다. 이 점에서 한국 교회는 전쟁과 분단의 최대의 수혜자이고, 기독교 팽창이야말로 친미, 반공, 분단 등 현대 한국의 정치사회와 가장 긴밀하게 연관된 일종의 정치 현상이었다.

4. 맺음말

한국전쟁 휴전 후 1950년대는 참으로 특이한 시간대라 볼 수 있다. 아직 농업이 경제활동의 압도적인 부분을 차지하고 있었지만 봉건제는 존재하지 않았고, 시장경제는 이미 전면적으로 확산되어 있지만 본격적인 산업화는 이루어지지 않은 시점이다. 전쟁, 분단으로 인해 극우반공주의와 경찰국가적 지배방식이 정착했고, 사회적 금기와 타부가 형성되었다. 그것은 바로 '적과 나'의 구도하에서 허용된 공식 이데올로기 밖의 사고와 행위, 실천들에 적용되었다. 특히 전쟁기 피학살 문제나 월북 문제는 드러낼 수 없는 것이었다. 그래서 가족 중 한 명이라도 이러한 적, 즉 사회적 배제의 영역에 포함되어 있는 경우, 남은 사람들은 이 체제하에서 살아남기 위해 적응 행동을 하지 않을 수 없었다.

전쟁으로 인해 살아남은 모든 사람들은 감당할 수 없는 물질적 정신적 상처를 입게 되었다. 사회 전체가 트라우마(trauma)로 인해 신음했다고 보는 것이 타당할 것이다. 법과 도덕은 거의 작동하지 않게 되었고 한국인들 일상의 가장 중요한 세계이자 삶의 단위인 가족은 철저하게 분리, 해체되었다. 한국인들은 이러한 정치경제적 토대 위에서 과거 내전 상황의 죽고 죽이는 전쟁이 준 교훈을 이후의 실천으로 연결시킴과 동시에 전쟁 트라우마와 기억을 잊어버리려 노력하거나 가족복원이라는 미래지향적 실천을 기획하였다. 한편으로는 전쟁체험이라는 과거가 50년대의 실천을 지배하였고, 다른 편으로는 현실 탈출의 간절한 희망과 미래의 욕구가 50년대의 행동을 지배하였다.

청ㆍ장년 남성들의 공적활동으로부터의 퇴장은 '허용된', '안전한' 사적활동을 만개시켰다. 공공기관의 신뢰가 땅에 떨어지면, 오직 자신만을 믿을 수밖에 없고, 가족밖에 기댈 곳이 없어진다. 상당수 청ㆍ장년 남성들의 실종, 사망, 정신적 불구화는 사적 영역에서 여성의 입지를 더욱 확대시켰다. 이것은 한쪽을 누르면 다른 쪽이 튀어나오는 풍선 효과와 유사하였다. 결국 전쟁과 분단이라는 구조가 사람들의 집합적 행동의 반경과 한계를 제한함으로써 그곳에서 한국인들의 행동은 적응적 방식으로 재구조화되었고, 공적활동의 참가 기회라는 한쪽 풍선이 심한 압력을 받아 눌려지자 교육과 종교활동이라는 풍선의 다른 쪽이 튀어나온 것이다.

일제의 군국주의 지배체제가 그러하였듯이 전쟁 상태, 전쟁 직후의 한국인들은 국가 혹은 사회를 가족 출세의 장으로 간주하는 사고방식을 갖게 되었다. 또한 사회적 원자화, 기존의 가족주의 전통과 습관의 틀 내에서 일상화된 사회적 행동들의 묶음은 교회를 통한 가족적 구원에 매달리거나, 가족 단위상승과 출세를 위한 출구로서 학교, 특히 일류 학교에 매달리는 경향으로 나타났다. 그리고 이 두 행동들의 묶음에서 이데올로기적으로는 지배층이지만 경제적으로는 난민이었던 월남자들이 중요한 역할을 하였다. 이들 월남자들은 남한사회에서 사회적 소외를 물질적, 종교적 출구로서 보상받으려 하였고 전쟁 피해자들, 그리고 전통사회에서 소외되었던 사람들 역시 이러한 출구에 집착하게 되었다. 이러한 전후 한국인들의 아비투스는 자본주의 산업화가 본격화된 1960년대 이후에도 굳건히 재생산되어 현대 한국사회의 기본적인 행위양식을 이루었다.

부르디외는 아비투스의 개념을 주로 경제활동에 적용하였고, 그 중요한 구분의 기준은 자본주의 이전의 자급자족 경제와 자본주의 시장경제였다. 그러나 특정 조건에서는 전쟁, 폭력이라는 정치 상황이 경제활동 이상으로 아비투스를 설명하는데 중요한 배경이 된다는 점을 우리는 한국의 경우에서 확인할 수 있다. 그리고 이러한 아비투스는 국가건설과 자본주의 산업화가 불일치하는 한국의 1950년대라는 조건에서 특별히 의미있게 나타났다.

■■■ 주석 ■■■

1 Ramssay Liem, "History, Trauma, and Identity - The Legacy of the Korean War for Korean Americans." *America Journal* 29:3, 2003~2004, pp.111~129.

2 Pierre Bourdieu, *Outline of Theory of Practice*, Trans. Richard Nice, Cambridge: Cambridge Press, 1977, pp.72~94 ; 피에르 부르디외 저, 최종철 역, 『자본주의의 아비투스—알제리의 모순』, 동문선, 1995. 이 점에서 부르디외의 아비투스의 개념은 기든스의 실천적 의식(practical consciousness), 구조화의 이론과 유사하다는 지적도 있다(Scott Lash, "Structure, Agency, and Practical Knowledge." *Contemporary Sociology* Vol 21. No.2, March, 1992).

3 흔히 인민군 치하에서 의용군만 강제로 징집한 것으로 알고 있으나 한국 정부도 길거리에 보이는 청년들을 강제로 징집하였다. 전투가 치열해진 1950년 8, 9월경에는 20만 명의 장정이 소집되었다(병무청, 『병무행정사 (상)』, 1985, 268쪽). 노무 동원 역시 거의 강제였고, 주민들은 거역할 수 없었다.

4 1952년 5월 25일의 부산 정치파동은 그 대표적인 예이다. 이승만은 비상계엄의 조건이 전혀 구비되어 있지 않은 상황에서 비상계엄을 선포하고 반대파 국회의원을 체포·구금, 일부를 국제공산당 관련 혐의로 구속하고 이른바 발췌개헌안을 통과시켰다. 심지어는 계엄령 발동을 거부하는 육군참모총장을 반역자라고 몰아붙이기도 했다(부산일보 기획연구실 편, 『비화 임시수도 천일 (상)』, 부산일보사, 1983, 150쪽).

5 여기서 '감자부대'란 마르크스가 프랑스 혁명기 농민을 지칭할 때 사용했던 용어다. 아무런 응집력도 없고, 스스로를 대표할 수도 없는 무지한 집단을 지칭할 때 주로 사용한다.

6 막스 베버, 김덕영 역, 『프로테스탄트 윤리와 자본주의 정신』, 도서출판 길, 2010, 16~17쪽.

7 중훈혜·장여홍 저, 박강배 역, 「적(異己) 쓰기—50년 백색 테러시기 비첩(匪諜)의 상징분석」, 『제노사이드연구』 제2호, 한국제노사이드연구회, 2007 참조.

8 당시 한국 정부도 길거리, 피난민촌, 시장바닥 어디에서나 젊은이들이 보이면 닥치는 대로 징집을 했다(이임하, 「상이군인의 한국전쟁 기억과 생활세계의 변화」, 『한국전쟁과 젠더 : 여성, 전쟁을 넘어 일어서다』, 서해문집, 2004).

9 박완서, 『엄마의 말뚝 2』, 맑은 소리, 2010.

10 강원룡, 『역사의 언덕에서 2』, 한길사, 2003, 117쪽.

11 「부통령 사임 청원서」, 1952.5.29(신기철, 『진실, 국가범죄를 말하다』, 도서출판 자리, 2010, 251쪽).

12 진실·화해를위한과거사정리위원회, 「경남 함안 보도연맹사건」, 『2009년 하반기 조사보고서 7』, 진실·화해를위한과거사정리위원회, 2010, 275쪽.

13 고은, 『1950년대』, 청하, 1980, 117쪽.

14 고은, 위의 책, 15쪽.

15 경제활동조차 이러한 두 차원의 지식 묶음의 결과로 볼 수 있다. 그런데 행위의 구조화된 묶음으로서 아비투스는 경제구조와는 다른 리듬으로 작동하기 때문에 이미 사라진 경제

질서에서 필요했던 행위양식들이 여전히 지속되기도 한다. 예를 들어 모든 것이 돈으로 교환 가능한 화폐경제하에서도 품앗이와 같은 협동노동은 존재할 수도 있고, 오래 지속될 수 있다.

16 이임하, 『한국전쟁과 젠더 : 여성, 전쟁을 넘어 일어서다』, 서해문집, 2004, 144쪽. 전후 성매매 여성의 동기 중 가장 많은 것은 생활고였고, 성매매 여성의 연령대도 그 전후시기에 비해 높았다. 1955년 당시 미망인의 비율은 33.6%에 달했다.

17 윤형숙, 「전쟁과 농촌사회 구조의 변화」, 표인주 외, 『전쟁과 사람들 : 아래로부터의 한국전쟁 연구』, 한울 아카데미, 2003, 96쪽.

18 조은, 「전쟁과 분단의 일상화와 기억의 정치―월남가족과 월북가족 자녀들의 구술을 중심으로」, 『사회와 역사』 통권 77호, 한국사회사학회, 2008, 221쪽, 전쟁 피해자의 구술.

19 당시 사람들이 이웃 가족 중의 한 사람이 좌익 혹은 군경에 의해 학살을 당해도 문상가기를 꺼려한 것도 바로 이러한 생존의 필요 때문이었다.

20 고은, 『1950년대』, 청하, 1980, 133쪽

21 보도연맹 생존자인 김기반 씨의 행동의 사례에서 본 것이다.

22 김귀옥, 『이산가족 ―반공전사도 빨갱이도 아닌― 이산가족 문제를 보는 새로운 시각』, 역사비평사, 2004, 208쪽.

23 「200여명 학살 피비린내 진동」, 『경남도민일보』 1999년 10월 26일자.

24 Rober Oliver의 관찰, Robert Oliver T. Robert Oliver, T. *Verdict in Korea*, State Collage, PA: Bald Eagle Press, 1952, p.67.

25 최병협, 『농촌을 살리는 길』, 생활과학연구소, 1955, 17쪽.

26 Robert Oliver, T. op. cit., p.191.

27 고황경, 『한국농촌가족의 연구』, 서울대학교 출판부, 1963, 202쪽.

28 전라북도, 『전북여성발전 50년』, 전라북도여성정책관실, 2000, 100쪽.

29 이성호, 「한국전쟁과 지역주민의 대응 : 임실 지역주민의 전쟁경험을 중심으로」, 『구술로 읽는 삶』(2010년 한국구술사학회 하계학술대회 자료집), 한국구술사학회, 2010, 18쪽.

30 이용기, 「19세기 중반 20세기 중반 동계와 마을자치―전남 장흥군 용산면 어서리 사례를 중심으로」, 서울대학교 국사학 박사학위논문, 2007, 316쪽.

31 박용옥, 「6·25 전란이 가족제도에 미친 영향」, 성신여자대학교 현대사상연구소, 『6·25가 한국인, 한국사회에 미친 영향』, 성신여자대학교출판부, 1986, 99쪽.

32 박용옥, 위와 같음.

33 조혜정, 「가족윤리―공리적 가족집단주의와 도덕적 개인주의」, 『현대사회와 가족』, 아산사회복지사업재단, 1986, 172쪽 ; 김동춘, 「1950년대 한국 농촌에서의 가족과 국가―한국에서의 '근대'의 초상」, 역사문제연구소 편, 『1950년대 남북한의 선택과 굴절』, 역사비평사, 1998. 후쿠야마는 한국과 같은 저신뢰 사회(low-trust societies)에서 가족, 가족가치가 사회적 자본의 역할을 한다고 주장한다(Fukuyama, Francis, *Trust : The Social Values and the Creation of Prosperity*, New York: Simon & Schuster, 1995, pp.127~145).

34 김동춘, 「한국의 근대성과 도덕의 위기」, 『근대의 그늘』, 당대, 2000.

35 윤택림, 『인류학자의 과거여행 : 한 빨갱이 마을의 역사를 찾아서』, 역사비평사, 2003, 256쪽
; 이임하, 『한국전쟁과 젠더 : 여성, 전쟁을 넘어 일어서다』, 서해문집, 2004, 242~308쪽.
36 피에르 부르디외 저, 최종철 역, 『자본주의의 아비투스—알제리의 모순』, 동문선, 1995,
23쪽.
37 김동춘, 「한국의 근대성과 과잉 교육열」, 『근대의 그늘』, 당대, 2000 참조.
38 김대환, 「6 · 25가 남긴 가치관의 변화 ; 한국전쟁의 역사적 재조명」, 『향군』 202호, 대한
민국재향군인회, 1990.
39 한국인들이 생각하는 교육의 효과는 지식, 인격 등과 거리가 멀고 오직 경제적 부, 사회적
지위 향상 등과 관련되어 있다(강창동, 「한국학력주의의 사회학적 연구」, 고려대학교 교
육학 박사학위논문, 1993, 143~145쪽).
40 윤택림, 『인류학자의 과거여행 : 한 빨갱이 마을의 역사를 찾아서』, 역사비평사, 2003,
245~246쪽.
41 고황경, 『한국농촌가족의 연구』, 서울대학교 출판부, 1963, 69쪽.
42 이주한 미국인들의 상당수가 전쟁 트라우마를 간직한 사람들이라는 점도 주목할 필요가
있다(Ramssay Liem, "History, Trauma, and Identity - The Legacy of the Korean War
for Korean Americans." *America Journal* 29-3, 2003~2004, pp.111~129).
43 한국전쟁기 타락한 상황에 대해서는 최길성, 「6 · 25 동란과 한국사회의 변화」, 『비교민
속학』 제16집, 비교민속학회, 2000.
44 강인철, 『전쟁과 종교』, 한신대학교 출판부, 2003, 132쪽.
45 노치준, 『한국개신교의 사회학—한국 교회의 위기와 전망』, 한울아카데미, 1998, 12쪽.
46 이효재, 「서울시 가족의 사회학적 고찰」, 이화여자대학교, 『한국문화연구원논총』 제1집,
1959, 45쪽.
47 김양선, 『한국 기독교 해방 10년사』, 대한예수교장로회 종교교육부, 1956, 100쪽.
48 강인철, 『전쟁과 종교』, 한신대학교 출판부, 2003, 168쪽.
49 김흥수, 『한국전쟁과 기복신앙확산 연구』, 한국기독교역사연구소, 1999, 102쪽.
50 최길성, 「6 · 25 동란과 한국사회의 변화」, 『비교민속학』 제16집, 비교민속학회, 2000,
351쪽.
51 김흥수, 『한국전쟁과 기복신앙확산 연구』, 한국기독교역사연구소, 1999, 102쪽.

1950~60년대 남한의 개인 · 사회 · 국가[*]

정진아[**]

1. 머리말

6 · 25전쟁 이후 남북한은 자본주의, 사회주의 경제계획을 추진하였다. 급속한 경제성장과 근대화 · 체제경쟁을 위해 양자 모두 경제계획이라는 방식을 선택하였음에도 불구하고 남한에는 개인주의가, 북한에는 집단주의 생활문화가 정착하였다. 남한에 개인주의가 발흥할 수 있는 물적 토대가 확보된 것은 1980년대 후반이다. 6 · 25전쟁 직후부터 이미 남한사회는 점차 개인주의적인 양상을 띠고 있었지만, 서구와 달리 한국에서 개인은 일제강점기 이래로 민족과 국가에 포섭됨으로써 개인의 권리와 인권을 실현시켜줄 수 있는 공간

* 이 논문은 2009년 정부(교육과학기술부)의 재원으로 한국연구재단의 지원을 받아 수행된 연구임(NRF-2009-361-A00008).
** 건국대학교 통일인문학연구단 HK교수

인 사회와 긴밀하게 연결되지 못하고 사회라는 공간 없이 국가와 직결된 개인, 국가에 포섭된 개인이었다.

한말 서구의 근대사상이 도입되면서 한국의 지식인들은 개인과 사회, 국가의 관계에 대해 다양한 논의를 전개하였다.[1] 그러나 일제강점으로 자주적인 민족국가 건설이 좌절됨에 따라 한국사회의 개인, 사회, 국가 담론은 굴절을 겪을 수밖에 없었다. 총독부 권력은 개인의 기본권을 실현하는 존재가 아니라 억압하고 침해하는 존재였기 때문에 국가 대신 민족이 개인을 포섭하는 역할을 할 수밖에 없었다. 해방 후 개인, 사회, 국가에 대한 논의가 다시 시작되었지만, 분단과 전쟁으로 인해 남한에서 사회주의자들의 담론은 논의선상에서 사라졌다. 하지만 과연 개인—사회—국가의 관계를 어떻게 설정할 것인가 하는 문제는 여전히 남아 있었다. 6 · 25전쟁 후 그 관계설정에 대한 논의가 자본주의 테두리 내에서 다시 다양하게 분출되기 시작하였다.

이 문제에 대한 입장은 4 · 19혁명과 5 · 16쿠데타를 전후한 시기에 극명하게 양분되고 있었다. 결국 4 · 19혁명과 5 · 16쿠데타는 한국사회가 근대화하는 과정에서 개인—사회—국가의 관계 설정방식을 둘러싸고 벌어진 정치세력 간의 헤게모니 전취과정이기도 하였다.

장면 정권은 분명 박정희 정권과 마찬가지로 친미반공적인 성향을 가졌고 생산력 제일주의에 경도되고 있었지만 양자 사이에는 좁혀질 수 없는 큰 간극이 있었다. 그것은 장면 정권과 박정희 정권이 개인—사회—국가의 관계를 설정하는 방식이었다. 이 글에서는 이 점에 주목하고자 한다.

이 문제를 규명할 수 있다면 우리는 사회과학계의 오랜 논쟁 중의 하나인 '한국사회가 과연 국가주의 사회인가, 개인주의 사회인가' 하는 문제에 대해서도 일정한 시사점을 얻을 수 있을 것이다. 국가주의로 인해 개인주의가 부재했다거나 국가주의에도 불구하고 개인주의가 있었다는 것을 밝히는 게 중요한 것이 아니라, 한국사회에서 개인과 사회, 국가가 맺는 실체적 관계를 규

명하는 것이 더 중요하기 때문이다.[2] 시기별로 개인과 국가의 관계를 해명할
수 있다면 한국사회가 국가주의 사회인가 개인주의 사회인가, 혹은 양자가
혼재된 사회인가에 대한 보다 설득력 있는 대답이 나올 것이기 때문이다.

그동안 이승만 정권기의 개인과 국가의 문제는 많이 다루어졌지만,[3] 장면
정권기와 박정희 정권 초기의 개인과 국가의 문제는 거의 다루어지지 못하였
다.[4] 따라서 이 글에서는 이승만 정권기의 개인과 국가에 대한 담론과 더불어
장면 정권의 핵심 이데올로그였던 주요한의 논설을 통해 당시 지식인들이 개
인—사회—국가의 관계를 어떻게 설정하고 있는지 살펴보고자 한다. 다음으
로는『박정희 장군 담화문집』과『재건통신』, 박정희의 저서 등을 통해 박정
희 정권의 인식을 살펴보고, 각 정권의 개인—사회—국가에 대한 인식의 차
이를 드러내고자 한다. 이를 통해 박정희 정권기 개인과 국가의 관계가 어떻
게 재정립되는지 이해할 수 있을 것이다.

2. 전후 개인의 실존을 찾아서 : "나는 누구인가?"

6 · 25전쟁은 모든 것을 파괴했다. 그것은 물질적인 것뿐만 아니라 정신적
인 것까지 포함하는 파괴였다. 해방 후 한국인들이 열광했던 사회개혁과 민족
국가에 대한 열망은 여지없이 무너졌고, 민족상잔의 비극과 함께 적과 아의
냉혹한 구분만이 남았다. 전쟁 기간 동안 대한민국은 선량한 국민[良民]과 선
량하지 않은 국민[非良民]을 엄격히 구분했다. 국가는 국민의 기본권과 인권을
보호하는 존재가 아니라 국민을 양민과 비양민으로 나누고, 비양민을 배제하
는 잔혹한 심판자였다.[5] 비양민은 적이 될지언정 국민이 될 수 없는 존재였고,
학살의 대상이었다. 어제의 친구가 오늘의 적이 되는 상황에서 개인이 믿고
의지할 수 있는 곳은 아무 데도 없었다.

십대에 해방을 맞아 "해방, 평등과 개혁, 민족과 국가에 열광"하였던 K씨는 해방정국과 전쟁을 경험하면서 "내 가슴을 뜨겁게 달구던 신념들이 정치세력의 도구로 전락하고 어제의 동지가 언제 나에게 등을 돌릴지 모르는 상황에서 나는 친구도, 친척도 아무도 믿을 수 없었다"[6]고 당시를 술회하였다. 그는 "아무도 믿을 수 없어서" 결혼도 하지 않았고, "아무도 믿을 수 없어서" 어떤 조직에도 몸담지 않고 칠십 평생을 혼자 살았다.

이렇게 전쟁은 한국인의 심상에 깊은 상흔을 남겼다. 개인은 국가의 국민 호명 앞에서 자신을 규정하는 어떤 사회적 기반도 없이 부유하는 존재였다. 거대 담론이 사라진 자리에는 "나는 누구인가?", "어떤 존재인가?"라는 개인들의 물음이 메아리치고 있었다. 해방 후 그토록 열광했던 민족과 국가에 회의를 느낀 개인들은 파편화되어 자기 안으로 침잠했다. '실존'이 화두가 되었고, 임시수도 부산에서는 실존주의 논쟁이 꽃을 피웠다.

실존주의가 한국에 처음 소개된 것은 1930년대 중반이었다. 하지만 당시는 일제가 중일전쟁을 일으키고 대동아공영권의 확립과 내선일체를 부르짖으며 전체주의를 강화해가던 시기였기 때문에 개인의 주체성에 주목한 실존주의가 자유롭게 논의될 수 없었다. 또한, 1945년은 세계사적으로는 '전후'였지만 한국인들에게는 해방의 시간이었다.[7] 한국인들은 '전후'의 절망과 우울이 아니라 '해방'과 새로운 국가건설의 희망으로 들떠있었다. 식민 청산, 국가 건설의 희망과 낙관 속에 혼돈과 불안, 우울의 감성을 가진 실존주의가 자리할 공간은 없었다.

그러나 6·25전쟁으로 실존주의는 한국인의 자화상, 즉 혼돈과 불안을 표현할 수 있는 유력한 도구로 주목받았다. 전쟁을 경험한 지식인들은 세계대전의 참상, '뿌리 뽑힌 자'로서의 자각, 내던져진 존재의식 등으로 절망, 허무, 불안, 공포, 부조리, 구원을 노래한 서구의 실존주의에 깊이 공감하기 시작했다.[8] 일제가 도발한 전쟁과 달리 우리의 것으로 체화된 전쟁은 유럽의 전후와 한국의 전후를 연결시키는 고리로 작동하고 있었다.

한국의 실존주의는 문학과 철학을 중심으로 두 가지 양상으로 표출되고 있었다. 먼저 문학은 전쟁의 참상과 인간의 실존 그대로를 드러내는 데 치중하였다.9 이는 개인들이 처절하게 경험하고 있는 폭력과 불안이 점철된 현실과 파괴되고 뿌리 뽑힌 자아를 여과 없이 드러내는 방식이었다. 전쟁기는 희망과 낙관 속에 모든 것을 이성적으로 설명할 수 있는 시기가 아니었다. 전쟁의 참혹함을 뼈저리게 느끼고 있었던 작가들은 개인이 경험한 전쟁의 야만적인 폭력성과 잔인함을 파편화된 경험이 아니라 개인으로는 어쩔 수 없는 민족 구성원 모두의 문제임을 설파하고자 하였다. 또한 그 과정에서 이데올로기가 갖는 명목적 허구성에 주목하고, 그것에서 벗어난 인간상을 제시하고자 하였다.10

한편, 철학이 실존주의를 다루는 방식은 유물론과 관념론에 기반을 둔 사회주의와 민족주의 모두를 부정하고 새로운 사상을 모색하는 출발지점으로 삼고자 하는 것이었다. 실존주의는 한국 근대사상의 두 축이었던 민족주의와 사회주의를 부정하고 남한식 근대화에 걸맞는 근대사상을 구축하려는 움직임과 긴밀히 연관되어 있었다. 전쟁으로 인해 민족주의와 사회주의가 가졌던 지도이념으로서의 동력이 크게 훼손되었기 때문이다.11 철학자들은 실존주의의 허무주의적, 관념론적 성격을 비판적으로 극복하는 한편, 실존의 문제를 주체성의 확립이라는 문제와 결부시키고자 하였다.12

이처럼 한국의 지식인들은 실존주의를 물질주의에 기반을 둔 자본주의와 사회주의, 민족감정에 호소하는 민족주의를 넘어선 제3의 지대로 생각하였다. 이때 실존주의가 주목한 것은 해방 후 민족, 계급, 국가, 절대이성에 매몰되어 그 존재의미를 상실했던 개인과 개인의 감성이었다. 실존주의는 개인의 존재성, 주체성 회복에서 한 걸음 더 나아가 존재의 절대성을 강조하였다. 이처럼 실존주의는 전후의 정신적 황폐함을 극복하려는 지적인 모색이었고, 분

단의식을 강요하는 국가에 대한 개인적 수준의 항변이었다.[13]

그러나 한국사회는 전후의 혼란, 허무와 불안에만 머물 수 없었다. 해방 후 한국사회의 화두였던 근대국가 건설의 과제는 분단과 전쟁으로 인해 잠시 유보되기는 했지만 여전히 유효한 과제였다. 일제강점에 의한 식민지 근대화의 폐해를 극복하고 한국인에 의한 근대화를 이룩하는 문제는 더는 미룰 수 없는 현안이었다. 하지만 근대화는 단순히 생산력 증대를 통한 경제성장으로만 달성될 수 있는 것이 아니었다. 의식의 근대화가 수반되어야 했다. 그러나 남북한은 근대화를 위한 물질적 기반이 부족했다. 남북한 정권은 자본주의 혹은 사회주의 근대화의 물질적 기반을 구축하기 위해서라도 국민 의식의 근대화 문제가 선행되어야 한다고 생각하였고, 이는 곧 '국민화'와 직결된 문제였다.

3. 개인 · 사회 · 국가의 관계 모색

1) 개인과 민족—국가의 일체화

정권의 입장에서도, 정치세력의 입장에서도 전후 파편화된 개인을 어떻게 '국민화'할 것인가 하는 문제가 고민이었다. "나는 누구인가?"라는 개인들의 실존적인 물음에 국가가 답변해야 하는 과제를 안고 있었던 것이다. 이승만 정권은 이미 정권 초기부터 '국민화'의 방향을 제시해왔다.

> 우리는 본대 오랜 역사를 가진 단일한 민족으로서 언제나 하나요 둘이 아니다. 이 하나인 우리 민족은 무엇이고 하나이어야 한다. 그러나 귀천 계급의 독해(毒害)가 민족을 찌졌섰고 빈부등차의 폐(弊)가 민족을 갈렀 었다.[14]

한 백성(韓民)은 한 나라(韓國)을 가지며 보호해야 한다. 한 나라를 두
나라들로 만듦도 한 백성주의, 곧 일민주의(一民主義)에 어그러지는 것이
므로서 우리 일민은 피로써 그것을 막아내지 아니하면 아니된다. 일민에
는 일 국가, 한민족에는 한국, 곧 한 백성에는 한 나라를 있게 함이 일민
주의의 민족철학이요 국가철학이다…이러한 원리와 원칙을 부정하고 한
백성을 두 백성들로 또 한 나라를 두 나라들로 강제와 무력으로써 분할하
여 지배 점령하는 소련 공산주의는 일민의 적으로서 인류 자유의 방해자
요, 세계 평화의 파괴자이다.[15]

이승만 정권은 1949년, 개인을 '일민'으로 규정하고 국가와 직결시키고자
하였다. 국가는 개인이 몸담고 있는 "민족의 집"으로서 민족과 일체화되었다.
이승만 정권은 일제강점기를 거치면서 한국인들에게 깊이 뿌리박힌 민족주의
이데올로기를 동원하여 하나의 국민은 하나의 민족, 하나의 국가, 곧 일민을
이루어야 하고, 소련의 꼭두각시가 되어 민족을 계급으로 분열시키는 사회주
의 세력에 온몸으로 맞서 싸워야 한다고 주장하였다.[16] 일민주의는 대한민국
의 국민을 "계급을 극복하고 국가와 민족 안에서 하나 되는 인간"으로 상정하
였고, 이러한 점에서 사회주의 세력의 계급투쟁론에 대한 적극적인 대응논리
로서의 성격을 가지고 있었다. 이처럼 일제강점기를 거치면서 '민족'이 절대
가치가 된 한국사회에서 민족과 계급의 대립구도는 반공산주의의 유력한 무
기가 되고 있었다.

분단에도 불구하고 전쟁 전 남북의 주민들은 분단국가에 대한 귀속감보다
민족적 동질감을 더욱 크게 느끼고 있었고, 일민주의는 정권의 유력한 무기
가 될 수 있었다. 그러나 6·25전쟁은 남북의 주민들에게 폭력적으로 남과
북 어느 한쪽의 국민이 될 것을 강요하였고, 남북의 주민들이 몸담은 삶의 양
식도 변화하고 있었다. 남북의 정권은 전쟁 전, 분단정부 수립에도 불구하고
남북의 체제 이질화를 우려하여 급격하게 자본주의체제와 사회주의체제로 나

아가지는 않았다. 분단을 잠정적인 상태라고 생각하였기 때문이었다. 그러나 동족상잔의 전쟁 이후 남북의 정권과 주민들은 모두 통일이 단시일 내에 이루어질 수 없다는 것을 깨달았고, 남북의 정권은 이제 자본주의, 사회주의 건설과정을 통해 상대를 제압할 수 있는 길을 찾기 시작했다. 본격적인 체제경쟁의 길로 접어든 것이다.

주지하듯이 전쟁 전 이승만 정권의 지배이데올로기였던 일민주의에는 반공산주의뿐 아니라 반자본주의 정서도 포함되어 있었다. 이승만 정권은 대한민국은 "공산주의 독재사상의 모순과 자본주의 독재의 모순을 모두 지양"해야 한다고 주장하였다.17 그러나 반자본주의 정서는 일제의 수탈을 비판하고 유럽식 자본주의의 폐해를 언급하는 데는 유력한 도구가 될 수 있었지만, 전쟁 후 남한이 본격적인 자본주의 근대화를 추구하는 한 이를 고수할 수는 없었다. 대한민국은 6·25전쟁 후 자유경제정책의 전면화,18 미국문화의 유입 등으로 더욱더 자본주의화하고 있었다. 반자본주의 정서를 극복하든, 한국식 자본주의의 상을 제시하고 그 안에서 개인과 사회와 국가의 역할을 설정하든 한국사회는 반공과 자본주의의 현실에 부합하는 세련된 이데올로기를 필요로 하였다.

일민주의는 6·25전쟁 후 반공주의로 대체되었다. 전쟁으로 인해 하나의 백성이 하나의 민족, 하나의 국가를 이룰 수 없는 것이 명확해진 상황에서 이승만 정권은 개인에게 '일민'이 아니라 '반공인', '반공민족'으로서의 정체성을 강조하였다. 하지만 앞서 언급했듯이 반공만으로는 '국민화'도, 자본주의 근대화도 달성할 수 없었다. 이승만 정권의 반공주의는 자본주의 근대화를 위한 내용을 채우지 못하고 있었고, 이승만 정권기의 국민들은 '일민'과 '반공인' 사이에서 뿌리를 내리지 못하고 부유하는 존재였다. 국민 통합을 위해서는 보다 강력한 논리체계가 필요했다.

1950~60년대 남한의 개인·사회·국가 **101**

2) 개인·사회, 국가의 길항관계

근대의 시민은 합리적인 이성을 바탕으로 공적인 정치에 참여하는 주체인 동시에 사적 욕구 실현의 욕망을 가진 이기적인 존재이다.19 4·19혁명은 근대 시민의 등장을 알린 신호탄과 같았고, 장면 정권은 "시민적 정체성"에 기반을 둔 근대 국가를 실현하고자 하였다. 그것은 일제강점기 안창호를 중심으로 한 기독교 민족주의 세력의 국가관을 계승한 것이었다. 기독교 민족주의 세력은 개인과 시민사회에 기초한 자유주의 국가를 새로운 국가의 이상적인 모델로 상정하고 있었다. 이들은 "민족은 영원불멸"하지만 "국가는 왕래하는 존재"로서 개인의 완성과 국민 전체의 공존을 목적으로 한다고 주장하였다. 국가와 민족을 분리하고, 국가권력보다 국민의 권리를 중시하였던 것이다.20

기독교 민족주의 세력은 국가를 계약적 성격을 가진, 개인과 사회의 단체적 결합으로 생각하였다. 이때 국가는 절대적인 존재가 아니라 개인과 사회의 성장과 발전을 측면 지원하는 존재였다. 그러므로 가장 중요한 것은 국가의 뿌리인 개인이 국민으로서 각성하고, 힘써 일하여 시민사회의 경제적 기반을 닦으며 그것을 바탕으로 정치적인 권리를 당당히 행사하는 것이었다. 따라서 이들은 정치운동을 전개하는 것과 함께 학교, 기업, 농장 등 개인의 정치·사회적 진출을 보장해줄 사회경제적 기반을 구축하는 데에도 노력을 게을리하지 않았다. 의식구조의 개혁, 시민사회의 물적 토대가 될 교육·산업 활동, 정치운동의 세 축을 통해 근대국가체제를 구축할 수 있다고 생각했기 때문이었다.21

기독교 민족주의 세력의 국가관은 해방 후 민주당의 국가관으로 계승되었다. 수양동우회의 핵심인물이자 민주당의 주요 이데올로그였던 주요한은, 공산주의에 대응하기 위해서는 자유와 민주주의를 실현하는 강인한 정치체제를 세워야 하고 "민주국가의 주인공은 국민 전체"라는 것을 각 개인들이 각성하여 민주주의를 확립하는 데 있어 책임감 있게 나설 것을 촉구하였다.[22] 그는 또한 기업과 사회단체의 활동을 활성화하고, 그것을 운영하는 데 있어서 일체의 관권 개입과 통제를 배제하고 자유주의의 원칙을 고수할 것을 주장하였다.[23]

주요한은 개인의 자유로운 활동에 의한 자본축적과 그것을 바탕으로 한 시민사회의 발전이 정치민주화의 전제조건이라고 생각하였다. 한국에 자유경쟁과 적자생존을 원칙으로 하는 자본주의체제를 정착시키고자 하였던 것이다. 그러므로 주요한은 이승만 정권이 노동·농민·청년·부인 등 각 부문운동 조직을 산하에 둔 자유당을 창당하자, 이를 비판하였다. 그는 개인의 자유와 권익을 실현시켜줄 사회조직은 국가와 일체화되는 것이 아니라 독자적인 발전을 도모해야 한다고 생각하였다.[24] 사회는 국가와 개인 사이에 존재하면서 국가가 개인의 자유와 권익을 옹호할 때는 협조적인 관계를, 국가가 개인의 자유와 권익을 침해할 때는 국가와 길항 관계를 형성하여 개인을 보호하는 존재가 되어야 했기 때문이었다. 이처럼 주요한을 비롯한 민주당은 국가의 주체는 국민이고, 국가는 국민의 선택을 받아 개인과 시민사회를 보호, 조장하는 존재가 되어야 한다고 생각하였다. 이는 시대사조를 반영하는 것이기도 하였다. 4·19혁명을 통해 국민들은 자신들의 이해와 요구에 반하는 국가권력에 맞서 저항하며 변화를 주도하고 있었다.[25]

발작적 방종이 아니라 민주주의라는 것 그것은 각인의 의사를 자유로이 표시할 수 있을 뿐 아니라, 집회·언론·결사의 자유가 엄연히 보장되어야 함은 물론, 국민에 의해서 선출된 정부와 입법부는 국민의 의사를 존중하여 전 국민을 위한 정부가 되어야 하는 것이다…몽매한 무지와 편협 그리고 집권과 데모의 저지, 학생 살해, 재집권을 위한 독단적인 개헌과 부정선거 등은 이 나라를 말살하는 행위인 것이며 악의 오염을 더욱 증가시키는 것 외에 그 무엇이 되겠는가.

나라를 바로잡고자 혈관에 맥동치는 정의의 양식, 불사조의 진리를 견

지하려는 하염없는 마음에서 우리는 다음의 몇 가지를 엄숙히 결의하는
바이다. 1. 부정(3 · 15)공개투표의 창안 집단을 법으로 처벌하라. 1. 권
력에 아부하는 간신배를 축출하라. 1. 국민의 자유로운 의사표시를 허용
하라. 1. 경찰은 국민의 권리와 자유를 침해치 말라. 1. 정부는 마산사건
의 전 책임을 지라.26

그러나 장면 정권은 집권 후 혁명정신을 망각한 채 계몽주의와 경제제일주
의에 경도되어갔다. 이들은 민주주의는 국민의 각성에, 경제발전은 자본가의
손에 달린 것이라고 주장하며 국가의 역할을 국민 계몽, 기업에 대한 측면 지
원으로 제한하였다. 4 · 19혁명을 통해 시민사회의 일원으로서, 자율적으로 판
단하고 행위하는 주체로서 개인들이 등장하였으나 장면 정권은 이들의 성장을
외면하였다. 이들에게는 정치적 민주주의 육성에는 산업의 현대화가 전제되어
야 하고, 산업의 현대화와 경제성장은 궁극적으로 자본가의 손에 달린 문제이
기 때문에 관권의 간섭을 극소화해야 한다는 사고가 깔려 있었다.27 4 · 19혁
명 이후 국민들은 국가가 적극적으로 민주주의의 실현과 국민생활의 안정에
나설 것을 촉구하는 한편, 시민사회의 일원으로서 적극적으로 행위하고자 했
지만 장면 정권은 실천적 개인들과 연대하기보다 '작은 국가'를 표방하며 국가
의 개입을 최소화하였다. 따라서 이들은 재벌 중심의 경제구조와 빈부격차, 부
정부패를 척결하고 사회개혁을 급속히 추진함으로써 혁명을 완수하기를 기대
하는 개인과 사회의 요구에 부응할 수 없었다.

4. 일하면서 싸우는 '제3공화국형 인간형'의 탄생

1961년 5 · 16군사쿠데타로 등장한 박정희 정권은 국민들의 정치적 · 경제
적 요구를 수렴하는 한편, 국민화 이데올로기 창안에 부심하였다. 박정희는

1961년 8월 15일 광복절 기념사에서 5 · 16군사쿠데타로 혁명의 제1단계를 성
공리에 수행하였으니 혁명 제2단계에는 도의건설과 경제건설을 달성하자고
국민들에게 호소하였다.[28] 집권의 정당성이 없었던 박정희 정권은 한발 더
나아가 "우리가 이상으로 하는 진정한 자유민주주의는 확고한 경제적 기반
없이 실현되기 어렵다"라고 주장하면서 민주주의 실현과 경제 발전을 분리시
키고, 경제 발전을 지상 목표로 내세웠다.[29]

개인 욕망의 만족을 인간의 가치와 동일시하는 실용주의 윤리학은 이러한
사회적인 흐름과 궤를 같이하면서 전면에 등장하였다. 1960년대 지성계를 풍
미한 실용주의는 미국식 자본주의에 대한 환상과 함께 왔다. 지식인들에게 미
국의 부와 풍요는 바로 실용주의의 결과물처럼 여겨졌다. 지식인들의 눈에 실
용주의는 "어두운 불안의 빛도 없고, 회색빛 회의의 그림자도 없"는, "미래에
대한 낙관을 가지고 현실을 하나씩 하나씩 개조해 나가고 건설해나가려는" 경
험적이고 실제적이며 행동적인 미국인의 착실한 성격과 기질을 반영하는 명랑
한 사조로 인식되었다.[30] 이러한 미국의 명랑함은 한국인들이 가진 어두움, 암
울한 이미지와 대비되었고, 지식인들은 한국이 패배의식을 극복하고 미국과
같은 성공과 번영을 이루기 위해서는 실용주의적 사고를 수용해야 한다고 생
각하였다.

실용주의적 윤리관은 철저히 자본주의적인 가치였다. 인간의 가치가 욕망
을 만족시키는 데 있다는 실용주의적 윤리관은 사적 이윤 추구를 절대다수의
이해관계와 배치하는 것으로 이해하고 경계해온 일제강점기 이래의 반자본주
의적 윤리관, 도덕주의적 윤리관의 자리를 대체하였다. 이러한 윤리관의 전
환은 도의(道義)를 부르짖으면서 자본주의적 욕망을 '이기적인 것', '서구적인
것'으로 규정해온 1950년대적 도의 담론[31]에서 벗어나, 자본주의적 욕망을
'인간을 가치 있게 하는 것'으로 규정하는 1960년대식 도의 담론이 탄생하는
배경이 되었다. 이제 도의란 자본주의적인 욕망, 잘 살고 싶다는 욕망을 적극

적으로 분출하고 충실히 실현하는 것을 의미했다.[32]

박정희 정권은 가난과 빈곤이 공산주의의 온상이라고 지목한 후, 민주사회에서는 국민이면 누구나 잘살 수 있는 권리가 있으며 국가는 개인이 잘살기 위하여 계획하고 실천하는 것을 북돋고 도와야 한다고 언급하였다.[33] 국가가 "빵과 물"을 줄 수 있어야 한다고 주장한 것이다.[34] 그리고 한때는 국가의 방임정책이 겨레의 번영을 가져올 것이라고 생각했지만 이제는 그것이 빈부격차 확대와 실업자를 늘이는 원인이 되었다는 것을 자각하고 국가의 계획을 통해 개인의 살림살이를 적극적으로 보장하기 위해 발 벗고 나서고 있다는 점을 강조하였다. 박정희 정권은 국가의 경제계획이 국민들 개인에게 "실질적인 이익", 즉 소득 증대로 돌아가야 한다는 점을 특별히 강조하였다.[35] 박정희 정권이 상정하고 있는 가장 중요한 국가의 역할은 개인의 경제적 이익을 실현하는 것이었다.

그러나 잘살 수 있는 국민 개개인의 권리에는 전제조건이 있었다. 부지런히 일해야 한다는 '근로의 의무'와 나라와 겨레의 안전을 위하여 적의 침략을 무찌르는 전투원이 되어야 한다는 '멸공의 의무'가 그것이었다.[36] 만일 국민으로서 마땅히 지켜야 할 의무를 충실히 이행하지 못한다면 잘살 수 있는 권리도 누릴 수 없었다. 박정희 정권은 이 점에 있어서 중립이나 방관을 허용치 않았다.[37] "일하면서 싸우고, 싸우면서 일하는" 개인이어야만 국가의 민생 보호 대상에 들어갈 수 있었다. 이에 '경제지상', '건설우선', '노동지고'가 국민의 행동강령으로 제시되었고,[38] 근로와 멸공은 대한민국 국민의 자격이 되었다. "일하면서 싸우고, 싸우면서 일하는" '제3공화국형 인간형'은 이러한 과정 속에서 주조되고 있었다.[39]

근로의 의무는 개인에게만 적용된 것이 아니었다. 마을 공동체와 사회단체에도 이러한 원칙이 동일하게 적용되었다. "생산하는 마을만이 마을"이고 쉬고 있는 마을, 잠자고 있는 마을은 마을이 아니었다. "생산과 근로"가 "내 고장, 내 향토의 생명"으로 간주되고 있었다.[40] 이는 개인과 사회가 근로와 멸공의 대가로 국가의 보호와 경제적 수혜를 받는 존재이고, 근로와 멸공의 의무를 소홀히 하는 개인과 사회는 국가의 보호와 그 어떤 혜택도 받을 수 없을 뿐만 아니라 철저히 배제될 수 있는 존재임을 의미하는 것이기도 하였다.[41]

국민 개개인은 사회와 국가에 어떤 의미를 갖는 존재인가? 단순히 생존을 위해 몸부림치는 것 이상으로 어떤 역할을 수행해야 하고, 그 역할의 대가로 무엇을 요구할 수 있는가? 개인은 사회, 국가와 과연 어떤 관계를 맺을 수 있는가? 이전 정권과 달리 박정희 정권은 이러한 물음에 구체적인 답을 제시하고 있었다.

박정희 정권은 북한과의 군사적 대치상황에서 강력한 군사력과 경제력을 바탕으로 한 국가모델을 창조하고, 일하면서 싸우는 국민정체성을 개인들에게 부여함으로써 '제3공화국형 인간형'을 주조하고자 하였다. 군사화와 산업화를 통합한 국가모델에서 국민은 경제적 동원과 군사적 동원의 대상으로 전락하게 되므로 박정희 정권이 주조하고자 한 '제3공화국형 인간'은 시민의 생명과 재산을 보호하고 시민권을 확대하는 시민적 주체로서의 개인이 아니라 순종하는 신민, 혹은 국민으로서의 개인이라는 성격을 가지고 있었다. 결국 '제3공화국형 인간'은 경제적 이익을 담보로 정치적 시민권을 저당 잡힌 불구적 존재였던 것이다.

5. 맺음말

실존에 대한 고민은 개인이 존재의 의미를 찾는 과정과 관련되어 있다. 6·25전쟁의 상처를 극복하는 과정에서 개인들은 단순히 생존을 위해 몸부림치는 것에서 벗어나 개인이 갖는 사회적 존재 의미를 찾고자 하였다. 박정희 정권은 가난과 빈곤, 부정부패, 우유부단한 국가의 정책에 지친 개인들에게 경제 성장을 지상 목표로 제시하였고, 근로와 멸공을 대가로 개인들에게 국민의 자격과 경제적 이익을 주고자 하였다. "일하면서 싸우고, 싸우면서 일하는" '제3공화국형 인간형'은 이러한 과정을 통해 탄생하였다.

반공민족, 반공국가, 경제제일주의 등을 이승만 정권과 장면 정권기에 개인은 국가가 수행하는 정책을 일방적으로 수용하는 존재였다. 그러나 박정희 정권기의 개인은 멸공과 근로를 통해 자본주의적 욕망을 적극적으로 실현하고 민족의 번영과 국가의 번영에 이바지하는 존재로 상정되었다. 개인과 국가가 자본주의적 욕망을 위해 공생하는 관계가 된 것이다. 따라서 개인은 그 어느 때보다 열심히 멸공과 근로에 매진하였다. 그것이 개인의 이익을 실현할 뿐 아니라 민족과 국가의 번영을 달성하는 길이라고 굳게 믿었기 때문이었다.

그러나 1960년대 후반이 되면 멸공과 근로를 통한 국민총화 단결에 균열이 생기기 시작한다. 박정희는 경제발전으로 물질적 기반이 어느 정도 충족되자 국민들 사이에서 퇴폐풍조와 개인주의, 그리고 부정부패가 확산되고 있다고 지적하였지만, 이것은 자본주의 근대화로 인한 구조적인 문제가 발생하고 있다는 반증이었다. 박정희는 "나만 잘 먹고 잘 살면 된다는 생각", "국가 체면을 무시하며 돈만 벌려는 생각", "사치와 낭비풍조", "공무원의 부패"를 청산하는 정신개조를 주창하였지만,[42] 자본주의적 욕망을 인간의 중요한 가치로 격상시킨 이상 이는 피할 수 없는 문제였다.

이는 또한 박정희 정권이 표방하였듯이 근로의 열매를 국민들과 나누지 못하면서 발생하는 문제이기도 하였다. 국가가 자신의 경제적 이익을 대변하고 보호해주지 못한다고 느낄 때 개인들은 가족으로 회귀하거나 이기주의적인 형태로 스스로 자신을 보호할 수밖에 없기 때문이다. 박정희 정권기의 개인은 지역, 사회와 연결되어 인권과 정치경제적 민주주의를 실현하고, 국가의 정책이 개인과 사회의 권익에 반할 때 저항할 수 있는 존재가 아니었다. 박정희 정권기의 개인은 멸공과 근로를 매개로 국가에 포섭된 존재였기 때문에 근로에 지치면 쉽게 파편화되고 가족으로 환원되거나 이기주의와 탐욕으로 빠져들 수밖에 없는 취약한 존재였다.

　박정희 정권은 국민 개개인의 경제적 이익을 실현해주는 대신 개인의 자유와 권리를 억압하고 통제할 수 있는 권한을 획득하고자 하였고,[43] 개인과 국가 사이에 균열이 발생하면서 그 통제는 한층 강화되었다. 통제와 검열의 시대가 시작된 것이다.[44] 그러나 개인들은 개인의 이익실현체로서의 국가에 종속되고 통제되면서도 일면 개인의 이해관계를 신장시킬 수 있는 사회 공간을 확보하고자 자발적으로 노력하였다. 새마을운동은 그러한 의미에서 '그들의 운동'이었고, 마을 사회와 국가의 길항작용을 잘 보여주는 사례라고 할 수 있다.[45]

　1960년대 후반은 전쟁으로 파편화된 개인을 경제적 이익을 담보로 국가와 직결시켜 산업화, 근대화의 동력으로 동원하려는 세력과 개인의 권익을 실현할 수 있는 자기실현체로서 시민사회라는 공간을 복원해내려는 세력과의 첨예한 대결이 시작되는 시간이었다. 이들은 이미 1960년을 전후한 시기 개인과 사회, 국가의 관계를 상정하는 방식에 확연한 차이를 보이고 있었다.

주석

1 박명규,『국민·인민·시민』, 소화, 2009 ; 박찬승,『민족·민족주의』, 소화, 2010 참조.
2 문지영,「한국의 근대국가 형성과 자유주의 : 민주화의 기원과 전망에 대한 재고찰」,『한국정치학회보』제39집 1호, 한국정치학회, 2005.
3 김동춘,『근대의 그늘』, 당대, 2000 ; 김동춘,『전쟁과 사회』, 돌베개, 2000 ; 김득중 외,『죽엄으로써 나라를 지키자 : 1950년대, 반공·동원·감시의 시대』, 선인, 2007 ; 김영희 외,『민족과 국민, 정체성의 재구성』, 혜안, 2009 등.
4 거의 모든 논자들이 1960년대 후반에 주목하고 있는 반면 이상록은 4·19혁명과 5·16군사쿠데타를 전후한 시기의 경제제일주의에 주목하여 박정희 정권이 어떻게 대중들의 욕망과 일상을 장악해가고자 했는지 세밀하게 분석하고 있다(이상록,「경제제일주의의 사회적 구성과 '생산적 주체' 만들기」,『역사문제연구』제25호, 한국역사연구회, 2011 참조).
5 김동춘,『전쟁과 사회』, 돌베개, 2000 ; 김득중 외,『죽엄으로써 나라를 지키자 : 1950년대, 반공·동원·감시의 시대』, 선인, 2007.
6 2002년 4월 10일 김**씨(당시 75세) 인터뷰.
7 1945년 아시아에서 전후를 받아들이는 입장 차이에 대해서는 임헌영,『한·중·일 3국의 8·15 기억』, 역사비평사, 2005 ; 신주백·정근식,『8·15의 기억과 동아시아적 지평』, 선인, 2006 참조.
8 배경열,「50년대 실존주의론」,『한국문학이론과 비평』제20집, 한국문학이론과 비평학회, 2003, 230~231쪽.
9 손창섭의「비오는 날」(1953),「혈서」(1955),「미해결의 장」(1955),「인간동물원초」(1955),「잉여인간」(1958),「낙서족」(1959),「신의 희작」(1961), 장용학의「요한시집」(1955), 오상원의「유예」(1955),「백지의 기록」(1957),「모반」(1957), 하근찬의「수난이대」(1958) 참조.
10 김윤식·김현,『한국문학사』, 민음사, 1996, 413~414쪽 ; 이평전,「1950년대 소설의 '주체' 문제」,『한국어문학연구』제44집, 한국어문학회, 2005, 247쪽 참조.
11 당시 지식인들은 사회주의를 지도이념으로 삼고 있는 북한과 달리 확고한 지도이념 없이 북한에 대적해서 싸우고 있는 남한의 사상적 부실을 우려하였다(「좌담회 : 사상운동의 회고와 전망」,『사상』통권 2호, 사상사, 1952.10 참조).
12 특히 박종홍과 조가경이 이러한 입장을 취하였다. 열암기념사업회 편,「철학개설」,『박종홍전집 II』, 민음사, 1998 ; 조가경,『실존철학』, 박영사, 1961. 박종홍과 조가경의 실존주의론의 구체적인 내용에 대해서는 나종석,「1950년대 한국철학계에서의 실존주의-박종홍과 조가경을 중심으로」,『사회와 철학』제20호, 사회와 철학연구회, 2010 참조.
13 한편 실존주의는 개인에 침잠함으로써 개인을 둘러싼 사회의 구조적 모순에 대한 관심을 희석시키고, 절대 빈곤과 냉전이데올로기의 덫에 갇힌 개인들의 생활현실을 오히려 외면하는 결과를 낳기도 하였다(이병수,「분단시대의 철학」, 미발표 원고 참조).
14 이승만,『일민주의 개술』, 일민주의보급회, 1949, 4쪽.
15 안호상 편,『일민주의의 본바탕』, 일민주의연구원, 1950, 33~34쪽.

16 이승만,『일민주의 개술』, 일민주의보급회, 1949 ; 안호상,『일민주의의 본바탕』, 일민주의연구소, 1950 참조.

17 오제도,『사상검사의 수기』, 창신문화사, 1957(후지이 다케시,「제1공화국의 지배이데올로기—반공주의와 그 변용들」, 역사문제연구소 편,『역사비평』통권 83호, 역사비평사, 2008, 122쪽에서 재인용).

18 정진아,「6・25전쟁후 이승만정권의 경제재건론」,『한국근현대사연구』제42집, 한국근현대사연구회, 2007 참조.

19 나종석,「고대 그리스 민주주의에 대한 헤겔의 비판과 근대 주체성의 원리」,『헤겔연구』제24호, 한국헤겔학회, 2008 참조.

20 장규식,『일제하 기독교 민족주의 연구』, 혜안, 2001, 218~221쪽.

21 장규식,「20세기 전반 한국 사상계의 궤적과 민족주의 담론」,『한국사연구』제150호, 한국사연구회, 2010, 284~285쪽.

22 주요한,「와신상담(1953)」,『주요한 문집 : 새벽 II』, 요한기념사업회, 1983, 212~213쪽.

23 주요한,「정치・경제 재건의 기본문제(1954)」,『주요한 문집 : 새벽 II』, 요한기념사업회, 1983, 236쪽.

24 주요한,「1952년을 보내며(1952)」,『주요한 문집 : 새벽 II』, 요한기념사업회, 1983, 193쪽.

25 당시 최인훈의 소설 속에 등장하는 인물 군상들은 그러한 변화를 잘 보여주고 있다(최인훈의「광장」(1960),「회색인」(1963~64) 참조). 전쟁으로 인해 뿌리 뽑힌 개인들은 좌절과 혼돈 속에서도 그들이 속한 사회와 현실을 논리적으로 이해하려고 노력할 뿐 아니라 자신과 자신이 속한 사회와 국가를 끊임없이 성찰하고 변화를 모색하였다.

26 김상웅 편,「혈관에 맥동치는 정의의 양식(1960.4.19, 연세대 학생회)」,『민족 민주 민중 선언』, 일월서각, 1984, 18~19쪽.

27 주요한,『부흥논의』, 대성문화총서, 1963, 107쪽.

28 박정희,「광복절 제16주년 기념사」, 1961.8.15(대통령 비서실,『박정희장군 담화문집 : 1961.7~1963.12』, 1965, 40~41쪽).

29 박정희,「국민에게 보내는 연두사」, 1962.1.1(위의 책, 159쪽).

30 안병욱,「프라그마티즘」,『사상계』통권 제30호, 사상계사, 1956.1, 239쪽.

31 홍정완,「전후 재건과 지식인층의 '도의' 담론」,『역사문제연구』제19호, 한국역사연구회, 2008 참조.

32 박정희 정권 또한 전문성과 기능성을 강조하며 실용주의를 장려하였다. 이들은 지식인 사회를 양극화시켜 전문적이고 기능적인 지식은 체제 내로 동원하는 한편, 현실 비판적 지식인은 극심하게 탄압하였다(홍석률,「1960년대 지성계의 동향」,『1960년대 사회변화연구 : 1963~1970』, 백산서당, 1999, 206~216쪽 참조).

33 재건국민운동본부 편집부,「국민의 나라」,『재건통신』1963년 2월호, 40쪽.

34 박정희,『우리 민족의 나갈 길』, 1962, 동아출판사(박정희,『한국 국민에게 고함』, 동서문화사, 2005, 464쪽에서 재인용).

35 박정희,『우리 민족의 나갈 길』, 1962, 동아출판사(박정희,『한국 국민에게 고함』, 동서문화사, 2005, 332~336쪽에서 재인용) ; 심태섭(재건국민운동본부 차장),「사회개혁의 의지

와 이념」, 『재건통신』 1963년 2월호, 11쪽.

36 재건국민운동본부 편집부, 「민주주의 생활」, 『재건통신』 1963년 2월호, 47쪽.

37 심태섭(재건국민운동본부 차장), 「사회개혁의 의지와 이념」, 『재건통신』 1963년 2월호, 11쪽.

38 박정희, 『국가와 혁명과 나』, 향문사, 1963(박정희, 『한국 국민에게 고함』, 동서문화사, 2005, 638쪽에서 재인용).

39 '제3공화국형 인간형'은 이병수의 미발표 원고 「분단시대의 철학」에서 차용한 개념이다.

40 김기석, 「새로운 민주주의의 윤리」, 『재건통신』 1962년 1월호, 19쪽.

41 반공법과 국가보안법은 배제의 정치를 수행하는 법적 장치였다.

42 「근대화는 균형성장으로」, 『조선일보』 1968년 1월 16일자.

43 박정희, 『우리 민족의 나갈 길 : 사회재건의 이념』, 1962, 동아출판사(박정희, 『한국 국민에게 고함』, 동서문화사, 2005, 464쪽에서 재인용).

44 이 책에 실린 이봉범, 「1960년대 검열체재와 민간검열기구」 참조.

45 이 책에 실린 김영미, 「평택 칠원 마을이 최우수 새마을이 된 사연」 참조.

1960년대 검열체재와 민간검열기구[*]

이봉범[**]

1. 머리말 : 1960년대 검열의 중요 지점

1960년대, 특히 5·16쿠데타 이후의 검열체재와 그 작동 양상을 살펴보면 이전과 다른 몇 가지 중요한 특징적 현상을 발견할 수 있다. 가장 먼저 눈에 띄는 것은 민간검열기구인 각종 윤리위원회의 자율적 검열이 국가권력의 관제검열을 능가하는 수준으로 시행된 사실이다. 즉, 한국신문윤리위원회(1961.7)를 비롯해 방송, 잡지, 주간신문, 도서출판, 문화예술, 아동만화 등 당시 대표적 미디어와 문학예술 전반에 걸쳐 자율규제기구(윤리위원회)가 다발적으로 설립되어 자체 설정한 '윤리강령' 및 '윤리실천요강'에 의거한 자율심의가 광

* 이 글은 『대동문화연구』 제75집(2011년 9월호)에 게재된 논문입니다.
** 동국대학교 문화학술원 연구교수

범하게 이루어진 것이다. 일부 윤리위원회는 산하에 별도의 직능별 자문위원회—방송윤리위원회 산하 가요자문위원회, 광고자문위원회, 보도자문위원회와 같은—를 설치해 심의의 전문성과 공정성을 높이거나, 심의전담기구를 발족시켜 외부로부터의 제소사건은 물론이고 자체적으로 이 기구를 활용한 윤리강령위반 사례에까지 심의 범위를 능동적으로 확장시켜 윤리위원회의 위상과 권위를 강화하는 추세를 보인다. 예컨대 신문윤리위원회는 1964년 9월 심의실 신설을 계기로 전국에서 발행되는 모든 일간신문과 통신을 대상으로 기사, 논설, 해설, 사진, 만화, 회화 등 거의 모든 기사내용으로 심의 범위를 확대했으며 이후 신문연재소설 및 창작에 준하는 기명된 비평, 수필, 기행, 보고문 등까지도 제재 대상에 포함시킨다. 심의대상의 확대와 아울러 제재 규정의 점진적 강화, 윤리위원회의 심의결정에 대한 강제성 부여조치가 수반되면서 1960년대 후반 신문윤리위원회는 제소심의와 자율심의를 겸비한 검찰관의 권능을 지니게 된다. 방송윤리위원회 또한 공보부의 재정 보조가 이루어진 시점에서부터(1965.3) 전 방송을 대상으로 한 감청과 전국 5대 도시에 주재모니터요원을 배치해 지방방송의 자체제작 프로그램까지 감청의 범위를 확대해나가는 가운데 1965~1972년 총 585곡의 방송금지가요처분 결정을 내린 바 있다.

이 같은 민간검열기구의 권한 강화는 각 윤리위원회의 심의결정 '내용'의 강화와 결정 '이유'의 다변화로 현시된다. 도서잡지윤리위원회의 경우를 통해 살펴보면, 결정의 내용은 도서와 잡지에 다소 차이가 존재하나 대체로 주의, 경고, 정정, 해명, 사과, 기각, 게재중지, 판매중지, 당국에 제재 건의 등 등급 순위의 차이를 내포한 다양성을 나타내는데 게재중지나 판매중지와 같은 상대적으로 강력한 결정조치가 점차 증가하는 추세를 보인다. 만화에 대한 사전심의(검열) 권한까지 포함하면 도서잡지윤리위원회의 권능이 자율의 한계를 넘는 수준에까지 미치고 있었음을 확인할 수 있다. 이와 관련해 신문윤리위원회 같은 경우는 결정의 내용을 이행하지 않을 경우 해당 기관의 자격정지와 추방의 제재를 발동할 수 있는 권한까지 지닌, "세계 윤리기구 중 유례를 찾아보기 힘든 가장 강력하고도 엄격한 권능"[1]을 지닌 바 있다. 결정의 이유로는 저속, 음란, 불법전재, 외설, 부실기재, 허위광고, 명예훼손, 저작권 침해, 미풍양속, 품위, 사회도덕, 기사불공평, 보도기준, 프라이버시 침해, 범죄행위 조장, 불건전(인심불안), 표절, 왜곡보도, 과장보도, 사회정의, 인심현혹 등으로 세분화되어 있다. 그것은 심의의 기준인 도서잡지윤리위원회의 윤리실천요강에 따른 소산이다. 따라서 결정의 이유는 각 윤리위원회별로 윤리실천요강의 차이에 따라 그 내역에 다소의 차이가 존재할 수밖에 없으나, 대체로 이와 유사하게 세분화된 형태를 보이는 것은 마찬가지였다. 중요한 것은 결정 이유의 세분화가 민간자율기구의 심의가 매우 구체적이고 적극적이었다는 것을 일러준다는 데 있다. 이와 같은 기조는 문화행정이 문화공보부 신설로 일원화됨으로써(1968.7), 또 관계법령의 제정 및 개정에 따른 윤리위원회의 제도적 위상의 변화에 따라 한층 강화되는 양상을 보인다.

이로 볼 때 1960년대 광범위하게 존재했던 민간자율기구는 조직체계와 실행력을 갖춘 명실상부한 검열기관으로서의 위상과 권한을 지니고 있었다고 간주할 수 있다. 과거 관제검열에 대한 방어적 차원에서 설립된 민간자율심의기구였던 '영화윤리위원회'(1957.8), 그리고 4·19혁명 직후의 '영화윤리전국위원회'(1960.8), '전국무대윤리위원회'(1961.3)가 유명무실한 형식적 기구로 존재했거나 혹은 단명함으로써 본래의 기능을 발휘하는 데 한계를 드러냈던 것과는 분명한 차이가 존재한다. 김수영이 정치권력의 탄압과 더불어 문화타살의 주범으로 지목했던 "숨어 있는 검열자, 대제도의 검열관으로서의 문화기관의 에이전트"[2]는 바로 이 민간검열기구를 지칭한 것이었다고 볼 수 있다. 아마도 관제검열과 민간검열이 각기 뚜렷한 독자의 영역을 갖고 제도적으로 검열을 시행한 최초의 사례가 아닌가 한다. 따라서 태생 자체에 외적 차원의 자율과 내적 차원의 통제의 모순성을 지닌 민간자율기구가 "자의에 의한 자박(自縛), 관 검열의 예비심사자"3 또는 "자유가 따르지 않는 사이비 자율"4이라는 안팎의 비난 속에서 국가권력의 검열과 어떤 관계를 형성하면서 검열기능을 발휘했는지에 대한 규명은 이 시기 검열체제를 파악하는 데 중요한 열쇠가 되리라 본다. 특히 이 두 층위의 검열이 1960년대의 내적 결절, 특히 1964년 언론파동을 겪으면서 어떻게 동태적으로 길항, 교섭, 파열했는가는 당대 검열체제를 재구성하는 데 요목이 될 것이다.

둘째, 박정희 정권이 상대적으로 뛰어난 검열 기예를 갖추고 있었다는 점이다. 각종 행정기구의 제도적 정비를 통한 문화행정의 능률성 제고, 진흥과 규제를 겸비한 균형적 문화정책, 지속적인 문화관련 입법 추진과 이에 의거한 검열의 형식적 합리성, 이데올로기적 국가기구를 적극적으로 동원한 헤게모니 지배력의 확장과 동의기반의 창출 등 이전 이승만 정권과는 비교할 수 없을 정도로 제도적 문화규율시스템을 구축하고 이를 효과적으로 가동했다. 검열의 기예가 특히 돋보이는 부분은 '분할통치(divide-and-rule)'에 의한 언론통제이다.5 이윤추구를 선호하는 언론의 기업적 속성을 백분 활용한 '채찍/당근'의 양면적 통제전략을 구사해 권언유착을 유인해내는 한편 언론사 조직의 이원화—경영과 편집의 분리—를 조장해 언론의 내부결속력을 분쇄시킴으로써 언론의 정론성을 약화·무력화시키는 방법이었다. 이 전략은 경영합리화라는 미명 아래 경영진을 통로로 한 구조적·간접적 통제와 결부돼 강력한 효과를 발휘하는 가운데 언론 전반을 순치시키는 성과를 거두게 된다. 강권적 수단을 동원하는 것보다 더 큰 실질적 효과를 거둘 수 있는 방법을 검열당국이 이미 파악하고 구사했던 것으로 볼 수 있다. 1960년대 후반으로 갈수록 언론필화가 현저히 감소한 것도 이와 밀접한 관련이 있다. 그 분할통치는 "5·16 군부의 준비된 목표, 즉 쿠데타를 통한 집권의 정당성 확보와 집권연장을 위한 국민동원의 필요에 따른 언론 포섭 및 동원"6의 일환책이었다고 할 수 있다.

이 같은 전략이 신문을 비롯한 정기간행물뿐만 아니라 여타 미디어 및 문학예술 부문에도 그대로 적용됨으로써 정치권력에 의해 '관리되는' 권력의존적인 언론 및 문화가 조성되기에 이른다. 간과해선 안 될 것은 그러는 가운데서도 검열당국이 언론에 대한 체계적인 감시를 주도면밀하게 수행했다는 사실이다. 공보부 조사국에서 발행한 비공개검열자료『신문논조평가』및『주간 국내정세 신문분석』이 이를 잘 보여준다.7

'테스트케이스' 전략도 검열기예의 일종으로 볼 수 있다. 즉, 검열권을 전면적·강압적으로 발동하지 않고 사안별 케이스에 대한 제재 조치를 공시해 문제를 공론화하는 방법이다. 이는 주로 문화상 풍속검열분야에서 구사되었는데, 일례로『경향신문』의 연재소설「계룡산」을 음화판매혐의로 입건한 사건(1964.6)을 들 수 있다. 일간 및 주간신문의 연재소설에 대해 형법 제243조(음란 등의 반포) 위반 사례를 내사하는 가운데 이「계룡산」을 테스트케이스로 입건 조치한 뒤 법원에 증거보전신청서를 제출하는 동시에 백철을 비롯한 관계전문가 40여 명의 외설죄 성립 여부를 의뢰하는 절차를 밟는다.8 이후 법원의 감정결과를 수용해 더 이상의 적극적 조치를 취하지 않은 가운데 작품도 무난히 연재돼 470회(1965.5.31)로 종료된다. 물론 법원에 의해 증거보전신청이 기각된 점도 연재를 마칠 수 있는 요인으로 작용했으나 당국은 이 같은 방식을 통해 검열의 절차적 합법성을 과시하는 동시에 해당분야의 자율 정화를 권장·유도하는 효과를 거두게 되는데, 이 사건 이후 신문연재소설의 외설성에 대한 의제가 공론화되고 관련 분야의 내적 격론을 거치면서 급기야 신문윤리위원회의 신문연재소설에 대한 자율심의가 정착되는 일련의 과정을 통해 이 전략이 지닌 효과를 확인할 수 있다. 문화검열을 민간에 위임하고 이를 관리하는 방식, 이런 맥락에서 민간자율기구의 검열이 존재했다고 볼 수 있다. 따라서 민간검열도 검열기예의 일환이었다고 할 수 있겠다. 교묘하고 세련된 방법이다. 여기에는 검열에 의한 행정처분 및 사법처분이 언론에 지

사적 면모를 부여할 수도 있다는, 비록 실정법에 근거한 것이라도 무리한 행정
권의 발동이 초래할 역효과에 대한 검열당국의 참작이 크게 작용하고 있었
다.9 물론 그와 같은 기조는 이틀 동안 음화·음란물 9,290건을 압수하고 20명
을 구속한10 경우에서 보듯 1970년대에 접어들어서는 완전히 달라진다.

유념할 것은 이러한 검열기예가 정치(사상)검열에서는 적용되지 않았다는
사실이다. 반국가적, 정부비판적인 경우에는 반공법(제4조 1항, 반국가단체활
동의 찬양 고무), 형법(제90조 2항, 내란의 선동선전), 특별범죄처벌에 관한 임
시특별법(제3조 3항, 허위사실 유포·정부비방), 집회시위에 관한 법률 등 가동
할 수 있는 모든 실정법을 동원해 이적 행위로 규정하고 무자비한 검열을 단행
했다. 그 범위도 국시, 즉 반공에 저촉된 경우뿐만 아니라 발전주의에 비판·
도전하는 일체의 행위에까지 적용시킬 정도로 광범위했다. 잡지필화의 경우를
통해 본다면 전자는 통일문제거론 기사로 발생한 『세대』 필화사건(1964.11)
이, 후자는 '차관(借款)'이란 심층보도가 빌미가 된 『신동아』 필화사건(1968.
11)이 각각 이를 대변해준다.11 이는 박정희 정권이 반공권위주의 정권이면
서 동시에 강력한 발전주의 정권이었다는 점, 내적으로는 발전주의가 반공주
의 및 남북한 체제경쟁과 굳건하게 결합되어 있었기 때문에 그것에 대한 저
항과 비판은 곧 체제위협적인 것으로 철저히 배제의 대상이 되었다는 것을
의미했다.12 아울러 그것은 지배의 동의기반을 확장하기 위해 반공주의적 동
원과 개발주의 동원을 핵심적인 동원의 축으로 삼았던 박정희 개발동원체제
의 성격13을 잘 보여준다 하겠다. 민간자율기구가 사상검열의 권한을 관련
민간자율기구에 이양할 것을 지속적으로 요구함으로써 이에 대한 갈등이 야기
된 바 있으나 사상검열만큼은 국가권력이 독점적으로 행사했다. 요컨대 관제
검열/민간검열의 이중성과 아울러 사상검열/문화검열의 이중성이 1960년대
검열체재의 또 다른 특징이었던 것이다. 그렇다고 중앙정보부(남산), 반공법
으로 상징되는 박정희 정권의 폭력성을 묵인하자는 것은 결코 아니다. 다만

폭력적 억압성만으로 이 시기 검열을 살피는 것은 1960년대 검열체재의 중요한 부면을 간과할 수 있는 위험성이 존재한다는 것을 환기해두기 위함이다. 어찌 보면 폭력성의 배타적 강조는 너무나 자명한 것이기에 실상은 아무것도 설명해주지 못한다고도 할 수 있다.

셋째, 검열로 상징되는 국가권력의 억압적 통제에 대한 반면적인 지향이 그에 비례해 고조되는 것과 더불어 피검열자들의 대응방식에 분열(분화) 양상이 가시화된다는 점이다. 문학검열의 차원으로 한정해보면 분지필화사건에 대한 서로 상반된 해석과 대응, 즉 "남정현의 표면적이고 즉흥적인 저항에 대한 성찰을 바탕으로 당시 한일회담을 계기로 점증되고 있던, 또 이로부터 촉발될 예측 가능한 대중적 저항을 기반으로 한 저항문학의 필요성"[14]을 역설한 입장이 있는가 하면, "자유진영의 우월성에 대한 강조와 함께 보다 적극적, 실리적, 우위적 반공의 필요성과 정치적 훈련이 안 된 작가들을 대상으로 한 정부기관의 교양사업의 필요성"[15]을 강조하는 입장이 나란히 제출된 바 있다. 또 다른 한편에서는 자유의 회복이라는 당면과제에서 한 발 비켜나 관망할 수밖에 없었던 김수영의 무력한 자기모멸이 존재했다(「어느 날 고궁을 나오면서」). 문학이 처한 억압적 상황에 대한 문제 인식의 공유에도 불구하고 그 억압의 주체와 작동 방식에 대한 '해석의 갈등'(자살이냐/타살이냐)을 극명하게 드러낸 이어령과 김수영의 이른바 '불온시 논쟁' 또한 적절한 예가 될 수 있다.[16] 미디어가 보인 대응에서도 마찬가지의 면모가 나타난다. 김지하의 오적필화사건에 대한 신문의 서로 다른 입장, 즉 "부정 · 부패에 대한 불공정한 접근과 표현의 상스러움으로 채워진 하찮은 작품"(『경향신문』)이라거나 "판소리형식을 빌려 사회를 풍자하려는 뜻은 분명했으나 다소 지나침"(『중앙일보』)과 같이 「오적」의 작품성에 대한 문제제기로 이 필화사건이 내포하고 있는 국가권력의 폭력적 억압을 애써 은폐하려는 경향이 있는가 하면, "광가광언(狂歌狂言)에 불과한 헛소리이며 대한민국의 현 체제를 전면 부인하고 폭력혁명을 선동해 북괴도당에 아종(阿從)하는 것"(『한국일보』)으로 간주함으로써 국가권력의 입장에 동조하는 논조를 보인 경우도 있었다.[17] 이런 양상은 정치권력의 억압에 대해서 뿐만 아니라 그에 못지않게 당대 문화생산의 억압적 기제로 작용했던 자본의 통제에 대한 대응에서도 마찬가지였다. 관권/민권, 특권/인권을 기축으로 비교적 단일한 자유민주주의전선을 형성했던 1950년대와는 사뭇 다른 양상이 전개된 것이다.

이 같은 현상은, 다소 비약하자면 사회문화세력의 분화의 가시적 징후로 간주할 수 있다. 실제 1960년대 중반 언론윤리위원회법 파동과 6 · 3사태를 계기로 권력/언론, 자본/언론, 권력/지식(인), 권력/문화 등의 관계 조정이 빚어지는 가운데 지배/저항의 구도가 분명한 실체로 형성되고 이에 따른 사회문화세력의 분화가 광범하게 촉발되기에 이른다. 지식인사회가 근대화론과 민족주의론에 대한 입장 차이를 축으로 분화되면서 협력/비판(저항)의 양극적 구도로 재편되는 것도 이즈음이다.[18] 곡필이 필화와 대칭적으로 증가하는 현상도 이와 무관하지 않다.[19] 그것은 지배/저항의 관계가 상호 간의 대결 속에서 각각 자신들의 정체성을 역설적으로 확보해나가는 과정이었다고 할 수 있다. 검열형태의 이원화(관제검열/민간검열), 검열 작동방식의 다변화(제도적/비제도적), 검열주체의 다원화(국가권력, 미디어자본, 독자)와 연동된 피검열자(저항집단)의 분화, 그리고 이 요소들의 역동적 관계에 대한 분석에 입각해 1960년대 검열체재를 재구성할 필요가 있다는 것이 본고의 문제의식이다. 이에 그 첫 작업으로서 민간검열기구의 존재를 당대 자료들을 바탕으로 조망해보고자 한다.

2. 박정희체제의 언론정책과 민간자율기구

민간자율심의기구인 각종 윤리위원회는 대부분 5·16 후에 발족된다. 1961년 9월 한국신문윤리위원회 출범을 시작으로 1962년 6월 한국방송윤리위원회, 1965년 7월 한국잡지윤리위원회, 1966년 2월 예술문화윤리위원회, 1966년 5월 한국주간신문윤리위원회, 1968년 8월 한국아동만화윤리위원회, 1969년 3월 한국도서출판윤리위원회가 순차적으로 설립되었으며, 이후 문화공보부 산하 각종 위원회의 통합 방침과 아울러 부문별로 독립된 출판물 관련 기구들의 효율적인 업무 수행에 대한 필요성이 제기되면서 한국잡지윤리위원회, 한국아동만화윤리위원회, 한국도서출판윤리위원회를 통합한 한국도서잡지윤리위원회가 발족되는(1970.1) 과정을 거친다. 따라서 1960년대 후반에 이르면 신문, 방송, 도서출판, 문화예술 등 사회문화의 핵심 영역 전반에 윤리위원회 설치가 완비된 가운데 민간주도의 자율적 규제가 일반화되었다고 볼 수 있다.

눈여겨볼 대목은 그 일반화의 도정에 4·19혁명과 5·16쿠데타가 중요한 역학적 동인으로 작용하고 있었다는 점이다. 우선 윤리위원회의 탄생은 4·19혁명의 역설적 부산물이었다. 4·19 직후 "사회가 국가를 포위한 시대"[20] 공간에서 역사상 최고 수준에 달한 언론출판의 자유와 이에 따른 사이비언론·부정부패언론(인)의 발호에 의한 폐해가 극심하게 야기된 모순적 상황, 그리고 "제1공화국은 경찰에 의해서 망했고 제2공화국은 기자로 해서 망하리라"[21]는 국민여론이 비등한 상황에서 일종의 자구책 차원에서 신문윤리위원회 창설이 추진되었던 것이다.[22] 언론의 자유, 나아가 이를 근간으로 한 민주주의 제도 자체에 대한 전 사회적인 회의·비판에 직면한 언론계의 자성과 자율정화책의 소산이었다. 그러나 신문윤리위원회(이하 '신륜')가 공식 발족한 것은 5·16 후였다(1961.9.12). 이는 모색과 발족 간의 시차상의 불가피성 이상으로 외부의 타율적 요소가 개입되었다는 사실을 뜻한다. 즉 5·16쿠데타, 구

체적으로는 마찬가지의 이유와 명분으로 시행된 군사정부의 언론정책이 개재
되어 있었던 것이다.[23] 5·16 직후 비상계엄하 포고 제1호에 의한 사전검열
제의 시행, 포고 제11호에 의거한 신문통신을 비롯한 정기간행물의 대대적 정
비 및 사이비기자의 대량 구속, 경계계엄하 최고회의령 제15호("언론·출판보
도 등은 국가보안상 유해로운 기사·논설·만화·사진 등을 공개해서는 안
된다")에 의한 강력 규제, 명예훼손기사 게재금지와 등록의 취소 조항을 골자
로 한 '정당 등 등록법안'(전8조, 1961.7.28)의 제정 시도 등으로 이어지는 군
사정부의 위압적 언론통제정책이 신륜의 발족을 촉진시켰다고 볼 수 있다.[24]
군사정부의 권력발동 및 그에 따른 언론계의 위기의식 내지 "강압을 완화시
켜보려는 희망적 관찰"[25]이 신륜 발족의 또 다른 배경이 된 셈이다. 여타 윤
리위원회 발족도 비슷한 발생 맥락을 지니고 있다. 자활책이라는 성격이 특
별히 부가될 수 있겠다. 이렇듯 자율과 타율의 모순적 배경을 바탕으로 탄생
한 신륜의 태생적 한계는[26] 1960년대 광범하게 존재했던 민간자율기구의 제
도적 위상과 기능을 이해하는 데 중요한 시사점을 제공해준다. 즉, 1960년대
민간자율기구가 국가권력의 대사회문화적 통제력의 극대화 전략과 사회문화
세력들의 독자적 권역 확보의 이해관계가 충돌하는 지점에서 탄생한 제도적
산물이었다는 점에서 상호 간 역관계에 의해 민간자율기구의 존립 및 자율성
의 수준이 근본적으로 결정될 수밖에 없었다.

  그 역관계는 곧바로 6·3사태를 겪으면서 파열되어 나타난다. 민정이양(제
3공화국 출범) 직후 대일굴욕외교[27] 반대 운동이 전 사회적으로 확산·고조된
가운데 권력은 비상계엄령을 선포하고 학원가에 위수령을 발동하는 한편, 언
론에 대한 사전검열제를 재실시하는[28] 동시에 학원과 언론을 통제하기 위해
'학원보호법'과 '언론윤리위원회법'의 제정을 강행하기에 이른다. 그것은 언론
의 무책임한 선동, 학생들의 불법적 행동, 정부의 지나친 관용 등을 6·3사태
의 중요 원인으로 판단한 정치권력의 문제인식에서 비롯된 것이었다(박정희의

5월 23일 광주발언). 언론의 자율성 규제강화를 명분으로 여야 합의로 제정된 언론윤리위원회법안(전20조 부칙)의 골자는 각 언론기관(신문, 잡지, 통신, 방송, 기타 정기간행물 등)의 윤리위원회 가입 의무화, 언론보도에 대한 심의와 제재를 위한 윤리위원회 설치, 이를 전담하는 심의회 설치, 심의기준이 되는 윤리강령의 제정과 처벌의 명문화 등이다.29 특히 윤리강령에 국가의 안전 및 공안의 보장, 헌법상 기관의 존엄성 보장, 정기간행물 및 방송의 사회적 책임, 타인의 명예나 사생활의 비밀보장, 사회윤리와 공중도덕의 보장 등 9개 항의 삽입과 정간, 권고, 경고, 정정, 사과, 해명 등의 제재 사항을 명시하고 있는 점은 위헌성의 여부를 차치하고서라도 기존 민간자율기구를 폐기하고 미디어전반을 관제윤리위원회를 통해 관리하겠다는 의도를 노골적으로 드러낸 것이었다. 그것은 군사정부가 언론을 정권의 가상적으로 간주한30 가운데, '신문·통신 등록에 관한 법률'(법률 제1486호, 1963.12)을 제정해 등록제를 활용한 간접적 통제31와 비공식적 경로를 통한 신륜의 재편성 시도 및 기능강화 요구 등 다소 유연했던 언론통제방식에서 벗어나 군정 연장에서부터 6·3사태에 이르는 일련의 정치적 위기를 맞아 공세적·강권적 방식으로의 전면적 전환을 시도했다는 것을 의미한다. 이 법안에 대한 국민여론은 압도적인 입법반대론이 주류를 이루는 가운데 윤리위원회 강화를 통한 언론계 자율에 맡길 것을 촉구하는 것으로 나타난다(1964년 8월 1일자 『경향신문』 시민설문조사 결과 및 『조선일보』 각계 인사들의 의견). 사회문화계가 제기한 반대론의 골자는 실질에 있어 자율성의 전적인 매장, 언론윤리심의회의 관주도 가능성, 사법권 침해, 위헌성 등이었다.32 직접적 당사자인 언론단체의 대표회는 '언론대책 5개 방안'을 발표하면서 자체 강화된 자율적 심의를 역제안하는 것으로 대응했다. 즉, '윤리위원회에 심사기구를 상설해 모든 신문을 분석함으로써 적극적인 윤리 및 질적 향상을 꾀한다, 정부에 대해 필화협의를 가급적 윤리위원회에 제소하는 관행을 확립토록 요청한다, 윤리위원회의 결정을 실천키 위해 언론단체로 하여금 그 규약에 강제성을 띤 제재규정을 설치토록 한다' 등이 골자였다. 관련단체의 입법반대와 폐기 요청에도 불구하고 언론윤리위원회법은 공화당 단독으로 상정되어 8월 2일 국회에서 전격 통과된다.

이후 정국은 언론계의 언론윤리위법철폐투쟁위원회 결성, 전국언론인대회의 개최와 선언문 채택, 한국기자협회 결성과 반대투쟁 가세, 정부의 보복조치방침과 『한국일보』와 『서울신문』 등 7개 언론기관의 철폐투쟁위원회 이탈, 신문편집인협회와 한국기자협회의 강경 성명 발표, 『동아일보』와 『조선일보』 등 법 시행에 협력하지 않는 반대 언론기관에 대한 정부의 강경조치 천명과 이에 대한 국제적 비난 및 전 국민적 저항 비등 등 언론계와 정부 간의 극한적인 대결이 고조되는 이른바 '언론파동'을 겪는 가운데33 언론계와 정부(박정희)의 막후협상에 의해 법 시행이 보류되기에 이른다. 법정기구로서 강력한 제재력을 지닌 관제윤리위원회의 설치를 저지시켜 최소한의 언론자유를 확보했다는 점에서 사회문화계의 승리로 볼 수 있으나, 타협에 의한 법 시행 보류의 대가는 매우 컸다. 무엇보다 언론윤리위원회법 자체가 시행이 보류되었을 뿐 폐기되지 않았다는 데 있다. 즉, 1980년 공식 폐기되기까지 언제든지 시행 가능성이 존재했다는 점에서 언론을 위협하는 잠재적 족쇄로 기능했다.34 한마디로 국가권력에 의해 관리되는 언론 통제의 여지를 그대로 존속시킨 채 언론파동이 일단락되었던 것이다. 그 결과 거시적으로는 언론순치의 시발점이 되었고 언론사 간에 차별성이 생기고 언론자본(경영)과 언론인(편집)이 분열하는 계기가 됨으로써 권언유착 및 권력의존적인 언론계 풍토가 조성된다.35

그런데 그 자율규제 강화의 흐름은 윤리위원회가 설치된 일간신문·방송 분야는 물론이고 문화계 전반으로 확산되어 나타난다. 제한된 자율성조차 인정하지 않겠다는 정치권력의 강력한 의지가 확인된 이상 법 시행에 따른 자율성의 완전 고사를 방어하기 위한 대응이 불가피했던 것이다. 그것이 수렴돼 집합적으로 표출된 것이 예총(한국예술문화단체총연합회)을 비롯해 당시 언론과 문학예술을 대표하는 10개 단체들이 공동으로 참여한 '매스콤윤리선언'(1965.5.3)이다.

1. 우리 매스콤의 創作 및 製作活動에 있어 反社會的이며 非倫理的인 要素를 果敢히 除去함으로써 매스콤의 基本姿勢를 確立할 것을 굳게 다짐한다.
2. 오로지 大衆의 口味에 迎合하여 商業的 眼目에만 偏重하는 나머지 故意로 煽情, 猥褻, 不義 등의 內容을 取扱하여 우리의 美風良俗을 沮害하는 모든 創作 및 製作態度를 嚴戒하며 排擊한다.
3. 剽竊과 같은 非行을 一掃하고 보다 높은 創意性과 보다 充實한 內容을 期하여 國民의 敎養과 文化生活에 利益되도록 모든 作品活動을 淨化한다.
4. 虛僞事實의 報道나 個人 團體의 名譽毀損을 避하기 위하여 最善을 다한다.
5. 民族固有文化를 保護育成하는데 이바지하는 동시 低俗하고 浮薄한 外來文化에 對한 警覺心을 높인다.
6. 각종 매스콤이 靑少年善導에 이바지하도록 促求한다.[36]

이들이 밝힌 윤리선언의 배경과 취지는 "오늘날 우리 신문·잡지·방송·영화·연예·음반 등 매스콤이 지닌바 사명과 그 사회적 책임은 참으로 막중하다. 그러나 작금 우리 주위에는 왕왕 매스콤의 탈선이 노정됨으로써 적지 않은 물의와 빈축을 촉발"하고 있는 상황에서 매스컴의 중대한 사명을 재확인하고 반사회적, 비윤리적인 요소를 시정해 민족문화육성에 앞장서겠다는 것이었다. 이는 곧 매스컴의 탈선을 반성하고 자율적으로 윤리성을 회복·향상시키겠다는 의지의 천명이다. 문제는 한 신문의 지적처럼, 반사회성과 비윤리성, 선정성, 외설성, 표절, 명예훼손 등은 매스컴이 당연히 지켜야 할 것임에도 새삼스럽게 관련 제반단체가 총동원되어 대국민선언의 형식으로 발표했다는 점에 있다.37 물론 여기에는 윤리선언 발표 즈음에 스스로 탈선이라고 간주했던 만연된 일탈 행위들이 공론화됨으로써 빚어진 문화계의 절박한 위기감이 크게 작용했다. 문학 분야로만 한정해보더라도『벌레먹은 장미』(최인욱),『밤에 피는 꽃』(방인근),『처녀림』(허문녕) 등 소설단행본이 외설죄 성립 여부로 검찰의 내사를 받았으며,38 국제저작권보호조처에 가입하지 않아 외서의 무단 번역이 법률적 인책 대상이 되지 못하는 상황을 틈타 나타난 출판사 간 경합 번역과 출혈 경쟁,39 희망출판사가 발간한『한국고전문학전집』(전5권)의 표절 및 무단전재에 대한 한국문인협회의 성명서 발표(1965.3),40 명의도용에 대한 명예훼손피소41 등 자기부정에 가까운 비윤리적 행태가 창궐하였다. 또 자체 윤리위원회가 설치돼 자율규제가 시행되고 있던 신문과 방송 분야에서조차 신문연재소설이 외설로 입건되고(「계룡산」), 연예오락의 저속성으로 인한 코미디언 출연정지조치가 내려졌으며(백금녀, 송해, 박시명 등의 1~2개월 출연정지, 서영춘에 대한 경고), 광고의 선정성이 사회적 물의를 일으키면서42 민간자율기구의 기능에 대한 부정적 여론이 지배적이었다. 그러나 이보다 윤리선언을 더욱 압박한 것은 정치권력의 직접적 통제위협이었다. 언론윤리위원회법의 잠재적 위협에다 이만희 반공법위반 구속사건(1965.2), 검경의 외설성·선정성에 대한 연이은 수사와 단호한 처벌 방침 등으로 조성된 경색 국면에서 언론문화계는 생존을 도모해야 하는 처지에 내몰렸고, 그 생존전략은 법 수준 이상의 자율검열을 강화하는 도리밖에 없었던 것이다. 따라서 매스컴윤리선언은 권력 발동의 후환에 대비한 언론문화계의 고육지책이었던 셈이다.

3. 제 윤리위원회의 실태와 심의 결과

따라서 언론윤리위법 파동과 매스컴윤리선언을 계기로 이전에 존재했던 민간자율기구는 일정한 조정과정을 거칠 수밖에 없었다. 관제윤리기구를 거부한 것에 대응한 아울러 언론윤리위법의 발동을 사전에 봉쇄하기 위한 차원에서라도 응분의 대처는 부득이했다. 먼저 신륜의 경우는 자기방위의 기조가 강화되는데, 이는 자기규율의 강화로 현시된다. 회칙 개정(1964.9)을 통해 자율심의를 위한 심의실의 신설, 정치인의 위원 영입, 재심의청구권 보장, 위반사에 대한 기간단체 자격정지 및 제명 등을 요체로 한 심의범위의 확대와 제재규정을 대폭 강화하는 방향으로 기구를 재정비한다.43 심의실은 매일 발간되는 신문·통신의 기사, 논설, 단평, 사진, 회화 등 게재 내용의 신문윤리강령 및 그 실천요강의 저촉 여부를 자체적으로 심의하는 전담기구로 강화된 윤리위 기능의 중추 역할을 담당하게 된다. 언론윤리위법의 대용품 및 그 파동의 부산물이란 일부의 우려에도 불구하고 금권력과 곡필을 방지함으로써 진정한 언론자유를 수호할 수 있는 보루로 기대를 모았다.44 심의실의 설치는 신륜의 심의활동이 이전 제소심의만 다뤘던 것에서 제소심의와 함께 자율심의의 병행, 나아가 자율심의 중심으로 전환되는 계기가 되었다. 자율심의제도 도입에 따른 심의영역의 확대는 곧 신륜의 권한이 강화되는 기반이 된다.

물론 권한 강화의 실질적 토대가 된 것은 제재 규정의 강화였다. 즉, 회칙 개정 전 "위원회는 사건 또는 분규를 심사, 중재 또는 가해자에게 제재를 가할 수 있다"는 막연하고 비교적 유순한 규정이 "윤리위원회는 신문윤리강령 및 그 실천요강을 위반한 신문·통신사에 제재를 가할 수 있다. 제재의 종류는 ①권고 ②경고 ③해명 ④정정 ⑤취소 ⑥사과로 하고 그 위반의 정도가 특히 중대한 때에는 기간단체에 대하여 그 회원자격의 정지 또는 제명을 요구할 수 있다"로 구체적·적극적으로 변경되었으며 제재의 종류도 다변화됐다.

동시에 윤리위의 결정을 각 신문·통신이 이행할 강제 규정도 신설했다.[45] 한 발 더 나아가 4차 개정(1968.4)에서는 제재대상과 순위를 명시하고, 사안의 경중에 따라서 병과할 수 있게 했다. 즉 제재 종별 순위는 주의→비공개경고→공개경고→정정→취소→사과→관련자에 대한 위원회가 정한 징계의 요구→당해 신문사 및 통신사가 소속하는 기간단체의 회원자격 정지 또는 제명요구로 위계가 다양하고도 제재 강도가 높아진다(회칙 13~14조). 특히 결정 이행을 거부할 경우 기간단체의 회원자격 정지 또는 박탈이라는 최종수단을 쓰도록 그 권한을 명시한 것은 민간자율기구 고유의 자율의 한계를 넘어선 강권 규정이었다고 봐도 과언이 아니다. 이 같은 제재규정의 강화 및 강제성 명시는 정부당국의 대신문 불만을 잠재우는 동시에 군사정부의 필화 남발을 적절히 제어하지 못한 신륜에 대해 불만과 경시를 표명했던 언론인들로 하여금 윤리위를 존중하는 기풍을 조성시키고자 했던 이중적 포석이었다고 볼 수 있다. 이러한 조건 속에서 시행된 신륜의 심의 실적[46]을 밝히면 아래와 같다.

〈표 1〉 신문윤리위원회 기사 자율심의 통계

내 용	'64~'65	'66	'67	'68	'69	'70	'71	'72	計
①주의	192	207	114	96	32	46	41	87	815
②비공개경고				41	37	65	40	66	249
③공개경고	16	30	57	10	37	88	51	15	304
④정정	6			2					8
⑤취소		1							1
⑥사과	1	2				1			4
⑦권고	10	2	2			1	1	2	18
합 계	225	242	173	149	106	201	133	170	1,399
불 문	189	60	41	26	23	34	28	117	518
기 타	224							21	245
총 심의건수	424	244	175	149	106	202	134	289	1,935

⟨표 2⟩ 신문윤리위원회 기사 결정 이유별 내역

이 유		'64~'65	'66	'67	'68	'69	'70	'71	'72	計
보도와 평론의 태도장 위반	①오보	106	109	64	31	10	37	23	74	454
	②과장보도	12	2	8	15	4	8	5	4	58
	③왜곡보도	2	2	2	4	5	8		16	39
	④공공성저해									0
타인의 명예와 자유장 위반	①봉욕한 여인의 신원공개	15	30	25	8	9	6	3	6	102
	②미성년 피의자의 신원공개	12	62	12	9	4	21	16		136
	③프라이버시 침해	1		8	8	4	17	13	11	62
	④편파보도	6		5	2	5	34	26	17	95
	⑤명예훼손	27	30	7	34	27			3	128
품격장 위반	①소설			14	3	5	3	14	5	44
	②만화			1		2		3		6
	③사진	1	1	1			4	1	2	10
	④통신전재(무단)	24	2	5	9	6	15	3	13	77
	⑤광고성 기사	4	1		2	13	27	21	10	78
보도기준 위반	①약명공개				17	8	7	3	1	36
	②집단자살 용어			16	4	2	2		1	25
	③용의자 신원공개				1		4	1	7	13
	④유괴사건				1	2	2	1		6
	⑤간첩신고자 신원공개									
	⑥강력범신고자 신원공개									
독립성장 위반	①미풍양속 저해	6	3	5	1		6			21
	②혼돈기사									
책임장 위반										
결정건수 총계		280	308	240	217	175	271	204	242	1,937

⟨표 1⟩은 심의실 설치 후 자율심의의 실적과 제재결정에 대한 통계이다. 이 통계에는 생략되어 있지만 회칙개정 이전(1961.9~1963) 총 심의건수 27건, 결정건수 15건이었던 것과 비교해보면 심의실적이 비약적으로 증가했다는 것을 확인할 수 있다. 또 1965년 이후 제소심의와 자율심의의 관계를 비교해보더라도 제소심의건수/자율심의건수/총 심의건수의 관계가 33/638/671(1964~

65년), 25/302/327(1966년), 13/214/227(1967년), 29/175/204(1968년), 15/129/144(1969년), 15/235/250(1970년) 등으로 나타나는데 자율심의가 약 90~93%를 차지했을 만큼 자율심의 비중이 압도적이었다. 그 추세는 큰 변화 없이 1970년대까지 지속된다. 양적 측면뿐 아니라 질적 측면에서도 심의기능이 향상되었다는 것을 간취할 수 있다. 즉, 자율심의건수 대비 '불문'의 비율이 30%(1964~65년)에서 20%~10%대로 매년 격감한 것, 달리 말해 결정건수의 점증을 확인할 수 있는데, 이는 심의실의 전문성 내지 그 기능이 그만큼 제고되었다는 것을 말해준다. 자율심의제도를 통해 신륜이 고발자 혹은 제소자의 성격을 띠는 기관이 되기에 이른 것이다. 물론 자율심의가 확대·강화되는 과정은 상당한 진통을 동반한다. 뒤에서 언급하겠지만 자율심의범위 확대의 일환으로 채택된 신문소설에 대한 심의대상 포함 여부를 둘러싼 윤리위와 문인단체와의 첨예한 갈등, 신문광고에 대한 심의 여부를 둘러싼 윤리위와 신문자본과의 갈등 등이 대표적이다.

그리고 〈표 1〉과 〈표 2〉를 통해 제재규정이 대폭 강화되었고 그 적용 또한 엄격했다는 사실도 확인할 수 있는데, 이는 신문윤리강령 및 그 실천요강에 준한 결정의 결과이다. 신문의 자유, 책임, 보도와 평론의 태도, 독립성, 타인의 명예와 자유, 품격 등 6항으로 구성된 신문윤리강령은 1957년 4월 이승만 정권의 언론탄압에 맞서 언론자유 수호와 신문의 자율적 품위 향상을 위한 대안으로 한국편집인협회가 제정했으며, 보도와 평론의 태도, 독립성, 타인의 명예와 자유, 품위 등 총 19개 세부항목으로 구성된 실천요강은 1961년 8월 신문윤리위 창설과 함께 제정되었는데, 주로 실천요강이 결정의 근거로 적용됐다. 〈표 1〉에서 가장 낮은 순위인 '주의'의 비중이 85%(1964~65년)에서 점락해 30%(1969년)로 낮아지고 상대적으로 공개경고와 같은 다소 무거운 제재는 8%→35%로 점증하는 현상을 통해 제재의 강도가 점차 높아졌음을 알 수 있다. 이 같은 결과는, 각 결정내용에 대한 면밀한 분석이 수반되어야겠지만

적어도 신륜의 권위가 점진적으로 향상되었다는 것과 아울러 신문·통신의
기업화 추세 가속화에 따른 상업주의 기조가 팽배했다는 것을 시사해준다 하
겠다.[47] 〈표 2〉는 제재의 다양성을 잘 보여준다. 실천요강의 세부 항목별 위
반사례를 분류화해 제시한 것이지만 전체적으로 저촉사항이 고루 분포되어 있
으며 보도 및 평론기사뿐만 아니라 소설, 만화, 사진 등 창작물도 엄격한 심
의를 받았다는 점이 눈에 띈다. 몇 가지 흥미로운 사실은 오보가 급감해갔고
통신전재와 타인의 명예·자유 위반이 고질적인 문제였었다는 점이다. 전자
를 통해 신륜의 순기능의 일면을 엿볼 수 있다. 후자는 국제저작권협회 미가
입으로 외국저작권에 대한 법적 규제가 불가능했던 상황과 공공성과 개인의
프라이버시의 명확한 경계 설정이 어려운 상황에서 야기된 양자 간의 충돌이
각각 반영된 산물로 판단된다. 이렇듯 비교적 일찍감치 명문 규정으로 자율
심의제도를 도입하고, 세계 어느 나라 신문평의회보다도 경중순위가 다양하
고도 엄한 제재를 규정·실행한 것은 우리 신륜의 고유한 특징이었다.[48]

　본원적으로 자기규율과 자기방위의 모순성에서 발족한 신륜이 언론파동을
계기로 권한이 강화되는 역설적인 결과가 야기됐다고 볼 수 있다. 타율에 의
한 권환 강화라는 아이러니에도 불구하고 그것은 신륜의 권위를 향상시킨다.
독특하게 재심청구권을 1회에 한해 보장했는데도 결정에 이의를 제기한 재심
청구가 극히 드물었다는 사실, 정부당국도 신륜에 제소하는 관행을 일정 기
간 보여줬다는 사실, 예컨대 내무부가 1969년 2월 21일에 『조선일보』 연재소
설 「백조산인」과 논픽션연재물 「남녀신헌법」의 삽화를, 1969년 5월 14일에
문화공보부가 『부산일보』 연재소설 「거울」을 미풍양속을 해친다고 고발한 것
에서 그 권위의 일단을 확인해볼 수 있다. 그 향상된 권위와 심의의 엄격성·
전문성이 상보적 선순환을 이루는 가운데 신륜의 자율검열은 1980년 12월 언
론기본법에 의해 탄생한 관제 언론중재위원회의 활동이 개시되기 전까지 지
속되기에 이른다. 한 가지 의문이 들 수 있는 것은 신륜과 정치권력의 관계,

즉 정치인(국회의원)의 윤리위원 참여와 운영기금 중 일부를 정부보조금으로
충당했다는 객관적 사실을 감안할 때 신륜이 얼마만큼 독립성을 지녔는가 하
는 점인데, 위원장은 언론인과 국회의원이 아닌 위원 중에서 선출하도록 규
정을 변경했고 정부의 재정지원금 제안을 받아들였지만 윤리위와는 별도로
운영협의회를 설치해 이를 통해 조달케 함으로써 정부의 간섭을 최대한 배제
했다는 점에서 나름의 자율성을 보전했다고 볼 수 있다.[49]

한편 방송윤리위원회(이하 '방륜')는 특이한 변화를 겪는다. 즉 1962년 6월
에 방송사업자들의 자율규제기구로 창립된 뒤 1963년 12월 제정된 방송법(법
률 제1535호)에 의거 법정위원회로 격상되었다가, 언론윤리위법 통과와 방송
법 개정(방송윤리위에 관한 규정 삭제)으로 일시 해체되었으나 언론윤리위법
의 시행보류로 인해 1964년 9월에 재발족되는 과정을 거친다. 박정희 정권의
공보정책 기조 변화를 온전히 체현해낸 면모라 할 수 있으며 매스미디어로서
새롭게 부상한 방송의 가치를 간접적으로 드러내준 표식이기도 하다. 잘 알려
졌다시피 1960년대는 본격적인 민영상업방송시대가 개막된 시기이다. 그것은
박정희 정권의 방송정책의 산물이었다. 조국근대화를 시정의 기본목표로 설정
한 군사정부는 국민들에게 경제개발에 대한 신념을 고취시키고 적극적인 참
여ㆍ동원을 위한 경제홍보와 4ㆍ19혁명 후 다소 이완되었던 반공사상을 재무
장시키기 위한 반공홍보가 절실히 요청되는 상황에서 방송을 주된 홍보매개
체로 활용하는 전략을 구사했다. 그 전략은 민간방송국 개설의 대폭 허용과
방송기간시설인 라디오 및 TV 보급에 주력하는 것으로 구체화된다. 그 결과
최초로 개국한 MBC(1961.12)를 비롯해 3개 민간 TV방송국, 4개 FM방송국,
DBS, MBC, TBC계열의 지방방송국 상당수가 개국함으로써 본격적인 상업방
송시대가 열리게 되었다. 라디오수신기 보급도 약 42만 대(1960) → 약 90만
대(1963, 총가구수 대비 보급률 18%) → 약 196만 대(1965) → 340만 대(1971,
보급률 55.2%)로 급증했다. 특히 정부 주도로 농어촌에 '라디오ㆍ스피카 보

내기 운동'을 범국민운동으로 전개함으로써 농어촌 보급률도 상당했다. TV수상기 보급도 마찬가지였다. KBS-TV개국(1962) 당시에는 보급대수가 약 8천 대에 불과하다가 1963년에는 약 3만 5천 대(세대보급률 0.7%), 1969년에는 약 22만 3천 대(보급률 3.9%)로 각각 증가했는데, 도시/농촌의 분포대비는 1969년까지는 도시에 100% 편중되었다가 1970년부터 농촌에 처음으로 보급(5.5%)되기 시작하는 특징을 보인다.[50] 이 같은 정부의 적극적인 수신기 보급 시책으로 가시청권이 확장되고 그것이 아래로부터 높아가는 국민들의 정신적 오락수요와 맞물려 방송의 비약적인 발전이 가능하게 되었다.[51]

전국적 대중매체로 자리 잡은 라디오를 중심으로 한 방송전성시대, 특히 민간방송시대가 도래함으로써 방송계에 큰 변화가 초래된다. 광고시장의 점진적 성장과 더불어 이와 불가분의 관계에 있는 제한된 광고수입을 놓고 치열한 청취율·시청률 경쟁이 필연적으로 발생한다. 특히 재벌정책의 일환으로 삼성의 라디오·TV방송국이 허가되고, 또 동아일보사와 같이 신문자본이 방송에 진출해 겸영하는 구조가 정착됨으로써 광고수입경쟁이 더욱 고조될 수밖에 없었다. 그 경쟁의 중심에는 프로그램의 편성이 놓여 있었다. 즉, 청취율·시청률 중심의 편성이 일반화되면서 라디오드라마가 1966~68년 매년 평균 150편이 방송됐고, 1966년 KBS와 TBC는 전체 편성에서 오락프로그램이 차지하는 비율이 70% 내외로 상당한 비중을 차지했으며, 기타 주시청시간대 집중적 외화 편성 경쟁, 일일연속극의 제작 경쟁, 오락프로그램 시청률 전쟁, 프로레슬링과 스포츠중계방송 경쟁, 아침방송 경쟁, 방송요원 스카우트 경쟁 등 전반적으로 극심한 상업주의 현상이 만연되기에 이른다.[52] 게다가 동아방송의 앵무새사건(1964.6)을 계기로 시사고발적 보도프로그램은 당국의 엄격한 검열대상이 된다는 것이 확인됨으로써 민간방송으로 하여금 보도보다는 안정적인 오락프로그램에 집중하게끔 만든 요인으로 작용했다고 볼 수 있다. 각 방송국마다 다소의 차이가 존재할지언정, 이 모든 것은 방송의 통속화 및 저속

화로 귀결된다. 이것이 방륜 발족의 필요성 및 자율심의의 정당성의 원천이
된 것이다.

중요한 것은 그 심의의 주체와 방법이었다. 공공성이 강한 전파는 적절한
국가의 감시와 통제를 받는 것이 일반적인데, 우리의 경우 이에 대한 법제화
는 1963년 12월 방송법과 1964년 2월 동시행령이 제정 공포되면서부터였다.
식민지 시기는 조선총독부의 강력한 행정적 조치로, 정부수립 후는 주로 방송
행정에 관한 법령만이 제정·시행되다가 민간상업방송의 활발한 진출과 함께
방송의 공공성 및 자유 보장을 유지하기 위한 차원에서 법제화가 추진될 수
있었던 것이다(방송만이 유일한 허가제). 1958년 1월 방송윤리의 기본 지침이
었던 '방송의 일반적 기준에 관한 내규'에 대응한 방송사업자들의 자율심의기
구였던 방륜이 법정기구로 격상된 것은 이런 맥락에서다. 법정기구화 이전의
방륜은 방송내용의 윤리규정저촉여부 판정, 비위방송사실에 대한 조사와 관
계인의 견책 건의, 방송내용의 질적 향상을 위한 건의, 피해자의 제소사건에
대한 심의 및 조치 등을 골자로 한 자율적 방송윤리 확립에 목표로 두고 있었
다. 라디오드라마를 중심으로 방송의 윤리문제가 공론화된 상황을 반영한 것
이었다.[53] 그러나 발족과 동시에 증설되어가고 있던 민영방송을 획일적으로
통제하기 위한 방송법 제정이 추진되면서 별다른 활동을 전개하지 못한다. 따
라서 방륜의 본격적 활동은 법정기구로 격상되면서부터 시작되었다고 볼 수
있는데, 문제는 언론윤리위법 제정으로 일시 존립의 법적 공백상태와 발족의
과정을 거치면서 그 제도적 위상과 권한에 변화가 있었다는 점이다. 즉, 제도
적 위상이라는 측면에서 보면 1973년 2월 2차 방송법 개정으로 재(再)법정기
구화 되기 이전까지 자율기구로 존재했지만 타 윤리위에 비해 공보부의 막대한
재정보조와 간섭을 받음으로써 실질적으로는 법정기구에 준한 위상을 지니게
된다. 하지만 권한이라는 측면에서 보면 법적 구속력을 상실할 수밖에 없었
다. 이 같은 미묘한 조건 속에서 시행된 방륜의 심의결과[54]는 아래와 같다.

〈표 3〉 방송윤리위 방송국에 대한 제재 (단위 : 건)

	'63	'64	'65	'66	'67	'68	'69	'70	'71	'72	계
경고	208	356	309	539	349	352	533	663	476	1,090	4,875
해명	1	—	2	—	—	1	1	—	4	—	9
정정	—	—	1	1	—	1	4	—	2	—	9
사과	—	—	1	2	1	1	1	4	—	2	12
계	272	420	377	606	416	422	607	733	553	1,162	4,893

〈표 4〉 방송윤리위 관계자에 대한 제재 (단위 : 건)

	'64	'65	'66	'67	'68	'69	'70	'71	'72	계
견책·근신	—	1	—	—	1	3	12	8	2	27
출연정지	1	2	2	—	—	—	—	—	—	5
집필정지	—	1	—	1	—	1	2	—	—	5
계	1	4	2	1	1	4	14	8	2	37

〈표 5〉 방송윤리위 방송 금지 결정 (단위 : 건)

	'65	'66	'67	'68	'69	'70	'71	'72	계
방송금지가요결정	116	64	95	60	52	63	73	62	585
방송금지광고결정	—	—	—	24	112	115	214	207	672
계	116	64	95	84	164	178	287	269	1,257

　기본적으로 방송법에 의거한 심의결과이다. 〈표 3〉과 〈표 5〉는 윤리규정을 위반한 방송국에 대해 경고·해명·정정·취소·사과 등의 제재를 의결할 수 있고 그 결과를 통보받은 방송국은 결정사항을 고지해야 된다는 규정과 방송국에 해당프로그램제작 관계자에 대한 견책·근신·출연정지·집필정지 등의 징계를 요구할 수 있는 규정(제6조 '심의결정')에 따른 결과이다. 〈표 3〉은 제5조 '윤리규정'에 적시된 8개 사항, 즉 인권존중, 보도논평의 공정성 보장, 아동 및 청소년의 선도, 공중도덕과 사회윤리의 신장, 공서양속에 관한 사항

등을 반영해 구체화시킨 실천요강에 의거한 심의결과 가운데 주류를 이루었던 가요 및 광고금지 결과이다. 1973년 이전까지 총 심의건수 대비 방송국에 대한 제재가 5,104/7,952건으로 대부분을 차지한 바 있는데, 그중 경고처분이 주류를 이루는 가운데 매년 점증하는 추세를 나타낸다. 이는 민영방송의 대폭 확장에 따른 치열한 청취율·시청률 경쟁으로 야기된 프로그램의 저속화 경향이 반영된 것으로 보인다. '저속하지 않은 시청자들에게 저속한 것을 강요'하는 방송제작시스템이 고착될 정도로 저속성은 방송계의 최대 문제였다.[55] 32개 지방방송국의 위반사례가 중앙의 곱절에 달했던 것도 크게 작용했다고 볼 수 있다.[56] 방송작가와 출연배우까지 포함하는 관계자에 대한 제재는 그 수효가 매우 적은데, 가장 무거운 결정인 출연정지의 경우 초기에 코미디언들에 집중돼 있다가 이내 사라진다(1973~79년에는 151건). 주로 저속어 구사가 원인이 되어 발생한 것으로서 방륜의 결정이 이의 자정을 강제하는 긍정적 역할을 했다고 볼 수 있다.

방륜의 심의 중 큰 비중을 차지했고, 가장 논란이 많았던 처분이 방송금지 결정이다. 주의 처분이 900건, 방송금지가요 처분이 585건, 방송금지광고 처분이 672건이었다. 가요와 광고의 심의는 전문성·공정성을 높이기 위해 별도의 자문위원회를 통해 이루어졌는데, 가요자문위원회는 1965년 11월에 광고자문위원회는 1968년 1월에 각각 설치되었다. 금지가요는 일정 수준으로 지속된 반면 금지광고는 격증했음을 확인할 수 있다. 이는 부문별 저촉 비율로도 확인된다. 즉, 1962~65년 3년 동안에는 보도논평이 18%, 사회교양이 15%, 음악이 13%, 연예오락 54%로 방송극과 코미디가 큰 비중을 차지한 연예오락이 수위였는데,[57] 1960년대 후반(69년 1년 동안)에는 CM광고위반이 39.56%, 음악이 22.86%, 보도논평이 15.12%, 연예오락이 12.21%, 사회교양이 6.18%, 간접PR이 6.18%로, 광고와 음악부문이 60%를 상회하는 것으로 변화됐다 (『동아일보』 1969년 12월 16일자). 방송금지광고가 증가한 것은 광고를 주수입원으로 하는 민간상업방송의 증설과 1973년 개정방송법 이전에는 광고방송의 시간·횟수에 대해 특별한 법적 제한이 없었던 것이 작용했다. 물론 광고방송규제를 둘러싸고 민방 측과 방륜이 몇 차례 첨예한 대립을 보였으나[58] 광고자문위원회 설치를 계기로 방륜의 심의대상에 포함되었다. 저촉사유별로 보면 과장 및 배타적인 표현이 대부분이었으며, 기타 사유는 품위 없는 표현, 법규위반, 표절, 어린이의 품성손상 등이었다. 방송금지가요의 이유로는 왜색, 저속, 표절, 월북작가 작품 등이었다. 월북작가 작품의 경우 초기에는 1/3 정도 개조하면 가능했으나 1965년 8월부터는 절대 엄금하는 것으로 강화된 바 있다. 각 사안별 분포는 엇비슷했다. 1967년 11월~68년 10월에는 금지가요처분이 25.78%였는데 표절 30곡, 왜색 및 왜색창법 30곡, (가사)저속 15곡이었고(『동아일보』 1968년 11월 16일자), 1969년에는 22.86% 가운데 표절 17곡, 월북작가 가요 16건, 저속가요 12건, 왜색가요 6건, 기타 1건(『동아일보』 1969년 12월 16일자) 등이었다. 왜색 및 저속가요가 끊이지 않았던 것은 무엇보다 그 기준이 불명확했기 때문이다.[59] 아울러 방륜의 심의방식에도 문제가 있었다. 즉, 방륜의 가요심사는 원칙적으로 사후심의였기 때문에 「동백아가씨」처럼 금지가요들은 히트된 뒤 1~2년 지나 인기가 하락세를 보일 때 처분되는 경우가 대부분이었고 따라서 별다른 손실을 입지 않는 제작자 측이 방륜의 결정을 경시하는 사례가 많았다.[60]

　방륜의 권능이 제한적이었던 것은 방륜의 결정이 법적 구속력을 지니지 못했다는 것에서 기인한다. 그러나 사후심의방식도 권능을 부분적으로 약화시키는 원인이었다. 일례로 음반(가요)심의는 문화예술윤리위의 업무와 중복되는데, 문화예술윤리위는 사전심의방식이었다. 따라서 표절, 왜색에 대한 심의결정이 양자 간에 종종 충돌하기도 했다. 길옥윤의 「사랑하는 마리아」 표절시비에서 드러나듯 방륜은 표절이 아니라는 결정을, 문화예술윤리위는 무드화음의 진행 등이 같다는 이유로 표절로 결정함으로써 혼선을 빚은 바 있다.[61]

사후심의는 징계 위주의 결정이 불가피했기에 사전심의보다는 상대적으로 사전예방의 실효를 거두기 어렵고, 또 결정의 구속력도 약할 수밖에 없었다. 방송법 개정 때 사전심의제를 부활한 것은 이런 맥락에서다. 그러나 비록 사후심의방식으로 인해 방송윤리 확립에 실효를 거두는 데 다소 미흡했다 할지라도 방륜은 다방면의 막강한 제재권을 보유한 가운데 지속적인 강경 조치를 취하면서 1960년대 내내 방송계의 권력자로 군림했다.

한편, 매스컴윤리선언을 고비로 민간자율기구가 대거 새롭게 출현한 것에 주목할 필요가 있다. 법 제정 반대와는 다른 차원에서 자체 정화의 필요성에 대한 사회적 공론의 압박 속에서 불가피한 수순이었다. 처음으로 발족한 것은 한국잡지윤리위원회이다(1965.7.10, 이하 '잡륜'). '잡지인들의 자율적인 자치기관'을 자임하면서 잡지의 권위와 국민적 신망 회복을 기치로 잡지윤리실천강령을 제정하고 10명의 윤리위원을 선임한 가운데 공식 출범한다.[62] 14항으로 구성된 윤리실천강령은 미풍양속과 사회정의를 해치는 내용 게재 금지, 용공적·반국가적 내용 게재 금지, 정치문제 기사의 불편부당한 취급, 인심을 현혹 동요시키는 기사의 신중한 취급, 표절 일소, 진실에 위배되는 기사에 대한 취소·정정 지시 가능 등이 중심 내용이었다. 언론윤리위원회법의 조항을 대부분 수용했다는 것을 확인할 수 있다. 아울러 당시 잡지에 대한 비난의 표적이었던 외설성, 선정성, 프라이버시 침해, 스캔들의 폭로, 상식에 위배되는 불건전성 등의 지적을 적극적으로 반영해낸 동시에 『세대』 필화사건(1964.11),[63] 세무조사 및 반품공작을 통한 『사상계』 무력화 시도[64] 등 비판적 성향의 잡지에 대한 당국의 노골적 탄압에 대응하기 위한 전략이기도 했다. 여타 윤리위에서는 찾아볼 수 없는 '용공적·반국가적 내용 게재 금지'를 강령에 명시한 것도 이 때문으로 보인다. 잡륜의 자체발표에 따르면 발족 이래 2년 동안 윤리실천강령 저촉을 이유로 제재한 건수는 총 40건이다. 미풍양속을 해친 것이 31건, 개인의 인권 및 명예 훼손이 8건, 건전한 지식과 교양 제공의 의무를 위반한 것이 1건이다. 미풍양속 위반, 즉 외설기사 게재 때문에 제재를 받은 것이 압도적이었고, 그 대상은 주로 대중잡지였다.[65]

다소 저조하다고도 볼 수 있는 이 심의결과 및 내용은 1960년대 잡지계의 구조적 특성과 이와 관련된 잡륜의 권능을 시사해준다. 오랫동안 허가제였다가 4·19혁명 직후 등록제로 변경된 뒤 난립을 보인 잡지계는 법적발행실적을 유지하지 못한 81개 잡지에 대한 정부의 행정처분(1963.7.31), 즉 등록취소 처분 25종, 정간 처분 19종, 경찰 처분 37종 등의 대대적 정비를 거친다. 그러나 일관되게 언론의 경영합리화·기업화를 권장한 정부정책과 잡지판권을 하나의 기득권으로 악이용하는 사례가 늘면서 사행적 경향이 조장되는 가운데 잡지의 기업성(상업성)이 공기성을 압도하는 풍조가 재현된다.[66] 또『신동아』복간(1964.9)과『주간한국』창간(1964.9)을 계기로 신문사잡지가 경쟁적으로 발간되고 급기야 조선, 동아, 한국, 중앙 등 일간·주간·월간을 거느린 언론대기업이 형성되면서 이들 대기업에 의한 잡지시장의 독점화가 발생함으로써 기업성이 더욱 강화되기에 이른다. 신문사잡지가 존재하지 않았던 1950년대의 잡지 환경과 전혀 다른 1960년대 신문사잡지의 주류화 현상은 잡지계의 엄청난 지각변동을 야기했다. 그것은 독자난, 필자난, 광고난의 가중과 출혈경쟁에 따른 채산성의 악화를 필연적으로 야기하는 가운데 양육강식의 시장구도를 극단화시키는 것으로 나타난다. 일례로 일간지의 세력을 등에 업은『여성동아』의 등장은 7~8만의 판매부수를 기록하면서 여성잡지계를 주도하던『여원』과『주부생활』의 운영난, 구체적으로 전 제작비의 60%선에 육박하는 용지가의 앙등에 의한 제작비 증가, 광고수입의 감소, 독자 뺏기의 암투 등이 불가피해짐으로써 오로지 자본력의 싸움으로 여성잡지계가 재편될 수밖에 없게 된다.[67] 이 같은 현상은 여성잡지계뿐만 아니라 모든 분야에 공통적으로 나타났는데, 소년지의 경우에는 편집과 내용면에서 모범으로 평가되면서 한때 2만 부의 발행부수를 자랑하던『새벗』(1952.1 창간)이 우후죽순 등장한 호화판 소년잡지와 언론대기업의 소년일간지 참여(『소년조선일보』 1965.1 창간 ;『소년동아일보』 1961.4 창간 등)로 인해 적자운영을 감당치 못하고 폐간 위기에 봉착한 바 있다.[68] 악화가 양화를 구축하는 사태가 광범위하게 벌어진 것이다.

　이 같은 출혈경쟁 및 적자생존 구도의 정착은 이전에 비해 압도적인 상업주의의 확산과 비윤리적 저속성의 범람으로 현시된다. 즉, 독자층의 절대량의 증대가 현실적으로 불가능한 상태에서의 출혈 경쟁으로 인해 표지, 화보의 화려한 전시효과 경쟁, 대중의 구미에 영합한 센세이셔널리즘의 일반화와 같은 비정상적 제작관행이 조장되고 그로 인해 잡지편집과 내용이 대동소이한 획일성을 드러낼 수밖에 없었다. 자승자박의 옐로저널리즘화가 초래된 것이다. 물론 여기에는 잡지 외적인 요인도 크게 작용했다. 즉, 라디오와 텔레비전의 보급에 따른 잡지의 매스미디어로서의 권위 상실, 표현의 자유에 대한 극도의 제한 때문에 성문제ㆍ범죄문제ㆍ폭력문제 등에 집중할 수밖에 없는 편집경향의 편향성,[69] 그리고 잡지의 신문화, 다시 말해 잡지로서의 개성 확립보다는 백화점식 진열로 각계각층의 독자들에게 관심을 끌려는 망라주의식 편집방침의 관행 답습[70] 등도 잡지의 위기를 부추겼다. 『농원』(1964.6 창간)과 같이 특정 목표독자층을 겨냥하고 군 단위 보급원제도를 창안해 10만 부 이상의 판매실적을 올림으로써 잡지활로개척의 새로운 가능성을 보여주거나, 또『창작과 비평』이나『논단』처럼 잡지 고유의 전문성과 대중성을 겸비한 계간지의 창간 등으로 잡지계에 새로운 활력을 불어넣어준 사례도 없지 않았지만, 전반적으로 1960년대 잡지계는 옐로저널리즘의 오명에서 자유롭지 못한 상태였다.

　이에 비추어볼 때 잡륜의 실적은 분명 저조한 것이었다. 심의결과의 양적 규모와 윤리위의 권능이 직결되는 것은 아니나 당대 잡지가 옐로저널리즘의 속성이 다분했고 그것이 대중지를 중심으로 점차 심화돼 '불륜과 변태로 전락해가던 상황'[71]이었음을 감안하면 자율규제를 통한 정화운동이 소기의 성과

를 거둔 결과였다기보다는 잡륜의 권능에 문제가 있었다는 것을 시사해준다
하겠다. 잡륜이 심의의 합리적 방안을 마련하기 위해 다양한 조사·분석 작
업을 활발하게 전개했음에도[72] 심의가 저조했던 것은 타 윤리위에 비해 잡륜
이 심의의 결정을 강제할 수 있는 구속력이 부족했기 때문으로 판단된다. 잡
륜의 윤리실천강령에는 "자율규제를 누구도 강요할 권한이 없으며" 따라서
잡지계 공동의 이익을 위해 자발적 참여를 촉구하는 수준의 실천 의무만이 명
문화되어 있다. 모든 잡지에 "본지는 잡지윤리강령을 준수한다"라는 서약을
의무적으로 게재하되,[73] 강력력이 없고 따라서 분쟁 조정 및 해결의 권능이
부족한 잡륜에 일반인 또는 잡지 간 제소가 활발하게 이루어지기를 기대하기
란 애초부터 어려웠다고 볼 수 있다. 특히 한국잡지협회가 잡륜을 관장했다
는 점에서 이해관계가 복잡하게 얽혀 있는 회원사 간 고소·고발이 쉽지 않
았을 것이다. 강제력 혹은 구속력의 결여로 인해 불법을 고발 못하는 무기력
상태에 놓여 있다는 것이 잡륜 안팎의 공론이었다.[74] 아울러 옐로저널리즘의
대명사로 맹비난을 받았던 주간지가 잡륜의 심의 대상에 포함되지 않은 점도
작용했다고 볼 수 있다. 주간지 붐은 잡지판도를 뒤바꿔놓을 정도로 엄청났
는데, '대중오락지보다 한 술 더 뜨는 주간지 붐에 눌려' 대중지들이 거의 문
을 닫고 『아리랑』 정도가 가두판매로 겨우 명맥을 유지하는 형편이었다.[75] 일
반적인 잡지분류법으로는 주간지를 잡지로 분류하나 당시에는 신문으로 분류
돼 주간신문윤리위의 심의대상이었다. 이와 같은 잡륜의 한계는 정책당국에
자율규제의 실효성에 대한 의혹과 직접적 통제의 빌미를 제공하기에 이른다.
정치권력이 잡지윤리위를 문화공보부 산하 단체로 강제 편입시키는 동시에
1969년부터 외설성에 대한 강도 높은 직접적 통제로 전환한 것은 이런 명분
을 바탕으로 가능했던 것이다.

　그리고 두 번째로 발족한 것이 한국예술문화윤리위원회이다(1966.1.27, 이
하 '예륜'). 예총의 주도 아래 영화제작자협회 등 총 15개 단체로 구성된 예륜

은 "예술 활동의 질서를 자율적으로 규제함으로써 문화발전에 기여함을 목적" (회칙 제1장 3조)으로 한 민간예술심의기관이다. 각 분야별로 1~5명씩 추대된 27명의 위원으로 구성되었는데, 회칙에 의하면 윤리규제 대상은 영화, 무대예술, 문학, 미술, 음악 및 음반 등 문학예술 전반을 포괄한 가운데 영화와 공연물 및 음반의 내용에 대한 심사(제5장 22조 제1항), 예술문화 활동의 분쟁에 대한 조정(동 제2항)을 중요 기능으로 하고 있고, 심사결과에 따라 그 행위자에게 활동정지, 근신, 사과, 경고, 권고 등의 구분에 의한 제재를 가할 수 있는 제재 규정을 두고 있다(제5장 23조). 예륜은 1964년 초 예술문화단체 간의 심의기구설치에 관한 의견, 1965년 윤리선언문과 기본강령의 기초를 위한 기초위원 위촉(김동리, 모윤숙, 서항석, 이종환), 1965년 10월 19일 선언문과 기초강령이 채택되는 일련의 과정을 거쳐 탄생한다.[76] 앞서 언급한 매스콤윤리선언에의 적극적 참여와 일간신문과 방송 등 문화계 전반에 거세게 인 정화기풍[77]이 예륜의 창립을 촉진시킨 것으로 보인다. 더불어 1964~65년에 거쳐 거센 논란이 일었던 표절, 에로티시즘, 한일협정과 관련된 사회참여, 반공법저촉사건 등 문학예술계가 공통적으로 당면한 문제를 해결하기 위한 대안 모색의 시급성도 작용했다.[78]

하지만 창립과 동시에 그 위상과 운영을 둘러싼 내부 격론이 발생한다. 논란의 핵심은 예술의 윤리규제가 과연 타당한가의 문제였다. 크게 보면, 저속한 작품은 마땅히 규제를 받아야 한다는 찬성론과 예술의 본성이 자유에 있는 만큼 관의 제재 위에 또 제재기관을 스스로 설치한다는 것은 부당하다고 보는 반대론이 팽팽히 맞섰다. 세부적으로는 "순수예술과 전혀 상관없는 사이비예술의 제거 기능만 하며, 영화연극의 이중검열문제는 검열권을 예륜에 이월시키면 된다"(박종화, 위원장), "예술/비예술의 엄격한 기준하에 규제보다는 권익옹호가 필요"(김자경), "양심에 맡길 일이지 예륜이 재판한다는 것은 언어도단"(홍사중), "이중검열은 없는 것만 못하나 관의 검열권을 이월받아 다

수 예술인의 민주주의적 검열에 의한 검열의 단일화를 꾀할 필요"(유현목),
"운영만 합리적으로 한다면 관의 간섭을 배제할 수 있다"(이종환, 위원), "관
의 힘을 빌려 예술 활동을 스스로 규제한다는 것은 집행 자체가 어려우며, 영
화연극의 사전검열권을 이월받는다고 해도 예륜이 관의 기구가 될 우려가 짙
다"(유치진)79 등 대체로 비판론이 우세하지만, 윤리위원회 참여 여부와 직능
별에 따라 다소 미묘한 입장 차이를 보인다. 찬성론자들도 실제 문학에 대한
자율검열에 대해서는 이율배반적인 태도를 보이는데, 가령 주간신문윤리위의
「有醫村」(정을병)에 대한 연재중단결정에 대해 문인협회는 "작가의 창작의
자유를 침해한 횡포"로 규정하고 시정을 촉구하는 성명서를 발표한 바 있다
(1968.7.22). 예술의 자율규제 자체가 어불성설이라는 원칙론을 제외하면, 기
능과 운영상에서의 관의 간접적 통제와 계하계(階下階)의 이중검열에 대한
우려가 반대론의 골자였다고 할 수 있다. 실제 예륜은 어떠한 법적 지위도 갖
지 않는 임의단체였으나 소액의 국고보조금(200만 원 수준)을 받았으며, 공
보부에 예·결산의 보고의무와 조직구성에 있어서도 공보부에서 선출된 공무
원 2인이 당연직 위원으로 위촉되는 등 정부의 일정한 관여 속에 있었다.80
따라서 일부 인사의 우려는 당연한 것이었다. 공보부의 검열권을 이월받아
예륜 주도하의 단일하고 민주주의적인 검열 시행을 희망한 인사도 더러 있었
지만, 이는 현실적으로 불가능한 것이었다. 게다가 4·19혁명 직후의 민간자
율심의기구였던 영화윤리전국위원회(1960.8.5 출범) 활동에 대한 경험, 즉 관
권적 검열을 대신해 영화의 윤리성을 자율적으로 유지하려는 목적에서 출발
했으나 법적 구속력도 없고 검열권을 둘러싼 문교부와의 첨예한 갈등으로 인
해 소기의 성과를 거두지 못하고 관권적 검열의 틀 안으로 회귀했던 부정적
경험도 작용했을 것으로 판단된다.81

이러한 논란 속에서 예륜의 심의는 회칙의 포괄적 대상규정과 달리 쇼, 희
곡 등 무대공연물에 국한되어 수행됐다. 1967년 3월 음반법 제정 공포와 그

시행령에 의해 동법 시행 이전에 제작된 국내제작 및 복사음반에 대한 경과심
의를 위탁받았고 이후 음반제작은 모든 작사, 악보에 관한 내용의 사전심의
를 실시했으며, 1970년 2월부터는 극영화시나리오 사전심의가 예륜에 위탁·
이관됨으로써 영화시나리오, 무대공연물, 음반 등 3개 분야로 심의업무가 확
대되는 과정을 거쳤다. 예륜 창설 이후 한국공연윤리위원회로 전환되기까지
(1976.5) 10년 동안의 심의실적은 영화시나리오 1,386편(1970.2 이후), 무대
공연물 2,127편, 국내가요 가사 27,410편, 악보 30,681편 등 계 58,091편이었
으며, 외국복사음반 21,404건(1970~75년), 외국라이센스음반 12,415건(1971~
75년) 등 총 95,423건에 달했다.[82] 1960년대의 심의실적이 매우 저조했고 전
반적으로 볼 때는 문학 분야의 심의가 전무했다는 것을 확인할 수 있다(무대
대본 및 가사 제외).[83] 외설적 문학창작이 비난의 표적이었던 것을 감안할 때
의아심이 든다. 두 가지 이유를 들 수 있다. 먼저 신문윤리위, 잡지윤리위, 출
판윤리위 등의 강령 등에 의해 이미 규정을 받고 있는 실정이었고, 예륜의 주
된 심의대상인 연극대본과 음반조차 방륜의 업무와 중복됨으로써 예륜의 입
지가 상대적으로 좁았기 때문이다.[84] 그리고 당시 문화행정의 이원화로 인해
심의관할권이 제도적으로 불명확했기 때문이다. 즉 1961년 6월 공보부 발족
을 계기로 공보부는 음악, 연극, 무용, 국악, 사진, 영화 등 각 예술부문을 비
롯해 연예부문에 이르기까지 7개 부문을 관리했고, 문교부에서는 문학, 미술,
건축·공예 등 3개 분야를 관할하는 행정의 이원화가 문화공보부로 통합되기
까지 지속된 바 있다. 정적/동적 예술이라는 불합리한 구분 기준이 적용되었
으며 예총 산하 10개 부문단체 중 한국문인협회, 한국미술가협회, 한국건축가
협회는 예총 산하의 복합체로서는 공보부에, 단일단체로서는 문교부에 각각
이중적으로 등록되어 일관성 있는 예술 활동이 불가능한 지경이었다.[85] 출판
물에 대한 행정도 이원적으로 관리되고 있었는데, 잡지와 신문 등 정기간행
물은 공보부, 단행본 등 부정기간행물과 저작권문제 등은 문교부에서 각각

관장하고 있어 같은 작품이라 할지라도 신문 및 잡지에 게재될 때에는 공보부 소관사무로, 그리고 한 권의 단행본으로 묶어낼 때에는 문교부의 소관사무로 간주되는 셈이었다. 이러한 문화행정의 이원화는 사무상의 번잡뿐만 아니라 부서 간 의견 상치로 예술 활동 전반이 위축되는 결과를 야기할 수밖에 없었다. 당연히 관권적 검열에서도 윤리위의 자율검열에서도 그 이원성이 관철되어 파행을 겪게 된다. 이로 인해 문학작품에 대한 자율검열은 신문윤리위, 주간신문윤리위, 출판윤리위, 잡지윤리위 등에서 주로 다뤄지게 되었던 것이다. 물론 자율심의가 "예술문화인 스스로 예술문화인의 주체성과 양식을 과소평가"한 것으로 동업자 간 제재를 가하는 것이 웃지못할 소극이라는 비판론이[86] 예륜의 소극적인 활동을 강제했다는 것은 두말할 나위가 없다.

예륜의 활동은 심의보다는 오히려 소속 산하단체별로 문학예술의 권익옹호와 사이비예술의 제거를 위한 제도적 장치 마련에 집중했다고 볼 수 있다. 학·예술원 등 문화계 전체의 문화행정 일원화에 대한 지속적 요구가 관철되어 문화공보부로 통합 발족될 수 있었다. 공보행정의 강화를 통해 국민동원의 효율성을 제고하고자 한 권력의 의도가 강력하게 작용했으나 문화계가 예술진작의 합리적인 행정 기반을 이끌어낸 긍정성을 간과해선 안 된다. 문학예술계의 오탁을 제거하기 위한 노력은 특히 저작권보호와 한일문화교류에 대한 합리적 대안 모색으로 구체화된다. 이 두 가지가 당시 예술분야의 비윤리성을 초래한 원인이라는 공통된 인식 때문이었다.[87] 전자는 1957년 1월 저작권법이 제정·공포되었음에도 불구하고 문화적 후진성과 과다한 외화 유출을 명분으로 내세운 시기상조론에 밀려 10년간 유보된 국제저작권협회 가입 문제를 문인협회 주도로 재추진하는 것으로 나타난다. 국가 위신, 무책임한 경합번역, 표절, 해적판과 저속한 에로티시즘의 범람, 무질서한 국내출판계의 정화 등을 위해 긴요하다는 저작자 측과 국외저작료 지불의 현실적 불가능성, 과중해질 독자부담, 번역출판의 고사, 국내출판계의 위축 등 시기상조라는 출판사 측의 첨예한 대립이 재연된다.[88] 이를 계기로 학술, 문학예술, 방송, 연예 등 문화 전반의 정화를 위해선 불가피하다는 여론과 아니면 차선책으로 문화교류가 활발한 몇 나라와의 개별조약이라도 체결해야 한다는 주장이 비등하기에 이른다.[89] 이후 한국음악협회를 비롯한 관련 단체의 요구가 지속적으로 이어졌다. 당장 가시적 성과를 거두지는 못했지만[90] 문교부와의 권한 갈등을 거쳐 저작권관리 소임처가 문화공보부로 결정된 뒤[91] 산하 출판윤리위를 중심으로 저작권문제를 해결하기 위한 구체적 방책을 강구하는 방향으로 진전시키는 데 기여했다고 볼 수 있다. 저작권에 대한 정책 기조가 그 침해에 대한 단속행정 위주에서 체계적인 저작권 정책추진으로 전환되는 데 일조한 것이다.

후자의 문제는 진통 끝에 한일국교정상화가 이루어진 뒤 문화계 초미의 과제로 부상한다. 문화계 인사들 대부분이 한일국교정상화에 반대 입장을 표명한 바 있지만,[92] 정상화 후 개방 상태에서의 문화교류에 대비한 방법, 한계, 시기 등에 대한 논의가 불가피했다. 일본의 문화적 침투는 과거에도, 특히 극단적 반일주의정책을 폈던 이승만 정권기에 비정상적 루트를 통해 오히려 활발하게 이루어진 바 있다. 그러한 왜곡된 형태의 유입이 누적되어 초래된 비윤리적 현상들, 이를테면 대중가요의 왜색문제, 일본대중문학의 해적판,[93] 일본어 중역에 따른 번역의 저질, 일본시나리오 표절 등의 고질화가 대두된 상태에서 한일문화의 개방적 교류에 대한 문제는 관계당국을 포함해 모두의 관심사가 될 수밖에 없었다. 한일정상화 직후에는 일본문화에 대한 친밀감으로 인해 안이한 수용이 확장됨으로써 결국 문화적 식민지화가 초래될 것이라는 우려가 우세했다.[94] 그러던 것이 각종 서적의 수출입 증가, 우리 극영화의 일본시장 개척 등 상호교류가 활발해지는 것과 아울러 1967년 8월 일본 문화영화 25편의 국내 상영 결정을 기점으로 다양한 찬반양론이 개진되기에 이른다. 여전히 왜색이 일소될 때까지 교류를 봉쇄해야 한다는 폐쇄론자도 없지 않았으나 단계적 교류가 필요하다는 신중론이 주류를 이룬다. 무조건 꺼리거나 겁낼 필요가 없다며 시기 조정을 거쳐 완전 개방해 겨루어보자는 적극론자도 일부 등장한다.[95] 우려되는 쇼·오락, 대중가요, 영화 등의 저속한 일본대중문화의 대거 유입에 따른 문제는 엄격한 검열기준을 정해 통제하면 된다는 논리였다. 양풍과 달리 왜풍만 비난하는 불합리성에 대한 지적도 많았다.[96] 이 같은 논의들에 바탕을 두고 한일문화교류는 문화공보부의 첫 사업으로 채택되었으며, 그 원칙은 순수예술의 대일 교류는 장려하되 쇼, 대중가요, 영화 등 대중예술의 교류는 허용하지 않는다는 것이었다.[97] 이렇듯 내적 연관을 지닌 국제저작권협회 가입과 한일문화교류를 중심으로 사후적 심의에 앞선 예방 차원의 제도 개선을 통한 문학예술계의 정화 운동이 주류를 이루면서 예륜의 역할은 상대적으로 약화되었던 것이다. 1972년 극영화시나리오심의를 완전히 이관받기 전까지 예륜의 자율심의는 미미했으며 그나마도 공보부의 검열과정에 직·간접으로 참여하는 방식이었다.[98] 1976년 5월 개정된 공연법(제25조 3항)에 근거해 한국공연윤리위로 개편된 뒤 막강한 검열권을 실질적으로 행사했던 것과는 뚜렷이 비교되는 지점이다. 자율기구/법정기구의 큰 차이를 확인할 수 있겠다.

그 다음으로 창립된 것이 한국주간신문윤리위(1966.5, 이하 '주륜')로 주간신문과 주간지를 심의대상으로 한 한국주간신문협회의 자율심의기구이다. 신륜이나 잡륜의 소관이 아닌 별도의 심의기구를 통해 주간 매체의 자율심의가 이루어진 것은 주간지(紙/誌)가 매스미디어로 일익을 담당했던 1960년대 매체지형의 반영으로 볼 수 있다. 1960년대 초반에는 "독서인구의 부족, 용지가격의 점증으로 인한 염가보급의 어려움, 생활이 주 단위로 안정되지 못한 점" 등에 의해 주간지의 발행이 미미했고,[99] 게다가 "사이비언론을 단속하라"는 박 대통령의 지시에 의해 발행실적이 부실한 일반주간지 23개(51%)가 등록취소, 자진 폐간·정간의 형식으로 정비된 바 있다.[100] 그러나 후반에 이르면 신문자본의 매스컴영역 확장욕, 경제개발계획의 성과에 따른 생활수준의 점진적 향상, 도시 화이트칼라의 이상비대화와 도시의 과잉소비성향에 의한 읽을거리의 요청 등이 복합적으로 작용하면서 활자미디어의 새로운 장르인 주간지의 전성시대가 개막된다.[101] 좁은 시장에서 독자쟁탈을 위한 기성주간지의 경쟁이 가열되는 것과 동시에 신문지면이 상대적으로 좁다는 점, 주말오락거리가 적다는 이유가 주간지 붐을 더욱 촉진시켰다. 물론 그 배경에는 "언론통제를 통해 국민들을 산업역군으로, 반공전사로 호명하고 동원하고자 했던, 그리고 전근대적 생활관습에 빠져 있던 국민들에게 근대적 시간과 라이프스타일을 습성화·일상화시켜 심화되어가는 한국사회의 모순과 갈등을 호도하고 허위적으로 해결"하고자 했던 개발독재권력의 정치적 의도도 깊숙이 간여되어 있었다.[102] 이 같은 시대 문맥에서 주간지는 전문화되어가는 직업인이 현대의 다양한 뉴스를 손쉽게 정리할 경로로서의 시사지, 가볍게 읽고 처리함으로써 시간을 보낼 수 있는 읽을거리로서의 신문과 잡지의 중간체재로서의 일반종합지 등 서로 다른 발생동기를 지닌 두 유형의 주간지가 경쟁적으로 족출하고 도시중산층의 찰나주의·감상주의 의식풍토가 접점을 이루는 가운데 소비문화의 전형적 매체로 자리를 잡게 되었던 것이다.

주류는 "전문지로서 조국의 민주통일독립국가의 완성과 근대화작업 및 국민생활의 명랑화에 기여함"을 목적으로 신문의 자유, 책임, 독립성, 품격 등 총 7개 항목을 골자로 한 윤리실천강령을 준거로 자율심의를 수행한다. 그 강령은 신륜의 신문윤리강령과 유사했다. 중복성 문제가 제기되면서 1968년 2월 29일 신문윤리강령을 받아들여 강령을 재설정하고 이를 기초로 한 윤리실천요강을 새로 마련해 심의원칙으로 삼는다. 이전의 윤리실천강령과 대체로 유사하나 '독립성' 항목 중 "국가의 안전보장에 위해되는 보도를 해서는 안 되며 국가기밀을 최대한으로 보장해야 한다"는 규정의 명시와 '타인의 명예와 자유' 항목의 내용을 구체적으로 밝힌 것이 두드러진 차이점이다. 기존 민간자

율심의에서 자율성과 실정법의 상충으로 가장 큰 논란을 빚었던 국가기밀보
호와 명예훼손 문제를 적극적으로 반영해낸 것으로 보인다. 당시 모든 주간
지는 이 윤리강령을 준수할 것을 전제로 한 주륜에 가입한 후에야 비로소 발
행이 가능했다.[103] 최소한의 의무 규정이었다.

발족되고 나서도 한참 뒤, 즉 1967년 3월부터 시무된다. 윤리강령과 함께
윤리위 회칙을 정했음에도 심의작업이 늦어진 것은 윤리위원 구성과 심의부서
및 조사실 설치 등 업무집행을 위한 운영기구 설치 준비 때문이었다. 윤리위
위원은 2년 임기의 11인(신문인 6인과 비신문인 5인)으로 구성되었고, 윤리
위의 권한은 강령 및 윤리요강 저촉여부 판정, 저촉기사에 대한 조사, 피해자
의 제소사건에 대한 심의와 조처 등을 관장했으며 제재조항은 주의, 권고, 경
고, 해명, 정정, 취소, 삭제 등이었다.[104] 1개월 이내 재심의 요청에 대한 결
정(재적위원 2/3의 찬성)도 윤리위의 고유 권한이었다. 제소심의뿐 아니라 사
무국 조사실의 직접 조사에 의한 자율심의도 병행했음을 알 수 있다. 1기의
심의결과를 살펴보면 아래와 같다.

〈표 6〉 주간신문윤리위 1967~68년도 결정 내용

	일반종합주간지			전문주간지			
	제소심의	자율심의	계	제소심의	자율심의	계	총계
주의환기		17	17		35	35	52
권고					11	11	11
경고	1	73	74	1	13	14	88
정정					2	2	2
취소				4	1	5	5
사과				2		2	2
기각				2	16	18	18
합계	1	90	91	9	78	87	178

〈표 7〉 주간신문윤리위 1968년도 저촉 내용

	일반종합주간지	전문주간지	계	%
명예훼손	11	26	37	28
저속, 외설	55		55	40
패륜, 성범죄	22	6	28	20
품격	2	16	18	12
계	90	48	138	100

1967년은 윤리실천강령에 준한 결정이었고, 1968년은 윤리실천요강을 심의원칙으로 한 결정 내용이다. 제소심의보다는 자율심의가 압도적이었으며 (94%), 경고 및 주의환기와 같은 경미한 제재가 주종을 이뤘다는 것을 확인할 수 있다(81%). 경고 내지 권고는 대체로 게재중지를 권유한 것이기에 자체로는 무거운 결정내용이지만 주간신문윤리위가 게재중지를 강제할 수 없었기 때문에 구속력이 약할 수밖에 없었다는 점에서 경미한 제재로 볼 수 있다. 또 저촉 내용의 정도는 저속외설, 명예훼손, 패륜성범죄, 품격 순으로 나타나 있는데, 전문주간지는 수도 적거니와 특히 저속외설이 전무했다는 점이 눈에 띈다. 다시 말해 당시 저속화의 주범으로 비판받았던 일반종합주간지, 특히 신문사 발행의 주간지가 저속외설의 온상이었다는 사실이 결정사항을 통해서도 확인된다. 결정문을 분석해보면 『주간중앙』이 9건으로 가장 많았고, 『주간한국』, 『선데이서울』, 『주간경향』이 뒤를 잇는다. 저속외설의 구체적 내용으로는 나체사진(32건), 기사(18건), 만화(5건) 등의 순이었다.[105] 비단 주간지만을 저속외설의 표본으로 간주할 수는 없으나 짧은 기간 동안의 비교적 높은 심의결과에 비추어볼 때, 주간지의 비윤리성이 매우 컸다는 것은 의심의 여지가 없을 듯하다.[106] 문제는 그 풍조가 1968년을 고비로 신문사주간지가 족출하는 것과 맞물려 증폭·가속된다는 사실이다. 주간지=옐로저널리즘의 공식이 시대어가 되기에 이른다. 그것은 일본잡지의 모방, 독자 획득을 위한

치열한 경합과 이에 따른 외설적 편집방향의 고착, '읽는 잡지'에서 '보는 잡지'로의 잡지 풍조 전환에 따른 원색화보 및 화보 분량의 점증[107] 등 주간잡지계 내부의 경영, 제작편집상의 특징에서 오는 필연적인 산물이었다. 그렇지만 통틀어 예술을 위장한 상업주의의 소산이라는 의미 이상의 시대성이 각인되어 있다는 것에 유의할 필요가 있다. 그 외설적 퇴폐풍조의 근원에는 물량적 근대화 내지 경제제일주의를 지나치게 강조해온 부작용[108]과 그 일환으로서 도시중산층의 생활을 지배하는 의식과 지적 풍토가 간여되어 있었던 것이다. 1960년대 한국사회의 특징을 "표면적인 고도성장을 지향한 근대화로 이행되는 과도기적 상황"으로 파악하고 있는 고영복의 진단에 따르면, 물질적 근대화가 강조된 나머지 사회일반의 의식구조를 기형적으로 이끌어냈고, 특히 자본의 도시집중과 경제적 중앙집권화에 따른 도시중산층의 이상비대화 및 과잉 소비성향에 바탕을 둔 왜곡된 의식과 지적 풍토가 대중문화의 오도와 사치풍조를 더욱 부채질하여 옐로주간지의 성행을 야기했다는 것이다.[109] 주간지의 옐로저널리즘화에 잠재되어 있는 도시대중의 정치적 무의식을 간파한 것이다. "주간지가 소비문화의 가장 악성적인 면모를 수치심 없이 깔고 있다"는 김현의 분석[110]도 이 같은 주간지의 매스소사이어티의 일면을 지적한 것으로 볼 수 있다.

그리고 주륜의 결정 결과는 주륜이 지녔던 위상의 양면성을 잘 보여준다고도 할 수 있다. 가령 전문주간지의 경우 대부분 명예훼손위반이었고 이에 대한 재심의 요청이 한 건도 없었다는 점에서 조정의 긍정적 역할을 발휘했다고 판단할 수 있다. 반면 저속외설의 저촉이 빈번했던 일반주간지의 경우 경고처분을 받은 문제된 연재분이나 사진이 계속 게재되는 사례가 비일비재했지만[111] 주륜이 이를 강제할 권한이 없었던 관계로 외설의 문제를 실질적으로 완화시키는 데는 명백한 한계가 있었다. 외설의 기준에 대한 명백한 법적 기준도 불명확했거니와 일반주간지의 발행주체인 거대신문자본의 막강한 권력이 버티고 있었기 때문이었다. "주간지의 타락과 함께 신문의 공신력도 손상된다는 점을 알아야 할 발행인 자신의 양식에 호소할 수밖에 없다"는 사무국장(최창룡)의 발언이 이를 잘 뒷받침해준다. 결국 "윤리위만이 일반주간지의 저속화를 방지할 수도 없거니와 윤리위의 강화 없이는 그레샴법칙과 같은 주간지의 악화 현상이 더욱 심해질 것이 물론"112이라는 딜레마상황이 당시 주류이 처한 실체적 위상이었다. 많은 논자들이 대안으로 제시한 주류의 권한 강화를 통한 대응은 현실적으로 무력할 수밖에 없었다. 주류의 심의를 압도하는 저속외설의 가속화 앞에 윤리위의 무력한 대응이 공론화되고 급기야 해체로 귀결된다(1970.7). 이후 1970년대에는 문화공보부의 종용으로 전문주간지는 신륜의 심의대상이 되고 일반주간지는 도서잡지윤리위의 심의대상이 되는 분화를 통해 보다 전문적인 심의를 받게 된다.

그 다음으로 발족한 것이 한국도서출판윤리위이다(1969.3, 이하 '출륜'). 발족까지에는 많은 우여곡절이 있었다. 출륜은 매스컴윤리선언의 여파 속에 대한출판문화협회가 1965년 10월 29일 출판계 자율정화조치 차원에서 출판인들의 행동지표를 담은 7개 항의 출판윤리강령을 선포하고 그 산하 부서로 기획윤리분과위원회를 둔 데서부터 출발했다. 당국의 법적 제재조치에 앞서 출판계의 자율규제를 통한 악서추방이 요망된다는 여론에 힘입은 바 컸다.113 그러나 1967년 9월 실천요강과 회칙을 채택해 본격적인 활동을 전개할 즈음에 당시 출판행정의 관할 부처인 문교부와 마찰을 빚는다. 즉, 덤핑에 대한 윤리위의 결정과 사직당국의 결정, 회칙 비준수사와 출판협회 비가입사에 대한 문제, 5만 종으로 추산되는 간행유통도서의 심사, 2천여 개나 되는 출판사의 일괄 참여문제, 위원회의 운영비 염출 등 현안이 원만하게 해결되지 못한 채 곧바로 출판행정이 문화공보부로 이관되면서 자율심의가 시행되지 못했다.114 여기에는 윤리위 권한에 대한 갈등 및 출판행정의 변화 등 행정적 문제가 작용한 바 크지만, 이에 못지않게 출판계의 구조적 문제가 관여되어 있었다. 군정 기간 약 809개의 출판사가 등록 취소된 후에도 등록제에 따른 신흥 군소 출판사의 난립과 과잉경쟁, 전국적 조직과 자본을 가진 신문자본이 잡지 발간을 통해 출판계에 뛰어듦으로써 잡지 출판을 겸영했던 기존 출판사들의 도산, 1950년대 후반부터 지속된 전집출판 붐에 따른 중복출판과 저작권분쟁, 할부 방문판매제의 확대로 야기된 끼워팔기의 관행과 서점의 유통능력 마비, 정규 시장을 압도한 덤핑시장의 번성 등 도서출판의 생산―유통 판매질서 전반이 마비된 지경에 이르렀고,115 이 같은 비정상성에 대한 출판계의 자체 통제능력도 불능 상태에 놓여 있었다. 1967년부터 영업세가 완전 면제되고,116 제2차 경제개발계획(1967~71년)의 추진에 기여할 전문서적의 수요가 증가함에 따라 출판영역의 다양화, 제작기술 및 판매방법의 다변화가 시도되는 긍정적 변화에도 불구하고 덤핑출판시장의 영향력에 그 긍정성이 잠식될 정도였다. 덤핑시장의 근절이 없는 한 출판계의 불황 · 고사가 불가피하다는 것이 당시의 세론이었다. 정상발행서적들 중 베스트셀러본의 재발행 해적판과 해방 이전 국내판 명작소설의 리바이벌을 위주로 한 덤핑시장은 독자적 판매망과 고정 독자를 확보한 상태에서 정규시장을 압도하는 것117은 물론이고 그 출판전략이 정상출판에까지 영향을 끼치게 된다. 가령 1967년부터 전집물 붐, 월부 붐이 수그러들면서 삼중당을 비롯한 대형출판자본이 자정 내지 새로운 활로 개척의 차원에서 시도한 문고판발행은 흥미중심의 센세이셔널리즘으로서 베스트셀러류의 장점을 십분 살린 덤핑판시장의 아이디어를 차용한 것에 불과했다.118 이렇듯 1960년대 출판계는 악서가 양서를 구축하고 불량 · 부정 출판물이 판을 치는 비정상성이 구조적으로 정착된 상태였고, 이에 대한 출판행정당국 및 출판윤리위 대응 또한 속수무책에 가까웠다.

이 같은 통제 불능 상황 속에 출판 업무를 관장하게 된 문화공보부가 출판문화의 자율적 규제와 불건전한 출판사의 정비를 위해 출판윤리위 설치 운영, 불건전한 내용의 출판물에 대한 사전 심사, 불법출판물에 대한 단속강화를 강력히 천명하고[119] 이에 대해 출륜이 윤리위 결정사항에 대한 권위 존중, 출판자유와 규제가 자율적으로 운영되도록 사전조치와 보장책 마련을 요구한 가운데, 그 타협의 과정에서 한국도서출판윤리위가 발족될 수 있었던 것이다. 출판윤리실천요강과 회칙 일부를 수정하고 비출판인 6명, 출판인 5명 등 모두 11명의 위원을 선임하면서 심의를 위한 제반 조건을 갖추게 된다.[120] 하지만 공식 업무개시가 늦춰지면서 공전을 거듭한다. 재정관계, 인원부족 외에 제소되는 것이 없는 상태에서 자율심의 위주로 심의활동이 이뤄질 수밖에 없었는데, 문제는 동대문을 무대로 한 출판계 고질의 덤핑시장이나 해적판시장을 상대로 한 외설서적심의가 현실적으로 불가능했으며, 또 외설에 대한 합리적인 심의기준을 정하기가 매우 어려웠기 때문이었다.[121] 한 신문은 자율규제범위를 넘어 헌법상의 언론출판의 자유에 대한 위축까지도 가져올 수 있는 국가간섭을 경계하면서도 미등록 간행물, 불법출판물, 불법 유입된 외국서적에 대한 적발·폐기와 강력한 행정규제가 무엇보다 필요하다는 다소 모순된 주문을 한 바 있다.[122] 출륜의 권능으로는 외설적 불법출판물에 대한 근절이 사실상 불가능하다는 인식이었다. 이 같은 안팎의 우려 속에 출륜은 뚜렷한 가시적 성과를 거두지 못한 채 문화공보부 산하 각종 윤리위의 통합 방침에 따라 한국도서잡지윤리위로 통폐합되었으며(1970.1), 이후 행정당국의 간섭 비중이 높아진 자율심의가 이루어지게 된다.

4. 민간자율기구의 제도적 위상과 기능

국가권력과 문화주체들의 대립과 그로 인해 창출된 타협과 소통의 공간에서 각종 윤리위원회가 출현한 맥락과 그 권능에 대해 살펴보았다. 권력과 문화주체 간에 대립만큼이나 타협의 여지도 많았고 그것이 상호 역관계의 변화에 의해 동태적으로 재구성되어 갔으며, 윤리위원회 간에 제도적 위상, 권한, 심의의 성격과 절차 등에 다소간의 차이가 있다는 것을 확인할 수 있었다. 그렇다면 1960년대적인 시대성을 담지하고 있는 윤리위원회의 존재를 어떻게 평가해야 할 것인가 하는 문제가 대두된다. 즉, 그 제도적 위상과 기능이 무엇인가를 종합적으로 고찰해야 본고가 애초에 의도했던 1960년대 검열체재의 재구성이 가능하리라 본다. 필자는 윤리위원회를 민간자율기구라고 했고 민간검열기구라고도 했다. 전자는 제도적 위상의 차원이고 후자는 기능적 차원의 규정이었다. 그러면 각 윤리위원회를 민간자율의 검열기구라고 규정할 수 있는가?

윤리위원회의 발족 맥락에서 짐작할 수 있듯이 각 윤리위원회는 언론문화단체의 자율기구였다. 신륜과 한국신문편집인협회·한국신문발행인협회·한국통신협회·한국기자협회, 잡륜과 한국잡지협회, 출륜과 대한출판문화협회, 예륜과 예총을 비롯한 15개 단체, 주륜과 한국주간신문협회 등과 같은 관계이다. 따라서 당시 등록되어 현존했던 모든 단체는 관련 윤리위원회에 가입했다고 볼 수 있다. 미가입 시에는 존립 자체가 불가능하게끔 한 자체규약 때문이었다. 그로 인해 윤리위원회는 권력과 문화주체, 그리고 자본의 상호 이해관계가 경합하는 장으로서의 성격을 지니게 된다. 자율/타율을 판단하는 기준의 핵심은 자발성에 있다. 즉, 문화주체들의 자발적 참여와 설치·운영의 자발성이 존재했는가의 여부다. 신문평의회에 대한 비교 분석연구에 따르면, 정부의 입법조치를 통해 강권적으로 설치·운영했거나 미국의 전국신문평의회처럼 민간주도라 할지라도 언론인의 자발적 참여 없이 학술연구단체 또는 민간연구단체가 언론의 자유남용과 그 폐해 시정을 위해 설치·운영한 경우도 타율적 기구로 분류하고 있다.[123] 이 같은 다소 엄격한 기준을 적용하더라도 우리의 신륜은 물론이고 여타 윤리위원회도 분명히 민간자율기구였다고 할 수 있다. 발족과정에서의 자발적·직접적 참여뿐만 아니라 설치·운영의

자율성을 지니고 있었기 때문이다. 시행 보류된 언론윤리위원회법상의 언론
윤리위원회와 1980년대 언론중재위원회와 같은 관제기구와는 분명히 다르며,
1970년대 공연윤리위처럼 관련법에 의거해 발족됐던 법정기구와도 본질이 다
르다는 것에서 확인할 수 있는 바이다. 다만 방륜처럼 자율기구로 출발했으
나 법정기구로 일시 바뀐 경우, 신설된 문화공보부 주도로 재발족된 아동만
화윤리위와 도서출판윤리위 및 여기에다 잡류이 통합돼 곧바로 탄생한 한국
도서잡지윤리위가 문제될 수 있다. 전자인 방륜의 일시적 법정기구화는 전파
의 공공성으로 인한 방송의 법정기구화가 동서양 일반의 보편성이라는 차원에
서 이해가 가능하다. 물론 재발족한 뒤 방송법개정으로 재법정기구화(1973.2)
되는 기간은 법정기구가 아니었다. 후자는 민간심의의 효율화 차원에서 이루
어진 것으로 당국의 행정적·재정적 뒷받침을 크게 받는 산하기구가 됨으로써
관 개입의 여지가 이전보다 증대했으나 민간자율의 본질 자체가 변질됐다고
할 수 없다.124 앞서 언급했듯이 정부의 재정지원(보조금) 문제를 자율성의 잣
대로 삼는 것은 본말전도의 우를 범할 수 있다. 따라서 적어도 1960년대 윤
리위원회의 주조는 민간자율이었으며 당시로서는 세계에서 유례를 찾아볼 수
없는 독특한 검열기구였다고 할 수 있다.

　그리고 윤리위원회의 기능은 공통적으로 심의에 있었다. 사전 또는 사후심
의의 방식상 차이가 있을지언정 심사와 심론(審論)을 위주로 한 검열이 주된
기능이었다. 제소사건, 즉 이해당사자들의 분쟁을 조정하는 역할도 부분적으로
수행했지만 자율심의가 주류였다는 것은 앞서 언급한 바 있다. 제소사건도 심
의를 통해 조사·조정하는 절차를 밟았기 때문에 심의에 속한다. 법정기구
시기 방륜도 독자의 윤리강령과 실천요강을 갖추고 회칙에 입각한 윤리위원
회, 사무국, 심의실, 자료실 등을 자율적으로 구성·운영했다는 점에서 자율검
열로 취급해도 무리가 없다. 물론 소관 부처인 공보부에 감독권이 있었으나
검열과정을 전일적으로 관장하지 않았고, 또 관장할 수도 없는 시스템을 구

비하고 있었다. 법정(法定)이었기에 오히려 방륜의 검열은 법적 구속력을 지
니는 장점이 있었다.125 유의할 것은 어떤 형태이든지 민간자율기구의 검열
은 관권검열에 대한 승인을 전제로 문화주체들의 자기검열, 즉 높은 수준의
검열의식 속에서 이루어졌다는 사실이다.126

그렇다면 민간검열로서의 윤리위 심의가 갖는 본질적 특징과 의의는 무엇
인가? 앞서 개관한 각 윤리위의 심의 양상을 귀납적으로 종합해 그 핵심을 정
리해본다. ①검열기준이다. 각 윤리위의 심의는 자체 설정한 윤리강령과 그
실천요강을 기준으로 수행된다. 특히 실천요강이 심의의 준칙으로 기능했다.
자율심의와 제소심의 모두에 적용되었다. 각 윤리위마다 다소의 차이는 있으
나 대체로 신륜의 강령 및 실천요강에서 크게 벗어나지 않는다. 15개국의 윤
리강령을 참조한 가운데 맨 먼저 제정되었다는 점과 언론자유의 전취 및 자율
정화(정확, 공평, 균형, 품위)를 목표로 설정했다는 것이 후발 윤리위에 표준
으로 작용했다고 볼 수 있다. 심의기준으로 볼 때 윤리위의 검열은 비정치적
인 검열 위주였다. '용공적 또는 반국가적 내용'을 요강에 포함시킨 두 곳의 윤
리위가 있었지만, 심의결과를 통해 봤을 때 이에 대한 검열을 적극적으로 실
시했다고 보기 어렵다. 정략적 필화(환문, 연행, 소환, 구속 등)를 방어하기
위한 전략이었을 따름이다.

②검열권(圈/權) 문제다. 윤리위가 필화의 심의권과 영화검열 권한을 양도
해줄 것을 여러 차례 요구한 바 있으나 성사되지 못했다. 정치검열을 독점함
으로써 대사회적 통제력을 극대화시키고자 한 권력이 양보할 리 없었다. 따
라서 윤리위가 정치검열을 스스로 제한했다기보다는 권력에 의해 제한을 당했
다고 보는 것이 적실할 듯싶다. 반면에 비정치적 검열, 이른바 풍속검열에 대
해서만큼은 상당한 권한을 할애했다. 정부는 언론윤리위법 제정을 강행해 이
마저도 직접 통제하겠다는 의도를 노골적으로 드러낸 바 있으나, 시행이 보류
되면서 민간자율기구에 이를 위임하게 된다. 정치검열/풍속검열의 이원적 분

할구도가 정착된 것이다. 그러나 그 구도는 1969년에 가면 파열된다는 것에 유의해야 한다. 즉, 권력이 저속·퇴폐·음란 풍조를 근절하겠다며 한 달 이상 집중적 행정단속을 실시함으로써 윤리위의 자율검열을 부정하기에 이른 것이다. 내무, 문화공보 등 4개 부처 합동 '생활환경 정화계획'이란 범사회정화운동의 일환으로 정기·부정기간행물, 영화, TV, 라디오 등 모든 미디어에 대한 외설단속을 대대적으로 벌여 전봉건을 비롯해 15명의 월간지 편집자를 구속하고 소설(「서울의 밤」, 「반노」 등), 영화(「내시」, 「벽 속의 여자」 등), 월간지(『아리랑』, 『인기』 등) 등을 외설로 규정해 입건 조치했다. 명분은 '언론출판계의 자율적 음란규제에 기대했으나 소기의 성과가 없으므로 지상목표인 제2경제과업 수행에 암적 존재인 에로상품과 음란범죄를 엄단·일소해 건전한 사회풍조를 조성'127하겠다는 것이었다. 민간자율기구의 검열을 못 믿겠다며 공권력에 의한 직효(直效)를 거두겠다는 것을 명시적으로 밝힌 것이다. 서울대의 에로규탄대회도 이러한 시책에 일조했다.128 문화계는 대체로 원칙에는 찬성하되 독단의 위험성을 경계하며 비평가들의 의견을 존중해줄 것을 요청한다.129 그러나 검찰의 입장은 단호했다. 애초에는 예술의 음란성에 대해 '전체적 평가원칙', '예술성 고려의 원칙', '전문적 의견의 존중원칙'을 배제하지 않겠다고 천명했다가 "창작물에 있어서도 예술성과 음란성은 양립하는 것으로 음란 부분은 형법의 제재를 받아야 한다"130며 입장을 스스로 번복해 더욱 강도 높은 단속을 벌였다.131 여기에는 다분히 정치적 동기가 작용했다고 볼 수 있다. 국가주의적·권위주의적 동원에 입각한 경제적 근대화의 일정한 성취에도 불구하고 근대성의 다른 차원, 즉 개인의 정치적 자유, 시민사회의 자율성, 절차적 민주주의의 실현을 억압함으로써 빚어진 개발동원체제의 근본적 모순이 3선 개헌을 둘러싸고 폭발하면서 조성된 위기국면을 돌파하기 위한 규율의 강화책이었다고 볼 수 있다.132 어찌 보면 저속 퇴폐풍조는 경제제일주의의 배타적 강조가 낳은, 또는 조장한 산물이었다. 요컨대 윤리위의 검열권을 침해한 당국의 외설단속으로 분할구도에 균열이 야기됨으로써 양자간의 관계조정이 불가피해지면서 권력 우위의 조정이라는 진통 속에 1970년대 윤리위의 법정기구화가 광범하게 이루어지게 된 것이다.

③윤리위 구성과 운영이다. 이는 각 윤리위가 자체적으로 정한 회칙에 규정을 받는다. 회칙은 대체로 구성의 원칙과 인원 수, 사무국 및 심의전담부서인 심의실의 업무, 운영의 원칙 등으로 구성되어 있는데, 윤리위마다 다소 차이가 존재한다. 따라서 공통점과 차이점을 변별해내야 하는데 그중 몇 가지는 일치한다. 첫째, 이중불재소(二重不提訴) 규정이다. 신륜의 경우 '제소인은 제소장에 고소·고발 또는 소송을 제소하지 않을 것을 서약하는 문서를 제소와 동시에 제출해야 한다'(15조 1항), 또 '위원회는 제소사건에 있어 사직기관에 입건 중이거나 법원에 소송계류중의 사건은 접수 처리하지 아니한다'(16조)로 되어 있다. 이는 동일사건의 이중 제소 및 법원과 위원회의 동시 심의를 방지하고, 위원회의 결정이 형사고발 또는 민사소송자료로 이용되는 것을 방지하려는 데 목적이 있었다. 사법권의 존중이자 윤리위의 고유 권한을 보호하기 위한 최소한의 안전장치였다. 둘째, 재재심의(再再審議) 청구 금지 조항이다. 즉, 윤리위의 결정에 재심의를 청구할 수 있으나 재심의결정에 대해서는 거듭 이의를 제기하지 못한다는 규정이다. 이는 자율기구의 권위를 보전하기 위한 방편인데, 결정 이행의 지연을 방지하고 이행의무를 신속히 하도록 하게끔 재심청구기간을 단축시키는 추세를 보인다(신륜은 한 달→15일). 셋째, 심의실의 상설화이다. 언론파동 후 심의실의 신설과 자율심의의 상보적 관계는 앞서 언급했다. 중요한 것은 심의실이 어느 누구의 간섭, 심지어 윤리위의 지시 없이 독자적으로 저촉사항을 조사·심의하는 고유 업무기관이었다는 점이다. 자율심의 주류화 속에서 심의실은 실질적인 검열관이었다. 물론 증거제일주의를 원칙으로 삼았다. 넷째, 독립성의 보전과 밀접한 관련을 지닌 운영자금 문제이다. 대체로 기금, 윤리위 참여단체의 출연금, 관의 보조금이 운

영자금의 요소였다. 관변자금은 지극히 일부였으며 그것이 윤리위의 독립성을 훼손시킬 정도가 아니었다는 점을 다시금 환기해두고자 한다. 다만 잡륜, 출륜과 같이 운영자금 부족으로 그 권능을 제대로 발휘하지 못한 경우도 있었다.

④검열의 효과와 직결된 윤리위의 통제력 문제이다. 일단 회칙의 '권한규정'(제재규정)에 의해 형식적 통제력은 확보하고 있었다. 윤리위 가입 단서조항으로 강령 및 요강의 준수 의무와 그 서약의 매호 게재의무, 그리고 결정사항을 이행할 의무를 명시해 놓았기 때문이다. 특히, 의무를 이행하지 않으면 기간단체로부터의 추방 또는 자격정지라는 강제적 제재를 가할 수 있는 권한이 요체였다. 모든 언론문화단체가 윤리위에 가입하고 있었다는 사실을 감안하면, 윤리위의 통제력은 그 자체로 강력했다고 볼 수 있다. 하지만 실질적 측면에서는 결정이 법적 구속력을 지니지 못했기 때문에 제한적일 수밖에 없었다. 실제 결정불이행의 경우도 더러 있었다. 또한 방륜과 예륜 간에 심의권역의 중복으로 혼란이 야기된 것처럼 윤리위의 난립에 따른 심의의 혼선이 결정의 권위를 약화시키기도 했다. 그러나 추방과 같은 강력한 제재규정에다 당해사에 결정문 게재 의무를 부과하고, 결정문의 공표 가능 권한을 통해 비판에 노출시킴으로써 관련기관의 공신력을 약화시킬 수 있었다는 점에서 나름의 충분한 강제력이 존재했다고 볼 수 있다. 더욱이 기사가 아닌 창작물의 경우 게재중지 조치는 작품의 생명력을 끊는 것이고, 경고라 하더라도 그것이 게재중지로 이어질 가능성이 높았다는 점에서 가벼운 제재로 보기 어렵다. 방륜이 저속·왜색이 농후한 리스트를 방송국에 전달했던 사례와 같이 직접 제재 결정을 내리지 않았던 경우에도 결정 이상의 효과를 거둘 수 있는 잠재력을 지니고 있었다. 아울러 윤리위의 직접적 결정조치와 별도 차원의 효과도 감안해야 한다. 즉, 제소사건의 경우 당사자 간의 분쟁으로 갈등과 분열이 야기된 바 있는데 1969년 7월 『사상계』와 『동아일보』 사이에 제소→해명 및

기각 → 재심청구 → 기각(재심)으로 이어지는 첨예한 대립이 이를 잘 예시해
준다.133 관련주체들의 갈등과 분열, 바로 이 점이 결정조치와 관련 없이 민
간검열의 핵심적 본질이 아닐까 한다. 권력이 민간기구의 자율정화를 권장하
고 기구의 자율성을 일정 정도 보장해준 의도도 여기에 있다고 본다. 따라서
1960년대 민간자율기구를 국가권력에 포획된, 혹은 자발적으로 복종한 형식
적 기구이자 관권검열의 예비심사자로 평가하는 것은 드러난 외적 형식성만
을 중시한 피상적 논단에 불과하다.

　그런데 민간자율기구의 검열이 갖는 위상과 그 의의에 대한 종합적 판단은
『결정』의 분석이 선행되었을 때 가능하다. 『결정』은 각 윤리위가 심의 결과를
주기적으로(통상 1년 단위로) 펴낸 심의백서인데, 제한된 공개 자료이다. 자
율심의와 재심의인 경우는 '결정, 주문, 사실, 이유, 참여 윤리위원 명단'의 체
제로, 제소심의인 경우에는 '제소인(인적사항), 피소인(인적사항), 주문, 사실,
이유, 참여 윤리위원 명단, 제소장(청구의 요지, 제소 이유, 증빙 방법, 증거
자료들), 피소인 답변서, 윤리위 자체 조사보고서'의 형식으로 되어 있다. 따
라서 『결정』은 민간검열의 실상을 총체적으로 보여주는 자료적 가치가 있다.
적어도 각 윤리위별 심의의 방식(제소심의/자율심의/재심의)과 대표성 있는
결정을 조합해 표본을 추출·분석하고, 이 결과를 1960년대 전체 차원에서
수렴해 검토하는 작업이 요청된다. 지면관계상, 또 1960년대의 민간검열이
1970년대로 연장·변형된다는 점을 감안해 1960~70년대 전반을 대상으로 살
피는 것이 합리적이라 판단되어 추후에 별도로 논하고자 한다. 다만 1960년대
민간자율기구의 검열과 문학의 관계를 통해 민간검열이 지닌 효과의 일단을
살펴보는 것으로 결론을 대신하고자 한다.

5. 맺음말 : 민간검열과 문학

신륜이 신문(연재)소설을 심의대상으로 채택하는 맥락 및 심의결과와 주륜의 「有醫村」에 대한 결정(경고처분)이 야기한 파장, 이 두 가지 실례를 통해 민간검열이 문학에 끼친 영향을 간단히 살펴본다. 일간신문의 연재소설에 대한 심의론이 대두되면서 신륜은 1965년 9월부터 심의기준을 마련하고 이후 3차례의 간담회를 거쳐 1967년 3월 마침내 심의 규제하기로 결정한다(삽화 포함). 그 과정은 자율규제의 현실론과 창작의 자유라는 원칙론이 충돌하면서 지난했다. 권력과 문학의 대립이 아닌 문화주체들 내부의 분열적 대립이라는 새로운 국면이 조성된 것이다. 1차간담회(1965.11.27)에서는 신륜 측(최석채, 민재정, 김증한, 정충량)이 당시 연재 중이던 「계룡산」, 「현부인」, 「구름에의 架橋」, 「다시 어둠속에」 등의 저속성을 근거로 프라이버시 침해나 성 장면 묘사의 지나친 저속성이 야기될 경우 심의해야 하며 소설 외에 기명된 비평, 수필, 기행문, 보고문까지 포함시켜야 한다는 주장을 편 데 반해 초청자들(강원룡, 백철, 마해송, 조기홍, 박인호, 홍사중, 권순영) 중 작가들은 창작활동의 침해로 불가하다는 논리를 폈다. 양 측의 주장이 엇갈렸지만 심의해야 한다는 당위론이 지배적이었다.[134] 여론의 동향도 마찬가지여서 신륜이 적극적으로 개입해 근절시켜야 한다는 방향으로 전개된다.[135] 문제는 신륜 측이 이미 종교단체 비방, 실명소설에서의 타인의 프라이버시 침해, 정상성을 상실한 성 묘사, 존속 직계의 상간 또는 윤간, 미풍양속 파괴 등 9개 항목으로 구성된 심의기준을 마련해 놓았다는 점이다. 어찌 보면 간담회는 요식 절차에 불과했다. 박종화, 김팔봉, 박화성, 황순원, 장용학, 선우휘, 최정희, 정비석, 정연희, 남정현 등이 초청된 2차간담회(1965.12.11)에서도 작가들은 여전히 심의 불가론을 고수했으나, 심의 규제하되 작가보다는 신문사 측에 책임을 물어야 한다는 타협적 결론으로 귀결되었다.[136] 이에 신문제작 실무자들을 초청해

개최된 3차간담회(1966.3.26)에서는 심의하되 6개월간 연구기간을 두고 조사
검토한 뒤 그 여부를 최종 결정짓자는 것으로 의견이 수렴되어 1967년 3월부
터 정식 심의대상으로 포함되기에 이른다. 이로써 신문소설은 최초로 민간자
율기구의 심의를 받게 되었고, 그것은 지금까지도 계속되고 있다.

1960년대 신문소설은 '문학의 대표자의 지위를 가지고 독자 위에 군림했으
며 일반독자들에게도 신문소설은 문학의 대표적인 이미지로 연상'137될 만큼
막강한 영향력을 지니고 있었다. 문화주의를 매개로 한 신문과 문학의 숙명
적 혈연관계가 해체되면서 신문자본의 상업주의 기조 안에서 제2의 전성기를
맞이했던 신문소설의 대세138가 1960년대에 들어 더욱 확장된 것이다. 중앙
5대일간지에 약 97편의 장편이 연재되었고, 모든 신문에 1일 평균 2~3편이
동시 연재되는 수준이었다.139 문제는 시장성(상업성)에 대한 적극적 고려가
불가피한 신문소설의 근본적 제약성에다 신문자본의 치열한 경쟁구도가 이를
더욱 조장하면서 신문소설이 저속의 대명사로 인식·각인되었다는 데 있다.
"국민 전체를 타락케 하는 음란한 신문소설이야말로 적군과 간첩 이상의 엄
연하고 악랄한 적"140이라는 극단론까지 제기된다. 모럴의 문제만으로 신문
소설을 인식하는 지식인들의 일방적인 접근 태도, 즉 "예술의 숭고성을 내세우
는 나머지 이를 목적으로 하지 않는 경향까지 표현의 자유라는 구실 밑에 사
회에 악영향을 준다고 비난"하는 편협한 인식에 대한 문제제기가 없지 않았
지만,141 지식인들의 관습화된 이 같은 태도는 신문소설 고유의 오락적 기능
까지도 저속으로 몰아가는 형국이었다. 실상 당시 음란과 음란 아닌 것의 명
확한 구분기준도 없었으며, 사법적 판례에서조차 절대적이고 구체적인 기준
이 없었다. 더욱이 음란물과 사회적 폐해 사이에 인과관계가 존재하는지 여
부도 불명확했다. 그런 상황임에도 사회일반과 지식인, 그리고 문단 내부의 일
부 인사까지 가세해 신문소설=저속이라는 공식하에 신문소설은 당국의 통제
위협과 신륜의 심의의 이중적 규제에 묶이게 된 것이다.

연재소설에 대한 신륜의 결정은 소설은 1967년 8월 30일 방기환의 「단종역란(端宗逆亂)」(『매일신문』연재) 478회분 공개 경고, 삽화는 1967년 7월 19일 유호의 「잘 아실텐데」(『서울신문』연재) 164회분 공개 경고로 시작해 이후 주의환기, 비공개·공개 경고 처분 위주로 점증해 품격위반만 1970년대에 233건의 결정이 있었다.142 프라이버시 침해·명예훼손과 삽화까지 포함하면 그 숫자는 엄청나게 늘어난다. 심의 대상이 되었지만 미결정된 경우는 이보다 더 많았다. 그 수효 자체보다도 중요한 것은 민간자율기구/신문자본, 작가(삽화가)의 갈등관계가 정착되었다는데 있다. 이전까지의 권력/문학의 대립과는 전혀 다른 대립구도가 조성된 것이다. 문학에 대한 감시와 통제가 다원화됨으로써 창작 자유의 제한은 물론이고 문학의 존립기반 자체가 그만큼 협소해질 수밖에 없었다. 순수/통속의 이원적 대립 인식이 더욱 완고해진 것은 두말할 나위가 없다.

「有醫村」사건은 이 같은 파생 효과를 잘 보여준다. 이 사건의 발단은 『주간한국』에 연재 중이던 「유의촌」(정을병)의 1968년 6월 16일 및 30일자 내용에 대해 이용우 외 59인이 의료인의 명예훼손 등 5가지 이유로 주륜에 제소하면서부터다. 이에 주륜이 문제가 된 부분의 저속성만을 인정해 실천요강 '독립성'장 제3항 위반혐의로 경고 처분을 내림과 동시에 발행기관에 차후로 여사한 표현을 지면에 반영하지 말 것을 경고하는 처분을 내린다(제13호 제소).143 문제는 이 결정 직후 『주간한국』이 작가의 사전 양해 없이 연재를 중단하고, 서울시의사회가 작가의 해직을 대한가족협회에 요청함으로써 사회적·문단적 쟁점으로 부각되었다는 점이다. 문인협회는 '작가의 창작의 자유를 침해한 횡포'라며 시정을 촉구하는 성명서를 발표하고 대책위를 구성해 『주간한국』과 대한가족협회를 항의 방문하기에 이른다. 이 사건은 '소재의 자유 없이' 어떻게 작가의 창작활동이 가능하냐는, 당시 문학이 직면한 심각한 풍토를 적나라하게 드러내주었다. 1960년대 초에는 정비석의 「혁명전야」 연

재중단사태, 손창섭의 「부부」에 대한 기독교단체 부인들의 위협과 같이 등장
인물과 관련된 직업 또는 계층의 압력과 반발이 더러 있었는데, 그것이 민간
자율기구의 심의가 본격적으로 이루어지는 것과 동시에 각종 압력단체의 제
소가 사태를 이루게 된다. 명예훼손과 언론자유의 상관성에 대한 논란이 지
속되는 상태에서 모든 윤리위가 명예훼손 및 프라이버시 침해를 심의기준으
로 설정한 결과였다. 한 신문은 "등장인물을 모조리 성인군자로 그려내거나
『동물농장』처럼 동물만을 등장시키거나, 아니면 압력단체의 요구에 따라 멋
대로 소설을 고쳐 쓰는 신축성을 가져야만 할 것"이라고 당시의 사태를 꼬집
은 바 있다.144 이데올로기적 제약과는 별도의 차원에서 소재의 자유를 제한
받게 됨으로써 창작의 자유가 중대한 위협을 맞게 된 것이다. 이 사건은 여기
에 그치지 않고 작가와 평론가 사이의 에로티시즘논쟁으로 비화되었는데, 즉
이어령이 "「유의촌」은 미학이 없는 에로티시즘에 불과한 것으로 문학의 범주
에 넣을 수 없다"라고 비판하고 이에 정을병이 망발이라며 오히려 이어령의
문학이 내시문학이라고 역공을 가함으로써145 문인들의 분열상이 노정되기에
이른다.146 이렇듯 민간검열의 상시화는 관 검열 이상의 가시적 · 비가시적 효
력을 발휘하는 가운데 당대 문학의 존재방식에 깊숙이 관여했던 것이다. 1960
년대 후반의 (소설)문학은 관권검열, 신문사(자본)의 검열, 윤리위의 민간검열,
작가의 자기검열 등 몇 겹의 칼날을 통과해야만 독자와 만날 수 있었다.

■■■ 주석 ■■■

1 엄기형, 『신문윤리론』, 일지사, 1982, 179쪽.

2 김수영, 「실험적인 문학과 정치적 자유」, 『조선일보』 1968년 2월 29일자.

3 「(사설)예술문화의 자유」, 『동아일보』 1966년 2월 2일자.

4 천관우, 『言官 史官』, 배영사, 1969, 98쪽.

5 이에 대해서는 조상호, 『한국언론과 출판저널리즘』, 나남출판, 1999, 109쪽 참조.

6 강상현, 「1960년대 한국 언론의 특성과 그 변화」, 한국정신문화연구원 편, 『1960년대 사회 변화연구』, 백산서당, 1999, 182쪽.

7 이 두 자료는 공보부조사국이 신문검열의 결과를 주간 단위로 정리해 발행한 비공개자료 이다. 주간 『신문논조평가』는 1961년 7월~1964년까지 발간되었으며, 이를 확대시킨 『주 간 국내정세 신문분석』은 1965년 1월~1968년 6월까지(1968년부터는 월간) 발간된 바 있 다. 이 자료들은 1961년 6월 21일 정부조직법 개정(법률 제631호)에 따라 '법령과 조약의 공포, 보도, 정보, 정기간행물, 대내외선전, 영화, 방송에 관한 사무를 掌理'하는 공보부가 새로 출범한 시점부터 1968년 7월 정부조직법 개정(법률 제2041호)에 의해 문화예술업무 전반을 관장하는 문화공보부가 신설된 때까지 약 7년 동안의 신문검열의 존재와 그 객관 적 실상을 잘 드러내준다는 데 의의가 있다. 1960년대 검열체제에서 이 자료가 지닌 위상 과 가치에 대해서는 별도로 고찰할 예정이다. 대체적인 자료개관은 이봉범, 「박정희체제의 헤게모니적 지배와 검열」, 『탈식민 냉전국가의 형성과 검열』(성균관대 동아시아학술원 인 문한국사업단 학술회의 자료집), 2011.2.18, 39~46쪽 참조.

8 『경향신문』 1964년 6월 20일자.

9 한국신문윤리위원회, 『각국신문윤리강령집』, 1963, 116~117쪽 참조.

10 『동아일보』 1976년 7월 28일자.

11 '차관'이란 기사의 성격은 "특혜나 폭리가 말썽되어 국민이 지탄으로 특별 국정감사까지 받게 된 차관업체들의 실태와 정부의 외자도입정책의 공과를 분석하고 앞으로의 상환능력 등을 진단한 총보고서"라고 자체적으로 밝히고 있는 바와 같이 정부의 외자도입정책을 비판적으로 검토한 것이었다. 중앙정보부가 직접 다루었고 적용법규도 반공법위반혐의였 다. 이에 대해서는 정진석, 『한국현대언론사론』, 전예원, 1985, 185~189쪽 참조.

12 정용욱·정일준, 「1960년대 한국근대화와 통치양식의 전환」, 노영기 외, 『1960년대 한국 의 근대화와 지식인』, 선인, 2004, 18~19쪽.

13 조희연, 『동원된 근대화』, 후마니타스, 2010, 22쪽.

14 백낙청, 「저항문학의 전망 : 작가 남정현씨 구속사건과 관련하여」, 『조선일보』 1965년 7월 13일자.

15 김재원, 「정치적 현실과 문학적 현실 : 남정현씨의 필화사건에 대한 소견」, 『동아일보』 1965년 7월 15일자.

16 1960년대 초반 박탈당한 문학적 자유를 회복하고자 하는 열망을 적극적으로 개진했던 두 사람, 즉 '우리는 통금시대(자유의 구속)에 살고 있다는 비장한 현실인식을 바탕으로 비상

구를 돌파하는 미학, 어둠의 가시에 도전하는 불꽃같은 언어들'을 문학의 새로운 모럴로 설정한 이어령(『통금시대의 문학』, 삼중당, 1966. 4쪽), 4 · 19혁명 후 최대한의 언론자유의 지평이 전개된 상황에서도 '단 1퍼센트의 언론자유라도 훼손되지 않는 창작자유의 완전한 보장을 위한 문학인의 단결을 촉구하고 자유의 회복을 자신의 신앙'으로 삼은 바 있는 김수영(「창작자유의 조건」, 『김수영전집 2』, 민음사, 1981, 131쪽)이 문학통제가 강화되는 1960년대 후반에 들어 검열에 대한 해석을 놓고 갈라지는 지점은 당대 문학인의 분화 양상을 상징적으로 보여준다.

17 분지필화사건 후 『현대문학』지가 보여준 태도도 대단히 문제적이었다. "본지 지난 3월호에 발표된 소설 「분지」는 본사의 부주의로 인하여 게재된 것으로서 이로 인하여 사회에 물의를 일으킨 데 대하여 정중히 사과하는 바이다."(『현대문학』, 1965년 8월호, '편집후기')라며 사건을 작가 개인의 차원으로 한정짓는 책임 회피의 입장을 표명한 것이다.

18 박태순, 김동춘, 『1960년대 사회운동』, 까치, 1991, 제9장 참조.

19 1960년대 곡필의 양상에 대해서는 김삼웅, 『한국곡필사 (1)』, 신학문사, 1989, 제6장~8장 참조.

20 김일영, 『건국과 부국』, 생각의 나무, 2004, 317쪽.

21 「(사설)공갈기자 물러가라」, 『한국일보』 1961년 2월 22일자.

22 한국신문윤리위원회는 4 · 19 직후 '언론정화위원회' 설치 시도에서 그 연원을 찾을 수 있는데 본격적으로 가시화된 것은 언론의 사회적 책임론이 확산 고조된 1961년 4월 6일 한국신문편집인협회 주도로 '한국신문윤리위원회' 설치안과 윤리강령제정원칙을 결의하고 운영위원회에 그 구체적 추진을 일임한 것에서부터다. 동 시기에 IPI(국제언론인협회)의 지원을 얻어 '신문명예재판소'를 설치해(1960.7.24) 언론의 자율규제를 실현해가고 있던 터키의 사례가 큰 참조가 되었다는 것은 널리 알려진 사실이다. 한국신문윤리위원회 설치의 경과에 대해서는 한국신문윤리위원회, 『한국의 신문윤리』, 1965, 20쪽 참조.

23 박정희는 4 · 19 이후 언론의 난립상만 조장한 구정권의 무력함과 군사정부의 언론 정비를 대비시키는 가운데 일간신문의 대대적 정비가 언론의 위기 구출과 권위 회복에 기여했다고 자평한 바 있다(박정희, 『국가와 혁명과 나』, 향문사, 1963, 129쪽).

24 5 · 16 군사정부의 언론정책에 대해서는 정진석, 『한국현대언론사론』, 전예원, 1985, 281~303쪽 참조. 군사혁명위원회가 발동한 각종 포고(제1~18호)는 국가재건비상조치법에 의해 국가재건최고회의가 국회의 권한을 대행할 수 있게 됨에 따라 법률의 형식을 갖게 되는데, 50일 동안 60개의 법률을 제정했을 정도로 그 입법능률과 밀도가 높았다. 입법의 내용은 구악과 부패를 일소하기 위한 '처벌입법', 절망과 기아에 허덕이는 민생고를 해결하기 위한 '경제입법', 정부기구와 행정조직의 능률적 재편성을 위한 '조직입법'으로 대별할 수 있는데, 언론문화관련 법률은 대체로 조직입법이 주종을 이룬다. 한 신문은 입법능률이 높았던 이유로 혁명정부가 정당적 파당성이 전혀 없었다는 것, 비교적 유능한 입법자문기관을 갖고 있었다는 점을 꼽은 바 있다(「(사설)혁명입법의 방향과 내용」, 『동아일보』 1961년 7월 30일자).

25 박권상, 『자유언론의 명제』, 전예원, 1984, 36쪽.

26 한국신문윤리위원회가 4 · 19혁명 후 초래된 언론계의 부정적 유산에 대한 자율적 · 능동적 극복을 통한 '신문의 자유와 책임 확보를 위한 자율적 통제기구'로 자신의 정체성을

천명한 바 있으나(한국신문윤리위원회, 『결정』 제1집, 1962.7, 4쪽), 5·16 직후 방어적 자구책의 차원이 또 다른 탄생 배경으로 작용했다는 사실은 이후 한국신문윤리위원회의 행보를 이해하는데 중요하게 고려돼야 한다.

27 한일수교문제는 일반적으로 미국의 동아시아전략과 경제개발계획의 원활한 추진을 위한 박정희 정권의 필요가 결합돼 추진된 것으로 알려져 있다. 이와 더불어 아시아적 차원의 문제도 충분히 감안할 필요가 있다. 아세아반공연맹이 주최한 제8차 아세아민족반공대회(1962.10, 동경)에서 필리핀의 제안으로 '한일국교정상화촉진에 관한 결의안'이 제출된 바 있는데, 그 골자는 한일 양국의 선린관계와 협조가 아세아의 평화와 안정은 물론 東亞의 반공태세를 확고히 하기 위해서 절실히 필요하다는 전제 아래 교착상태에 있는 한일 간의 국교 정상화를 강력히 촉구한다는 것이었다. 아세아반공블럭과 한일국교문제의 긴밀한 상관성에 주목해볼 필요가 있을 듯하다. 이 결의안에 대해서는 한국아세아반공연맹, 『제8차 아세아민족반공대회 경과보고서』, 1962.12, 21쪽 참조.

28 6·3계엄선포 후 56일 동안 사전검열에 따른 신문 삭제건수는 1천여 건으로(자구 수정 제외), 성문화된 검열규정이 없었으나 '게라' 검열에서 점차 '대장'(조판을 끝낸 대형사본) 검열로 확대되면서 신문의 체재까지 변경시킬 정도로 그 영향력이 컸다고 한다. 「56일간의 신문검열」, 『경향신문』 1964년 7월 29일자.

29 '언론윤리위원회법안'과 '학원보호법안'의 골자는 『경향신문』 1964년 8월 1일자에 잘 정리되어 있다. 간과해선 안 될 것은 이 법안의 취지, 체계, 내용 등이 1952년 3월 광무신문지법이 폐기된 후 곧바로 그 대체법안으로 제출된 '출판물법안'(제정 실패)과 이후 여러 차례 입법이 시도된 언론출판관련 규제 법안들을 대체로 수용하고 있다는 점이다. 출판물법안을 포함해 해방 후~1950년대 문학관련 법제에 대해서는 이봉범, 「8·15해방~1950년대 문화기구와 문학─문학관련 법제를 중심으로」, 『현대문학의 연구』 제44집, 한국문학연구학회, 2011 참조.

30 김광섭, 『고백과 증언』, 정우사, 1988, 174쪽.

31 언론사상 주목할 만한 立法例로 평가되는 이 법률은 헌법 제18조(3항)에 근거를 둔 신문 통신 등의 시설기준의 규정을 주요 골자로 하고 있으나 문제의 핵심은 언론자유 침해 여부였다. 반대론자들은 행정부의 재량에 의해 등록행위의 승인이 결정되고 기등록간행물도 규정 위반일 경우 등록이 취소될 수 있다는 조항이 간접적 통제수단을 의미한다는 논리였으며, 찬성론자들은 합헌적이며 언론의 과당경쟁을 억제하는 효과가 있고 언론자유의 본질을 적극적으로 침해한 것이 아니라는 논리를 폈다. 법 시행 후 허가제는 아닐지라도 엄격한 시설기준을 적용해 비판적 논조의 정기간행물 창간은 허용되지 않은 반면 『신아일보』와 같은 상업지를 표방한 신문이 창간되는 결과를 야기했다. 권력에 의한 간접적 통제수단으로 기능했던 것이다. 이에 대해서는 정현준, 「언론과 실정법」, 『언론과 법률』(매스콤관계세미나 제3집), 한국신문편집인협회, 1967, 53~54쪽 참조.

32 「(사설)민주정치에 큰 오점을 찍었다」, 『조선일보』 1964년 8월 4일자. 특히 『조선일보』는 이 법률안이 광무신문지법, 미군정법령 제88호에 이어 역사상 세 번째의 언론단속법인데, 실질적으로는 한국민족의 손으로 우리언론을 적대시하여 입법을 한 것은 이번이 처음이라며 반동적인 시대착오적인 입법으로 규정해 비판한 바 있다.

33 일련의 과정에 대해서는 한국신문윤리위원회, 『한국신문윤리30년』, 1994, 137~159쪽 참조.

34 언론윤리위원회법이 공식 폐기된 것은 5공화국출범 직후 '언론기본법'이 제정·공포(법률
제3347호, 1980.12.31)되면서다. 언론기본법은 언론규제에 관한 일반법으로서의 성격을
지닌 관계로 기존 '신문·통신 등의 등록에 관한 법률'과 '언론윤리위원회법', '방송법' 등
기존의 언론관계법이 폐지되었던 것이다.

35 조상호, 『한국언론과 출판저널리즘』, 나남출판, 1999, 109쪽 참조.

36 『서울신문』1965년 5월 4일자. 윤리선언에 참여한 단체로는 예총, 대한레코드제작가협회,
전국극장연합회, 주간신문발행인협회, 한국방송윤리위원회, 한국신문발행인협회, 한국신
문윤리위원회, 한국연예단장협회, 한국영화업자협회, 한국잡지발행인협회 등이었다.

37 「(사설)매스콤 윤리선언」, 『경향신문』1965년 5월 7일자. 이 신문은 오히려 선언의 조항
이 왕왕 위반·유린되는 근본 문제로 매스컴의 과도한 상업성을 들고, 이에 대한 시정이
없는 한 매스컴의 허다한 병리나 결함은 계속될 것이라고 봤다. 하지만 이 선언발표가
권력과 언론기관의 타협의 산물이었다는 본질을 놓치고 있었다.

38 「애정의 탈 쓴 에로소설」, 『서울신문』1965년 4월 10일자. 윤리선언 직후에도 방인근,
허문녕 등 11명과 출판업자 7명이 음화 등 제조·판매 혐의로 구속되는 사건이 발생한 바
있다. 방인근의 경우는 이름이 도용된 것이었다. 「서리 맞은 상소리책—5백여 권 압수」,
『서울신문』1965년 5월 12일자.

39 「난장판 출판계」, 『경향신문』1965년 6월 10일자. 경합번역문제는 1964년 셰익스피어 번
역논쟁시비를 통해 논란된 바 있다. 셰익스피어탄생 400주년 기념으로 양문사와 정음사가
셰익스피어전집 역간사업에 뛰어들고 양문사가 포기하자 휘문출판사가 가세해 社運을 건
'누가 먼저 내느냐' 하는 이전투구의 양상으로 비화된다. 한 신문은 그 양상을 '追越競爭에
시달리는 셰익스피어'로 비꼰 바 있다(『한국일보』1964년 7월 30일자). 그 출판사 간 경
쟁은 번역자들의 경쟁으로 비화돼 김재남(휘문출판사 측)과 한로단(정음사 측) 사이에 일
인번역과 집단번역의 우위성 논란 그리고 일역 중역의 오역시비가 제기되면서 당시 번역
을 둘러싼 제반문제가 한거번에 드러나게 된다. 이 논쟁에 대해서는 김병철, 『한국현대번
역문학사연구 (상)』, 을유문화사, 1998, 222~230쪽 참조.

40 한국문인협회, 「왜곡된 '고전문학전집'에 대한 성명서」, 『현대문학』, 1965년 7월호, 284쪽.
한국문인협회는 조사위원회를 구성해 2개월간 면밀한 조사 작업을 벌여 전집에 수록된 작
품 각각에 대한 무단전재, 개작, 무단표절의 양상을 실증한 자료를 제시했다. 자기표절문
제도 논란된 바 있는데, 『사상계』에 발표한 「기만」을 개작해 『현대문학』(1964년 3월호)
에 재발표한 것이 알려져 독자들의 항의 투고가 쇄도했다. 해당 작가는 "앞으로도 재탕을
해먹을 것"이라고 대응했다. 현재훈, 「작품의 개작문제」, 『경향신문』1964년 5월 12일자.

41 일례로 성찬경이 휘문출판사 판『세계의 문학100선』가운데 자신이 번역한 7편 중 3편만
자신의 이름으로 되어 있고, 또한 알지도 못하는 20편의 작품에 자신의 명의가 붙여져
있고 무더기 오역이 섞여 있어 명예훼손혐의로 해당출판사를 고소한 사건이 있었다. 『경향
신문』1964년 7월 4일자.

42 한 신문은 광고에 현혹되는 독자의 약점을 이용한 출판광고의 선정성과 이를 기준으로 책
을 선택하는 독자들의 감상적 취향을 '출판의 불륜'으로 표현한 바 있다. 「서글픈 독서경
향」, 『경향신문』1964년 9월 30일자.

43 김지운, 『신문윤리위원회의 비교연구』, 성균관대학교 출판부, 1986, 236쪽 참조. 그에 따

르면 법제 언론윤리기구설치를 규정한 언론윤리위원회법의 시행보류 속에 민간자율기구(신
문윤리위)가 명맥을 유지한 것 자체가 타국에서는 거의 그 예를 볼 수 없는 특이한 경우
라고 한다.

44 「(사설)신문윤리위심의실 시무」, 『동아일보』 1964년 10월 20일자 ; 「(사설)신문윤리심의
실 시무에 즈음하여」, 『경향신문』 1964년 10월 22일자. 자율심의의 전문성을 제고하기
위해 그 밑에 간사제도를 두었는데, 문화담당 간사는 최일수였다.

45 3차 회칙개정 전후의 내용 변화에 대해서는 한국신문윤리위원회, 『한국신문윤리30년』,
1994, 189쪽 '대조표' 참조.

46 한국신문윤리위원회, 『한국신문윤리30년』, 1994, 810~811쪽.

47 1960년대 언론이 처한 상황은 신문주간표어를 통해 역으로 확인해볼 수 있다. 1959년 '언
론의 자유', 1960년 '악법의 철폐', 1961년 '신문의 책임', 1962년 '신문의 품위', 1963년 '신
문의 독립', 1964년 '신문의 공정', 1965년 '신문의 성실', 1966년 '신문의 긍지', 1967년 '국
민의 알 권리를 지키자', 1968년 '신뢰받는 신문', 1969년 '신문의 자주' 등인데. 특히 신문
의 자주성은 독자에 대한 자주성 문제와 권력에 대한 자주성 문제 양면에서 거론된 바 있
다. 당시 독자획득의 차원에서 독자에게 아부하는 신문의 풍조가 거세게 비난받았다는 점
을 감안할 때, 1960년대 후반 신문의 상업성이 농후했다는 것을 유추해볼 수 있다(「(사
설)신문의 자주적 자세」, 『동아일보』 1969년 4월 17일자).

48 김지운, 『신문윤리위원회의 비교연구』, 성균관대학교 출판부, 1986, 241쪽 참조. 대부분의
타국 신문평의회의 설치 목적이 언론자유 수호와 더불어 신문통신업계의 소유 집중·독
과점·발행부수 등 동태 파악과 언론관계 입법조치 등에 대한 제언 및 로비활동이었다는
점과 비교해볼 때 우리 신문윤리위의 기능이 심의(검열) 중심이었다는 사실은 1960년대
권력과 언론의 긴장관계 속에서 윤리위가 출현하게 된 맥락을 다시금 주목하게 만든다.

49 엄기형, 『신문윤리론』, 일지사, 1982, 185쪽 참조.

50 문화공보부, 『문화공보30년』, 1979, 215쪽 '연도별 보급현황표' 참조.

51 「(사설)대중연예의 질적 수준에 붙이는 우리의 요망」, 『조선일보』 1965년 5월 28일자.

52 최창봉·강현두, 『우리방송100년』, 현암사, 2001, 162~181쪽 참조.

53 일례로 「사랑과 미움의 계절」(조남사 작), 「상한 갈대를 꺾지 말라」(민구 작) 등과 같은
연속극의 과다한 섹스묘사가 청취자들의 거센 항의를 받게 되면서 방송극의 윤리문제가
강하게 대두된 바 있다(「방송극과 윤리문제」, 『동아일보』 1961년 9월 6일자).

54 한국방송공사, 『한국방송70년사』, 1997, 338쪽.

55 「(사설)방송의 저속화」, 『동아일보』 1968년 11월 20일자.

56 『경향신문』 1969년 5월 25일자. 특히 지나친 외설과 명예훼손이 많았다고 한다.

57 「방송계의 골칫거리―방륜 3년의 결산」, 『서울신문』 1965년 6월 3일자.

58 일례로 '외국상품광고방송에 관한 규정'을 놓고 대립한 바 있는데, 최대 쟁점은 광고방송
시간을 1일 기준 총 상업방송시간의 15% 이내로 한다는 규정이었다. 민방 측은 운영권의
간섭이라고 적극 반발하였으나 대체로 규모는 조정하되 규제는 필요하다는 의견이 주조
를 이뤘다(「민방 간섭인가―외국상품광고방송 시비」, 『서울신문』 1965년 9월 2일자).

59 당연히 당사자인 작사·작곡가의 반발이 거셀 수밖에 없었다. 백영호는 자신이 작곡한

「추풍령」이 저속인 이유와 기준을 대라며 방륜의 결정에 실소를 금할 수 없다고 반발한
바 있다. 「서리맞은 저속가요」, 『서울신문』,1965년 9월 16일자. 금지된 가요를 부른 상당
수가 당시 실력 있는 유명가수였는데, 반야월·임희재·하중희(작사가), 백영호·김부해·
이인권(작곡가), 이미자·남진·위키리·최희준·남일해·하춘화·유주용·문주란 등(가
수)이 눈에 띤다. 흥미로운 것은 저속 가요로 방송금지가 되지 않았다 하더라도 신중히
다뤄야 할 작사가, 작곡가, 가수의 명단을 방륜이 구체적으로 제시해 방송국에 통보했다
는 점이다. 또 문제된 부분을 수정하면 금지를 해제해주기도 했는데, 차중락의 「마음은 울
면서」가 가사를 고쳐 금지해제를 받은 것이 일례이다.

60 「사후약방문의 윤리위심의」, 『동아일보』 1970년 5월 3일자.

61 이 사건은 『주간경향』에서 이 곡이 이탈리아 칸초네 「푸른 하늘과 검은 눈동자」의 첫 4소
절을 표절했다는 보도로 촉발되었다. 문화예술윤리위의 표절 결정은 우여곡절을 겪은 결
과였다. 즉 사전심의에서는 표절이 아닌 것으로 판명됐으나 사후심의를 통해 표절로 최
종결정했다. 문화예술윤리위는 사전심의기구지만 표절, 왜색 등 결함이 밝혀지면 승인을
취소하여 문공부에 보고할 수 있고 문공부는 레코드제작 판매중지처분을 내리게 되어 있
었다. 혼선이 빚어지면서 당사자 길옥윤은 이의신청을 문공부에 제출하기에 이른다(「예
륜, 방륜 '사랑하는 마리아' 표절시비」, 『경향신문』 1970년 6월 20일자).

62 공보부조사국, 『주간 국내정세 신문분석』 제27호, 1965.7, 23쪽. 선임된 윤리위원은 김기
두(위원장), 김명엽, 최원식, 민영빈, 조연현, 고영복, 김기석, 곽종원, 이태영, 박영준 등
이었으며 사무국장은 이원용이었다.

63 이에 대해서는 정진석, 『한국현대언론사론』, 전예원, 1985, 356~469쪽 참조. 5·16 주체
세력의 일원인 이낙선이 창간한 친여 잡지 『세대』가 통일문제를 거론한 황용주의 논문으
로 필화를 겪고 일시 휴간한 것을 통해 1960년대 정치(사상)검열의 수준을 가늠해볼 수
있다. 마찬가지로 『세대』가 1960~70년대 문예스폰서로서 기여한 것은 중요한 의미를 갖
는다. 문학에 대한 상당한 지면 할애(『회색인』, 『소시민』의 연재 등), 세대신인문학상을
통한 신인 등용의 역할(박태순, 신상웅, 조선작, 이외수 등), 뿐만 아니라 특히 친여 잡지
라는 보호막을 활용해 검열을 피해갈 수 있었던 관계로 사회비판적 작품들(「아메리카」,
「뫼비우스의 띠」 등)이 다수 실릴 수 있었던 사실은 주목할 필요가 있다. 문예후원자로서
『세대』에 대해서는 한국잡지협회, 『잡지예찬』, 1996, 25~27쪽 참조.

64 이에 대해서는 김건우, 「1960년대 담론환경의 변화와 지식인 통제의 조건에 대하여」, 『대
동문화연구』 제74집, 성균관대학교 대동문화연구원, 2011, 144~145쪽 참조. 그는 이와
더불어 정치교수 축출을 위한 당국의 압력에 따른 교수편집위원의 이탈과 그로 인해 편
집위원회가 붕괴되는 1965년에서 1966년으로 넘어가는 시점에 『사상계』는 이미 종말을
고했다고 평가하고 있다. 한때 7만 부를 돌파했던 『사상계』가 발행인의 교체를 전후해
경영난에 봉착하여 납본용만을 찍어 명맥을 유지하는 형편이 도래한 것을 두고 한 신문
은 '민권투쟁에 앞장섰던 『사상계』의 쇠퇴는 정치적 절규만으로 독자를 계몽하던 시대가
끝나고 보다 구체적이며 분석적인 내용을 원하는 독자들의 요구를 반영하는 것으로 종합
지의 앞날에 큰 교훈'을 준 사례라는 색다른 분석을 내놓은 바 있다(「탈바꿈하는 잡지계」,
『동아일보』 1969년 4월 11일자).

65 이에 대해서는 김동철, 「한국잡지의 사회적 책임」, 『세대』 1968년 10월호, 242~243쪽 참
조.

66 고정기, 「범람 속에 틀 잡히는 잡지계」, 『조선일보』 1964년 8월 5일자 참조.

67 「격전, 여성지」, 『신아일보』 1967년 8월 31일자.

68 「폐간의 암운 서린 『새벗』」, 『서울신문』 1968년 7월 9일자.

69 「좌담회 : 한국대중문화와 잡지의 모랄」, 『세대』 1968년 12월호, 347~353쪽 참조.

70 고명식, 「잡지저널리즘의 장래」, 『세대』 1968년 11월호, 365쪽.

71 「잡지의 건전성과 윤리(제3회 잡지윤리세미나)」, 『경향신문』 1969년 4월 11일자.

72 대표적인 예로 국내 발행 8개 어린이잡지 및 당시 대중지의 모델이 되었던 일본 대중지 14종의 경향에 대한 조사를 들 수 있다. 그 조사결과는 「어린이잡지, 편집은 건전한가」(『신아일보』 1967년 5월 18일자)와 「일본대중지의 경향」(『신아일보』 1967년 6월 24일자)에 자세히 소개되어 있다.

73 『현대문학』의 경우는 1965년 10월호부터 이 서약을 게재하고 있다.

74 「잡지의 건전성과 윤리(제3회 잡지윤리세미나)」, 『경향신문』 1969년 4월 11일자.

75 「탈바꿈하는 잡지계」, 『동아일보』 1969년 4월 11일자.

76 그 과정에 대해서는 이종화, 「공연윤리위원회가 걸어온 길」, 공연윤리위원회, 『공연윤리』 1997년 9월호, 6쪽 참조.

77 「(사설)문화계의 자율적 정화는 시급하다」, 『서울신문』 1965년 10월 29일자.

78 「(사설)예술문화의 자유」, 『동아일보』 1966년 2월 2일자.

79 「예술의 윤리규제─윤리위 발족과 각계 의견」, 『동아일보』 1966년 2월 3일자.

80 배수경, 「한국영화 검열제도의 변화」, 김동호 외, 『한국영화 정책사』, 나남출판, 2005, 487쪽 참조. 배수경은 이를 근거로 예륜이 정부산하단체나 다름없었으며, 그것은 문학예술계가 국가의 통제에 자발적으로 참여한 것으로 평가한 바 있는데, 필자가 보기엔 다소 비약된 평가라고 판단된다. 예륜을 포함해 제반 윤리위가 권력과 문화주체들 상호 간의 충돌과 그것의 조정과정에서 창출된 것이고 그 타협의 일환으로 국고보조금 수령과 해당 부처 관리가 당연직 위원으로 참여하는 길을 열어놓은 것은 분명하나 이는 당시 양자의 역관계에서는 불가피했다고 본다. 중요한 것은 그 타협의 정도인데, 적어도 관련법의 제정에 의해 법정기구로 탄생하거나 전환되기 이전의 윤리위는 권력의 간섭 이상의 자율적 권역이 존재했다. 예륜과 공연윤리위원회 사이의 위상과 그 기능을 비교해보면 확인할 수 있듯이 예륜을 정부산하단체로 규정하는 것은 예륜의 기능을 권력에의 순응으로만 일반화하는 관점이다. 국고보조금의 문제는 당시에도 문화단체의 자율성의 척도로 거론, 일례로 소규모의 국고보조금을 받는 한국문인협회가 자율적 단체인가에 대한 이견에서 나타나듯이 이를 자율성의 절대적 기준으로 삼는 것은 문제가 있다(「좌담회 : 무소속문인정담」, 『현대문학』 1968년 4월호, 20쪽 참조).

81 김윤지, 「최초의 민간영화심의기구, 영화윤리위원회 성립─4·19혁명의 성과로서 영화윤리위원회」, 함충범 외, 『한국영화와 4·19』, 한국영상자료원, 2009, 119쪽. 조준형은 8개월여의 짧은 기간이었지만 한국영화사를 통틀어 유일한 민간자율심의 기간의 영화윤리위의 활동은 이전과 비교할 수 없을 정도 검열을 약화시켰으며 「하녀」, 「오발탄」과 같은 문제작이나 작품성이 있다면 나체의 상영도 가능케 했다며 나름의 긍정적 역할에 주목한 바 있다(조준형, 「해방 후 1960년대 초까지 영화검열─수행주체, 법규, 작동방식」, 『탈식

민 냉전국가의 형성과 검열』(성균관대학교 동아시아학술원 학술회의 자료집), 2011.2, 200~203쪽 참조).

82 문화공보부, 『문화공보30년』, 1979, 267쪽. 영화시나리오 사전심의 통계를 보면 수정·반려비율이 1970년(3.7%), 1971년(25%), 1972년(58%), 1974년(41%), 1975년(80%) 등으로 나타나는데, 수정·반려비율의 급증은 1970년대 초반 유신체제하 초법적 검열의 산물로 볼 수 있다(배수경, 「한국영화 검열제도의 변화」, 김동호 외, 『한국영화 정책사』, 나남출판, 2005, 489쪽 참조).

83 문학뿐만 아니라 예륜이 존재했던 10년 동안 미술, 음악, 사진 등 이른바 순수예술분야의 심의가 1건도 다루어지지 못한 것이 큰 문제로 제기된 바 있다(「대중문화 계도에 큰 공, 예륜창립 10돌의 공과」, 『경향신문』 1976년 1월 27일자).

84 「옥상옥격인 예륜」, 『경향신문』 1966년 5월 16일자.

85 「문화정책 건널목에서; 문화행정의 일원화」, 『한국일보』 1967년 5월 16일자. 그 이원성은 문학 활동의 경우만 보더라도 집필단계까지는 문교부가 관장하고 이것이 영화, 연극 및 방송극화 될 경우에는 공보부의 관리 아래 들게 된다.

86 「(사설)예술문화의 자유」, 『동아일보』 1966년 2월 2일자.

87 그것은 1967년 7월 28일 매스컴관계 6개 윤리위 대표들이 국제저작권협회가입 문제, 대일문화교류의 신중책에 대해 간담회를 개최한 것에서도 확인할 수 있는 바다.

88 곽종원·정진숙, 「국제저작권협회」 가입 시비」, 『한국일보』 1966년 2월 8일자.

89 「(사설)국제저작권협회에 가입함이 옳다」, 『한국일보』 1966년 2월 9일자.

90 국제저작권협회에의 정식 가입은 1986년 한미 지적소유권협상이 체결되면서 저작권법 개정과 국제조약의 가입을 약속함으로써 비로소 가능했다(문화관광부 저작권위원회, 『한국저작권50년사』, 문화관광부, 2007, 119쪽).

91 문화행정일원화 과정에서 문화공보부와 문교부가 첨예한 권한 갈등을 보인 사안은 저작권, 비정기간행물 관리, 도서관 관리업무였다(『중앙일보』 1968년 6월 22일자).

92 문학예술단체로는 유일하게 문인협회가 반대성명서를 발표한 바 있다. 골자는 한일국교의 정상화가 현실적 요청임을 인정하나 일본이 한국에 대한 과거의 모든 속죄를 구체적으로 제시, 실천하는 것을 선결조건으로 하는 한국우위의 원칙이 관철되어야 한다는 것이었다. 박종화, 이은상, 마해송, 김광섭 등 84명이 참여했다(『조선일보』 1965년 7월 10일자).

93 신문에 연재 중이던 『빙점』이 한국에서 해적판으로 번역 출판된 사실을 일본신문이 보도함으로써 큰 파장을 일으킨 바 있다.

94 홍사중, 「민족문화의 재발견」, 『정경연구』 1966년 1월호, 41쪽. 그러한 우려 속에 봉쇄할 것과 수용할 것에 대한 선별 논의가 활발히 이루어지는데, 음반수입 및 복사 금지, 밀수입출판물 단속, 왜색프로그램 방송금지와 같은 방법으로 일본대중문화를 봉쇄하자는 쪽과 수용하되 관련 업자들의 철저한 양식이 필요하다는 견해로 크게 나뉜다(「한일문화교류, 받아들일 것과 막을 것」, 『동아일보』 1966년 2월 10일자).

95 「한일문화교류 그 문제점」, 『신아일보』 1967년 8월 19일자.

96 「소비음악 폽송선풍 '청춘'을 휩쓴다」, 『신아일보』 1966년 2월 10일자. 당시 방송국의 프로 중 음악프로가 40% 이상이었고 대부분 외국팝송과 경음악으로 젊은층에 폭발적인 인

기를 얻고 있었다. 주체성 확립의 차원에서 가사나 창법의 저속성에 따른 악영향이 거세게 논란되었지만, 민방의 상업성에 의한 불가피한 현상이기에 당국의 강력한 규제에 의해 시정되어야 한다는 논리가 압도적이었다.

97 「닻올린 문공부의 첫 작업」, 『서울신문』 1968년 7월 30일자.

98 그것은 1967년 6월 영화 「기적」(이만희 감독)의 각본 표절시비에서 여실히 나타난다. 즉 영화업자협회의 각본심의위원회(이청기, 이진섭)에선 표절이 아닌 것으로, 반면 문공부의 영화위원회는 논의하다가 자체 결정을 내리지 못하고 예륜에 넘긴 상태에서 예륜은 전체 줄거리 등 7개 항목의 유사성을 근거로 표절로 단정한 바 있다. 제작자 측이 가세해 영화 전문심의기관도 아닌 예륜이 표절로 판단한 것을 경솔한 처사로 비난하는 가운데 5개월이 지난 뒤 문공부가 표절이 아닌 것으로 최종 결정을 내림으로써 시비가 마무리되었다(『동아일보』 1967년 6월 24일자 및 11월 30일자).

99 고정기, 「범람 속에 틀 잡히는 잡지계」, 『조선일보』 1964년 8월 5일자.

100 『경향신문』 1966년 9월 15일자. 서울에서 발행된 일반주간지를 대상으로 한 것이다. 지방의 주간지는 권력층의 배경이 도사리고 있어 섣불리 행정조치를 단행할 수 없었다고 한다.

101 「다가온 주간지붐」, 『동아일보』 1968년 10월 15일자.

102 전상기, 「1960년대 주간지의 매체적 위상」, 『한국학논집』 제36집, 계명대학교 한국학연구소, 2008, 225~258쪽 참조.

103 1969년 1월 기준 회원사는 48개였으며, 종교, 교육, 의약, 경제, 지역 등 전문주간지가 40개로 압도적이었다. 『동아일보』 1969년 1월 27일자.

104 한국주간신문윤리위원회, 『결정 1~2집』, 1969.4, 303~317쪽 참조. 초대윤리위원은 계창업(변호사, 위원장), 김자환, 곽복산, 심효당, 이덕종, 이성수, 이관개, 조덕송, 정준모, 최대용, 성승기 등이었으며, 사무국장(최창룡), 심의부장(최영보), 조사부장(이상근)이 있었다.

105 한국주간신문윤리위원회, 『결정 1~2집』, 1969.4, 300쪽.

106 「품위 낮추는 에로화」, 『동아일보』 1969년 3월 20일자. 독자들 대부분 주간지의 저속 외설기사에서 외설의 자극을 받았다는 통계수치를 제시해주고 있다.

107 김명엽, 「잡지경영론」, 『세대』 1968년 8월호, 323쪽 참조.

108 「(사설)저속 퇴폐한 풍조의 소탕작전」, 『조선일보』 1969년 6월 29일자.

109 「지적풍토의 과도기, 근대사회로 넘어가는 한국사회의 진통」, 『경향신문』 1969년 12월 20일자. 그는 표준문화가 없는 상태에서 기존 미국문화와 한일국교정상화를 통해 유입된 일본문화가 중첩돼 주류로 부상한 대중문화를 곧 상층문화로 오인케 했으며 그 결과 60년대는 서구의 정신문화, 물질문화, 전통적인 한국행동문화가 서로 융합, 통합, 재창조되지 못하고 어우러져 병존하는 기형적 의식구조와 문화형태를 야기했다고 평가하였다.

110 김현, 「주간지시비」, 『대학신문』 1968년 10월 7일자.

111 「지탄받는 에로잡지 규제와 정화의 방향」, 『동아일보』 1969년 6월 14일자.

112 「저속일로 주간지」, 『동아일보』 1969년 1월 27일자.

113 「(사설)출판계에도 윤리위원회를 두라」, 『한국일보』 1965년 5월 18일자.

114 대한출판문화협회, 『대한출판문화협회50년사』, 1998, 135쪽 참조.

115 「서점가 도산 선풍」, 『서울신문』 1967년 8월 3일자. 호화로운 대형전집물 중심의 할부
판매방식으로의 공격적 전환은 출판업계의 매출규모를 급격하게 증가시켜 출판의 기업
화를 촉진하고 출판계의 양적 성장을 이끌어내는 긍정적 결과를 야기했음에도 불구하고
출판사직영에 의한 시장지배구조를 형성시킴으로써 자금회수의 부진 및 경합출판에 따른
부도 빈발, 서점의 상대적 침체, 연고판매에의 의존 등 모순과 결함이 매우 많았다(이중
한 외, 『우리출판100년』, 현암사, 2001, 124~125쪽).

116 1958년부터 출판계가 출판업 육성정책의 하나로 영업세 면제와 소득세 인하를 요구하나
5·16 후 소득세법이 개정되면서 오히려 저자의 인세에 대한 소득세가 부활되고, 이에 세
법상 같은 출판물로 규정한 정기간행물에 대한 면세조치에 준하는 조치, 즉 조건부 영업
세 면제(공서양속을 해하는 외설 이외의 도서는 모두 면세)를 대안으로 제시한 가운데 정
부·국회와 줄다리기를 벌이다가 결국 그 요구가 받아들여져 1966년 말 국회에서 완전
면세안이 통과되기에 이른다.

117 이중한, 「출판계의 8월」, 『신아일보』 1967년 8월 8일자. 문학해적판과는 별도로 문예단
체와 출판자본의 제휴에 의한 문학전집출판이 봇물을 이루며 제2의 문학전집붐이 인 것
도 기억해둘 필요가 있다. 문인단체운영을 정부의 보조금에만 의존하던 것에서 벗어나
전집류의 출판을 통해 자체기금을 조성하자는(작가들의 원고료수익 포함) 의도에서 기
획된 이 사업은 정음사와 제휴해 『신문학60년대표작가전집』, 『한국단편문학대계』(전12
권, 삼성출판사), 『한국전쟁문학전집』(전5권, 휘문출판사), 『한국문학전집』(삼중당과 협
약)으로 한국펜클럽이 『오늘의 세계문학』(전12권, 민중서관) 출판으로 구체화된다. 이 기
획출판은 이후 더욱 확장되는데, 1950년대 후반 대형출판자본의 주도로 나타난 문학전
집 붐과는 성격이 다른 것이었다(「기금조성의 발돋움; 출판에 손댄 문학단체」, 『동아일
보』 1969년 11월 4일자).

118 「다시 고개 든 문고판」, 『신아일보』 1967년 7월 15일자. 비교적 정통적인 문학의 고전
들이나 사회·인문과학서적을 대상으로 한 해방 전(정음, 박문문고 등), 해방 직후(을유,
정음문고), 1950년대 후반의 전성기(양문, 위성, 박문문고 등) 등 3차례의 문고붐과는 전
연 성질이 다른 것이었다. 따라서 고정독자 확보와 독자 성장에 도움이 안 될 것이라는
의견이 지배적이었다.

119 「출판물을 사전 심사; 연내 윤리위 구성」, 『경향신문』 1968년 9월 5일자. 이 같은 강경
기조가 구체화된 첫 작업이 아동만화윤리위 발족이다(1968.8.31). 당시까지 만화업계는
작가와 발행업자가 양립되어 각기 다른 자율심의기구를 가지고 있었는데, 심의기준이 모
호하고 형식적인 절차에 그쳐 불량만화가 범람하고 이의 추방에 대한 사회여론이 대두
하자 문화공보부가 사전심의제를 근간으로 한 아동만화윤리 확립에 직접 나서게 된 것
이다. 이에 대한 당시 여론은 출판의 자유를 위반하지 않는 범위 내에서의 윤리위 설치
와 강력한 행정조치천명에 찬성을 표한 가운데 만화가의 자질 향상, 만화출판업 등록 강
화 등의 병행을 주문했다(「(사설)불량만화 추방운동」, 『서울신문』 1968년 8월 19일자).

120 초대 윤리위원으로는 백철(위원장), 이항녕, 민병기, 장하구, 강주진, 유익형, 정진숙, 황
종수, 조상원, 권기주, 최덕교 등이었고, 이경훈(사무국장), 박소리(심의실장)가 실무를
맡았다. 수정된 윤리실천요강은 출판인의 품위유지, 출판물의 품위유지, 경합조정 등 총
12개항으로 구성되어 있다. 그 전문은 한국도서잡지윤리위원회, 『결정』 1집, 1971, 418~

419쪽 참조.

121 「간판조차 못 거는 출판윤리위원회」, 『서울신문』 1969년 5월 13일자. 당시 '동대문시장을 뜯어고치지 못하면 출판윤리는 있으나마나'라는 말이 출판계의 공공연한 사실이었다고 한다.

122 「(사설)출판계의 자율정화」, 『신아일보』 1969년 1월 17일자.

123 엄기형, 『신문윤리론』, 일지사, 1982, 99쪽. 그는 우리 신륜만 지니고 있는 특징으로 윤리기구설치의 자율성, 위원회구성의 다양성, 위원회기능의 특이성, 위원회권한의 강력성, 재정운영의 독립성 등을 들었다(160쪽).

124 한국도서잡지윤리위(1970)는 한국도서잡지주간신문윤리위로 명칭을 변경(1976.6) → 사단법인 한국간행물윤리위(1989.8) → 청소년보호법에 의거해 법정기구화(1997.7)하는 변화를 거쳐 오늘에 이르렀다. 간행물윤리위 측에서도 한국도서잡지윤리위는 엄연한 민간자율심의기구였다고 규정하고 있다(한국간행물윤리위원회, 『간행물윤리30년』, 2000, 18쪽).

125 방송법개정으로 인해 방송은 민간자율의 방륜의 일원심의체제에서 삼원심의체제, 즉 기존 방륜에다 법정기구로 탄생한 방송윤리위원회, 각 방송국의 자체 심의실을 통한 사전심의 등으로 검열이 한층 강화된다.

126 일례로 영화 「춘몽」(1965)이 반공법 위반 및 음화제작혐의로 기소돼 음화제조혐의로만 3만 원의 벌금형을 선고받은 유현목은 일본작 「백일몽」을 영화화할 것을 제의받은 뒤 처음에는 검열통과가 불가능할 것을 예견하고 고사하다가 영화미학적 실험작으로 「춘몽」을 제작했음을 강조하면서 음란으로 규정한 것에 강한 거부감을 표시한 바 있다. 그러면서 "감독은 스스로의 검열의식이 있다"고 주장했는데, 그의 발언은 당시 문화생산주체들의 검열의식의 수준을 잘 보여준다 하겠다(유현목, 「예술의 광장」은 좁다」, 『한국일보』 1967년 3월 19일자 참조).

127 이종원(서울지검 차장검사), 「음란성, 그 기준과 한계 ─검찰권 발동에 즈음한 몇 가지 의견」, 『조선일보』 1969년 7월 13일자.

128 서울대생들이 불량만화 및 도서, 영화, 잡지 등 20여 종의 에로물을 분서하고 불매운동을 벌임으로써 대중매체를 통한 외설문제가 재차 공론화되기에 이르고 외설에 대한 당국의 강력한 규제 요구가 일었다(「지탄받는 에로잡지 규제와 정화의 방향」, 『동아일보』 1969년 6월 14일자). 흥미로운 것은 이 대회가 공화당이 3선 개헌을 계획하게 되자 이에 반대하는 데모의 전초전으로 거행되었다는 점이다.

129 「예술이 다쳐선 안 된다」, 『동아일보』 1969년 7월 10일자. 지식인들이 음란 단속에 찬성한 것은 정치적 표현의 자유는 고급한 것인 반면 성 표현의 자유는 저급한 것이라는 확신 비슷한 것에서 기인된 바 크다. 음란관련 법과 판례에 대해서는 강준만, 『대중매체 법과 윤리』, 인물과사상사, 2009, 제12장 참조.

130 「외설 단속기간 연장」, 『서울신문』 1969년 7월 30일자.

131 그렇지만 무분별한 단속에는 한계가 있었다. 영화의 경우, 엄격한 검열기준으로 인해 수출용 영화의 시장경쟁력이 저하됨으로써 당국의 영화수출진흥책에 지장을 초래했고 사전심의를 마친 영화가 검찰에 단속됨으로써 검열당국의 책임이 부각되었으며, 감독들은 '검열에서 가위질 당할 것을 예상하고 엉뚱한 필요 없는 대목을 삽입해 그곳에 가위질을 하게 함으로써 잘릴 만한 곳을 구제하는' 편법이 동원되는 등 부작용이 발생했던 것이다

(「음란이냐 아니냐—끝없는 벗기기 시비」, 『서울신문』 1969년 7월 18일자 참조).

132 조희연, 『동원된 근대화』, 후마니타스, 2010, 242~249쪽 참조.

133 이 사건은 사상계사가 『동아일보』의 1968년 4월 11일자 기사(「탈바꿈하는 잡지계」)에 대해 사실을 왜곡했다며 신륜에 정정, 사과기사 보도 및 공개경고처분을 요구내용으로 한 제소를 함으로써 발생하였다(제291호). 이에 동아일보사는 『사상계』의 실태 그대로를 논급한 것이며, 장준하와 부완혁의 불화관계, 사상계사기자의 무원고료 설문조사 등도 사상계의 명예를 위해 보도하지 않았고 사상계사의 항의에 대해서도 기자를 보내 성의 있는 해명을 했다는 해명서를 제출한 상태에서 신륜은 사실왜곡이나 불공정한 논평이 아니라며 기각결정을 내렸다. 사상계사가 이에 불복해 5가지 이유를 근거로 재심을 청구했으나(재심 제17호), 신륜이 또다시 5가지 모두 이의 없다며 기각으로 결정을 내렸다. 재재심청구가 불가능했기 때문에 기각으로 최종 마무리된 것이다(한국신문윤리위원회, 『결정 9집』, 1970.3, 53~60쪽 및 195~197쪽 참조).

134 「신문소설 심의론에 이견」, 『서울신문』 1965년 11월 30일자.

135 「(사설)신문소설의 자율규제」, 『동아일보』 1965년 12월 1일자. 『동아일보』는 단행본과 달리 신문소설이 지닌 특성, 즉 독자층의 규모와 범위의 광대함, 모든 계층의 강한 접근성, 부분적 추악함도 전체의 일부로 평가할 수밖에 없는 점을 들어 규제의 필요성을 강조했다.

136 「신문소설도 훌륭한 창작」, 『서울신문』 1965년 12월 14일자.

137 유종호, 「신문소설의 공과—그 생태와 금후를 위한 노오트」, 『동아일보』 1961년 9월 26일자.

138 이봉범, 「1950년대 신문저널리즘과 문학」, 『반교어문학연구』 제29집, 반교어문학회, 2010, 275~291쪽 참조.

139 중편을 제외하더라도 『서울신문』 16편, 『조선일보』 19편, 『동아일보』 22편, 『경향신문』 20편, 『한국일보』 20편의 장편이 연재되었으며, 지방지도 마찬가지여서 『대구매일』 19편, 『부산일보』 20편, 『국제신문』 21편, 『광주일보』 18편, 『전북일보』 11편 등 중앙지에 버금가는 규모였다.

140 김원룡, 「신문소설에 할 말이 있다」, 『경향신문』 1966년 6월 13일자. 그는 신문자본의 상업성과 이에 굴복해 어용화된 작가들의 의식에 근본 원인이 있다고 보았다.

141 이만갑, 「신문소설에 관한 소견—매혹의 마취제 아니다」, 『서울신문』 1965년 4월 6일자.

142 제재 대상이 된 작가작품과 문제된 부분에 대해서는 장백일, 『외설이냐 예술이냐』, 거목, 1979, 141~238쪽 참조. 「도시의 사냥꾼」(최인호), 「초토」(조선작), 「사계의 후조」(천승세), 「바람과 구름과 비(碑)」(이병주), 「장길산」(황석영), 「사랑하는 소리」(남정현), 「밤의 찬가」(한수산), 「비극은 있다」(홍성유) 등 당시 중요 신문연재소설이 제재대상에 포함되었다.

143 한국주간신문윤리위원회, 『결정 1~2집』, 1969.4, 101~106쪽. '조사보고'에서 작가는 의약계 전문지에 4~5년 근무한 경험에 비추어 의사들의 부패만큼은 용납할 수 없었다며 국민의 장래를 위해 이를 시정하기 위한 글을 쓸 수밖에 없었다고 주장했고, 『주간한국』편집장(김성우)은 '소설의 테마를 설정함에 있어 직업인을 대상으로 작품을 발표할 때마다 이러한 부당한 압력이 가해진다면 앞으로 무직자를 대상으로 하는 글을 게재할 수밖

에 없다'며 불만을 제기했다.

144 「소재에 관련된 창작의 자유」, 『서울신문』 1968년 7월 23일자. 「유의촌」사건과 같은 시기에 「終章」(최미나)의 드라마화를 법조기자들이 명예훼손으로 소송을 제기했으며, 역사소설 상당수가 '조상을 모독했다'는 후손들의 항의에 시달려야만 했다.

145 「에로티시즘의 논쟁」, 『경향신문』 1969년 4월 5일자. 이어령의 비판은 YMCA 주최 시민토론회('주간지의 에로티시즘')에서 주간지의 저속화는 현대사회의 메커니즘의 반영으로 자연발생적이며 한 번은 겪어야 하는 홍역이라며 나름 주간지의 긍정성을 언급하는 가운데 나온 것이었다. 또 다른 발표자였던 최창룡(주류 사무국장)은 주간지에 연재되는 작품들은 문학의 이름 아래 추잡한 외설로 일관해 현실도피를 조장하고 건전한 사회건설의 암적 존재로 비판했다(『신아일보』 1969년 3월 20일자).

146 그 면모는 박승훈이 외설혐의로 유죄판결(우리 문학사 최초의 외설혐의유죄판결)을 받은 뒤 문인들의 서로 다른 입장표명에서도 나타난다. 검찰의 개입이 창작활동에 심리적인 제약을 가할 것이라는 공통된 우려에도 불구하고 '작품의 표현방법이 졸렬하고 유치했다'(박종화), '출륜이 자기의 직분을 다하지 못한 결과로 심의의 강화가 필요하다'(김동리) 등 다소 이율배반적인 입장이 제기된 바 있다(「자갈물린 문학」, 『경향신문』 1969년 12월 17일자).

평택 칠원 마을이 최우수 새마을이 된 사연[*]

김영미[**]

1. 머리말

그동안 한국 현대사 연구는 지배정책사나 혹은 그에 대한 저항운동사 중심으로 접근되면서 사람들 삶의 공간의 총체적인 변화, 즉 근대화 과정에 대해서는 관심을 두지 못했다. 이러한 연구의 부재 속에서 근대화 과정에 대한 인식은 국가결정론 혹은 정책결정론이라 할 만한 경향을 보이고 있다. 농촌근대화의 공은 긍정적이든 부정적이든 박정희 정부의 새마을운동이 전유하고 있다. 그것이 과연 사실이며 상식적인 이해일까? 새마을운동 시기에 농촌사회의 급속한 근대화가 이루어진 것은 사실이지만, 새마을운동 시기에 일어난 농촌사회의 모든 변화를 박정희 정부 정책의 산물로 해석하는 것은 타당하지 않다

* 이 글은 『역사와 현실』 통권 74호(2009년 12월)에 게재된 논문입니다.
** 국민대학교 국사학과 교수

는 것이 필자의 생각이다. 그러한 전지전능한 권력을 상정하는 것이 현실적인가. 100년이 넘는 근대화 과정에서 민중사회는 스스로 변화할 의지가 없었다거나 능력이 없었다는 가정이 상식적인가. 정책결정론이란 연구의 불평등성에서 오는 편향적 역사 해석이다. 민중사회는 정체되어 있었던 것이 아니라 연구되지 않았을 뿐이다. 지배자의 정책은 역사화 되었지만 민중들의 역할은 역사화 되지 않았던 것이다.

이 연구에서는 해방 이후 농촌 근대화 과정에서 민중들의 생활공간인 마을에 어떠한 변화가 일어나고 있었는지를 미시적으로 추적해보고자 한다. 구체적으로 1976년 9월 최우수 새마을로 선정된 칠원 마을이 그러한 성공신화를 창조하게 되는 동력이 무엇인지를 마을공동체의 역사 속에서 살펴보고자 한다. 이를 통해 민중들의 생활공간에 대한 정체론적 인식에 문제를 제기하고, 민중 역시 중요한 근대화 주체였다는 당연한 사실을 드러내고자 한다.

생활공간을 연구하기 힘든 것은 역시 자료의 어려움에서 연유한다. 그러나 본 연구자가 칠원리 마을사에 접근하기는 그리 어렵지 않았다. 무엇보다 김기호라는 작고한 새마을 지도자가 수기를 남겼기 때문이다.[1] 이 수기는 본인의 생애사와 함께 칠원 마을의 근대화 과정을 방대한 자료와 함께 전해주고 있다. 이 책에는 신문 기사, 기념사진, 만화, 토지매매대장 등의 공문서, 각종 상장, 규약 · 노래 등 다양한 마을 자료들이 총 망라되어 있다. 이 책을 읽고 필자는 살아서 평생토록 마을 공동체에 헌신한 고인이 사후에도 충실한 자료집을 남겨서 칠원 마을의 역사를 길이 전하려 한다는 생각이 들었다. 아무튼 이 한 권의 수기는 마을사 자료집의 성격을 가지고 있기에 원칠원 마을의 역사를 이해하는 데 훌륭한 길잡이 역할을 해주었다. 둘째, 마을주민들의 구술 생애사이다. 본 연구자는 이충웅(1936년생)과 전영진(1952년생) 두 주민과의 면담을 통해서 자료집에서 나타나지 않은 마을 이야기를 채록할 수 있었다. 물론 자료집의 존재 역시 이들과의 인터뷰 과정에서 발견한 것이다. 이 마을

주민들의 구술 생애사는 앞으로 더 진행할 예정이다. 셋째, 이 마을에는 많은 기념물들이 남아 있다. 박 대통령이 하사한 새마을기, 각종 훈장과 상장, 마을 공유재산(마을회관, 마을건물, 토지 등), 옥관자정, 헌정비 등이 있다. 이러한 유물들도 마을사에 접근하는 살아있는 소중한 사료가 되어 주었다.

2. 마을로 들어가며

1) 발상지 논쟁과 칠원리

(1) 새마을운동 발상지 논쟁

경북도민이거나 새마을운동에 관심을 가진 사람이라면 새마을운동 발상지와 관련한 최근의 논란을 알고 있을 것이다. 경상북도 청도군 청도읍 신도1리와 포항시 기계면 문성리가 서로 새마을운동 발상지라고 대립하고 있다. 올해 이곳에서는 해당 지자체의 지원으로 각각 기념관과 공원이 조성되는 등 새마을운동 발상지 성역화 사업이 추진되었다.[2] 이러한 가운데 4월 경북도가 청도군의 편을 들어줌으로써 발상지 공방은 해당 지자체 간의 법적 소송으로 비화하였다.[3] 결국 이 소송은 법원에서 각하되었다. 재판부는 두 지역의 발상지 개념이 서로 다르며, 주관적 기준에 따른 다툼에 불과하여 법률상의 권리관계에 의한 분쟁이 아니라는 입장이었다.[4] 그런데 이 사건을 더 흥미롭게 한 것은 청도군과 포항시가 소송을 벌이고 있을 때 제3의 지역인 경남 동래군 기장면 만화리(현 부산광역시 기장군 기장읍 만화동) 동서부락이 새마을운동의 발상지라는 주장이 새롭게 제기된 것이다.[5]

현재 새마을운동 발상지와 관련해서는 두 가지 차원의 개념이 혼재되어 있다. 하나는 박정희 정부가 주도한 새마을운동과 같은 내용의 농촌 근대화운동을 누가 먼저 혹은 어느 마을이 먼저 시작했느냐에 대한 것이다. 또 하나는 박정희 대통령에게 새마을운동에 대한 아이디어를 직접적으로 제공한 것이 누구인가 혹은 어느 마을인가 라는 것이다. 필자는 두 가지 의미 모두에서 발상지를 가리는 것은 매우 어려운 문제일 뿐 아니라 역사적으로 볼 때 그다지 의미가 없다고 생각한다. 이 문제에서 중요한 것은 새마을운동이 시작되기 이전에 이미 마을 단위의 잘살기운동이 여러 곳에서 자발적으로 추진되어 성과를 거두고 있었다는 사실이다. 새마을운동 이전에 새 마을이 있었다는 바로 그 사실이야말로 역사적으로 중요한 의미를 가진다. 그들과 그들의 공동체를 변화시키기 위해 헌신한 농민들의 존재를 말해주기 때문이다.

새마을운동의 성공 신화를 만든 마을들은 상당수가 이미 이전시기부터 근대화운동을 벌이고 있던 지역이었다.6 박정희 정부가 주도한 새마을운동의 성격을 무엇이라고 보느냐에 대해서 논란이 있지만, 만일 새마을운동을 잘살기운동 혹은 농촌근대화운동이라고 본다면, 그러한 내용의 농촌운동은 새마을운동이 시작되기 훨씬 이전부터 확인된다는 것이다.7 그렇기에 위의 세 지역만이 아니라 더 많은 발상지를 자처하는 주체들이 있을 수밖에 없다. 이 시기 연구가 진전될수록 더 많은 발상지와 발상자들이 등장하여 이 논쟁의 무의미성을 입증하게 될 것이다.

(2) 또 하나의 발상지 칠원리

앞의 경남 만화리가 새마을운동 발상지라는 입장이 제기된 직후 필자는 전화 한 통을 받았다. 전화를 건 사람은 본인이 새마을운동에 관한 최초의 아이디어를 낸 사람이라고 하였다. 만나기를 희망하여 충주 자택에서 그의 구술을 채록하였다.8 그는 우홍식이라는 사람으로 1960년대 경기도 지역 엽연초 생산조합 지도원이었다. 그의 구술에 따르면, 우홍식은 1969년 무렵 평택지역 마을들을 순회하면서 연초경작농가에게 기술 지도를 하고 시간이 나면 주민들을 모아놓고 새마을운동에 대한 계몽을 하였다. 농촌의 노동력 확보를

위해서 지붕개량이 중요하며 무연탄 등을 나르기 위해서 마을길을 넓히는 것
이 절실하다. 그러한 사업은 응집력이 강한 마을 단위로 이루어져야 하며 정
부의 지원이 있어야 한다. 대략 이런 내용이었다. 그러던 중 평택 칠원리에서
강연을 할 때 마을 사람이 그 내용이 좋다고 판단해서 녹음을 하여 군청에
보고(건의)한 일이 있었다. 그 후 군청 고위 관료가 그를 찾아와 연설 내용에
대해 자세히 물었으며 새마을운동의 아이디어를 준 공로로 그가 달고 있던
연초조합 배지를 새마을기 도안으로 사용하겠다고 말했다. 그가 아이디어를
제공한 직후 새마을운동이 시작되었으며, 이후 그는 불시 전근 명령을 받고
담당 지역을 이리저리 옮겨야 했다. 그가 발상자라는 사실을 발언하지 못하
도록 한 외압이 있었다는 것이다. 그가 자신의 이야기를 입증하기 위해 제시
한 유일한 증거는 연초조합 도안과 새마을 도안이었다. 〈사진 1〉에 제시한
자료이다. 사진에서 확인할 수 있듯이 두 도안은 거의 흡사하다.

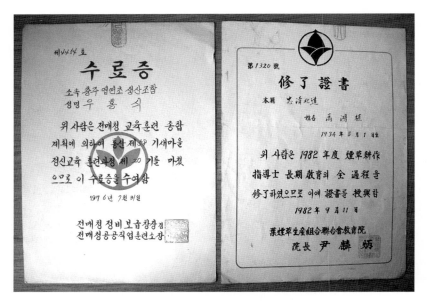

〈사진 1〉 새마을 도안(왼)과 연초조합 도안(우)

필자는 아직 그의 구술 내용을 확인해주는 문헌 사료를 확보하지 못했다. 현재까지 그의 구술은 입증되지 않은 하나의 주장에 불과하다. 그러나 그가 농대 출신의 농업 엘리트로서 개량 연초건조실을 개발하는 등 아이디어가 뛰어난 인물이었다는 점, 또한 현장 지도의 경험이 풍부하여 농촌의 현실과 농민들의 생활을 잘 알고 있다는 점 등을 고려할 때 새마을운동과 같은 마을 단위의 환경개선운동을 주장하며 농민 계몽을 하였을 가능성은 충분히 크다고 생각한다. 그러나 그의 아이디어가 박정희 정부의 새마을운동의 직접적인 촉발제였는지는 문헌이나 다른 자료를 통해 검증되어야 할 사항이다. 즉 그의 구술은 아직까지 연구되어야 할 과제로 남아있다.

그러나 우홍식의 구술은 이 논문의 주인공인 칠원리와의 인연을 맺어주었다. 필자는 우홍식의 구술을 듣고 그 내용의 진위를 확인하기 위해 지역 조사를 하였다. 그가 새마을운동에 대한 계몽을 하였고, 그의 강연을 녹음해서 군청에 보고한 사람이 살고 있다는 그 마을, 곧 칠원리를 방문하게 되었다. 불행하게도 그의 강연을 녹음한 인물인 김기호는 재작년에 사망하였으며, 그 연설을 들었던 연초조합원 한 명은 연로하여 정신이 온전치 않았고, 또 한 명은 생존하였지만 1969년 당시의 일을 기억하지 못했다. 포기하고 마을을 떠나려던 필자는 마을 식당에서 점심을 먹으며 이 마을에서 인터뷰할 만한 새마을 지도자가 있는지 물었다. 그리고 이충웅이라는 인물을 소개받았다. 그와 인터뷰를 하면서 칠원리에 대한 다음과 같은 주목할 만한 사실을 발견했다.

첫째, 칠원리는 1976년 9월 월간동향보고회에서 새마을운동 모범부락으로, 박정희 대통령으로부터 대통령 표창과 새마을기(대통령기)를 하사받았다.[9] 그리고 1976년부터 내무부에서 선정한 외국인 홍보마을이 되었다. 외국의 정치인과 고위 관료들이 한국을 방문하면 변화된 한국농촌의 발전상을 한눈에 확인할 수 있는 한마디로 새마을 전시장과 같은 곳이 칠원리였다. 필자가 우연히 방문한 마을이 결국 전국 최우수 새마을 중 하나였던 것이다.

둘째, 뛰어난 새마을이었던 만큼 칠원리에는 훌륭한 마을 지도자들이 있었다. 새마을 훈장 수여자가 두 명이나 되었다. 김기호와 이충웅이다. 1969년 우홍식의 연설 내용을 녹음해서 군청에 보고한 인물인 김기호는 놀랍게도 1971년 3·1문화상 근로상, 1976년 새마을 훈장 협동장을 수상한 전설적인 지도자였다. 이충웅은 김기호와 함께 칠원리 새마을운동을 이끈 인물로 1987년 새마을 훈장 노력장을 수여받았다. 돌아와서 칠원리의 이야기는 1976년 9월 대한뉴스에서 확인할 수 있었다.[10] 김기호의 훈장 수여 장면과 부녀회장 노영숙의 마을표창 수여 모습이 영상에 담겨 있었다.

셋째, 칠원리 마을을 새마을로 바꾼 주체는 1948년 결성되어 지속적으로 활동을 해온 칠원리 소년단이었다. 김기호는 소년단 단장, 이충웅은 소년단 총무였다. 이들은 소년단 결성 이래 마을공유 재산을 확대하고 조림사업을 통해 마을 환경을 크게 개선하였다. 칠원리는 새마을운동이 시작되기 전 이미 자생적으로 새마을을 만들기 위한 운동을 벌이고 있었다. 그리고 그 노력은 1960년대 후반에 커다란 결실을 맺고 있었다. 그러한 자발적인 경험이 바로 1970년대 최우수 새마을과 외국인 홍보마을이 될 수 있었던 동력이었다. 이 마을의 사례는 농촌사회의 근대화 운동에서 농민들의 능동적 역할을 확인시켜주는 것이었다.

결국, 1969년 엽연초생산조합 지도원 우홍식과 1948년도부터 새마을운동을 시작한 칠원리의 만남은 대단히 특별한 의미를 가진 것이었다. 여러 마을에서 했던 우홍식의 새마을운동에 대한 강연을 왜 하필이면 칠원리에 사는 김기호라는 사람이 녹음을 해서 평택군에 보고한 것일까? 거기에는 필연성이 있었다. 칠원리 마을공동체는 자신들의 삶을 변화시키기 위한 적극적인 노력을 하고 있었기에 연초 지도원 우홍식의 이야기에 특별히 공감하였고 정부의 지원을 요청하기 위해 그의 강연 내용을 군청에 보고하였던 것이다.

2) 마을 개관

연구 대상인 칠원리는 현재 평택시의 법정동인 칠원동을 뜻한다. 이 동리의 행정구역은 본 연구의 대상 시기인 1970년대까지 평택군 송탄면 칠원리였다.[11] 칠원동에는 원칠원, 새말(신촌), 수촌, 쇠물뿌리의 4개의 자연촌락이 있다. 그중에서 본 연구의 대상이 되는 곳은 원칠원이라는 자연촌락이다. 새마을운동 당시 원칠원이란 자연촌락의 명칭과 칠원리라는 법정동의 명칭이 함께 사용되었으므로 원칠원과 칠원리라는 지명을 본 논문에서도 혼용하였다.

원칠원 마을은 전통시대에는 삼남대로 상에 위치한 주막거리였다. 규장각에 소장된 1872년 진위현(이후 평택군)지도에서 이 마을의 위치를 확인할 수 있다. 가운데 기와건물이 들어선 곳이 진위현 관아와 향교 건물이다. 필자가 칠원점이라고 표시한 곳이 바로 원칠원 마을이다. '대로'라는 글씨는 삼남대로를 뜻한다. 서울에서 충청도·경상도·전라도 즉 삼남지방으로 가는 대동

〈지도 1〉 1872년 진위현지도의 칠원점(규장각 소장)

〈사진 2〉 1971년 정비된 옥관자정   〈사진 3〉 1971년 세운 옥관자정 앞의 비석

맥이 삼남대로이다. 그 대로가 마을을 관통하는 칠원 마을은 전통시대에는 지나가는 과객과 길손 덕택에 소도시 형태를 이루어 사람들은 농사는 짓지 않고 비단옷이나 입고 잘 먹고 잘 살았다고 한다.[12] 전통시대 칠원점은 춘향전에도 등장하는 대표적인 주막촌이었다.

이런 중요한 교통로에 위치하고 있었기 때문에 이 마을에는 주민들이 자랑하는 독특한 문화재가 있다. 바로 옥관자정 혹은 옥수정이라 불리는 우물이다. 조선시대 인조가 이곳을 지나다 갈증이 심해 신하에게 물을 떠오라고 했는데, 물맛이 너무 좋아 '옥관자'란 이름을 내렸다고 전한다.[13] 물이 귀했던 시절 옥관자정은 우물로서 사람들의 삶에 중요한 역할을 하였을 뿐만 아니라 동리 주민들을 정신적으로 묶어주는 마을 공동체의 상징물이었다. 이 때문에 근대화 과정에서 마을의 발전과 함께 옥관자정은 수차례의 단장을 하였다. 새마을 가꾸기 운동을 시작하면서 정부가 배포한 시멘트가 가장 먼저 사용된 곳도 바로 옥관자정 정비 사업이었다. 〈사진 2〉 〈사진 3〉은 1971년 정부 시멘트로 정비된 옥관자정의 모습이다.

전통시대 교통의 요지에 자리 잡은 역원 마을이었기에 물질적으로 풍요로웠던 칠원 마을은 근대화 과정에서 운명이 완전히 뒤바뀌었다. 옛길과 무관하게 철도와 신작로가 가설되면서 삼남대로는 도로로서의 위상이 급격히 떨어졌다. 역원의 기능이 중단되면서 많은 사람이 오고갔던 거리는 평범한 주막거리가 되었다. 겨울이면 술과 노름을 일삼은 근처 농민들의 아지트로 변했다. 이렇게 되면서 마을의 위상도 매우 낮아져서 이웃 마을 주민들은 공공연히 '칠원 사람들은 천것들'이라고 말하였다.[14]

주민구성을 보면, 일제시기부터 1970년대까지 원칠원 주민은 대체로 50호 미만이었다. 1976년 최우수 새마을이 되었을 때 원칠원 마을은 46가구, 276명의 주민이 살고 있다고 언론에 소개되었다.[15] 이 마을 지도자 이충웅(1936년생)은 어린 시절 마을 호수를 40호 미만으로 기억하고 있으며, 새마을운동 시기에도 별 변화가 없었다고 한다. 김기호 수기에도 새마을운동 시기 39호라고 기술되어 있다. 대체로 일제시기부터 살아온 토박이 가호수는 40호 미만이었다는 뜻으로 추정된다.

다음으로 성씨 분포로 볼 때 칠원리는 각성바지 마을이다. 최씨 김씨 전씨가 3대 대성씨이지만 성씨 간의 응집력이 거의 없었다. 이장 선거는 대성씨와 달리 김씨, 이씨, 안씨 삼파전이 되었으며 씨족에 따라 모이는 것이 아니라 인간관계에 따라 결집되는 점이 특징이었다. 칠원리는 주막거리였기 때문에 원뿌리는 어떨지 모르지만 지역사회에서 행세하는 양반가는 없었다. 이와 같이 양반가가 없고 또 씨족조직이 발달하지 않았던 것은 원칠원 마을의 근대화에 대단한 호조건으로 볼 수 있다. 소년단이나 청년회가 마을권력을 장악하는 데 방해가 되는 전통적인 권위나 질서가 미약했기 때문이다.

마을 주민들의 경제적 처지는 매우 열악했다. 주민들은 소작과 나무장사로 생계를 유지하였다. 후술하겠지만 마을에 관혼상제 용품들이 없어서 혼상례가 발생하면 이웃마을에서 돈을 주고 빌려다 쓸 정도였다. 한 마디로 평택에서 가장 못사는 마을이 원칠원 마을이었다. 마을 부근의 농토는 대부분 원재승이라는 대지주의 소유지였으며, 주민들이 살고 있는 집터 역시 전부 원씨의 땅이었다. 주민들은 농토뿐만 아니라 대지까지도 전부 도지를 물고 살고 있었다. 그나마의 소작지도 적었기 때문에 연탄이 나오기 이전에는 나무장사를 병행해야 했다. 그래서 근방 산이 전부 황폐화되어 '인절미를 굴리면 다른 티는 안 묻고 황토만 묻는다'는 말이 생겨났다. 산에 나무를 빨갛게 긁어서 티끌조차 남아있지 않다는 말이다.

> 이 근방에 산에서 참...그 뭐야...인절미를 굴르면은 다른 티는 안 묻고 황토만 묻는다고 그랬어요. 야간하여간 빨갛게 전부 긁어가지고 산이 황폐화되어 가지고 나무 해서 묶어서 집집마다 이게 추녀가 있으면은 집집마다 네모반듯한 나무동이 탁 거의 다 서고 순전히 나무장사로다 먹고 살았어요. 제가 어릴 때.[16]

원재승의 땅을 경작하던 사람들은 농지개혁 때 소작지를 불하 받았다. 그리고 대지는 새마을운동 때 주택개량을 하면서 돈을 지불하고 등기를 이전하였다. 주민들의 상환 기간이 지연되면서 김기호 등의 지도자들이 나서서 몇 년에 걸쳐서 어렵게 해결하였다.

결국, 가난한 나무꾼 마을이 전국 제1의 소득수준을 자랑하는 부촌으로 성장하는 사건이 1960년대와 70년대에 일어났다고 볼 수 있다. 그것은 가히 신화창조라 할 만한 일이었다. 박정희 정부는 칠원리의 사례를 바탕으로 『칠원골의 기적』이란 새마을운동 홍보 만화책까지 발간하였다.[17] 칠원리의 성공은 정말 기적이라고 선전할 만한 충분한 내용을 가진 것이었다. 그 동력은 어디서 왔을까?

3. 1940~50년대 마을 근대화의 주체 성장

1) 1948년 원칠원 소년단의 결성

원칠원 마을의 정신적 상징물인 옥관자정 앞에는 〈사진 4〉와 같이 두 개의 비석이 서 있다. 왼쪽은 김기호 송덕비이며, 오른쪽은 마을주민 송덕비이다.

김기호의 수기에 나타난 이 비의 내력은 이러하다. 1989년 정월, 마을주민들이 너무 애를 써서 15년 전부터 생각해오던 일로 마을주민을 위한 송덕비를 세우려고 하는데 오히려 주민들이 그의 송덕비를 세워주었다. 결국 김기호가 주민들에게 바치는 송덕비와 주민들이 김기호에게 바치는 송덕비가 동시에 서게 되었는데 서로 길 가까운 자리를 양보하다가 김기호 송덕비가 도로 쪽에 서게 되었다.[18]

1989년 세워진 이 두 비의 비문을 보면 칠원 마을 새마을운동의 특별한 이력을 알 수 있다. 김기호와 주민의 송덕비에는 모두 협동 단결하여 노력한 세월이 40년이라고 밝히고 있다. 1948년 11월 15일 어린이 55명을 모아 이삭줍기로부터 시작하여 오늘에 이르기까지 새마을사업에 전념하여 이 사업이 전국적으로 확산될 때 으뜸가는 복지마을 외국인 홍보마을로 발전시켰다고 되어 있다.[19]

〈사진 4〉 두 헌정비

국가사에서 새마을운동은 1971년에 시작되었지만, 칠원 마을사에서 새마을운동의 기원은 1948년으로 거슬러 올라간다. 비단 이 비문만이 아니라 1978년 칠원 마을을 소개한 언론은 이 마을 새마을운동의 역사가 30년이라고 적고 있다.[20] 그것은 원칠원 소년단의 결성을 기점으로 하기 때문이다. 〈사진 5〉는 마을주민 송덕비의 뒷면이다. 이 비의 맨 윗돌에는 '원칠원 주민'의 명단이 적혀있고, 그 밑에는 "1976년 9월 7일 부락 대통령 표

〈사진 5〉 소년단원 명단

창 수상, 새마을 대기 수상", 그 아랫돌에는 "소년단원" 55명의 명단이 새겨져 있다. 주민들은 소년단원들이 마을공동체의 초석이 되었음을 기념하고 있음을 보여준다.

그렇다면 어떤 이유로 1948년 이 마을에 소년단이 결성되었을까. 소년단의 결성배경에 대해서 김기호(1934년생)의 수기에는 1948년 11월 15일 국토건설대에 의하여 원칠원 소년단이 조직되었다고만 되어 있다.[21] 이충웅(1936년생)의 구술에 의하면 마을에 '어떤 분'이 와서 소년단을 조직해서 노래도 가르키고 정신계몽 농촌계몽 활동을 했다고 한다.

　　소년단을 묶어가지고 활동을 하게 될 때 어떤 분이 왔었어요. 여기에
　　와가지고 조직을 해가지고 노래도 가리키고 새마을운동이라는 거는 제창
　　을 안했지만은 소년단의 역할하며 예를 들어서 정신적으로다가 이런 계
　　몽, 농촌계몽, 이런 쪽으로다가 한 기억은 있어요. 그래서 보리이삭 줍기

를 육이오 이전에 바로 돌발 직전에 보리 이삭을 줬었던 거지요. 고 연계
로다가 해서.[22]

이 시기 국토건설단의 존재에 대해서는 사료로 확인되지 않기 때문에 김기
호의 기억이 정확한 것인지 의문이 든다. 그렇지만 1948년경 이 마을에 농촌
계몽활동을 위해 외부의 엘리트가 들어와서 활동한 것만은 틀림없다. 이 마
을 소년단은 외지 선각자에 의해 발아된 조직이라 볼 수 있다. 일제시기부터
엘리트들의 농촌활동은 지속되었으므로 경기도에 위치한 이 마을에 그런 계
몽단의 손길이 미쳤을 것은 당연하고 오히려 뒤늦은 감도 없지 않다. 물론 마
을을 찾아온 청년의 활동은 일시적이었고 그가 가고 난 뒤에도 마을청소년들
은 자발적으로 소년단 활동을 전개하였다. 이는 외부 인물에 의해서 소년단
활동이 촉발되었지만 마을 내부에도 작은 불씨가 당겨졌을 때 그 불씨를 계
속해서 살려나갈 수 있는 주체가 형성되어 있었음을 말해준다.

당시 소년단은 7세부터 15세까지의 소년·소녀 55명으로 구성되었다. 이
조직은 미취학 아동과 막 졸업한 사람을 포함하고 있었지만 기본적으로는 마
을의 초등학교 학생조직이 근간이었다. 출발당시 단장 김기호는 15세, 총무
이충웅은 12세였다. 김기호는 1934년생이며 자신의 수기에 10살에 평택 진청
학교(현 중앙초등학교)에 입학했다고 적고 있다. 따라서 소년단 결성 당시 최
고학년인 6학년이었고 연령은 최고령이었다. 졸업할 때 경기도지사상, 평택
군수상을 받은 수재였다. 김기호의 집이 가난했고 마을에서의 영향력이 크지
않았지만 학교에서의 위상으로 볼 때 그가 마을 소년단 단장이 된 것은 당연
했다. 이후 그는 가정 형편으로 중학교에 진학하지 못하였다. 총무였던 이충
웅은 1936년생으로 소년단 설립 당시 같은 진청학교 4학년 학생이었다.

정리하면 1948년 조직된 원칠원 소년단은 김기호를 중심으로 한 초등학교
학생들의 조직에서 출발했다고 볼 수 있다. 구성원들의 규범이나 생활방식은

학교에서 배운 '근대'적인 것이었다. 모두 1930년대 생인 이들은 구학문을 배우거나 천자문 정도나 겨우 읽었던 그들의 부모와 달리 마을 내에서 처음으로 근대 교육을 받은 근대 1세대들이었다. 또한 1950년대 징집제도가 시행되면서 학교를 졸업한 이후 군대를 경험하는 징병 첫 세대들이기도 하다. 이들 중 도회지의 삶을 선택하지 않고 칠원리에서 가업을 잇기로 결정한 이들이 바로 칠원리 새마을운동을 주도한 새 농부들이었다.

2) 소년단의 활동과 기금 축적

1948년 결성되어 1964년 청년회로 개편되기 전까지 원칠월 소년단의 활동은 두 가지였다. 하나는 성인야학을 통한 문맹퇴치였다. 김기호의 수기에 의하면, 야학은 규율이 엄격하여 나이 먹은 처녀 총각들이 한눈팔거나 떠들었다고 끌려나와 몽둥이로 종아리 맞고 주먹 같은 눈물을 떨어뜨리며 제 자리에 들어갔다고 회고한다.[23]

또 하나는 소년단 기금마련을 위한 보리이삭 줍기였다. 단원들은 새벽에 일제히 기상하여 보건체조를 끝내고 노래를 부르며 이삭줍기를 시작하였고, 학교에서 돌아오는 길에 또 한 번 이삭을 주웠다.[24] 회원들 중에는 밭 주인에게 보리를 훔쳐간다고 도둑으로 몰려 매를 맞은 사람도 있었다. 김기호는 성적일람표를 만들어서 이삭 주운 성적이 우수한 학생에게는 공책을 상으로 주었다.

칠원 소년단이 어떤 지향을 가졌는지는 수기집에 실린 소년단의 맹서를 통해 알 수 있다. 다음과 같은 3개의 내용이다. "1.우리는 칠원의 아들 딸 언제까지나 동리를 지키자. 1.우리는 강철같이 단결하여 타 동리에 지지말자. 1.우리는 칠원을 모범부락으로 만들며 대한민국에서 제일가는 부촌을 건설하자"이다. 소년들이 마을을 부촌으로 건설하여 그들의 미래를 개척하려는 태도는

자발적 '새마을운동'이다. 이 운동은 애향심에 기반하고 있을 뿐 아니라 농민
으로서 자신의 운명을 새롭게 개척하려는 새 농민으로서의 지향을 표현하고
있다. 소년단의 단훈은 "부촌필건"이었다. 20년 후인 1979년 이들이 장성하였
을 때 원칠원 마을 앞에는 "새마을을 이룩하여 덴마크를 앞지르자"는 대형 아
치 기둥이 섰다(〈사진 6〉). 청·장년이 된 소년단원들이 자발적으로 세운 것
이다. 소년단의 맹서를 보고 이 아치를 보면 새마을은 박정희 정부의 창안물
이 아님을 알 수 있다. 1948년부터 시작된 모범마을, 부강한 마을을 만들려는
이들의 자발적인 노력이 1970년대 위로부터 추진된 정부의 새마을운동과 서
로 만났을 뿐이다.

원칠원 소년단의 이삭줍기는 성과가 있었다. 한국전쟁이 터지기 전에 소년
단이 모은 보리는 도정하지 않은 겉보리 열맷 말이었다. 소년들이 피난에서
돌아왔을 때 숨겨놓은 겉보리는 고스란히 남아있었다. 도정한 보리쌀로 5말
이었던 이 재산이 소년단 기금의 출발이자 칠원 마을의 변화를 불러일으키는
물적 토대가 되었다.

〈사진 6〉 마을 앞의 대형 아치(1979)

식량이 귀하던 시절이라 소년단은 이웃마을에 보리쌀을 빌려주고 다음 해 쌀 5말을 받았다. 전후 농촌의 장려 쌀이란 이율이 비싸서 보리쌀 한 말을 가져가면 쌀 한 말을 내놓아야 했고 쌀 한 말을 가져가면 쌀 두말을 내어놓아야 했다. 이것을 노인들은 '맞장려'라고 불렀다. 원칠원 소년단 기금은 이러한 맞장려라는 농촌고리대 덕분에 10년이 지난 1959년 11월 무렵 백미 20가마니로 불어났다.

> 겉보리 그러니까 쌀로 보리쌀로 되뇌지 않은 겉보리가 한 열댓 말 정도. 그러니까 그기 옛날엔 밥통 큰 가마가 있었거든요. 그래서 그걸 줏어놓고 육이오가 터졌어. 육이오가. 고건 고 전이지만은. 육이오가 터져가지고는 그걸 방공호에다 넣고 피란 갔다 와보니까 보릿쌀 같으면 피난민이 다 가져가고 먹었지만은 겉보리기 때문에 도정 안핸 거기 때문에 남아가지고 고거를 저희가 아주 소년단에서 김기호 씨가 회장, 내가 총무. 그래가지고 고거를 그때 당시에는 보릿쌀 한 말을 갖다 먹으면은 쌀로 한 말 주고 쌀 한 말 먹으면은 쌀...고 이듬해는 쌀 두 말 주고. 기하급수적으로다 맞...그러니까...[25]

가난한 마을이었기에 이 공유재산을 주민들에게 나눠달라는 노인들의 목소리도 있었지만, 소년단은 이를 거부하고 10년 동안 굴려서 목돈을 만들었다.

그리고 이 기금으로 첫 번째 한 것이 마을주민 모두에게 꼭 필요한 혼상구를 구입하는 사업이었다. 10대의 소년들은 1950년대 후반이 되면서 20대로 성장하였다. 이들은 결혼 적령기가 되었는데 칠원 마을에는 혼례에 필요한 물품들이 없어서 일이 있을 때마다 이웃마을에 세를 내고 빌려와야 했다. 마을에 상이 났을 때도 마찬가지였다. 상여가 없으니 다른 마을에서 상구 일체를 대여해 와야 했다. 소년단은 1959년 먼저 백미 20가마니가 모이자 그 중 14가마를 떼어서 병풍 2개(혼가용, 상가용), 족두리, 사모관대, 혼수용 가마

등을 구입하였다. 그리고 5년이 지나고 다시 기금이 30여 가마로 늘어나자
이 중 15가마를 떼어서 마을 노인들을 위해서 꽃상여를 구입하였다.

1964년 2월 4일 꽃상여가 들어오는 날은 마을 축제가 벌어졌다. 이날 상여
를 가지러 가기 위해 청년들은 이발사를 불러서 모두 이발을 하였으며 넥타
이와 흰 장갑을 끼고 가슴에는 꽃을 달았다. 다음날 새벽에 상여를 들여오는
청년들은 함께 '전우의 시체를 넘고 넘어'라는 군가를 불렀고 주민들은 농악
을 울리고 노인들은 기뻐서 춤을 췄다고 한다.

1964년 2월 5일 상여가 들어온 이날은 칠원리 마을공동체가 장성한 소년
단에 의해 재건된 날이라고 볼 수 있다. 이발하고 단장한 청년들은 기념사진
을 찍어 이날을 길이 남기고자 하였다. 이 한 장의 기념사진은 이날이 칠원
주민들에게 얼마나 중요한 기념일이었는지 말해준다.

〈사진 7〉 상여 들여오던 날

4. 1960년대 칠원 마을의 잘살기운동

1) 청년회와 마을공동체의 재건

앞의 사진(〈사진 7〉) 글씨를 보면 '원칠원 청년단'이라고 적혀있다. 소년단이 청년단으로 조직을 바꾼 것은 바로 상여를 사던 날이었다. 따라서 이 사진은 사실상 청년회 결성식을 기념하는 것이기도 하다. 마을 내의 특별한 의무를 가지지 않았던 소년단은 기금을 확보하여 혼상구를 구비함으로써 마을 경조사의 책임 주체로 자리 잡았고, 구성원들이 성장한 만큼 이름도 소년단에서 청년단으로 개칭하였던 것이다.

청년단 규약, 총칙 제1조에는 "원칠원 소년단을 청년단으로 개칭한다"라고 되어 있다.[26] 청년단은 원칠원에 거주하는 18세 이상 45세 미만의 청년으로 구성되며, 결성 당시 총인원은 49명이었다. 임원은 소년단과 마찬가지로 단장 김기호, 총무 이충웅이었다. 청년단의 지향은 제2조에 규정된 다음과 같은 세 개의 실천사항에 대한 맹서를 통해서 살펴볼 수 있다. "가. 우리는 근면 성실할 것이며 향토재건에 이바지할 것을 목적으로 한다. 나. 우리는 어버이를 효성으로 섬기고 친우간의 우애와 후배를 사랑한다. 다. 우리는 모든 일이 청렴결백하고 의를 위하여서는 최후의 일각까지 싸운다." 향토재건이 가장 중요한 목적이며, 근면·성실·효도·우애·청렴결백 등의 생활태도를 강조하고 있다. 이는 고향 마을에서 가족·친구들과 더불어 살아갈 새 농민의 자세에 대한 규범이라 볼 수 있다.

청년회의 사실상의 사업은 청년회가 구비한 혼상구에 대한 관리와 마을 경조사에 대한 책임이다. 규약의 제5장 운영의 첫 조항은 "혼 경사 및 상에 사용하는 병풍, 차일, 사모관대 일절"의 운영 방법이 기록되어 있다. 원칠원 청년단의 규약을 보면, 혼상례의 물품을 관리하고 대여하는 일이 가장 중요한 일로 규정되어 있다. 가입원의 직계존속에 한하여 무상으로 사용할 수 있으며 타고장에서 빌려갈 때는 일정 금액의 세를 받았다. 물품의 안전한 보관과 대여 관리 등을 청년회에서 하였으며 거기에서 발생하는 수익금은 청년회 기금이 되었다.

1964년 상여를 구입하던 해 청년회는 또 하나의 중요한 사업을 계획하였다. 인절미를 굴리면 티끌 하나 안 묻는다는 황폐화된 마을 주변의 산을 살리는 사업이었다. 당시 산은 농촌 주민들의 유일한 연료 채취원이었으며 재목은 그 자체가 마을의 자산이기도 하였다. 계획적인 식목과 벌목은 연료의 지속적인 채집을 가능케 하고 마을환경을 아름답게 변화시키며 또한 일정한 시일이 지나면 중요한 마을 소득으로 연결되었다.

본래 칠원리에는 국유대부림으로 1959년 5월 산림계가 발족되어 있었지만 유명무실한 상태이었다. 1964년 상여를 구입했던 해 마을청년들은 대동회를 열어서 칠원리 산림계를 청년회로 넘겨줄 것을 요청하였으며 만장일치로 동의를 얻었다. 청년회는 청년회 기금으로 국유대부림과 칠원리 산 약 115정보(34만 평)에 나무를 심어 가꾸기로 하였다. 백여만 본의 묘목을 사들여 심었으며, 산 전체에 간판을 세우고, 게시판을 준비하고, 산 둘레에 철조망을 쳤다. 어린나무 채취를 막기 위해 주민들은 순산조를 짜서 매일 교대로 산을 지켰다(〈사진 8〉).

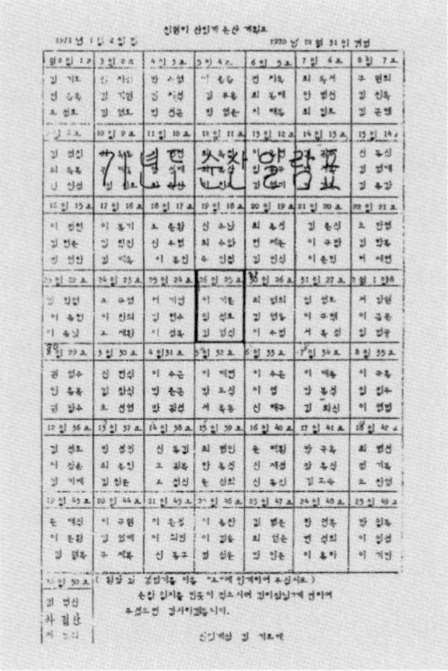

이렇게 조성된 산림은 5년 후 칠원 마을의 풍경을 완전히 변화시켰

〈사진 8〉 산림계의 순산조

다. 칠원리 산림계는 유명해졌으며 1971년 4월 한 일간지에 소개되었다.[27] 이 조림사업을 주도한 청년단 단장 김기호는 1972년 3·1문화상을 수여받았으며, 일간지에 그는 사태없는 마을을 이룩한 '조림왕(造林王)'으로 소개되었다.[28] 김기호가 받은 상금 50만 원은 마을회관 건립 비용으로 사용되었으며 이것이 '새마을 가꾸기 운동'에서 평택 제일의 모범마을로 평가받는 중요한 배경으로 작용하였다.

34만 평이나 되는 인근 산의 조림을 위해서는 해마다 식목을 해야 했으며 여기에는 많은 묘목비용과 노동력이 투여되었다. 그 비용을 마련하기 위해 청년들은 마을공동 경작지를 도지로 얻어서 수익이 되는 약초재배를 시작하였다. 마을 주민들의 공동경작은 1970년부터 해마다 이루어졌다. 약초와 고급채소 등 상품성 있는 작물의 선택으로 상당한 수익을 남길 수 있었다. 1970년 4월에는 청년단원들이 각자 일정 금액을 대출받은 자금으로 600평 공유지를 도지로 얻었으며, 여기에 약초인 향부자를 심었다. 마을 주민들의 공동 작업으로 재배한 향부자는 그해 가을에 쌀 20가마니 값을 받았다. 71년도에는 다시 1200평을 얻어 또 향부자를 심었으며 그 수익금이 1972년 새마을 사업의 자금으로 사용되었다.

마을 공동체의 변화는 마을 주민들의 생활수준 향상과 같은 곡선을 그렸다. 1970년 10월 4일자 신문에 칠원리는 '가난을 물리친 칠원 마을'로 소개되고 있다.[29] 이 기사에 의하면 칠원리는 소년단의 노력으로 고등소채와 약초재배로 큰 수익을 얻은 부촌이 되었다. 그리고 "이 부락 농가들은 고등소채 재배 후 고질적인 고리채와 장리를 모두 벗고도 여유가 생겨" 초가를 기와로 바꾸는 등 이상향을 이룩할 꿈에 부풀어 있다. 칠원리는 이미 스스로 새마을이 되어가고 있었던 것이다.

2) 이장권의 세대교체와 마을행정의 근대화

청년단의 조직과 더불어 1960년대 발생한 또 하나의 중대 사건은 이장권의 세대교체이다. 칠원 마을의 이장권은 구세대 농민에서 새세대 농민으로 이양되었다. 그 사건은 청년단이 결성된 다음 해인 1965년도에 일어났다.

칠원리 최초의 청년이장이 된 인물은 이충웅이다. 그는 1936년생으로 1948년 소년단 결성 당시 총무를 맡았다. 1943년 평택 진청국민학교, 1949년 평택중학교에 입학하였고, 수원으로 유학하여 1955년 수원고등학교를 졸업하였다. 대학진학을 위해서 인문계 고등학교로 갔지만 대학진학을 포기하고 농촌을 선택하였다. 장남으로서 가업을 이어야 하고, 부모님과 동생들 뒷바라지를 하기 위해서 학교를 졸업하고 농사를 지었다.

50년대 중반 고등학교 졸업자는 사회적으로 엘리트였다. 그런 그가 농부가 된 것은 가업을 잇는 적극적인 직업 선택이었다. 이는 1930년대 농촌에서 태어나서 근대교육을 받은 적지 않은 엘리트들이 자신의 직업으로서 농사를 선택하고 자신이 배운 근대적인 가치체계와 행복한 삶의 전망을 농업을 통해서 실현시키는 주체가 되었음을 의미한다. 이 시기에는 장남은 가업을 이어야 한다는 의식이 강했고, 또 전통적 가족질서가 아직 해체되지 않아 부모와 형제들의 부양이 장남의 중요한 책무였으며, 또 도농격차가 심하지 않아 농촌의 삶이 도시보다 못할 것이 없다고 사고되었다. 이러한 점들이 농촌의 엘리트들이 도시에 정착하지 않고 농업에 투신하는 중요한 배경이 되었던 것으로 보인다.

이충웅은 2년 정도의 농사를 짓다가 군 입대를 하였다. 그는 군대에서의 경험이 그의 삶의 태도에 결정적인 영향력을 미쳤다고 구술하였다. 그가 근무한 곳은 논산훈련소 하사관 교육대였다. 논산훈련소 하사관 교육대는 '돈산'이라 불린 부패한 논산훈련소를 변화시키기 위해 그곳의 하사관들에게 철저한 정신교육을 시키는 한마디로 '인간 재생창'이었다. 그곳에서 하사관들의 정신교육을 담당하면서 그는 엄격한 규율의식과 원리원칙을 내면화하는 인간이 되었다. 그리고 군대에서 배운 규율과 원리원칙은 마을을 변화시키는 중요한 동력이 되었다.

1961년 5·16군사쿠데타 직후 그는 군복무를 마치고 고향마을로 돌아왔다. 36개월 만에 다시 대면한 마을의 모습은 하사관 교육대에서 하사관 훈련을 담당했던 그로서는 결코 용납할 수 없는 것이었다. 한마디로 부조리와 무규율의 세상이었다. 그가 마을 내에서 가장 문제로 느낀 것은 마을의 대표인 이장의 부패와 무능이었다. 매 연말에 마을 주민들의 전체 총회인 대동계회가 열리고 그때가 되면 한 해의 결산과 함께 다음 해의 이장을 선거하였다. 칠원리 이장은 마을 일을 보는 대가로 수확기에는 보리 한 말과 쌀 한 말씩을 받았다. 가난한 마을이었기에 이세는 상당히 큰 수입이었다. 그 때문에 이장자리를 서로 차지하려고 패를 지워 대립했던 것이다.

> 평택군에서 물론 송탄면에서 최고로다가 가난한 부락이 우리 부락이었어요. 그래서 제대를 하고 딱 와보니까 그 뭐 이장들이 이장 하나를 뽑는 데도 내 패니 네 패니 해가지고 연말에 보면 가관치 않죠. 그때는 그 당시에는 보릿대 그러니까 보리 날 때는 보리 한 말, 또 쌀 수확할 때는 쌀 한 말 이렇게 거둬가지고 인제 반장이 거둬다가 이장을 줘가지고 이장을 봤거든. 그게 이세라고 그랬죠.30

그리고 갚지 못한 비료대금이 마을 빚이 되어 마을은 상당한 부채에 허덕이고 있었다. 당시 칠원 마을의 비료 사정은 열악했다. 농사를 지으려면 평택에 가서 집집마다 인분을 퍼가지고 와서 밭농사와 채소농사를 지었다. 비료가 그만큼 흔하지 않았다. 정부에서 나오는 비료를 받기 위해 이장과 반장은 7키로 되는 거리를 마차를 가지고 비료를 실으러 갔다. 비료는 배급제라서

농토에 의해서 마을 단위로 총량으로 나왔으며 지금처럼 포대로 포장된 것이
아니었다. 마차로 실어온 비료는 저울로 '양'까지 달아서 각 집마다 근수풀이
를 해서 배급을 해야 했다.

그런데 더 큰 어려움은 비료 대금을 회수하는 것이었다. 농협은 비료와 관
련된 모든 업무를 이장들에게 전가하고 연대책임을 지도록 하였을 뿐 아니라
1년치 선이자를 받음으로써 개별 농가의 비료대금 계산을 대단히 복잡하게
만들어 놓았다. 이장이 총액제와 선이자제도로 되어 있는 비료 대금과 관련
된 업무에 민첩하게 대응하지 못하면 농협이나 관공서의 농간에 그대로 당할
수밖에 없는 것이 당시의 현실이었다. 1950년대 비료대금을 둘러싸고 빚을
지고 있는 마을은 수 없이 많았다. 청년이장의 등장은 이러한 정부 행정에 대
한 주민사회의 대응책의 일환이었다고 생각된다. 관공서로부터 마을의 이해
를 대변할 행정능력이 있는 인물이 이장이 되어 마을주민들의 이해를 대변해
줄 필요성이 절박했던 것이다.

청년회가 조직되던 1964년 열악한 마을 상황을 바로 잡기 위해 이충웅은
반장을 자임하였다. 그는 1년 동안 마을 행정의 실무를 하면서 마을 부채가
왜 생기는지 그 원인을 정확히 알게 되었다. 그는 연말 대동계회에서 위와 같
은 비료대금을 둘러싼 구조적인 문제를 제기하였고 장가를 가지도 않은 총각
의 몸으로 마을 이장으로 추대되었다.

　　연말이 되면은 정제를 지내고 당제를 지내고 그래고선 총회를 합니다.
　그래 동네 사람이 모여가지고 총회를 하는데 총회에서 이장을 뽑고 그러
　는데 총회에서 내가 알고 있는 여러 가지 문제점에 대해서 거기서 발표를
　한 거예요. 우리가 사실 지금 현재 이러고 이러고 핸데 빚은 암만이고 우
　리가 빚은 농협에서 갖다 쓰면은 우리 부락서 갚긴 갚아야 되는데 지도자
　가 이런 식으로다가 잘못해가지고 빚이 이렇게 져가지고 누가 먹었는지
　이렇게 빚이 많으니 어떻게 할 거냐 대책을 세워야 된다 했더니 나를 인

제 이장으로 추대를 했어요. 그래서 이장을 장가도 안 들고 바로다가 이
장을 된 거죠? 그래서 가보니까 노틸들 전부 이장이든데 내가 이장을 해
서 5년 동안을 이장을 했어요.[31]

그의 이장 추대는 구세대 이장으로는 어려운 관공서 행정에 민첩하게 대응
하지 못한다는 주민사회의 판단이 게재되어 있었다. 1970년 정월 차기 이장
선거에서 구세대 이장들은 모두 이장 맡기를 꺼렸다. 이장의 업무에 자신이
없었던 것이다. 결국 소년단 단장이었던 김기호가 당시 미군부대에 근무하고
있었음에도 불구하고 이장을 맡게 되었다. 그 다음 마을 이장이 된 박수영,
구원회도 모두 1948년 소년단을 결성한 사람들이다. 원칠원 소년단 출신들이
성장하여 마을이장이 되는 청년이장의 시대가 열린 것이다.

이충웅은 1964년에 반장으로 활동하고, 1965년부터 1969년까지 만 5년간
마을 이장을 보았다. 흥미로운 것은 그가 반장을 자임하여 마을운영에 본격
적으로 나섰던 1964년은 마을 청년단의 결성 시점이기도 하다는 것이다. 즉,
칠원 마을에서 청년들이 적극적으로 마을공동체의 재건에 나선 시기가 1964
년부터라고 볼 수 있다. 청년이장 이충웅의 활동은 원칠원 청년회라는 동년
배 집단에 의해서 뒷받침되고 있었다. 이장권과 청년회는 공조하고 있었기에
비약적인 마을의 변화를 이끌어낼 수 있었던 것이다.

이충웅은 5년간 마을 이장을 맡으면서 마을 빚을 청산하고 마을 재정을 마
침내 적자에서 흑자로 돌려놓을 수 있었다. 그가 마을 부채를 갚을 수 있었던
것은 비료대금과 농지세의 부과 방식을 잘 파악하여 행정 당국에 효과적으로
대응했기 때문이다. 가령 농지세의 경우는 완납 시일을 맞추는 대신 마을 전
체의 액수를 삭감토록 하여 이를 마을 재산으로 비축할 수 있었다.

제가 이장 된 다음에 그런 작업을 내가 몇 월 며칠까지 농지세를 완납
을 해 줄 테니 너희 얼마를 해주겠느냐. 정당하게 더 더 부과하라는 것이

아니라 정당하게 부과된 데에서 마이너스 해가지고 교섭해가지고 깎는
부분을 모아서 빚을 갚기 시작한 거예요 제가. 또 일부는 농협의 비료대
남는 거 있잖아요? 일찍 갚으면 빨리 내라. 일찍 갚으면 이자 떨어진다.
그래 이자하고 쁘라스 해가지고 빚을 갚기 시작했어요 제가.32

또한 마을 장부를 잘 정리하여 마을 주민 각각의 채무관계를 한눈에 볼 수
있도록 하고 연말에 예·결산을 정확히 한 것도 원인 모를 부채를 줄일 수
있었던 원인이었다. 그는 구세대 이장과 달리 근대 교육을 통한 계산과 실무
능력을 갖추고 있었기에 행정기관의 횡포에 대해서 효과적으로 대응하고 장
부 정리 등을 통한 투명한 마을 운영을 할 수 있었던 것이다.

그 사람들은 이장이라 봤자 소학교도 못 나온 사람들, 많이 나왔어야
공부한 사람들 한글 글방에서 한문 조금 배우고 그래가지고 핸 사람들이
지 그때 당시에 고등학교 졸업 맡은 사람도 별로 흔치도 않았으니까 그래
나는 그래도 고등학교까지 해고 했으니까 머리가 좀 돌아갔죠. 딱 계산해
보면 이게 잘못 됐구나.33

이충웅이 이장을 그만둔 시기는 1970년 정월이었다. 바로 새마을운동이 시
작되기 1년 전이다. 정월 대동회에서 예·결산을 하였을 때 주민들은 마을에
놀라운 변화가 일어났음을 확인하였다. 칠원리는 모든 빚을 다 갚고 쌀 세 가
마라는 재산을 소유한 부자마을이었다. 이충웅은 5년 동안 비축한 재산으로
공회당 부지 97평을 구입하였다. 새마을등기가 없었던 시절 마을 공유재산임
을 분명히 하기 위해 평택군수 이름으로 등기를 해놓았다. 이 땅은 앞서 언급
하였듯이 1972년 김기호의 3·1문화상 수상 상금과 마을 기금으로 1972년 마
을회관을 축조하는 터전이 되었다.

요것이 고기에 제일 처음에 아흔일곱 평을 제가 집을 산 거예요. 쌀 세 가마 가지고. 응. 딱 샀어요. 사가지고 우리가 앞으로다가 회의래도 하고 뭔가를 의논을 할려면은 공회당이라...옛날에는 공회당이라고 그랬지요. 지금은 회관이라고 명칭이 바뀌었는데 회의를 하고 뭔가를 할려면 공회당을 지어야 된다. 그래서 그걸 제가 샀어요. (중략)누구 앞으로 하면 팔아먹을 염려가 있으니까 평택군수 명의로다가 97평을 등기를 딱 내놨어요. 그런데 인제 내놨는데 그리고 나서 했는데 새마을운동이 퍼진 거예요.[34]

5. 맺음말

역사적 실재란 부분적으로 혹은 국면적으로 일치하기도 하지만 궁극적으로는 서로 다른 주체들의 의도와 이해관계가 교차하면서 매순간 만들어진 그 무엇일 것이다. 새마을운동 역시 정부와 농민의 이질적 의도와 상호 거래의 결과물이라는 것이 본 연구자의 관점이다. 원칠원 마을은 새마을운동이 시작되기 전에 이미 자발적인 새마을운동을 전개하고 있었다. 1970년대 이 마을이 새마을신화를 창조하는 것은 이미 이전부터 마을과 자신의 생활환경을 바꾸어온 강력한 주체가 형성되어 있었기 때문에 가능하였다. 이충웅은 필자와의 구술에서 자신의 구술을 다음과 같이 요약하였다.

필자 : 제가 어르신 말씀을 들어보니까 새마을운동 이전에 이 마을은 새마을이 되고 있었네요?
이충웅 : 그렇죠. 예. 그게 키포인트예요. 그렇기 때문에 땅도 샀고 기금도 인제 보리이삭 줏어서 기금도 있었고. 그 기금으로다가 웬만한 걸 해가면서 거기다가 건물을 질 수 있었던 거지요. 그래서 아니 처음에는 평택...송탄면에서 1등, 평택군에서 1등, 경기도에서 1등 이렇게 차츰 올

라가서 전국 홍보마을. 이렇게까지 올라갔으니까.[35]

곧 새마을운동 시기에 일어난 농촌의 변화를 모두 정부 정책의 결과로 해석할 수 없다는 것이다. 1970년대 빛나게 등장하는 새마을이 사실은 이전부터 빛을 발하는 새마을이었다는 사실은 새마을운동 시기의 사회적 변화의 많은 부분이 정책의 산물이기도 하지만 또한 그 이전시기부터 축적되어온 농민 사회의 노력의 귀결이었음을 말해준다. 1970년대 농촌 사회의 변화란 서로 다른 원인과 결과들의 총체들이었다.

1970년대 칠원 마을은 더욱 눈부신 발전을 하였다. 이웃마을에서 목축 기술을 들여와 낙농마을로 변화되었다. 마을길은 잘 닦였으며 주택도 말끔하게 개량되었다. 전기와 수도도 들어왔다. 여기에는 정부와 사회적인 지원이 있었다. 그러나 그러한 자원을 최대한 효율적으로 동원한 것은 마을청년들이었다. 그들은 자신들의 삶의 질을 개선하기 위해 가능한 모든 수단을 강구하였으며 관공서나 인근 공장에 찾아가서 도움을 요청하며 울기도 하고 어름장을 놓기도 하였다. 그리고 박정희 대통령 사후에도 이 마을의 새마을운동은 끝나지 않았다. 마을공동체를 지키려는 주민사회의 노력은 지속되었으며 공유재산은 더욱 확대되었다. 마을회관뿐만 아니라 마을소유의 빌딩이 섰으며 거기서 매월 세가 나왔다. 현재 건물과 대지가 수억 원의 가치가 넘는다. 그들의 새마을운동은 적어도 1948년부터 시작되어 현재까지 지속되고 있다. 그 운동의 역사 속에 박정희 정부의 새마을운동이 중첩되어 있다. 1970년대 칠원 마을의 새마을운동에 대해서는 추후에 다른 논문으로 다룰 예정이다.

■■■ 주석 ■■■

1 김기호, 『새마을수기-이제는 울지 않으련다』, 학문사, 2003.

2 최재훈, 「[대구·경북] 곳곳에 새마을운동…발상지 논란 활활, 청도군 상표등록 이어 포항시 기념관 개관」, 『조선일보』 2009년 9월 17일자.

3 경상북도는 '경상북도 새마을운동 37년사' 연구 용역과정에서 청도군 신도리가 발상지이며 포항시 문성리는 최초의 성공사례라고 발표하였으며, 이에 대해 문성리 대표와 포항시의원은 대구지방법원에 명예훼손과 경북도의 연구용역 결과물 사용금지 가처분 소송을 내었다. 최세호, 「'잘살아보세' 대신 '같이 죽자? 청도-포항 새마을운동 발상지 갈등 법정까지…경북도, 원조논쟁 불붙이고 중재는 외면」, 『내일신문』 2009년 4월 21일자.

4 포항시는 새마을운동이 처음 일어난 곳이라는 의미에서 문성리가 발상지[發祥地]라고 주장하는 데 반해, 청도군은 새마을운동이라는 새로운 생각을 처음 궁리한 곳이 신도리라는 뜻에서 발상지[發想地]라는 용어를 사용하고 있다는 것이다. 강진구, 「새마을운동 발상지 가처분 신청 각하와 관련 이상범 시의원 '민의의 심판에 따를 것'」, 『뉴시스』 2009년 9월 11일자.

5 서울시의회 이청수 전문위원은 "새마을운동은 1960년대 양찬우 전 경남도지사가 동래군 일대에서 벌인 농촌운동이 모태"라면서 당시의 자료와 사진, 신문 등을 공개했다. 오상도, 「부산 기장, 경북 청도보다 10년 앞서」, 『서울신문』 2009년 5월 6일자.

6 본 연구자는 다음의 책에서 한 마을과 여러 명의 지도자들의 사례를 통해 새마을운동 이전에 새마을이 있었다는 가설을 제기한 바 있다. 김영미, 『그들의 새마을운동』, 푸른역사, 2009.

7 새마을운동은 농촌근대화운동이나 전략이라는 기존 통설에 대해 유신체제하의 권위적 주민동원체제라는 견해가 제기되어 있다. 후자의 대표적인 연구는 다음과 같다. 임경택, 「한국 권위주의체제의 동원과 통제에 대한 연구-새마을운동을 중심으로」, 고려대학교 정치외교학 박사학위논문, 1991 ; 박진도·한도현, 「새마을운동과 유신체제-박정희정권의 농촌새마을운동을 중심으로-」, 역사문제연구소 편, 『역사비평』 통권 47호, 역사비평사, 1999.

8 그 구술내용은 국사편찬위원회의 구술 사료로서 보관되어 있으므로 누구나 접근가능하다. 국사편찬위원회 2009년 구술사료 수집, 우홍식 인터뷰(2009년 6월 26일자 자택, 면담자 : 김영미).

9 「박대통령 새마을 지도자들과 대화 1시간-여자종업원 위해 실업교 세운 건 참 잘 한 일, 칠원 1리 호당 소득 2백만원은 전국 으뜸」, 『조선일보』 1976년 9월 8일자.

10 국가기록영상관 소장, 『대한뉴스』 제1100호, 1976년 9월 21일자.

11 이후 1981년 송탄시가 분리되면서 송탄시 칠원동이 되었다가 1995년 송탄시가 평택시에 다시 통합되면서 평택시 송탄동 내의 법정동인 칠원동이 되었다.

12 김기호, 『새마을수기-이제는 울지 않으련다』, 학문사, 2003, 40쪽.

13 옥관자란 조선시대 당상관 이상의 벼슬아치가 쓴 옥(玉)으로 만든 망건(網巾)의 관자이다.

14 김해규, 「김해규·장연환의 평택역사 산책-아홉번째 이야기 갈원, 피난길 임금 쉬던 주막거리」, 『평택시민신문』 2009년 7월 15일자.

15 「이달의 새마을지도자」(『새마을』 1976년 9~10월호로 추정됨) ; 김기호, 『새마을수기―이제는 울지 않으련다』, 학문사, 318쪽.

16 이충웅, 2009년 7월 13일자 구술(국사편찬위원회 소장).

17 박기정, 『칠원골의 기적』, 새마을지도과, 1977.

18 김기호, 『새마을수기―이제는 울지 않으련다』, 학문사, 2003, 15쪽.

19 김기호 비석의 비문(현 옥수정 옆 소재).

20 「이 사람을 보라, 30년 우정, 마을오명 말끔히 씻어, 30년 전에 새마을운동」, 『선데이서울』 11권 5호, 1978.2.5.

21 김기호, 『새마을수기―이제는 울지 않으련다』, 학문사, 2003, 102쪽.

22 이충웅, 2009년 7월 13일자 구술(국사편찬위원회 소장).

23 김기호, 『새마을수기―이제는 울지 않으련다』, 학문사, 2003, 105쪽.

24 이삭줍기 노래는 다음과 같다. "햇볕에 익어가는 반짝이는 이삭 금빛 나는 이삭 / 벌판에 가득찼네 풍년가를 높이 불러라 / 기쁨에 가득 찬 황금빛 벌판을 노래를 부르며 달려간다." 김기호, 위의 책, 112쪽.

25 이충웅, 2009년 7월 13일자 구술(국사편찬위원회 소장).

26 「원칠원 청년단 규약」, 김기호, 『새마을수기―이제는 울지 않으련다』, 학문사, 2003, 124쪽.

27 「평택 칠원리 산림계, 20년 가꾼 100만 그루, 32만평에 무럭무럭, 아궁이 개량·도벌 지켜 밤샘」, 『서울신문』 1971년 4월 5일자.

28 「3.1문화상 수상자 결정」, 『동아일보』 1972년 2월 1일자 ; 「조림왕 김기호씨」(신문명 미상, 1972년 3월 일자 미상 ; 김기호, 『새마을수기―이제는 울지 않으련다』, 학문사, 2003, 190쪽 수록).

29 「이삭 주워 개척의 기금, 어린이 앞장…20년에 가난 물리친 칠원 마을, 모두 고등소채 재배 큰 수익」, 『한국일보』 1970년 10월 4일자.

30 이충웅, 2009년 7월 13일자 구술(국사편찬위원회 소장).

31 위와 같음.

32 위와 같음.

33 위와 같음.

34 위와 같음.

35 위와 같음.

제2부

소련과 북한

북한이 수용한 '사회주의 쏘련'의 이미지[*]

정진아[**]

1. 머리말

이 글은 해방 후 북한 정권이 선전하고, 북한주민이 적극적으로 수용한 '사회주의 쏘련'의 이미지를 살펴보고자 하는 글이다.[1] 러시아가 한반도에 관심을 표명하기 시작한 시점은 19세기 후반부터였다. 후진 제국주의 국가였던 러시아는 아시아 진출에서 활로를 찾고자 적극적인 남진정책을 추진하였고, 한반도를 둘러싸고 일본과 충돌하였다. 러일전쟁의 패배로 러시아는 한반도에 대한 영향력을 행사할 수 없었다. 그러나 1917년 러시아혁명 이후 등장한 소련은 민족해방운동의 지지 세력으로, 세계 사회주의운동의 구심으로 인식

* 이 글은 『통일문제연구』 제22권 2호에 실린 논문을 수정한 글입니다.
** 건국대학교 통일인문학연구단 HK교수

되었고, 민족해방운동에 대한 지원, 코민테른 등을 통하여 한국인들에게 일정한 영향력을 행사하고 있었다. 이에 일본은 대소사상전을 적극적으로 전개하여 한국인들에 대한 소련의 영향력을 차단하고자 하였다. 1945년 8월 12일, 소련은 연합국의 일원으로서 한반도에 진주하였다. 일본제국주의를 항복시킨다는 명분을 가지고 한반도에 다시 등장한 것이다.

그간 남북한 현대사에 절대적인 영향력을 미친 존재로서 미국과 소련에 대한 관심이 증대하면서 미국과 소련의 대한정책에 대한 연구는 양적, 질적으로 축적되었고, 이 속에서 한미관계와 조소관계의 기본성격도 일정하게 규명되었다.[2] 그러나 미국의 대한정책 및 한미관계에 대한 연구가 1945~1980년까지를 포괄하고 있다면 소련의 대한정책 및 조소관계에 대한 연구는 해방5년사에 집중되어 있는 실정이다.[3]

1949년 이후 조소관계는 단순한 외교관계가 아니라 인적, 물적으로 촘촘히 짜여진 그물망과 같은 것이었다. 1950년대 남한에서 미국이 갖는 영향력과 북한에서 소련이 갖는 영향력을 비교한다면 북한에서 소련이 갖는 존재감과 영향력이 훨씬 막강하였고, 1950년대 북한은 소련 문화의 '섭취'라는 말에서 드러나듯이 소련이 제공하는 사회주의 자양분에 절대적으로 의존하는 존재였다. 하지만 조소관계가 북한주민의 일상에 어떻게 투영되었는지는 분명하지 않다. 이를 이해하기 위해서는 해방 후부터 1950년대까지 북한사회에 미친 소련의 영향력과 북한 정권 및 북한주민의 소련 인식을 분석할 필요가 있다. 그러나 아쉽게도 현재 1950년대 북한에 대한 소련의 영향력, 혹은 북한의 소련인식을 정면으로 다룬 논문은 없고, 문학 분야의 저서에서 부분적으로 그 내용을 다루고 있을 뿐이다.[4] 향후 연구가 축적되면 1950년대 조소관계의 다양한 면모가 드러날 것이라고 생각되지만 지금은 시작단계에 불과하다. 따라서 이 글은 시론적으로 해방 이후부터 1950년대까지 북한이 수용한 '사회주의 쏘련'의 이미지를 통해 북한이 수용하고자 한 소련문화의 핵심내용에 접근해보고자 한다.

이를 위해 필자는 조쏘문화협회가 발행한 정기간행물 『朝蘇文化』, 『조쏘친선』, 『조쏘문화』를 주 텍스트로 활용하였다.5 조쏘문화협회는 "조쏘문화의 교류와 쏘련문화의 과학적 섭취로써 조선 민족문화를 건설하는 동시에 하루 바삐 국제적 수준으로 향상하도록"6하는 민족과업을 완수하기 위하여 1945년 12월 2일 설립되었고, 『朝蘇文化』는 조쏘문화협회 중앙위원회의 기관지였다. 『朝蘇文化』는 1946년부터 발행되어 1949년 8월부터는 旬間 『조쏘문화』, 月刊 『조쏘친선』, 季刊 이론잡지 『朝蘇文化』 체제로 분화되었다.7 1954년 9월 발행된 제9호부터 『조쏘친선』은 『조쏘문화』로 개칭되었다. 이 글이 주 자료로 삼고 있는 것은 1946년부터 1949년까지 발행된 『朝蘇文化』, 1949년 10월부터 발행된 『조쏘친선』, 『조쏘친선』이 『조쏘문화』로 개칭된 1954년 9월부터 1957년까지의 『조쏘문화』8이다. 필자는 이 잡지들이 모두 대중잡지로서의 성격을 가지고 있어 북한 정권이 선전하고, 북한주민이 수용한 '사회주의 쏘련'의 이미지를 재구성하기에 적절하다고 판단하였다.9

2. 적색제국에서 해방자로, 평화적 국제주의의 체현자로

한말 한국인에게 각인된 러시아의 이미지는 "침략적 본성을 드러낸 제국주의 국가"라는 것이었다. 청일전쟁 후 한국을 독점하고자 했던 일본의 의도는 러시아가 주도한 삼국간섭으로 저지되었고, 1896년 이용익을 중심으로 한 친러 정권에 의해 아관파천이 단행되자 일본은 군비확장을 통해 러시아와의 전쟁을 준비하는 한편, 러시아에 대한 한국인들의 여론을 악화시키기 위해 러시아의 침략적 본성을 적극적으로 선전하기 시작하였다. 한러은행의 설립, 시베리아 횡단열차의 지선인 동청철도의 부설은 러시아가 침략적 본성을 가지고 있다는 살아있는 증거였고, 일본은 군사주둔을 "러시아의 침략을 막기 위한 불가피한 선택"으로 선전하였다.[10] 러일전쟁의 패배로 인해 러시아는 한반도를 포기해야 했지만, 한국인들에게 각인된 "침략적 이미지"는 그대로 남았다.[11]

러시아혁명 이후 이러한 인식은 변화하기 시작하였다. 소련정부는 식민지 조선 및 중국에서의 민족해방운동과 각국 공산당에 대한 이데올로기적인, 물질적인 보루로서의 역할을 수행하였다. 이에 일본은 1930년 후반부터 조선과 소련에 대한 정보사상전을 실시하였다.[12] 사상전의 핵심내용은 첫째, 노동자·농민의 이상국가로 선전되고 있지만 사회주의 소련의 현실은 다르다, 스탈린 정권은 포악한 독재정권에 불과하다. 둘째, 체코와 핀란드, 터키에 대한 침략과 외몽고에 대한 간섭에서도 알 수 있듯이 소련은 혁명의 배후지가 아니라 침략성을 가진 '적색제국주의'에 불과하다. 셋째, 연해주 동포들의 강제이주에서 볼 수 있듯이 소련에서는 소수민족에 대한 비인도적 탄압이 극심하다. 넷째, 일본의 국력과 경제력은 능히 소련의 공세를 막아낼 수 있다는 것이었다. 중일전쟁기 일본의 정보사상전이 어느 정도 실효를 거두었는지는 알 수 없지만, 해방 후 소련의 이미지에 대한 북한의 선전 전략은 일본의 정보사상전을 염두에 두고 전개된 것 같다.

소련군이 북한 지역에 진주한 후, 『조쏘문화』에 실린 글들은 소련군을 연합국의 일원으로, 해방군으로 묘사하기 시작하였다. 일본의 선전과 달리 소련은 연합국과 더불어 일본 제국주의를 물리치고 한국인들이 그토록 갈망하던 해방을 가져다준 직접적이고 강력한 물리력이었다. 여기에는 조선인민이 독자적인 힘으로 일본을 물리칠 수 있는 역량과 조건을 갖추지 못했기 때문에 소련을 중심으로 한 연합국의 도움으로 1945년 8월 15일 일제의 지배에서 해방되었다는 상황인식이 깔려있었다.[13]

모스크바삼상회의 결정에 의한 조선문제 해결이 난항에 빠진 이후에는 소

련이 일본제국주의로부터 조선을 해방시켰을 뿐 아니라, 조선의 자주권을 보
장하고, 민주주의적인 발전을 담보하는 유일한 세력으로 묘사되기 시작하였
다.[14] 소련은 조선의 해방을 위해 피를 흘린 "유일한" 존재였다. 이러한 서술
은 미국의 영향권하에 있는 남한지역과의 비교를 통해 더욱 극명한 대비효과
를 낳았다.

> 미영은 카이로선언을 허명무실하게 떠들어댔을 뿐으로 조선의 해방을
> 위해서 한 개의 탄환도 소모한 일도 없으며 한방울의 피도 흘린 일이 없
> 다. 쏘베트 군대가 자기 형제의 시체를 넘어 선혈을 흘리면서 고귀한 희
> 생의 댓가로 조선민족을 해방시켜 주었다면 미국군대는 아무런 노력도
> 없이 황해를 거처 선유격으로 일제가 투항한 훨씬 이후에 남조선에 상륙
> 하였다.[15]

> 미군정의 횡폭한 강압과 악질적 친일파, 민족반역자, 친팟쇼분자들의
> 책동으로 (남조선은) 그 성장과 발전이 곤란하나 북조선에 있어서는 해방
> 군 붉은 군대의 원조와 우리 민족의 위대한 영도자 김일성 장군의 지도아
> 래에서 조선의 해방구로서 또 민주주의운동의 근거지로서 폭풍우 같은
> 속도로 진전되고 있다.[16]

해방군 붉은 군대의 원조를 받는 해방구 북한과 강압적인 미군의 지배하에
친일파가 판을 치는 남한이라는 대비 속에 소련의 해방군으로서의 이미지는
한층 강화되었다.

일본 제국주의로부터 조선민족을 해방시켜준 해방자, 민주개혁의 지원자,
원조자 등으로 묘사되었던 소련은 1949년부터는 친선애호국가로서 프롤레타
리아 국제주의의 체현자로 재등장한다.[17] 이러한 변화는 1949년 초부터 감지
된다. 김오성 글 "민족문화 발전의 새 단계 : 조쏘협정에 관하여"의 부제가 말
해주듯 이는 1949년 3월 17일 체결된 '경제적 및 문화적 협조에 관한 협정'

(이하에서는 조소경제문화협정)에 따른 것이었다. 1949년 2월 22일 김일성을 비롯한 북한정부 대표단은 소련방문길에 올라 3월 17일 소련정부와 조소경제 문화협정을 조인하였다.

북한 정권은 북한을 통일국가 수립을 위한 '민주기지'로 강화하고, '국토완정'을 위한 전제조건으로서 북한의 정치경제체제를 더욱 발전시키고자 하였다. 이를 위한 중심과업이 1949~50년을 대상으로 한 2개년 인민경제계획의 추진이었다. 2개년 인민경제계획은 봉건적 낙후성과 식민지적 파행성을 극복하고 자립적 민족경제를 건설하기 위한 것으로서 북한지도부에게 계획은 곧 북한의 체제적 우월성과 국가 자주성, 정통성을 상징하는 현실적 징표였고, 조선민주주의인민공화국에 대한 북한 주민의 지지와 결집을 끌어낼 수 있는 가장 강력한 무기였다.[18] 그러나 계획 추진에는 방대한 자금과 물자, 과학과 기술 등 산적한 문제가 놓여있었고, 이를 위해서는 소련의 절대적인 지원이 필요했다. 북한 정권은 조소경제문화협정을 통해 이 문제를 타결하고자 하였다.

그러나 북한 정권에게는 협정을 둘러싸고 먼저 해결해야 할 문제가 있었다. 그것은 다름 아닌 소련이 적색제국주의 국가가 아니라 평화적 국제주의의 체현자라는 전 국민적 확신이었다. 북한 점령 직후에는 소련군의 경제적 약탈과 폭력행사가 주민의 삶을 크게 위협하면서 소련군에 대한 저항이 도처에서 발생한 바 있었다.[19] 북한 진주 과정에서 소련군이 행한 여성에 대한 농락, 생필품 약탈, 폭행과 살인 등은 잔인한 점령군의 모습, 그것이었다.[20] 일본제국주의 침략의 생생한 경험을 갖고 있는 북한주민들은 소련의 이러한 행동에 강하게 반발하였다.

조소관계가 수평적인 관계가 되기 위해서는 소련정부와 스탈린의 대외정책, 민족정책이 팽창주의적이고 수탈적인 제국주의적 속성을 가진 것이 아니라 호혜성에 바탕을 둔 국제주의적인 것이라는 믿음이 필요했다.

조소경제문화협정 체결 후 북한 정권은 협정이 철저히 상호 평등하고 호혜적인 원칙에 입각하였다는 점을 특별히 강조하였다. 이 협정은 조소 양국의 '주체성'에 기초한 철두철미 평등하고 우호적인 협정이고, 소련은 조선독립을 원조할 뿐 아무런 야심이 없으며 조선은 소련의 독립원조를 요청할 뿐이요, 이는 추호도 의심할 여지가 없다는 것이었다.21 실제로 북한 정권은 소련과의 친선관계 강화가 북한의 주체성과 자주독립을 보장하는 유일한 조건이라고 믿어 의심치 않았고, 주민들에게도 이점을 역설하였다.

조쏘문화협회의 측면 지원도 이어졌다. 김오성은 『조소문화』에서 민족문화의 발전을 위해서는 민족적 독자성이 전제되어야 하지만, 민족문화는 민족상호간의 국제적 교류를 통해 발전하므로 '완고한' 민족주의 또한 배격하지 않으면 안 된다고 완곡한 논조로 언급한 후, 문화교류의 두 가지 조건을 제시하였다. 첫째는 민족상호 간의 문화교류는 그 상대편의 민족정책이 침략적이 아니고 민족 동등의 원칙을 지켜야 하며, 둘째는 그 상대편의 민족문화가 히틀러식의 종족우월론에 기초한 것이 아니라, 국제주의적 친선에 기초한 것이어야 한다는 점이었다.22 김오성은 "사회주의자에게는 민족이나 국가가 없다"는 반공논리23를 의식한 듯 "맑스나 레닌이나 '국가 없는', '민족 없는' 사회발전을 상상하고 있지 않다"는 점을 강조하였다. 더불어 수많은 민족을 잔학하게 압박하고 그들의 민족문화를 말살하였던 제정 러시아와 달리 제정 러시아를 타도하고 등장한 소련은 민족적 특수성을 인정하는 레닌·스탈린의 민족정책에 의하여 수많은 민족들이 독자적인 민족문화를 찬란하게 발전시키고 있다고 언급하였다. 소련이 강력한 연맹체가 된 이유는 레닌과 스탈린적 민족정책에 의해 각 민족이 자발적으로 통일, 단결하고 있기 때문이라는 점도 지적하였다.

이러한 과정을 거쳐 소련은 북한주민들의 마음속에 과거 적색제국주의 국가의 이미지를 벗고, 평화적인 국제주의의 체현자로 거듭나고 있었다. 소련

은 이제 경계의 대상이 아니라, 긴밀한 연대 속에 미제국주의의 침략을 함께 막아내야 할 동반자였다.[24]

3. 후진제국에서 문화선진국으로의 자리매김

한말 러시아에 대한 한국인의 이미지 중 하나는 후진 제국주의 국가라는 것이었다. 이승만은 『獨立精神』에서 전 세계의 정치제도를 전제정치, 헌법정치, 민주정치로 나누고, 전제정치를 하는 나라로 청국과 러시아를, 헌법정치를 하는 나라로 영국과 독일, 일본을 들었다.[25] 가장 후진적인 정치제도를 가진 나라로 러시아를 꼽고 있었던 것이다. 또한 영국, 프랑스, 미국과 달리 러시아는 후진적이므로 더욱 광폭한 침략성을 가진 존재로 묘사되었다.

반면 해방 후 『朝蘇文化』에는 선진문화국가로서의 소련 이미지가 가득하다. 소련이 문화선진국인 이유는 인류 역사상 처음으로 탄생한 근로대중의 국가라는 점에서부터 출발한다. 과학기술과 문화예술은 사회주의 국가에서만 근로대중의 이익을 위하여 발전할 수 있다는 논리였다. 지금까지 문화는 소수 지배계급에게 전유되었지만, 인민의 국가가 탄생함에 따라 과학과 문화는 근로대중의 이익을 위해 발전하기 시작했다는 점이 강조되었다.[26]

김일성은 과학기술과 문화예술은 정치경제적인 토대 위에 발전하는 것이므로 토지에서의 봉적적인 관계와 노동의 노예적 착취관계의 청산, 평등한 인권보장, 산업의 국유화 등이 문화창조의 위대한 온상이 된다고 설명하였다.[27] 북한 정권은 소련의 법과 제도가 과학기술과 문화예술의 발전을 촉진하는 요소이고, 과학기술과 문화예술 자원의 국유화, 도서관·극장·대학의 증설과 문맹퇴치, 정치강연, 신문독회, 시사연구 등 제 문화시책들은 소련문화 발전의 축이라고 생각하였다.[28]

북한 정권은 소련의 과학기술과 문화예술이 선진적인 또 하나의 이유로서, 소련의 과학기술과 문화예술이 근로대중을 위해 복무할 뿐 아니라 근로대중에 의해 창조되기 때문이라고 선전하였다. 사회주의의 제도는 자본의 예속으로부터 과학기술과 문화예술을 해방시키고, 그 자원을 근로대중에게 귀속시키며, 근로대중이 그 자원을 향유할 수 있는 길을 터놓았고, 그 중심에 문맹퇴치가 있다는 점이 강조되었다. 소련은 문맹퇴치를 문화발전의 선행조건으로 규정하였다. "사람이 문맹하면 정치 외에 서며, 국가사업에 열성적으로 참가하지 못한다"는 레닌의 교시는 금과옥조가 되었다.[29] 문맹에서 벗어남으로써 근로대중은 더 이상 과학기술과 문화예술에서 소외된 존재가 아니었고, 그들은 과학기술과 문화예술을 향유하며 스스로 과학기술과 문화예술을 개척하고 창조하며 발전시킬 수 있는 존재로 거듭날 수 있었다는 것이다.

실제로 소련의 과학기술과 문화예술은 당시 세계 최고수준을 자랑하고 있었다. 북한 정권은 북한이 뒤떨어진 경제상황을 극복하고 산업을 비약적으로 발전시킴으로써 국가건설과 통일사업에 있어서 남한에 우위를 점하기 위해서는 소련정부의 자금, 원료, 자재, 기계 등 물질적 원조와 소련기술자의 선진적인 기술지도가 절실하다고 생각하였다.[30] 특히 과학적 이론과 기술은 보편성을 가지고 있어서 자주성 침해를 우려하지 않아도 소련의 성과를 받아들일 수 있기 때문에, 소련의 선진 과학기술을 전면적이고 전폭적으로 수용해야 한다고 생각하였다. 북한 정권은 김일성이 직접 "쏘련을 향하여 배우라"는 교시를 내리는 등 소련의 과학기술을 빠르게 흡수하고자 하였다.

한편, 북한 정권과 사회주의자들이 소련의 선진문화를 수용하고자 했던 가장 핵심적인 이유는 소련 사회주의를 통해 창조된 새로운 인간형, 사회주의적 인간형이야말로 북한의 국가건설을 추동할 수 있는 원동력이라고 판단했기 때문이었다.

쏘련의 작가, 예술가들에 의하여 더욱 형상화된 그 관후하고 겸허하고
소탈하고 그러면서도 적 앞에서는 불요불굴하여 강인성 있고 조국에 일
체를 바치는 쏘베트 인민의 새로운 인간타입은 앞으로 우리 민족의 민족
적 성격을 변화시키며 창조하는데 다시없는 정형이 될 것이다.[31]

혁명 이전 제정 러시아의 인민은 근로대중은 강압과 수탈 속에서 야만적인
생활을 영위하였다. 농업국가로 대다수 근로대중이 문맹이었던 러시아가 혁
명 이후 오늘날과 같은 위대한 사회주의를 건설한 것은 레닌과 스탈린의 영
도력 밑에서 밤낮으로 건설투쟁을 전개한 소련 인민의 힘이었다. 근로대중의
국가, 인민의 국가였기 때문에 소련 인민은 개인의 이익과 사회의 이익을 분
리시키지 않고 국가의 발전을 위해 혼신의 힘을 다하였다는 것이다.[32]

리기영은 북한의 상황을 새집을 짓는 과정으로 설명하면서, 공사에는 기술
과 노력이 절대조건이나 "기술 또한 노력의 산물"이므로 가장 중요한 것은 조
국을 위해 건설에 나서는 인민들의 '근로정신'이라는 점을 재삼 언급하였다.
이때 인민들을 교양할 수 있는 유력한 무기로서 주목된 것이 문화예술의 역
할이었다.

쏘베트 문학예술의 힘은 바로 그의 창작방법인 사회주의 레알리즘에
있다. 사회주의 레알리즘은 작가로 하여금 대중을 공산주의 정신으로 교
양함에 있어서 긍정적 모범과 사회주의 모범을 밝힐 뿐 아니라 사회에 나
타나고 있는 결점 및 병적 형상들을 폭로할 수 있도록 하며 이에 있어서
현실을 새것과 낡은 것과의 투쟁을 통한 혁명적 발전의 길에서 정당하게
력사적으로 구체적으로 묘사할 수 있게 한다. 이와 같은 정당한 문학 예
술만이 진실로 높은 사상성을 가질 수 있으며 수백만 근로하는 사람들에
게 정신적 영향을 줄 수 있는 것이다.[33]

특히 북한 정권에게 전후 3개년 인민경제계획의 완수는 사활을 걸고 달성

해내야 할 목표였다. 이는 한미경제협정, 한미상호방위조약을 통해 미제국주의의 전폭적인 지원을 받고 있는 이승만 정권과의 경제전에서 승리하는 것을 의미했고, 사회주의의 초석을 놓는 것을 의미했으며, 김일성을 중심으로 한 북한 정권의 영도력을 검증하는 실험대였다. 제한된 자원을 가지고 높은 생산성을 달성해내야 하는 북한 정권의 입장에서는 당과 수령의 지도에 따라 노동자 스스로 노동생산성을 높이는데 모범을 보이고, 근검절약의 태도를 가지며, 광범한 증산운동에 앞장서야 했다.

이를 위해서는 소련의 과학기술을 전면적으로 섭취하는 것만으로는 부족했다. 전면적인 사상사업에 나서야 했다. 소련은 러시아혁명 이후 국공내전, 사회주의 경제건설, 파시즘과의 전쟁 등을 겪으면서 북한이 1945년 이후 봉착했던 상황에 대한 모든 경험적 실례를 가지고 있었고, 문화예술 작품에는 이러한 경험들이 고스란히 녹아있었다. 소련의 문화예술 작품들은 북한 정권이 필요로 하는 사상사업의 보고인 셈이었다. 북한은 소련의 기술자들을 통해 소련의 선진기술을 백방으로 섭취하고자 하였고, 소련의 문화예술 작품들을 통해 북한이 봉착한 문제에 대한 해법을 찾아내고 있었다. 이처럼 선진문화국가 소련은 1950년대까지 인적, 물질적 지원으로, 사회주의의 전범으로, 풍부한 경험의 보고로 북한에게 절대적인 영향력을 행사하는 존재였다.

4. 북한에 부는 소련문화 수용붐 : 소련을 향하여 배우라

김일성은 전쟁 전부터 북한 민주기지 발전을 저해하는 모든 문화적 반동과 무자비한 투쟁을 벌이는 한편, 소련의 사회주의 문화를 부단히 배우고 섭취할 것을 주문하였다.[34] 전술한 바와 같이 2개년 인민경제계획의 성공은 북한 국가건설을 담보하는 물질적 토대로서 낙후한 북한의 과학기술만으로는 결코 달성할 수 없는 목표였다. 소련의 사회주의적 인간형을 모범으로 "쏘련의 선진 과학기술을 섭취하는데 백방으로 노력하자"는 구호는 당시 북한 정권의 절박한 심정을 나타내주고 있다. 소련 과학기술과 문화예술의 수용은 북한 정권에게 국가건설의 성패를 가르는 잣대였다. 북한 정권은 조소경제문화협정을 기념하여 '조쏘친선과 쏘베트문화 旬間'을 지정하고 소련문화를 흡수하는 일대 운동을 벌이고자 하였다.

'조쏘친선과 쏘베트문화 순간'은 1949년 10월 11일부터 20일까지 열흘간 진행되었다.[35] 조쏘문화협회는 이 행사의 주체로써 소련사회의 우월성과 소련 인민들의 생활을 소개하는 강연회, 강좌, 좌담회, 전람회, 영화상영, 공연 등을 개최하였다. 순간 동안 협회 각급 단체에서 진행된 강연, 강좌, 좌담회는 8월말 현재까지 60,798회, 참가한 군중은 832만 명에 달하였다.[36] 조쏘문화협회는 소련인민의 "풍요로운 생활"과 사회주의 건설을 위한 소련인민들의 "영웅적인 투쟁"을 효과적으로 소개하기 위한 방안으로 사진전람회와 영화상영에 주력하였다.

중앙 뿐 아니라 전국 방방곡곡의 직장, 농촌, 학교에까지 소련인민의 생활상을 담은 사진이 전시되었고, 이동영화가 상영되어 전람회는 38,678회, 1,920여만 명, 영화는 5,560회에 걸쳐 500여만 명이 관람했다.[37] 이동예술단과 이동영화는 산간벽지까지 순회하였고, 내조한 소련예술단의 중앙과 지방의 공연을 통해 북한주민은 소련의 높은 문화수준을 실감할 수 있었다. 또한 중앙과 지방에 조직된 사회과학·문학·예술·자연과학·체육 5개 분야의 협회 분과위원회는 소련의 각 부문별 성과를 연구하고 그 성과를 일반대중에게 널리 소개하였다. 소련의 고전들이 번역, 출판되었고, 사회과학과 자연과학 서적도 보급되었다.

'조쏘친선과 쏘베트문화 순간'은 소련에 대한 호감을 증대시키는데 일조하였다. 순간을 통해 북한주민은 소련문화에 압도되었고, 민족경제와 민족문화

발전을 위해서는 소련의 과학기술과 문화예술을 연구, 섭취해야 한다는 사실을 집단적으로 공감하였다. 비록 행사가 소련 생활문화의 단면을 보여주는데 집중되었지만, 순간은 그런 의미에서 일정한 성과를 거두고 있었다.

6·25전쟁 이후 소련 과학기술과 문화예술 수용에 대한 북한 정권의 절박성은 한층 심화되었다. 폭격으로 인해 수도 평양에는 제대로 된 건물 하나 남아있지 않을 정도로 북한의 전쟁피해는 심각했다. 그럼에도 불구하고 미제국주의와 이승만 정권에 맞서 민주기지를 수호하고, 사회주의를 건설하고자 하는 북한 정권의 의지는 강렬했다. 사회주의 건설의 경제적 토대가 완전히 붕괴된 상황에서 사회주의를 건설해야 할 형편이었다. 새로운 시작이었다.

북한의 새로운 시작을 위해 1953년 9월 소련정부와 북한정부는 '쏘련정부와 조선민주주의인민공화국 정부대표단의 회담에 관한 조쏘공동코뮤니케'를 통해 10억 루블의 무상원조를 제공하고, 이를 김책제철소, 성진제강소, 남포제련소, 승호리세멘트공장, 수풍발전소, 평양방직공장의 복구와 평양건방직공장, 육류합공장, 해어통조림공장, 염산공장, 염색공장, 표백공장, 트렉터 수리공장, 중앙라디오방송국의 신설 등에 사용하기로 약속하였다.[38] 소련은 그 외에도 각종 설비와 원자재를 제공하였고, 중요 중공업 현장에는 빠짐없이 소련기사들을 파견하였다. 새로운 시작은 소련의 자금지원과 소련의 과학기술에 대한 북한의 전면적인 수용과 사회주의형 인간형의 창출을 통해 이루어질 것이었다. 이에 김일성은 직접 "쏘련을 향하여 배우라"는 교시를 내려 소련의 과학기술과 문화예술 수용의 폭과 강도를 높일 것을 주문하였다.[39]

북한 정권은 1955년에는 해방 10주년을 맞아 다시 '조쏘친선 月間'을 지정하고, 대대적인 소련문화의 흡수를 꾀하였다. 8월 1일부터 31일까지 한 달간 개최된 '조쏘친선 월간'은 인민경제복구발전3개년계획을 성공리에 완수하기 위해 기획된 행사였다. 우선 월간의 분위기가 활력에 넘치도록 각 도시군 소재지들과 중요 직장, 건설 현장에는 월간을 경축하는 각종 전기 장식들과 아치들이 설치되었고, 플랜카드가 나부꼈으며, 담배, 수건, 성냥, 기념우표, 엽서, 친선 뺏지, 상표 등 월간의 기념하는 일용상품들이 제작되었다. 상설·가두 전람회에는 소련인민의 생활 중 각 부문 건설 모습을 담은 사진들이 전시되었다. 조선인민을 해방시키기 위한 전투에 위대한 소련군대가 세운 불후의 업적을 회상할 수 있는 전적지와 해방 탑, 기념비 및 묘지들을 참관하거나, 조선인민의 전후 복구 건설에서 소련의 원조에 의해 건설되는 공장, 기업소, 기타 건설 현장에 주민들이 참관하는 행사도 이어졌다.[40]

또한 각 예술단체와 써클에서는 소련 희곡과 음악, 무용을 감상하고, 조소친선을 주제로 하는 시, 소설, 희곡, 수필, 동화, 조각, 수예 및 공예품들을 창작하는 운동이 광범히 전개되었고, 조소친선을 주제로 하는 작품들이 현상공모되었다. 소련영화축전이 개최되어 개막 이후 1개월 동안 전국적으로 1만 6천여 회에 걸쳐 연인원 450여만 명이 소련영화를 감상하였다. 소련도서와 간행물 및 문예작품에 대한 소개 선전과 독서사업도 활발히 진행되었다. 북한주민들에게 널리 애독되고 있던 『강철은 어떻게 단련되었는가』, 『청년근위대』, 『개간된 처녀지』, 『주르빈 일가』 등은 이 기간에 더욱 많이 읽혀질 수 있도록 장려되었다. 10주년 기념 체육축전에는 소련인민들에게 보내는 감사의 편지 전달 계주가 조직되었고, 친선야회, 좌담회, 체육회, 소련예술단의 순회공연 등 다채로운 행사가 개최되었다.[41]

1955년은 3개년계획의 2년차로서 계획의 성패는 1955년 이후의 상황에 달려있었다. 그러나 소련과 북한의 사회경제적 상황과 기술수준이 다르므로 소련의 기술을 북한에 바로 이식할 수는 없었다. 1954년 말 인민경제복구발전 3개년계획의 1차년도 성과를 평가하면서 조선노동당에서는 목표는 초과 달성했지만 형식적으로 소련기술을 수용하는 행태에 대한 비판이 일었다. 당시 북한의 오체르크에는 소련기술자와 기술적인 문제로 의견충돌을 빚는 북한노동자의 모습이 형상화되곤 하였다. 이 오체르크는 결국 북한노동자의 주장이 소련에서는 오래 전에 검증된 낡은 기술로 판명되었고, 북한의 노동자가 자기반성을 하고 소련의 새로운 기술을 수용하는 내용으로 끝을 맺는다.[42] 이는 당시 북한의 분위기가 얼마나 소련기술의 적용에 사활을 걸고 있었는지를 보여준다.

북한주민들로 하여금 전쟁으로 피폐해진 북한의 현실을 타개하기 위해 오늘보다 내일의 공산주의 이상을 생각하고 전후복구에 나서는 사회주의 인간형으로서 최고수준을 자랑하는 소련의 과학기술을 '나의 것', '북한의 것'으로 만들도록 하는 것이 '조쏘친선 월간'의 목표였다. 따라서 이 모든 행사는 북한주민이 단순히 구경꾼으로서 머물지 않고 새로운 인간형으로서, 낡은 문화를 버리고 소련문화를 적극 수용하여 '증산의 주체로 서는 결의'를 다지도록 기획되었다. 행사를 전후하여 인민경제복구발전3개년계획의 완수 및 초과완수를 위한 8·15경축 증산경쟁운동이 확대 강화되었고, 경제 각 분야에서 소련의 기술을 도입한 생산혁신자들의 작업방법과 경험들을 연구하는 사업이 진행되었다. 그리고 전국 각지에서 개최된 강연, 담화, 보고, 연구회는 소련인민들이 달성하고 있는 성과들을 체계적으로 소개하는 것과 더불어 그 경험을 어떻게 북한에 적용할 것인가 하는 문제에 맞추어졌다.

월간을 경험한 주민들은 '소련 인민들처럼' 적에 대한 투철한 적개심과 근로인민으로서의 자각, 개인보다 혁명의 이익을 우선시하는 새로운 인간형으로 거듭날 것을 결의하였다.[43] 이는 소련영화축전에 대한 영화감상문을 통해 엿볼 수 있다.

- 희천자동차부속품공장 기사 김명호 : "영화 「대가정」은 행복과 삶의 가치로 충만된 쏘련 로동자의 한 가정에 대한 이야기이다. 여기에서 내가 특히 느낀 것은 이 가장 매 인원의 노력에 대한 성실하고 꾸준한 태도이다."
- 함흥제1고중학생 임재순 : "「혁명가 오워드」는 나로 하여금 조국애에

더한층 불타게 하였다…우리 청년들도 오워드처럼 조국을 위하여 강인
하게 싸워 이겨야 하리라는 것을 다시금 느꼈다. 오워드에게 있어서는
조국보다 더 귀중한 것이 없었다. 그는 개체의 리익을 혁명의 리익에
완전히 복종시켰다. 나도 오워드처럼 강한 사람이 되기 위하여 성격을
단련시키겠다."

- 경비대원 김용세 : "나는 쏘련영화「위험한 오솔길」을 감사하고 원쑤들
  에 대한 혁명적 경각성을 제고해야 될 필요성을 다시금 깊이 느끼었
  다…나는 철도 경비대원으로서 철도를 파괴하려는 간첩을 적발 분쇄하
  는데 더욱 예리한 눈초리를 돌려야 한다는 것을 이 영화를 통하여 더
  욱 느끼었다."[44]

'조쏘문화월간'은 1955년 8월 한 달간 개최되었지만 북한 정권은 이후 소련
의 과학기술을 '나의 것', '북한의 것'으로 만들어 인민경제복구발전3개년계획
을 완수하고자 하는 사업에 박차를 가하였다. 북한주민들은 북한 정권이 권
고하는 길을 따라 다음과 같이 건설의 '고귀한 모범'과 '사회주의 건설의 원동
력'을 창출하고 있었다.

- 황해제철소 : 쓰딸리노 쓰딸린 공장의 혁신 노동자들의 고귀한 경험을
  본받아 보수시간 단축.
- 남포제련소 : 쏘련의 선진기술로 무장시키는 것을 선차적이며 기본적
  인 과업으로 내세워 쏘련의 선진적인 방식대로 풍압 조절, 단위 시간당
  용해량을 일제시대의 최고수준보다 30%이상 제고
- 콤바다 직장 정련공 : 정련물의 성분조성에 따르는 온도의 조절에서 과
  거의 고식적인 방법을 퇴치하고 쏘련의 방법을 도입한 결과 정련시간
  을 과거보다 40% 단축
- 북중기계제작소 : 꼴레쏘브의 고속도 강력 절삭법을 100마력 열구기관
  의 피스톤과 실린더 가공에 적용함으로써 종전 64시간의 피스톤 가공
  시간을 17시간 30분으로, 실린더 가공시간을 48시간으로부터 21시간
  으로 각각 단축

- 낙원기계제작소 : 휴갈 펌프, 샤후르 가공 작업에서 꼴레쏘브 방법을
  적용하여 종전의 6시간 소요시간은 단 55분에 가공
- 평양제사공장 조사공 김옥순 노력영웅 : 쏘련의 선진조사방법을 도입,
  적용하여 3개년 인민경제계획을 1년 반에 초과 완수하고 62톤의 면사
  절약
- 성흥광산 착암공 최벽삼 노력영웅 : 쏘련의 선진적 착암방법과 발파방
  법을 창조적으로 도입 적용하여 지난해 2월말 현재로 3개년계획 완수
- 평북 태천군 진남리 신도농업협동조합 도재훈 노력영웅 : 협동조합원
  들을 적극 조직추동하여 지난 해 35정보의 황무지 개간, 정당 평균 3톤
  25키로그램의 옥수수와 정당 평균 1톤 500키로그램의 담배 수확
- 황해제철소 제강 직장 노동자 : 쏘련의 아모쏘브 고속도 용해 방법을
  창조적으로 적용하면서 종전보다 용해시간을 2시간 단축, 한로에서 1
  회 평균 10톤 더 증산[45]

　이는 북한이 1955년 단계에 들어서면 소련문화의 전면적인 수용에 성공하
고 있음을 보여주는 한편, 일정하게 소련경험을 자기화하고 있음을 반증하는
것이었다.

　'조쏘친선과 쏘베트문화 순간', '조쏘친선 月間'을 거치면서 소련을 배우자
는 운동은 사회의 모든 분야로 확산되었다. 소련을 직접 여행하고 돌아온 학
자와 작가들은 소련의 운하 · 대학 · 박물관 · 공장 및 도시풍광, 높은 생활수
준을 가진 소련 인민들의 생활상을 보고 느낀 생생한 감동을 북한주민들과
공유하였다.[46] 교원들은 『교원들에게 주는 참고자료』 시리즈를 통해 얻은 소
련의 구체적인 교육사례와 경험을 북한 교육 일선에 적용하였다.[47] 소련의
사회주의 경제운영 경험 또한 가격과 요금체계, 수매방식에 대한 구체적인
사례집들을 통해 북한에 고스란히 이식, 적용되었다.[48]

　북한 정권은 사회주의적인 인간형으로 거듭나 건설에 매진하는 근로 대중
과 당, 수령의 굳건한 결합이야말로 남한 자본주의와 맞서 북한에 사회주의

를 성공적으로 건설할 수 있는 힘이라고 생각하였다. 전쟁과 전후복구, 건설이라는 국가적 과제 앞에서 개인의 이익에 앞서 사회와 국가의 이익을 먼저 생각하고 스탈린의 영도를 따라 건설에 매진하는 소련 인민의 모습은 소련의 시, 소설, 영화를 통해 북한주민에게 반복적으로 각인되었다. 김일성의 영도력은 스탈린의 영도력을 중심으로 한 '사회주의 쏘련'의 이미지 속에서 오히려 강화되고 있었다.[49]

5. 맺음말

한말 한국인에게 각인된 러시아의 이미지는 "전제정치를 자행하는 후진제국주의 국가", "침략적 본성을 드러낸 제국주의 국가"였다. 러일전쟁은 이를 증명하는 증거였다. 러일전쟁의 패배로 인해 러시아는 한반도를 포기해야 했지만, 한국인들에게 각인된 러시아의 "침략적 이미지"는 그대로 남았다.

러시아혁명 이후 이러한 인식은 변화하기 시작하였다. 소련정부는 식민지 조선 및 중국에서의 민족해방운동과 각국 공산당에 대한 이데올로기적인, 물질적인 보루로서의 역할을 수행하였고, 한국인 중 소련을 노동자 · 농민이 주인 되는 국가로, 민족해방운동의 강력한 후원자로 인식하는 사람들이 늘어나기 시작하였다. 일본은 정보사상전을 전개하여 소련을 철권통치를 자행하는 독재국가, 소수민족을 탄압하는 적색제국주의 국가로 선전함으로써 한국인들이 소련에 심리적으로 경도되는 것을 차단하고자 하였다.

해방 후 소련군은 해방군으로, 조선의 자주권을 보장하고, 민주주의적인 발전을 담보하는 유일한 세력으로 묘사되었다. 붉은 군대의 원조를 받는 해방구 북한과 강압적인 미군의 지배하에 친일파가 판을 치는 남한이라는 대비 속에 소련의 입지는 한층 강화되었다. 일본 제국주의로부터 조선민족을 해방시켜준 해방자로 묘사되었던 소련은 1949년부터는 친선애호국가로서 프롤레타리아 국제주의의 체현자, 선진문화국가로 재등장하였다. 북한 정권은 국가건설과 통일을 위해 소련의 지원과 협력에 절대적으로 의존해야 했고, 북한 주민들에게 남아있던 후진제국주의 국가, 적색제국주의의 이미지를 불식시켜야만 했다. 북한 정권의 이미지 전략을 통해 소련은 북한주민들의 마음에 적색제국주의 국가의 이미지를 벗고, 평화적인 국제주의의 체현자로, 근로대중의 이익을 옹호함으로써 선진 문화예술과 과학기술의 꽃을 피운 선진문화국가로 재인식되고 있었다.

건국의 물적 토대가 취약했던 북한 정권에게 소련은 조소경제문화협정을 통해 인적, 물적 지원을 약속하였고, 6·25전쟁 시기에는 차관 변제, 전후에는 인민경제복구발전3개년계획 추진을 위한 10억 루블 무상지원과 기술적, 인적 지원을 아낌없이 제공하였다. 이러한 지원은 북한 사회주의 건설의 토대가 되었다. 전쟁에도 불구하고 기어이 사회주의 혁명을 완수하겠다는 투철한 의지, 사회주의 국가 건설에 대한 기대 속에 소련은 "우리가 따라 배우면서 도달해야 할 이상향"이 되어 있었다. 북한은 '사회주의 쏘련'의 이미지를 통해 전후재건과 사회주의 국가건설의 길을 찾고자 하였다.

북한 정권은 조소경제문화협정 이후 '조쏘친선과 쏘베트문화 순간', '조쏘친선 월간'을 지정하여 소련문화를 흡수하는 일대 운동을 전개하였다. 1949년의 '조쏘친선과 쏘베트문화 순간'이 북한주민들의 소련에 대한 호감을 증대시키고, 선진적인 소련문화 흡수에 대해 동기를 불러일으켰다면, 1955년의 '조쏘친선 월간'은 소련문화를 '나의 것'으로 체화하도록 기획되었다. 월간을 경험한 주민들은 '소련 인민들처럼' 적에 대한 투철한 적개심과 근로인민으로서의 자각, 개인보다 혁명의 이익을 우선시하는 사회주의 인간형으로 거듭날 것을 결의하였다.

열광적인 소련문화 수용 붐 속에서 북한 정권이 수용하고자 했던 '사회주

의 쏘련' 이미지의 핵심은 당과 수령의 지도력과 사회주의적으로 무장한 인민
의 결합이었다. 북한 정권은 당과 수령의 지도력과 건설사업을 헌신적으로
수행하는 근로대중의 굳건한 결합이야말로 남한 자본주의와 대결하면서 사회
주의를 건설할 수 있는 힘이라고 생각하였다. 북한 정권은 소련이 갖고 있는
사회주의의 내용 속에서 특히, 스탈린을 중심으로 한 유일영도체제를 북한의
살아있는 교범으로 생각하였다. 전쟁과 전후복구, 사회주의 국가건설이라는
국가적 과제 앞에서 개인의 이익을 헌신하고 스탈린의 영도를 따라 건설에
일로 매진하는 소련 인민들의 모습은 김일성의 영도를 따라 전후 재건과 사
회주의 건설에 피와 땀을 바쳐 매진해야 하는 조선 인민들의 모습, 바로 그것
이었다.

■■■ 주석 ■■■

1 북한은 해방 후 소련과, 전쟁을 겪으면서 중국과 긴밀한 관계를 형성하였다. 또한 북한의 사회주의자들 다수는 민족해방운동 과정에서 중국공산당 당적을 가지고 활동하였다. 그러나 이글은 북한의 소련의 이미지를 다루는 글이므로 중국이라는 요소를 배제하였음을 밝혀둔다.

2 와다 하루키, 「소련의 대한정책」, 『분단전후의 현대사』, 일월서각, 1983 ; 이삼성, 『미국의 대한정책과 한국 민족주의 : 광주항쟁 민족통일 한미관계』, 한길사, 1993 ; 김성보, 「소련의 대한정책과 북한에서의 분단질서 형성, 1945~1946」, 『분단 50년과 통일시대의 과제』, 역사비평사, 1995 ; 기광서, 「해방 후 소련의 대한반도정책과 스티코프의 활동」, 『중소연구』제26권 제1호, 한양대학교 아태지역연구센터, 2002 ; 정용욱, 『해방 전후 미국의 대한정책 : 과도정부 구상과 중간파 정책을 중심으로』, 서울대학교 출판부, 2003 ; 찰스 암스트롱, 「북한 문화의 형성 : 1945~1950」, 경남대학교 북한대학원, 『북한현대사 1』, 한울아카데미, 2004 ; 신효숙, 「소련군정기 북한의 교육개혁」, 경남대학교 북한대학원, 『북한현대사 1』, 한울아카데미, 2004 ; 박태균, 『우방과 제국, 한미관계의 두 신화 : 8 · 15에서 5 · 18까지』, 창비, 2006 ; 허은, 『미국의 헤게모니와 한국 민족주의 : 냉전시대(1945~1965) 문화적 경계의 구축과 균열의 동반』, 고려대학교 민족문화연구원, 2008.

3 기광서, 위의 논문 ; 찰스 암스트롱, 위의 논문 ; 신효숙, 위의 논문 ; 김광운, 『북한 정치사 연구 I : 건당 · 건국 · 건군의 역사』, 선인, 2003 참조. 해방 직후 소련의 북한 점령정책과 소련파 주요인물에 대해서는 김광운의 책에 자세히 서술되어 있다.

4 김재용, 『북한 문학의 역사적 이해』, 문학과지성사, 1994 참조.

5 현재 국내에 소장되어 있는 『朝蘇文化』, 『조쏘친선』, 『조쏘문화』는 모두 국사편찬위원회 소장본이다.

6 리기영, 「지상지엄의 사명」, 『朝蘇文化』 1946년 9월호, 6쪽.

7 1949년 10월 제1호가 발행된 계간 이론잡지 『朝蘇文化』에는 조쏘문화협회 중앙위원회 정기간행물 목록이 수록되어 있다. 旬間 『조쏘문화』(타블로이드판)―10일간 속보, 『조쏘친선』(4 · 6배판)―월간대중잡지, 『朝蘇文化』(국판)―계간 · 이론잡지가 그것이다. 계간 『朝蘇文化』의 발행인은 李箕永, 책임주필은 朴吉龍, 편집인은 趙基弼이었고, 편집위원은 朴容善, 李鍾律, 李斗演, 金龍必, 趙基弼, 金禮鏞, 吳德淳이었다.

8 1954년 이후의 『조쏘문화』는 권두언, 위대한 소련, 친선의 기치 밑에서, 평론 및 시 · 소설을 기본구조로 하고 신간소개 및 독자의 편지 등을 추가하는 방식으로 구성되었다.

9 물론 이 자료의 한계 또한 분명하다. 그러나 북한 정권의 여러 기관과 단체에서 발행하는 잡지 외에 북한주민의 생각을 온전히 드러내주는 매체를 구할 수 없는 상황에서 소련문화의 수용과 선전에 가장 적극적이었고, 독자의 편지를 수록하는 이 잡지를 통해 그 단면을 살펴볼 수 있을 것이다.

10 러시아의 남진을 막기 위해 영국과 미국은 일본과 제휴하고자 하였다. 일본의 군사정책은 영국, 미국의 지원을 받고 있었고, 여론작업 또한 일본뿐 아니라 영국, 미국과의 합작품이었다.

11 영국, 미국, 일본의 대러시아 여론공작을 가장 적극적으로 내면화한 이가 이승만이다. 그
   는 러시아를 전제국가의 전형으로 인식하였다. 그는 청일전쟁 이후 삼국간섭에 의해 일
   본이 요동에서 물러나게 되고 러시아가 요동지역에 영향력을 형성하게 된 상황을 설명하
   면서 "러시아로 말할진대, 당초에 시베리아 철도를 놓을 적에 그 원하던 바 여기까지 미
   치지 못하였다가 일조에 총 한방 아니놓고 피 한점 아니 흘리고 아세아 동편에 한없이
   광활하고 한없이 기름진 토지를 점령하여 대한과 청국의 중간을 걸쳐 앉으며 얼음이 얼
   지 않는 여순항구를 차지하여 동양의 해류권을 임의로 조종하니 러시아의 다행은 실로
   말할 수 없으나 천하에 범 같은 욕심이 어찌 요동반도를 먹는 것으로만 풍족히 여기리오"
   라고 하여 러시아의 아시아에 대한 침략의도를 지극히 경계하였다. 그의 반소·반공의식
   은 이러한 반러의식의 연장선 속에서 형성된 것이었다(이승만,『독립정신』, 국학자료원,
   1999 영인본 참조).

12 김인수, 「1930년대 후반 조선주둔일본군의 대소련, 대조선 정보사상전」,『한국문학연구』
   제32집, 동국대학교 한국문학연구소, 2007 참조.

13 김동철, 「조선민족의 해방자 붉은 군대」,『朝蘇文化』1946년 9월호, 130쪽.

14 기광서, 「8.15해방에서 소련군 참전 요인과 북한의 인식」,『북한연구학회보』제9권 제1호,
   북한연구학회, 2005, 11~12쪽.

15 홍순철, 「쏘베트군대의 위대한 은공은 천추만대로 길이 찬양될 것이다」,『조쏘친선』
   1950년 2월호, 7쪽.

16 이청원, 「파시즘이 난무하는 남조선」,『朝蘇文化』1946년 9월호, 151~153쪽.

17 김오성, 「민족문화발전의 새단계 : 조쏘협정에 관련하여」,『朝蘇文化』1949년 5월호.

18 방기중, 「백남운의 《쏘련印象》과 정부수립기 북한사연구」,『쏘련인상』, 선인, 2005, 영
   인본, 284쪽.

19 김광운,『북한 정치사 연구Ⅰ : 건당·건국·건군의 역사』, 선인, 2003, 71~72쪽 참조.

20 『슈띄꼬프 비망록』1946년 12월분 참조.

21 백남운,『쏘련印象』, 선인, 2005, 영인본, 205~206쪽 ; 김일성, 「조쏘 량국 간의 경제적
   및 문화적 협조에 관한 협정 체결 1주년에 제하여」,『근로자』1950년 5월호.

22 김오성, 「민족문화발전의 새단계 : 조쏘협정에 관련하여」,『朝蘇文化』1949년 5월호, 24~
   28쪽.

23 김정, 「해방 직후 반공이데올로기의 형성과정」,『역사연구』제7호, 역사학연구소, 2000
   참조.

24 「권두언 : 10월혁명과 조선인민의 해방」,『조쏘친선』1949년 11월호, 3쪽.

25 이승만, 「세 가지 정치 구별」,『독립정신』, 국학자료원, 1999, 영인본.

26 태성수, 「현대 쏘련 문화의 동향 (완)」,『朝蘇文化』1946년 9월호, 91쪽.

27 김일성, 「친애하는 조선의 과학자 문학자 예술가들에게」,『朝蘇文化』1946년 9월호, 9쪽.

28 태성수, 「현대 쏘련 문화의 동향 (완)」,『朝蘇文化』1946년 9월호, 93쪽.

29 ㄱㅊㅇ생, 「쏘련에 있어서의 사회주의적 문화발전」,『朝蘇文化』1946년 9월호, 102쪽.

30 홍순철, 「영구불멸할 쏘련과의 친선협조는 우리 조국발전의 승리적 담보이다」,『조쏘친
   선』1949년 10월호, 7쪽 ; 「권두언 : 10월혁명과 조선인민의 해방」,『조쏘친선』1949년

11월호, 3~5쪽 ; 박길룡, 「조쏘친선과 쏘베트문화순간 총화에 대하여」, 『조쏘친선』 1949년 12월호, 11쪽 ; 「권두언 : 〈조쏘량국간에 체결된 경제적 및 문화적 협조에 관한 협정〉은 우리에게 무엇을 주었는가」, 『조쏘친선』 1950년 3월호 ; 「소베트 문화의 활발한 섭취를 위하여」, 『조쏘문화』 1954년 9월호, 7쪽 ; 「10월 혁명과 쏘련에서의 사회주의 문화의 발전」, 『조쏘문화』 1954년 11월호, 6쪽 ; 홍명희, 「위대한 쏘련 인민과의 친선 단결을 더욱 강화하자」, 『조쏘문화』 1955년 1월호, 9쪽.

31 김오성, 「민족문화발전의 새단계 : 조쏘협정에 관련하여」, 『朝蘇文化』 1949년 5월호, 29쪽.

32 리기영, 「건국사상총동원운동과 쏘련인민의 근로생활」, 『朝蘇文化』 1947년 7월호, 15쪽.

33 「근로자들 속에서 쏘베트 문학 예술 작품의 보급사업을 활발히 전개하자」, 『조쏘문화』 1954년 10월호, 4쪽.

34 김일성, 「친애하는 조선의 과학자 문학자 예술가들에게」, 『朝蘇文化』 1946년 9월호, 10쪽.

35 「권두언 : 〈조쏘친선과 쏘베트문화순간〉에 대하여」, 『조쏘친선』 1949년 10월호.

36 박용선, 「조쏘친선과 쏘베트 문화순간에 있어서의 협회사업의 성과」, 『조쏘친선』 1949년 11월호, 8쪽.

37 박용선, 위의 글, 9쪽.

38 김연철, 『북한의 산업화와 경제정책』, 역사비평사, 2001, 73~74쪽.

39 김일성, 「모든 것은 전후 인민경제 복구발전을 위하여 : 1953년 8월 8일 조선로동당 중앙위원회 제6차 전원회의에서 진술한 결론」, 『전후 인민경제 복구발전을 위하여』, 평양: 조선로동당출판사, 1956(김연철, 『북한의 산업화와 경제정책』, 역사비평사, 2001에서 재인용).

40 리기영, 「'조쏘 친선 월간' 준비사업을 성과있게 진행하자」, 『조쏘문화』 1955년 6월호.

41 리기영, 위의 글.

42 오현, 「원동력」, 『조쏘문화』 1954년 11월호, 29쪽 참조.

43 함충범은 북한 정권이 영화가 가진 대중적 파급력에 주목하여 이를 가장 중요한 선전선동 도구로 이용했으며, 대중교양과 대중동원에 가장 부합한 매체가 영화라는 인식을 가지고 있었다고 언급하였다(함충범, 「종파분쟁기 북한영화 연구」, 『영화연구』, 2007년 9월호, 178쪽).

44 김원봉, 「우리 생활에서의 쏘베트 영화」, 『조쏘문화』 1955년 10월호에서 재인용.

45 김인식, 「고귀한 모범」, 『조쏘문화』 1956년 1월호, 27~28쪽 ; 「우리 힘의 원천」, 『조쏘문화』 1956년 3월호, 11쪽. 이러한 모범은 윤세중의 「시련 속에서」와 같은 소설 속에서도 형상화되었다. 윤세중 소설의 구체적인 내용에 대해서는 신형기·오성호, 『북한문학사』, 평민사, 2000, 188~190쪽 참조.

46 백남운, 『쏘련印象』, 평양: 조선역사편찬위원회, 1950 ; 리기영, 『공산주의 태양은 빛난다』, 평양: 조쏘출판사, 1954.

47 데·에쓰·쉐웰긴, 베·웨·리꾸닌, 『교원들에게 주는 참고자료 11. 자작기구에 의한 물리실험』, 평양: 교육도서출판사, 1956 ; 게·이·쉘린스끼, 『교원들에게 주는 참고자료 15. 유기 화학 학습에서의 련습 과제』, 평양: 교육도서출판사, 1956 ; 아·아·껠리슈반(모쓰크바 쓰웨르들롭 구역 635학교 교무주임), 『교원들에게 주는 참고자료 19. 학교 교

육 방법 연구 사업 조직, 학생 성적과 지식에 대한 학교 지도 간부들의 기본 검열 방법』, 평양: 교육도서출판사, 1956 ; 이 · 느 · 까잔쩨브, 오 · 이 · 이린스끼, 『교원들에게 주는 참고자료 21. 교원집단과 학교 사업 조직체 내에서의 그의 역할, 학교장과 교무 주임의 사업 내용 및 사업방식』, 평양: 교육도서출판사, 1956 ; 게 · 이 · 쉘린스끼, 『교원들에게 주는 참고자료 25. 학교에서의 삐오네르 사업 경험 연구』, 평양: 교육도서출판사, 1956 ; 에스 · 엘 · 발리드가르드, 『학교에서의 과학적 무신론적 교양, 표창과 처벌』, 평양: 교육도서출판사, 1957 참고.

48 르 마이젠베르그 저, 김이수 역, 『쏘련인민경제에 있어 가격의 형성』, 평양: 국립출판사, 1954.

49 그런 점에서 당시 북한주민이라면 모르는 이 없다는 「스딸린 간따따」의 노랫말을 소개한다. "이 땅의 끝에서 끝까지/ 산머리를 따라/ 자유의 수리개 날아다니는 곳/ 영명하고 친애한/ 우리 스딸린에게/ 인민은 아름다운 노래를 보내네." 리면상은 북한주민이 스탈린에 대한 무한한 흠모의 정을 가지고 있다고 설명하면서 스탈린을 '인류의 태양'이라고 불렀다(리면상, 「우리 인민들은 쏘련 노래를 즐겨부른다」, 『조쏘문화』 1955년 1월호, 43쪽). 한편, 전상우는 「삶의 노래」라는 시를 통해 레닌―스탈린―김일성이 연결되는 연상구조를 보여주고 있다. "우리의 심장속 가장 깊은 자리에/ 의연히 서 계신 경애하는 그 이름/ 그 이름 울린다, 이 나라 삼천리에/ 원쑤에겐 무서운 공포와 실망으로/ 인민에겐 투쟁의 깃발과 노래로!/ 크레믈린 종소리 은은한 모쓰크바/ 위대한 레닌 쓰딸린의 광망을 이어/ 보라, 그 이름 이 땅에 높이 울린다/ 사회주의 건설의 보람 큰 길 우에서/ 인민은 부른다, 영광의 그 이름/ 우리의 평화 우리의 행복 김일성 원수!/ 영원한 영원한 우리 삶의 노래여!"(전동우, 「삶의 노래」, 『조쏘문화』 1955년 4월호, 44쪽). 이 연상구조 속에서 스탈린이 '**인류의 태양**'으로 형상화되었듯이 이후 김일성은 '**민족의 태양**'으로 형상화되었다.

조선노동당의 집단주의 생활문화 정착 시도[*]

김진환[**]

1. 머리말 : '생활문화'의 개념화

삼팔선은 삼팔선에만 있는 것이 아니다/ 당신이 걷다 넘어지고 마는/
미 8군 병사의 군화에도 있고/ 당신이 가다 부닥치고야 마는/ 입산금지의
붉은 팻말에도 있다/ 가까이는/ 수상하면 다시 보고 의심나면 짖어대는
네 이웃집 강아지의 주둥이에도 있고/ 멀리는/ 그 입에 물려 보이지 않는
곳에서/ 죄 안 짓고 혼쭐나는 억울한 넋들에도 있다(김남주의 시 「삼팔선
은 삼팔선에만 있는 것이 아니다」 중에서).

시인 김남주는 "삼팔선은 삼팔선에만 있는 것이 아니다"라는 절창(絶唱)으

글은『북한연구학회보』제14권 제2호에 실린 논문 중에서 '생활문화' 개념을 수정 · 보
완한 글입니다.
** 건국대학교 통일인문학연구단 HK연구교수

로 '분단'이 단순히 지리적으로만 정의되는 개념이 아니라는 사실을 깨우쳐준다. 분단을 지리적·정치적으로 정의하면 "단일한 국가를 형성하지 못한 채 휴전선을 경계로 두 개의 정치적 대표체1가 각 지역 주민의 정치적 의사를 대변하고 있는 상태"를 가리킨다고 말할 수 있다. 또한 경제적으로 분단은 "재화의 생산·분배구조가 휴전선을 경계로 서로 연결되지 않은 채 독자적으로 형성되어 있는 상태"로 정의할 수 있을 것이다.

그렇다면 문화적 측면에서 분단은 어떻게 정의할 수 있을까? 결론부터 말하면 문화적 분단이란 "각 지역의 지배집단이 주도적으로 수행해 온 사고방식과 행위양식 '차이'의 확대과정"이라고 정의할 수 있다. 이러한 정의는 먼저, 문화란 사회의 구성원이 만들어내고 향유하는 사고방식과 행위양식의 총체2라는 정의에 기반하고 있다. 다음으로, 문화 형성의 주도성이 권력집단에게 있다는 인식을 전제한다.

물론 어떠한 사회에서도 '권력 있는 자'가 '권력 없는 자'의 사고와 행위를 완벽히 결정짓지는 못한다.3 그렇지만 권력이 자신의 의지를 타인의 저항에 거슬러서라도 관철시킬 수 있는 가망성이고, 지배는 이러한 가능성이 명령과 복종이라는 구체적인 형태로 실현되는 상태라고 정의해 볼 때,4 권력 있는 자가 권력 없는 자에게 사고와 행위의 방향을 제안하고 이를 따르도록 할 가능성은 매우 높다. 따라서 맑스, 베버 이래 지배―피지배관계에 깊은 관심을 기울였던 연구자들은 지배집단이 자신이 '선호하는' 사고방식과 행위양식을 피지배집단의 사고방식과 행위양식에 어떻게 침투(浸透)시키는지를 해명하는데 주력해왔다. 곧 지배집단이 자신의 이데올로기5가 반영된 문화를 어떻게 피지배집단에게 정착시키려 시도했는지가 지배―피지배 관계의 중요한 연구 주제로 자리 잡아왔던 것이다.

그런데 이와 관련해 주목할 점은 지배집단이 자신이 선호하는 생활문화6를 피지배집단에 정착시키려는 시도가 언제나 특정한 정치·경제구조에 대한

'기획'과 함께 이루어진다는 사실이다.

이러한 사실을 이해하기 위해서는 먼저 사람의 '생활'에 대한 인식이 필요하다. 생활(life)의 사전적 정의는 "정해진 환경에서 살아감", "하루하루 생계를 꾸림"이다. 달리 표현하면, 사람의 생활이란 살아 있는 동안 누군가에게 영향을 끼치거나 영향을 받고(정치),[7] 무언가를 생산·분배·소비하는(경제)[8] 행위의 연속이라고 말할 수 있다. 물론 사람의 생활은 정치적 행위와 경제적 행위로 환원되지 않는다. 예를 들어 누군가가 '아름다움'을 표현하기 위해 하는 예술적 행위는 정치적 행위나 경제적 행위에 대해 독자적 의의를 갖는다고 말할 수 있다. 하지만, 예술작품을 전문적으로 창작하는 이들까지 포함해 사회 구성원의 생활에서 정치적·경제적 행위가 가장 '핵심적인' 요소라는 점은 부정할 수 없다.

예를 들어 시간상으로는 예술가가 판매업 종사자나 제조업 종사자에 비해 정치적·경제적 행위를 당연히 덜할 것이다. 판매업 종사자는 회사에 머무를 때 뿐 아니라 회사 밖에 있거나 퇴근해서도 누군가에게 물건을 팔기 위해 끊임없이 정치적 행위를 해야 하고, 제조업 종사자는 팔릴 물건을 만들기 위해 많은 시간 동안 경제적 행위를 해야 한다. 반면에 예술가는 자신의 주업인 예술 활동을 하는 시간만큼은 정치적·경제적 행위를 하지 않기 때문이다. 그렇다 하더라도 예술가의 생활 역시 정치적·경제적 행위 없이는 결코 이루어질 수 없다. 예술가도 자신의 작품을 더 많은 사람들이 감상할 수 있도록, 또는 작품을 팔기 위해서 누군가에게 전화를 하고, 이메일을 보내고, 누군가를 만나야 한다. 또한 예술가도 집과 옷과 먹을 것을 소비해야만 살아갈 수 있다.

따라서 사람의 생활은 자신의 생활 결과 만들어진 특정한 정치·경제구조 '위'에서, 또는 특정한 정치·경제구조의 끊임없는 영향력 속에서 이루어진다고 말할 수 있다. 그리고 바로 이러한 사실 때문에 사회의 지배집단은 어떠한 정치·경제구조가 자신이 바람직하다고 생각하는 '생활문화'를 침투시키는데 유리한지, 그러한 생활문화를 확산시키기 위해선 앞으로 어떠한 정치·경제 구조가 만들어져야 하는지 등을 지속적으로 고민할 수밖에 없는 것이다.

생활문화는 크게 '광의의 생활문화'와 '협의의 생활문화'로 구분해볼 수 있는데, 전자는 당대 사회 구성원이 살아가며 창조·향유하는 문화 중에서도 특정한 조건에 따라 창조·향유가 제한되지 않고 '보편적으로' 창조·향유하는 문화를 가리키며,9 후자는 광의의 생활문화 중에서도 일상적인10 정치적·경제적 욕구충족과 관련된 문화만을 가리킨다. '광의의 생활문화'에는 의식주문화, 가족·친족생활문화, 경제생활문화, 여가생활문화, 언어생활문화, 교육문화, 신앙생활문화, 의례와 세시풍속이 포함되며, 이 중에서 일상적이지 않고, 정치적·경제적 욕구충족과 직접 관련되지 않는 의례와 세시풍속을 제외한 것이 '협의의 생활문화'다. 이 글에서는 해당 사회의 정치·경제구조와 직접적으로 연관되는 협의의 생활문화를 논의 대상으로 삼을 것이다.11

결론적으로 사회에서 지배집단은 바람직한 생활문화의 내용을 마련하는 것뿐 아니라 이를 피지배집단에게 내면화시키는데 적합한 정치·경제구조의 창출을 함께 모색하고, 피지배집단은 지배집단의 문화적 규범에 동조하거나 또는 대안적 규범을 마련하면서 동시에 지배집단의 정치·경제구조 기획을 현실화시키거나 어긋나게 만드는 과정이 끊임없이 반복된다고 볼 수 있다. 이러한 현실을 도식화한 것이 〈그림 1〉이다.

아래에서는 이 분석틀(〈그림 1〉)을 이용해 북한 지배집단이 해방 이후 1950년대를 거치면서 집단주의 생활문화를 주민들에게 어떻게 정착시키려 했는지를 분석해 볼 것이다.12 좀 더 구체적으로 소개하면, 먼저, 북한 지배집단이 인민들의 일상생활에 침투시키려 했던 생활문화의 내용이 무엇이었는지 알아볼 것이다. 다음으로, 1950년대 집단주의 생활문화의 침투 과정을 크게 네 단계로 나눠, 지배집단이 집단주의 생활문화와 친화성을 갖는 정치·경제구조를 어떻게 갖춰나갔고, 이러한 정치·경제구조가 집단주의 생활문화

침투에 어떠한 영향을 끼쳤는지 확인해보겠다.

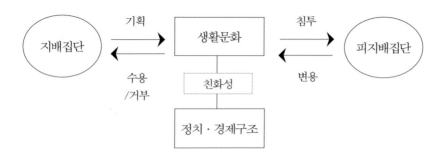

〈그림 1〉 생활문화와 정치 · 경제구조의 구성

2. 집단주의 생활문화의 내용

사회의 지배집단은 특정한 지배이데올로기(사고방식)를 토대로 특정한 생활문화(사고방식 더하기 행위양식)의 내용을 마련하기 때문에, 지배집단이 피지배집단에게 침투시키려는 생활문화가 어떤 내용인지를 확인하려면 반드시 지배이데올로기에 대한 인식이 선행되어야 한다.

일반적으로 자본주의체제의 지배집단은 '개인주의'(Individualism)라는 지배이데올로기를 토대로 개인주의적 생활문화를 피지배집단에 침투시키기 위해 노력해 왔고, 국가사회주의체제의 지배집단은 '집단주의'(collectivism)라는 지배이데올로기[13]를 토대로 집단주의적 생활문화를 피지배집단에 침투시키기 위해 노력해 왔다고 평가할 수 있다. 북한의 지배집단인 '조선노동당' 역시 아래 인용한 김일성의 발언처럼 체제 성립 초기부터 집단주의 사상과 더불어 집단주의 사상을 기반으로 한 집단주의적 행위를 인민대중의 지배적인 생활문화로 정착시키려 시도했다.[14]

우리가 반만년의 유구한 력사와 찬란한 문화를 가진 슬기로운 조선민족의 고유한 문화를 찾고 정치, 경제, 문화의 모든 분야에서 세계선진국가의 대렬에 하루속히 들어서기 위해서는 무엇보다먼저 인구의 절대다수를 차지하며 가장 락후한 처지에 있는 농민대중을 일제의 사상잔재와 봉건적인습에서 완전히 해방하여야 합니다. 농민대중의 계급의식을 높여주고 그들을 애국주의사상과 집단주의정신으로 교양하여 새조국 건설에서 로동계급과 함께 주력군의 역할을 담당수행하게 하자면 농민동맹을 조직하고 모든 농민들을 그에 튼튼히 묶어세워야 합니다.[15]

전체 당단체들은 매 당원들로 하여금 로동은 가장 영예로운것이며 인간생활의 필수조건이라는것을 똑똑히 인식하도록 하며 사회적소유를 자기의 눈동자와 같이 애호하며 당과 국가와 사회의 리익을 개인의 리익보다도 더 귀중히 여기는 집단주의정신이 그들의 일상생활을 지배하도록 하여야 할것입니다.[16]

먼저 집단주의 생활문화의 알갱이라고 할 수 있는 집단주의 사상을 당시 북한에서 어떻게 정의했는지 살펴보자. 북한은 집단주의를 "사회적 리익에 대한 충실성, 공동 위업을 위한 투쟁에서의 련대성의 사상이며 개인의 리익을 공동의 리익에 복종시키는 생활 태도"[17]로 정의했다. 그리고 집단주의자로 변모한 근로자들이 보여주는 고상한 풍모 또는 기풍으로 첫째, "집단의 사업을 개인의 사사로운 일보다도 앞세우고 그에 복종", 둘째, "사회적 소유를 귀중히 여기며 그를 확대 발전시키기 위하여 로력", 셋째, "네 일, 내 일 가리지 않고 오직 집단의 리익을 위하여 헌신", 넷째, "혁명적 동지 우애심과 호상 원조"를 꼽고 있다.[18]

특히 당은 집단주의를 토대로 만들어 진 집단주의 생활양식[19]을 당시 남한에 만연하기 시작한 "미국식 생활 양식"과 대비해 북한체제의 우월성을 보여주는 징표로 선전하려 했다. 북한은 미국식 생활양식, 정확히 말하면 "미국

착취 계급의 생활 양식"에 대해 "자본주의 제도의 산물인 만큼 다른 나라 자본가들의 생활 양식과 마찬가지로 최대한의 리윤 추구를 목적으로 하는 개인 리기주의에 기초한 황금만능주의, 강탈과 살인, 사기와 협잡, 색정과 부화방탕, 야수성과 인간 증오, 몽매주의 등을 그 기본 내용으로 하고 있다"고 정리한 뒤, 이러한 생활양식은 제국주의 단계로 들어선 자본주의 제도를 물질적 기초로 삼고 있고, "주관 관념론"인 실용주의, 프로이드주의, 실존주의에 의해 사상이론적으로 안받침 되고 있다고 주장한다.[20]

곧이어 1954년 7월 '주한 미 공보원' 강화로부터 시작된 "남조선에 미국식 생활 양식을 부식시키기 위한 미제의 책동"을 주요 기구, 수단과 방법으로 나누어 실증적ㆍ체계적으로 소개한 뒤, 이 결과 남한 사람들은 "나라와 민족의 리익을 위하여 생각하고 노력하며 이웃 간에 화목하며 서로 돕고 이끌어나가는 것이 아니라 목전의 개인 리익을 위해서는 수단과 방법을 가리지 않게 되었다"고 비판하면서,[21] 이와 달리 북한에서는 아름다운 집단주의 생활문화가 꽃피고 있다고 자랑한다.

> 누구나 다 다른 사람을 위해 유익하고 좋은 일을 하고 싶어 하는 것이 오늘 우리 천리마 기수들의 심정이며 생활 태도이다.…이와 같은 아름다운 소행은 과거의 낡은 사회, ≪황금 만능주의≫와 인간 증오 사상을 부르짖는 미국식 생활 양식이 지배하는 공화국 남반부에서는 상상조차도 할 수 없는 일이다.[22]

> 오늘 공화국 북반부 인민들은 조국과 인민을 위하여 자기의 모든것을 바쳐 싸우는 것을 가장 영예로운 일로 생각하며 조국 통일과 조국의 륭성 발전에 이바지한 자기의 로력적 헌신성에서 행복을 찾고 있다. 어려운 일의 앞장에 서며 다른 사람의 불행을 덜기 위하여 생명의 위험을 무릅쓰고 도와 나서는 것과 같은 미담은 전국 각지에서 수많이 창조되고 있다.[23]

물론 위의 책들이 씌어진 1960년대 초반 당시 "공화국 북반부 인민들" '모두'가 이렇게 집단주의적 인간으로 살고 있었던 건 아니다. 아래에서 자세히 논의하겠지만 특히 농민의 개인주의 생활문화는 쉽게 사라지지 않고 있었다. 다만, 당시 북한에 집단주의 생활문화와 친화성이 높은 정치 · 경제구조가 구축된 덕분에, 인민들의 생활에서 이기주의와 개인주의를 뿌리 뽑겠다는 조선노동당의 '원대한' 목표 실현에 친화적인 조건은 갖춰져 있었다고 볼 수 있다. 이제 조선노동당이 이러한 집단주의 생활문화를 피지배집단에게 어떻게 침투시켜 나갔는지를 본격적으로 살펴보자.

3. 집단주의 생활문화의 침투

사회경제 제도와 사상의식의 관계에 대한 조선노동당의 기본관점은 "사회경제 제도의 변화와 그에 상응한 새로운 인간의 사상 의식의 형성 간에는 일정한 시간적 배리가 있다"[24]는 말로 요약된다. 조선노동당은 이러한 "시간적 배리"가 크게 세 가지 이유 때문에 발생한다고 본다. 첫째, "인간의 사상의식은 사회 생활 제 조건의 반영"이기 때문이다. "반영 대상이 있고 그 다음에야 비로소 반영이 생길 수 있다는 것"이다. 둘째, "사회 생활 제 조건의 반영으로 되는 인간의 사회적 의식이 상대적 자립성을" 띄기 때문이다. 일정한 사회적 환경에서 발생한 사상의식은 상대적으로 견고하고 완고한 관습이 되고, 이러한 관습이 새로운 경제관계에 따라 만들어진 새로운 사상의식의 주입을 가로막는다는 게 이른바 '사회적 의식의 상대적 자립성' 이론이다. 셋째, "새로 확립된 토대에 적대적 관계를 가지는 사회 세력들의 작용과 영향" 때문이다. "적대적 계급 사회에서는 물론 사회주의 조건하에서도 사회주의 건설의 일정한 시기까지는 낡은 사회의 경제적 관계에 리해 관계를 가지고 있던 일부 세력

들이 새로 확립된 경제 관계를 반대하면서…낡은 사상을 대중에게 고취시키려고 발광한다"는 것이다.[25]

따라서 조선노동당 지도부가 당원들과 인민들에게 집단주의 생활문화를 침투시키는 과정은 '구조 개혁'과 '사상 개조'의 유기적 결합 과정이 될 수밖에 없었다. 구조 개혁이 사상 개조에 유리한 조건을 형성하고, 역으로 사상 개조의 성과가 구조 개혁을 추동하게 했던 것이다. 아래에서는 이를 네 개 단계로 나누어 분석해보았다.

1) 해방공간 토지개혁과 건국사상총동원운동

집단주의적 생활문화 정착에 친화성을 갖는 정치구조 구축은 비교적 수월하게 이루어졌다. 1945년 12월 모스크바3상회의 이후 일부 우익 민족주의 세력이 반탁운동을 일으키자, 당시 북한 정치질서 형성에 관여하고 있던 소련과 공산 세력이 우익 세력과의 연합 정권 모색을 포기하고 이들을 배제했기[26] 때문이다.

이제 '자기들끼리의 권력투쟁'만을 남겨 놓은 사회주의 세력은 1946년 초부터 '생산수단에 대한 국가소유'와 '계획에 의한 자원배분'을 핵심으로 하는 국가사회주의체제 경제구조를 정립하는 과제에 매진했는데, 이러한 작업은 당시 인구의 절대 다수를 차지하고 있던[27] 농민의 정치적 지지를 얻기 위해 두 단계—농업자영화 단계를 거쳐 농업집단화 단계—로 진행되어야만 했다.

봉건조선에서 곧바로 식민지조선으로 직행하며 봉건사회의 지배계급과 일제로부터 지속적 수탈을 당해 왔던 조선 농민들은 토지 소유에 강한 열망을 품을 수밖에 없었고, 이러한 열망을 북한 지배집단에 피력하며 '개혁 주도자'로 나서고 있었다.[28] 이에 부응해 중앙행정기구인 '북조선임시인민위원회'는 1946년 3월, 모든 소작지 몰수, 농가별로 가족 수(노동력)와 나이에 따른 토지 분배 등을 명시한 '북조선 토지개혁에 관한 법령'과 '토지개혁 법령에 관한 세칙'을 발표하며 토지개혁을 전격적으로 단행, 봉건적 지주-소작관계를 해체하고, 농민들을 사회주의 세력의 확고한 지지자로 만들었다.[29]

하지만, 집단주의 생활문화 정착을 위한 "사회 경제 제도" 확립이라는 측면에서 평가해보면, 자영농을 극적으로 확대시킨 토지개혁은 오히려 집단주의화의 장애물을 키워놓은 셈이 된다. 생산수단의 사적 소유는 개인주의, 이기주의 성장의 불가피한 뿌리이기 때문이다.[30] 따라서 이러한 가능성을 제어할 필요가 있었고, 지배집단이 꺼낸 대응정책은 바로 '건국사상총동원운동'이었다.

김일성은 1946년 11월 25일 북조선임시인민위원회 제3차 확대위원회에서 그달 초 실시된 도, 시, 군 인민위원 선거 결과를 총화하면서, 이번 인민위원 선거가 성공적으로 치러지기는 했지만, 선거과정에서 "남조선의 반동분자들"과 연계된 "패거리들"의 "갖은 흉책"이 있었던 만큼 "우리의 힘이 커질수록, 최후승리가 가까와올수록 더욱 경각성을 높여야 할것이며 더 날카롭고 복잡한 투쟁에 대처할 준비를 하여야 할것"이라고 역설했다.[31]

김일성이 이날 지적한 "갖은 흉책"은 선거의 의미를 폄하하거나 시기상조론을 유포하는 행위, "≪선거결과는 모모 당이 독판치게 한다≫"고 주장하면서 민주주의민족통일전선을 분열시키려는 행위, 생활이 넉넉하지 못한 노동자들을 매수하거나 학생들을 부추겨 선거사업을 파탄시키려는 행위, "≪토지를 도로 찾아준다.≫는 엉터리없는 거짓말로써 이전 지주들을 충동"하는 행위, "가장 믿음성이 있다고 생각한 타락한 일부 기독교목사들을 간첩으로 들여보내어 선량한 교인들을 끌어내보려고 모든 책동을 다하였던 것",[32] '흑함운동'[33] 등으로,[34] 이러한 일들을 목격한 김일성은 간부들에게 "일부 군중속에 남아있는 낡은 버릇과 옳지 않은 경향들을 융화묵과하지 말고 그것을 고쳐주기 위하여 투쟁할줄 아는 세련된 군중의 지도자"가 되자면서[35] '건국사상총동원운동'을 발기했다.

전국적으로 광범한 인민대중속에서 건국사상총동원운동36을 힘있게
밀고나가며 낡은 사상의식을 개변하기 위한 투쟁을 벌려야 하겠습니
다.…모든 간부들과 인민들은 무엇보다도 오늘 우리 조국이 경제적으로
얼마나 어려운 형편에 놓여있는가를 똑똑히 알아야 합니다. 그리하여 우
리는 누구를 막론하고 부지런히 그리고 책임적으로 일하며 남이 두시간
일하면 우리는 네시간, 남이 여덟시간 일하면 우리는 열시간, 열두시간씩
일하는 기풍을 세워야 하겠습니다. 직장에서, 거리에서, 뒤골목에서 놀고
먹는 건달군들을 없애야 하겠습니다. 온갖 랑비현상, 사기, 횡령과 같은
나쁜 버릇과의 투쟁을 힘있게 벌리며 국가경제관리에서부터 개인의 소비
생활에 이르기까지 모든 분야에서 대중적절약운동을 벌려야 하겠습니다.
산만무질서하며 해이한 경향과 서로 중상비방하는 옳지못한 현상들을 없
애고 모두가 서로 도와주고 단결하며 다같이 발전하도록 하여야 하겠습
니다. 개인의 향락만 생각하고 국가와 사회의 공동생활을 무시하며 국가
재산을 아끼고 사랑할줄 모르는 온갖 리기주의적사상과 견결히 투쟁하여
야 하겠습니다. 개인의 리익보다도 사회전체의 리익을 소중히 여기며 국
가재산을 아끼고 사랑하는 새로운 인민도덕을 세워야 할것입니다.37

위 인용문에서 드러나듯이 건국사상총동원운동은 기본적으로 이기적으로
낭비나 일삼는 건달풍 생활문화를 버리고, 이타적이고 집단주의적인 생활문화
를 정착시키자는 사상개조운동이었다. 구체적으로 이 운동은 "북한체제 내부
의 이질적 세력에 대한 척결과 교화"에 목표를 두고 있었는데, 11월 선거를 방
해했던 세력들뿐 아니라 개인적 이해를 앞세우는 지도진영의 '관료주의자'와
'이색분자', 기만과 사기의 습성을 청산하지 못하고 인민위원회의 지시를 무시
하며 공공자산을 낭비하는 대중이 사상개조의 대상으로 결정되었다.38

1946년 12월 초 본격화 된 건국사상총동원운동은 해당 운동의 지향에 부
합하는 여러 가지 군중운동으로 이어졌는데, 자영농민들을 대상으로 한 '애국
미헌납운동'이 12월 중순 가장 먼저 시작됐다는 사실은39 건국사상총동원운
동이 초점을 맞추고 있는 계층이 누구였는지를 시사해준다. 당시 일부 농민

들은 국가에 의해 억압받고 있다는 생각을 떨쳐버리지 않은 채, 의무적으로 수납해야 했던 가마니를 제작하지 않고 매입해 수납하거나, 소를 빈농들에게 유상으로 대여하는 등 직접 경작과 공동노력 조직을 중시한 국가정책에 여러 방식으로 대응하고 있었다.[40] "기만과 사기의 습성을 청산하지 못하고 인민위원회의 지시를 무시하며 공공자산을 낭비하는 대중"은 대부분 농민들이었던 것이다.[41]

한편, 노동자들 사이에서는 건국사상총동원운동이 사상개조운동인 동시에 일종의 증산경쟁운동으로 진화해갔다.[42] 이미 1946년 8월에 일본인·친일파 소유 산업시설들의 국유화 조치를 단행, 전 산업의 약 90%에 달하는 공장, 제조소, 탄광, 광산, 발전소, 철도, 체신기관, 은행, 문화기관 1,032개를 국유화하는[43] '구조 개혁'에 성공한 덕에 노동자 생활문화의 집단주의화는 농민 생활문화의 집단주의화에 비해 수월하게 이루어지고 있었던 것이다. 이에 비해 당시 인구의 절대 다수였던 자영 농민의 집단주의화는 거의 전적으로 사상 교양에 의존해야 했던 것이 현실이었다.

2) 농업 집단화와 당 권력의 독점화

한국전쟁은 이러한 상황을 크게 바꾼 사건이다. 전쟁을 거치면서 농민에게 집단주의 생활문화를 침투시키는데 유리한 경제적 조건이 마련됐기 때문이다.

농업 집단화의 시초는 전쟁 시기 마련됐다. 1951년부터 전선 인근인 강원도 지역에서 집단적 노력조직인 전선공동작업대가 결성됐고, 이 중 일부는 토지까지 통합해 공동경작, 공동분배하는 협동조합 형태를 띠기도 했다. 또한 조선노동당은 1952년 12월 전쟁으로 어려워진 빈농민과 영세어민의 생활을 개선한다는 명목으로 부업생산협동조합 조직을 장려·원조했고, 이 결과 1953년 7월 현재 전선공동작업대가 진화한 농업협동조합 102개, 부업생산협

동조합 72개가 만들어졌다.[44]

전쟁 시기 극심한 파괴는 전후 농업 집단화를 빠르게 추동했다. 미군의 무차별적 폭격으로 8,700여 개의 공장, 기업소들이 완전 파괴되고 농지 37만 정보가 피해를 입었다. 1949년에 비해 1953년 공업생산은 64%, 농업생산은 76% 수준으로 줄었고, 농민의 40%가 영세농민 처지에 놓이게 됐다.[45]

그러자 김일성은 1953년 8월 당 중앙위원회 전원회의에서 영세농민들의 생활 개선 대책으로 농업 집단화 방침을 제시했고, 이에 따라 먼저 협동화를 적극 지지한 빈농들을 중심으로 각 군에 협동조합들을 몇 개씩 시범적으로 조직했다. 곧이어 1954년 1월에는 협동조합의 세 가지 형태—제1형태는 농촌 노력협조반, 제2형태는 반(半)사회주의적 형태인 토지협동조합, 제3형태는 완전한 사회주의 형태—를 제시하며 중농, 부농의 자발적 참여까지 유도하기 시작했다.[46]

황해남도 개성시 등 전쟁 전 38선 이남에 속했다가 전후 북한으로 편입된 '신해방지구'에서 일부 농민들이 농업 협동화에 불만을 드러내기도 했지만,[47] 중앙의 집중지도, 농업생산 기반을 상실한 농민들의 호응 등에 힘입어 농업 협동화는 전반적으로 빠르고 순탄하게 전개됐다. 북한정부 발표에 따르면 1953년 총 농가 중 1.3%에 불과했던 협동조합 가입농가는 1954년 31.8%, 1956년 80.9%로 급증했고, 마침내 1958년 모든 농가가 협동조합에 가입함으로써 농업 집단화가 완성됐다.[48]

김일성과 그를 지지하던 세력은 농업 집단화 성공으로 농민의 '소자산가 의식'을 약화시킬 수 있는 구조적 기반을 마련하는[49] 한편, 이 과정에서 노동계급의 집단주의화를 방해하던 당 내 세력까지 제압함으로써 집단주의 침투에 한층 더 유리한 정치구조를 만들어냈다.

1953년 8월 당 중앙위원회 전원회의에서는 농업 집단화 방침뿐 아니라 "중공업의 선차적 복구발전을 보장하면서 경공업과 농업을 동시에 발전시킨다"

는 '사회주의 경제건설의 기본노선'(이하 기본노선)도 확정됐다.[50] 하지만 이견이 없었던 건 아니다. 당시 사실상 중공업 우선론인 기본노선이나 빠른 농업 집단화는 김일성을 중심으로 한 주류세력의 입장이었고, 박창옥, 최창익 같은 소련계, 연안계는 농업 집단화 속도 조절, 경공업 우선론 등을 주장하며 이에 맞서고 있었다.[51]

주목할 점은 소련계, 연안계의 김일성 세력 비판이 노동계급의 집단주의화까지 방해하고 있었다는 사실이다. 전후 초기 공장의 집단주의화는 노동자 구성의 변화로 이미 어려움을 겪을 수밖에 없는 상황이었다. 건국사상총동원운동을 거치며 집단주의화를 체험한 노동자들은 대부분 전장으로 나갔고, 전후 이들의 빈자리는 제대군인, 농촌에서 온 농민들, 전쟁시기 영락한 소상인, 수공업자들, 그리고 방금 학교를 졸업한 청년들로 채워졌다.[52] 제대군인을 제외한다면, 두말할 것 없이 집단주의보다 개인주의에 익숙한 이들이 새롭게 노동계급을 형성한 것이다.

조선노동당은 이들을 한편으로는 억압적 노동법을 통해 통제하고, 다른 한편으로는 정치사업을 통해 교양·설득하며 집단주의 생활문화를 침투시키기 위해 노력하고 있었다.[53] 하지만 소비와 관계된 경공업보다 축적과 관계된 중공업을 강조하는, 따라서 인민생활의 일정한 희생을 강조하는 기본노선은 당연히 이제 막 공장에 들어선 새로운 노동계급에게는 불만스러울 수밖에 없었고,[54] 소련계, 연안계는 사실상 이들의 대변자 역할을 하고 있었다.[55] 게다가 당시 소련계, 연안계의 입김이 강하게 미치던[56] 생산현장에서는 행정경제 관료들의 조직 이기주의와 소극성·보수주의[57]가 경제계획을 현실성 있게 수립하고 국가경제를 발전시켜나가는데 심각한 장애를 초래하고 있었다.[58]

마침내 김일성 세력과 소련계·연안계는 1956년 8월 당 중앙위원회 전원회의에서 당면 경제발전 문제를 놓고 정면충돌했다. 내각 상업상 윤공흠은 경공업, 농업 동시발전이 제대로 집행되지 않고 있고, 당이 중공업에 치중해

인민생활 향상을 무시했기 때문에 인민의 불만이 고조되고 있다고 김일성을 비판했다.[59]

하지만 경제정책 비판을 핵심으로 김일성 세력의 권력독점을 저지하려던 소련계, 연안계의 거사는 결국 실패했고, 이제 당 권력을 독점하기 시작한 김일성 세력에게는 권력집단의 통일성을 기반으로, 그동안 소련계, 연안계와의 연합 정권에서 추진해 온 '사상적 자극과 물질적 자극의 병행정책', 예를 들면 신입 노동자들에 대한 노동규율과 정치사업을 강화하면서도 대규모 임금 인상, 곡물 배급량 증대 같은 물질적 욕구 충족[60]을 병행하던 정책에서 벗어나, 집단주의 생활문화도 좀 더 효과적으로 정착시키고 당면한 축적위기까지 극복할 수 있는 새로운 해법[61]이 필요했다.

3) '천리마운동'과 '천리마작업반운동'

권력투쟁 바람이 한바탕 휩쓸고 간 뒤 당 중앙위원들은 1956년 12월 다시 모여 1957년 인민경제계획을 확정했는데, 이 자리에서 김일성은 기본노선의 철저한 고수를 천명한 뒤,[62] 여전히 소극성·보수주의에서 벗어나지 못하던[63] 국가기구 행정경제 관료들을 뛰어넘어 당과 생산대중과의 직접적인 결합을 통한 축적위기 극복을 시도했다. '천리마운동'을 시작한 것이다.

1956년 12월 28일 강선제강소 현지지도에 나선 김일성은 현재 형편이 매우 어렵지만 "동무들이 다음해에 강재를 1만톤만 더 생산하면 나라가 허리를 펼수 있습니다"[64]라며 증산을 호소했다. 강선제강소 분괴압연직장 노동자들은 김일성의 호소에 따라 9만 톤의 강재 생산을 결의했고, 6만 톤 생산능력을 가졌다는 분괴압연직장에서 실제로는 다음 해 12만 톤의 강재를 생산했다. 또한 당 중앙위원회 상무위원들도 위 전원회의 직후 김책제철소에 내려가 노동자들에게 선철 증산을 호소했고, 그 결과 국가계획위원회가 보고한 19만 톤을 훨씬 뛰어넘어 27만 톤의 선철을 생산해냈다.[65]

이처럼 조선노동당의 지도와 인민대중의 혁명적 열의가 결합되어 시작된[66] 천리마운동은 곧바로 대단한 결실을 맺었다. 북한정부 발표에 따르면 공업생산액은 1957년 44%, 1958년 42%, 1959년 44%로 급성장했고, 5개년계획 기간(1957~1961) 공업총생산 목표는 2년 반 만에 달성했다.[67]

하지만, 1957~1958년 천리마운동은 집단적인 사상개조운동이라기보다는 다분히 '개인적인' 노력경쟁운동과 기술혁신운동의 결합[68]이라는 성격이 강했다. 열성 노동자, 선진 노동자들은 선진 기술과 선진 작업 방법을 도입해 계획 과제를 초과 완수했지만, 다수의 일반 노동자들은 계획 과제를 미달했다.[69] 국가는 열성자, 혁신자들의 충성을 정치적·물질적으로 적극 보상했고, 이 결과 노동계급은 상층이동에 성공한 특권 노동자와 일반 노동자로 분화되어 갔다.[70]

물론 조선노동당은 '선진경험보급 브리가다(brigada)'를 조직해 각 공장에 파견하며 혁신 노동자와 일반 노동자의 협력을 이끌어보려 했지만, 주로 물질적 유인에 기초한 개별적인 혁신 성과를 일반 노동자들에게 일반화하는 것은 쉽지 않았고, 심지어 선진 노동자들은 낙후 노동자들에 대해 아무 것도 배울 것 없다며 비동지적 태도를 취하기도 했다. 1957년 하반기를 지나면서 천리마운동이 개인적 혁신 운동에서 집단적 혁신 운동으로 발전해가기는 했지만, 여전히 물질적·정치적 보상에 기초한 생산기술 혁신 운동으로서의 성격은 벗지 못했다.[71]

그러다 1958년 여름부터 중요한 전환이 일어난다. 김일성은 8월 9일 시, 군 인민위원회 위원장 강습회에서 개인주의, 이기주의를 없애기 위한 사회주의 교양사업 강화를 역설한 뒤,[72] 11월 20일 전국 시, 군 당위원회 선동원들을 위한 강습회에서 "새것과 낡은것과의 투쟁, 진보와 보수와의 투쟁, 적극과 소극과의 투쟁, 집단주의와 개인주의와의 투쟁, 총체적으로 사회주의와 자본주의와의 투쟁, 이것이 우리가 하는 혁명투쟁의 내용"이라며 집단주의적 사

상교양의 전면화를 촉구했다.73

이를 계기로 북한에서는 개인주의, 이기주의를 근절하고, 공산주의, 집단주의 사상으로 사람들을 무장시키는 '사상혁명'이 가장 중요한 혁명 과업으로 규정되기 시작했고,74 마침내 1959년 3월 8일, 천리마운동의 상징인 강선제강소의 진응원 작업반이 '나는 집단을 위하여, 집단은 나를 위하여'라는 구호를 들고 '천리마작업반운동'을 발기했다.75 특정한 정치적 사고방식(집단주의 사상)과 특정한 경제적 행위양식(집단적 증산)이 결합된 생활문화 운동이 본격적으로 시작된 셈이다. 곧이어 유평의 벌목공들, 흥남의 비료 노동자들, 평양의 방직공들, 황해제철소의 용해공들을 비롯해 전국의 노동자들이 이 운동에 합류했고, 1960년 6월 4일 문정숙이 속해 있던 강서군 청산협동농장 제1작업반이 농업 부문에서 가장 먼저 천리마작업반 칭호 쟁취운동에 궐기했다.76

조선노동당이 천리마작업반운동을 왜 "새로운 군중적 혁신 운동이며 가장 높은 형태의 사회주의 경쟁운동"77 또는 "천리마운동을 한 계단 더 높이 발전시키고 그의 심화발전된 형태"78로 규정하는지는 김일성이 1960년 8월 22일 '전국천리마작업반운동 선구자대회'에서 했던 발언을 보면 명확히 알 수 있다.

> 천리마 기수들의 안중에는 자기 개인의 향락도, 개인의 공명도 없으며 그들은 항상 집단과 전체의 리익을 생각하며 그들의 생활을 지배하는 것은 고상한 애국주의와 공산주의 도덕입니다. 바로 이러한 사람들이 참다운 공산주의자들이며 진실한 인민의 충복입니다.79

한마디로 천리마작업반운동은 "집단적 혁신의 결정적 고리"를 개별적이든, 집단적이든 물질적 · 정치적 '보상'에서 찾는 것이 아니라, "사람들이 사상 의식을 개조하여 그의 자각적 열성을 발휘케 하며 공산주의 의식을 높이는 데서" 찾는 운동이었다. 또한 이전까지의 사회주의 경쟁운동이 주로 노동계급,

그것도 공업 부문에 국한되는 경우가 많았는데 천리마작업반운동은 공업뿐만 아니라 농업, 건설, 운수, 상업, 교육, 문화, 보건 등 모든 부문을 대상으로 광범위하게 진행됐다는 특징이 있다.[80]

김일성에 따르면 1961년 8월 말 이 운동에는 200만 명 이상의 근로자들이 참가하고 있었다고 한다. 그 가운데 12만 5,028명을 망라하는 4,958개의 작업반과 직장이 천리마 칭호를 받았으며, 1,459명을 망라하는 55개 작업반은 2중천리마 칭호를 받았다.[81] 1960년 말 북한 총인구가 1,078만 9천 명이었다는 사실과[82] 연관지어보면, 천리마작업반운동은 대단히 열광적인 분위기 속에서 빠르게 확산되고 있었다고 평가할 수 있다.

한편, 주목할 점은 조선노동당이 천리마작업반운동을 전면화하면서도 물질적 자극을 후퇴시키거나 포기하지는 않았다는 사실이다. 예를 들면 조선노동당은 천리마작업반운동이 발기되기 직전인 1959년 1월에 근로자들의 임금을 40%나 인상했고,[83] 특히 농업 부문에서는 김일성의 1960년 2월 강서군 청산리 현지지도를 계기로 일종의 상금제도인 '작업반 우대제'를 도입하기도 했다.[84]

따라서 1950년대 후반 이후 조선노동당이 축적위기 극복을 위해 물질적 자극을 포기한 채 집단주의 사상의 위력에만 의지하려 했던 것은 아니었다고 결론지을 수 있다. 이보다는 천리마운동이 벌어지던 1950년대 중반 또는 그 이전과 달리, 1950년대 후반부터는 물질적 자극에 대한 사상적 자극, 곧 집단주의적 인간개조의 '선차성·우위성'을 확고히 하려 했던 것이다. 곡물생산량 증대를 위해 작업반 우대제를 도입하면서도 넉 달 뒤 농업 부문에서 천리마작업반운동을 시작한 배경에도, 물질적 자극 없이는 좀처럼 움직이지 않는 협동농장 농민들의 사상적 낙후성은 당장 인정하지만,[85] 이들을 물질적 자극보다 사상적 자극에 의해 움직이려는 노력은 결코 포기하지 않겠다는 조선노동당의 의지가 담겨 있었던 것이다.

4) 집단주의 생활문화의 사회적 확산

조선노동당은 1960년 8월 22일 전국천리마작업반운동 선구자대회 직후부터 집단주의적 인간개조사업을 산업 종사자들뿐 아니라 군인, 청소년, 주부 등 산업현장 바깥에 있는 계층으로까지 확대해갔다. 위 대회 3일 뒤 김일성은 조선인민군 제109군부대를 찾아 "지금 공장과 농촌에서 전개되고있는 천리마작업반운동"의 모범을 따라 군대에서도 사상교양, 공산주의교양을 전면화해야 한다면서 마치 생산 위주의 천리마운동이 사상개조 중심의 천리마작업반운동으로 진화했듯이, 전쟁 시기부터 진행해 온 군사 위주의 모범중대운동을 한 차원 높여, 공산주의 교양을 위주로 하는 '붉은기중대운동'을 벌이자고 주장했다.[86] 천리마작업반운동의 군대판을 내놓은 셈이다.[87]

곧이어 1961년 4월 25일에는 '전국교육일군열성자대회'를 개최해 "250만의 청소년들을 믿음직한 공산주의자로 교양육성하는" 사업을 강화해갔다. 김일성은 이날 연설에서 "교양사업은 처음에 가정교양으로부터 시작되고 학교교육을 거쳐서 그 기초가 닦아지는것이며 사회교육을 통하여 계속 완성"된다는 이론을 내놓은 뒤, 중간 단계에 있는 학교에서 교원들이 수행해야 할 청소년 사상교양의 내용을 상세히 제시했는데, 역시 핵심은 청소년들에게 "인민을 사랑하며 동무들을 사랑하며 조직과 집단을 사랑하는 정신"을 키워주라는 것이었다.[88]

끝으로 그해 11월 16일 '전국어머니대회' 개최를 계기로 드디어 집단주의적 인간개조의 첫 단계인 '가정'에서의 교양사업도 전면화 된다. 김일성은 이날 연설에서 우리는 지금 낡은 사상 잔재들인 "일하기를 싫어하고 놀고 먹으려는 나쁜 습관", "리기주의 사상", "부화 방탕"을 청산하고, 이를 대신해 사람들이 집단주의 사상을 소유하도록 투쟁하고 있다면서, 이러한 투쟁에서 "어린이의 첫째 가는 교양자"인 어머니가 가정에서 제 역할을 다해 달라고 역설했다.[89]

한편, 조선노동당은 이처럼 집단주의 생활문화를 전체 계층으로 확산시켜 가는 과정에서 가장 유력한 방식으로 이미 천리마작업반운동 때 효과가 확인된 "긍정을 통한 감화 교양"[90]을 제시했고,[91] 이에 따라 모든 사람들이 따라 배워야 할 긍정적인 모범을 발굴하고 이를 확산시켜나가는데 주력했다. 당시 출간된 천리마작업반운동 해설서, 그리고 이 운동을 주도하던 근로단체들이 단독 또는 당과 함께 출간한 여러 수기(手記)[92]에 등장하는 '공산주의적 새 인간'은 당과 혁명위업에 대한 충실성은 기본이고, 집단의 이익에 자신의 이익을 복종시키며, 보수를 타산하거나 기준량에 구애되지 않은 채 노동하고, 그러면서도 항상 타인을 사랑하고 배려하는 인간들이었다.

특히 1960년 11월 27일 김일성과의 만남 이후에는 이러한 모범을 기반으로 새 인간의 전형(典型)을 그려내는 과제가 북한 작가, 예술인들의 기본 과업이 되었다. 김일성은 이날 군중을 교양개조하기 위해서는 학교교육이나 선전선동만으로 부족하고, 소설, 시, 연극, 영화, 음악 등 모든 형태의 문학예술을 다 동원해 군중을 교양개조하자며 작가, 예술인들을 다그쳤고,[93] 작가, 예술인들은 이후 몇 년간 당이 자신에게 맡긴 역할을 충실히 해나갔다.[94]

4. 맺음말

지금까지 살펴보았듯이 조선노동당은 집단주의 생활문화 정착에 매우 친화적인 정치·경제구조를 빠른 시간 안에 갖추었고, 이 덕분에 피지배집단에게 효율적으로 집단주의 생활문화를 침투시켜나갈 수 있었다. 특히 '한국전쟁'은 집단주의 생활문화 정착을 주도한 김일성 세력에게는 결과적으로 좋은 조건이 되어 주었다.

먼저, 한국전쟁 시기 극심한 파괴로 개인주의, 이기주의가 자랄 수 있는 경제적 토대가 약화됐다. 전쟁으로 생산 기반을 상실한 자영농들은 조선노동당의 농업 집단화 방침을 별다른 저항 없이 수용했고, 성공적인 농업 집단화 결과 조선노동당은 농민들 속에 집단주의 생활문화를 침투시키는데 유리한 조건을 확보할 수 있었던 것이다.

다음으로, 전후 복구 방향, 전쟁을 겪으면서 충원된 개인주의적 성향이 강한 노동계급을 어떻게 다룰지 등을 소재로 당 내 권력집단이 충돌하면서 당 권력의 독점화가 가속화됐다. 1956년 8월 이후 김일성 세력, 소련계, 연안계의 연합 정권이 붕괴되고, 김일성 세력이 당 권력을 독점하면서 축적 우선의 경제정책에 불만을 품고 있는 노동자·농민들은 정치적 후견세력을 상실하게 된다. 이러한 정치구조에서는 피지배집단 안에서도 김일성 세력의 경제정책, 사상개조방침에 동의하는 노동자·농민들의 영향력이 확대될 수밖에 없다. 역으로 김일성에 우호적인 노동자·농민들의 혁명적 열의는 김일성 세력의 당 권력 독점에 긍정적인 영향을 끼치기도 했다.

끝으로, 북한 지배집단은 피지배집단이 가지고 있던 미국에 대한 적개심과 남한에 대한 경쟁심을 활용할 수 있었다. 전쟁의 참화에서 벗어난 지 몇 년 지나지 않은 주민들에게 조선노동당은 집단주의 생활문화를 개인주의 생활문화와 대비시키면서 후자가 바로 대표적인 미국식 생활양식이자 미국이 남한에 의식적으로 침투시킨 생활양식이라고 선전했다. 이러한 상황에서 누군가가 개인주의적으로 산다는 건 바로 원수의 생활양식을 그대로 따르는 한심하고, 반역적인 행태인 동시에 체제경쟁에 돌입한 남한을 추종하는 행태로 여겨지고 만다. 반대로 집단주의적으로 산다는 건 미제에 원수를 갚고, 남한에 대한 우월성을 과시할 수 있는 길이었다.

이 글에 조선노동당의 집단주의 생활문화 정착 '시도'라는 제목을 붙인 건, 집단주의 생활문화를 피지배집단에게 정착시키겠다는 조선노동당의 목표가 어느 정도 달성되었는지 확인하는 것은 별개의 연구 주제라고 생각하기 때문이다.[95] 하지만 천리마작업반운동의 초기 열풍이 보여주듯 북한에서 집단주의 생활문화가 비교적 빠르게 정착됐을 것이라는 가설 정도는 결론적으로 제시할 수 있을 것 같다. 사람들이 일상생활을 하면서 익혀 왔던 생활문화의 보수성은 대단히 견고하지만, 이러한 보수성은 전쟁을 겪게 되면 일순간에 무너져 버린다. 일상생활의 극심한 파괴를 경험한 북한 주민들 앞에 새롭게 제시된 생활문화는 그들에게 익숙한 것 같으면서도 낯선 집단주의 생활문화였다.

■■■ 주석 ■■■

1 두 개 지역의 정치적 대표체는 1991년 가을 이후 국제사회에서는 각각 대한민국(ROK)과
  조선민주주의인민공화국(DPRK)이라는 독립적인 국가로 인정받고 있다. 하지만 한반도 안
  에서는 남북이 1991년 12월 '남북 사이의 화해와 불가침 및 교류협력에 관한 합의서'를 채
  택하며 "나라와 나라 사이의 관계가 아닌 통일을 지향하는 과정에서 잠정적으로 형성되는
  특수관계"라고 합의한 바 있다.
2 한국산업사회학회 엮음, 「인간과 문화」, 『사회학(전면 개정판)』, 한울, 2004, 110쪽.
3 대중의 일상생활을 깊이 연구해 온 프랑스 사회학자 마페졸리(M. Maffesoli)에 따르면 일
  상생활을 영위하는 일반대중은 언제나 공식적인 도덕규범(morale)을 넘어서 자신들의 독
  특한 생활윤리(éthique)를 창출한다. 사회의 구성원은 그 사회가 규정한 도덕을 어릴 때부
  터 체화하도록 사회화되지만, 실제 일상생활에는 언제나 이러한 공식적 규범으로 통제되지
  않는 부분이 무수히 존재한다는 것이다. 박재환, 「일상생활 사회학의 이론적 전통」, 박재
  환 외, 『일상생활의 사회학적 이해』, 한울아카데미, 2008, 81쪽. 이러한 공식적 규범과 실
  제 행위의 차이는 자본주의체제나 국가사회주의체제를 가릴 것 없이 일상적인 모습이었
  다. 이에 대해서는 마이클 부라보이, 정범진 역, 『생산의 정치 : 자본주의와 사회주의의 공
  장 체제』, 박종철출판사, 1999 참조.
4 김진환, 「북한 정치·경제구조의 형성과 특징」, 강정구 외, 『시련과 발돋움의 남북현대사』,
  선인, 2009, 371쪽.
5 이데올로기는 특정 집단이나 계급의 이익이나 의사를 반영하거나 지지하는 가치관·의식·
  이념 등을 가리키는 개념이다. 지배집단 또는 지배계급의 이데올로기는 '지배이데올로기',
  피지배집단 또는 피지배계급의 이데올로기는 '피지배이데올로기'로 구분할 수 있다. 한국
  산업사회학회 엮음, 「인간과 문화」, 115쪽.
6 문화(culture)가 사회 구성원이 통시적·공시적으로 만들어내고 향유하는 사고방식과 행위
  양식의 총체라면, 생활문화(culture of life)는 당대 사회 구성원이 만들어내고 향유하는 사
  고방식과 행위양식 중 일부분이다. 곧 생활문화보다 문화가 포괄적인 개념이며, 생활문화
  의 핵심적인 속성은 공시성 또는 당대성이다. 따라서 생활문화 앞에는 항상 전통 생활문화,
  근대 생활문화, 현대 생활문화 또는 고려시대 생활문화, 19세기 생활문화, 1950년대 생활문
  화 같이 해당 시대를 병기하는 게 개념을 명확히 하기 위해 바람직하다.
7 이 글에서는 '정치'를 타인에게 영향력을 행사하는 모든 인간 행위로 광범위하게 정의한다.
  우리는 일상에서 나의 의지를 실현시키기 위해, 그것이 동의를 구하는 방식이든, 강압적
  방식이든 간에 타인에게 영향력을 지속적으로 행사한다. 예를 들면 이번 여름휴가를 바다
  로 가고 싶은데, 아내나 애인은 산으로 가자고 할 때 나는 어떻게 행위하는지 생각해보라.
  따라서 '권력'은 정치적 행위의 1차적 획득목표일 수밖에 없다.
8 소비자본주의에서 살아가는 현대인은 일하지 않고 '노는' 시간을 보낼 때도 무언가를 소비
  해야만 한다. 따라서 주어진 자유시간(여가)은 새로운 구매 욕구를 충족시키기 위해 노동
  시간으로 다시 반납되는 현상이 일어난다. 김문겸, 「일상생활과 여가」, 박재환 외, 『일상
  생활의 사회학적 이해』, 한울아카데미, 2008, 211쪽.

9 예를 들어 전문 예술가의 창작행위와 그 결과물, 직업 정치인의 정치문화, 검찰, 기업 같은 특정 집단의 조직문화 등은 문화이기는 하지만 생활문화는 아니다. 당대 사회 구성원 모두가 아무런 조건 없이 보편적으로 창조·향유할 수 있는 문화가 아니기 때문이다.

10 사람들이 하는 정치적·경제적 행위의 반복성과 진부성을 강조하는 개념이 '일상' 또는 '일상생활'(everyday life)이다. 김기봉은 '일상'을 아래처럼 정의한다. "일상(日常)이라는 단어의 문자 그대로의 의미는 '날마다 항상'이다. 우리가 삶을 유지하기 위해 하는 기본적 행위와 삶의 대부분을 차지하는 먹고, 자고, 일하고, 노는 시간이 일상에 해당한다." 김기봉, 「북한에 대한 일상사연구의 가능성과 의미」, 박순성·홍민 엮음, 『북한의 일상생활세계 : 외침과 속삭임』, 한울, 2010, 108쪽.

11 글쓴이는 이전에 쓴 논문에서 제사문화는 당대 사람들의 정치적·경제적 욕구충족과 직접적 관련이 없으므로 생활문화로 볼 수 없다고 주장했다. 김진환, 「조선노동당의 집단주의 생활문화 정착 시도」, 『북한연구학회보』 제14권 제2호, 북한연구학회, 2010, 26쪽. 그 논문을 쓸 때에는 생활문화와 정치·경제구조의 연관성을 밝히는데 치중하느라 '협의의 생활문화'만을 생활문화로 정의했고, 그에 따라 '광의의 생활문화'에 포함되는 제사문화를 생활문화에서 배제하는 오류를 범했다.

12 지난 몇 년간 북한주민의 일상생활 연구는 주민들의 삶이 이루어지고 있는 도시공간에 대한 묘사까지 포함해 활발하게 이루어졌다. 중요 성과로는 최완규 외, 『북한 '도시정치'의 발전과 체제변화』, 한울, 2007 ; 이우영 외, 『북한 도시주민의 사적영역 연구』, 한울, 2008 ; 조정아 외, 『북한주민의 일상생활』, 통일연구원, 2008 ; 박순성·홍민 엮음, 『북한의 일상생활세계 : 외침과 속삭임』, 한울, 2010 등을 꼽을 수 있다. 그런데 이 연구들은 주로 1990년대 경제난 이후의 일상생활에 주목하고 있으므로, 해방 이후부터 현재까지 북한주민의 생활문화가 어떻게 형성되고 변화되어 왔는지를 가늠해볼 수 있는 역사적 접근은 아직 많이 부족하다고 평가할 수 있다.

13 집단주의란 사회의 공통이해가 '존재'한다는 것을 전제로 개인의 개별이해보다 사회의 공통이해를 더 소중히 여기는 사상이라고 말할 수 있다. 집단주의가 '지배'이데올로기가 될 수 있는 이유는 바로 공통이해의 존재를 전제하기 때문이다. 사실 지배집단이 말하는 공통적 보편이해는 대부분 자신의 개별적 특수이해에 불과하지만 권력집단은 대개 자신의 이해를 보편적인 것으로 주장하고, 피지배집단에게 공통이해를 위해 개별이해를 자제하거나 포기하라고 요구한다. '하나는 전체를 위해, 전체는 하나를 위해'를 말하지만, 전체는 언제나 하나의 우위에 있는 것이다. 특히 국가사회주의체제의 지배집단은 자본주의체제와 달리 이 체제에서는 모든 생산수단이 사회화됨으로써 이해대립을 낳을 만한 사회적 조건이 없다는 구실로 공통이해의 존재를 더욱 강력히 주장할 수 있다. 김진환, 「북한 지배이데올로기의 형성과 내면화」, 강정구 외, 『시련과 발돋움의 남북현대사』, 416~417쪽.

14 공식적인 조선노동당 출판물은 이를 지식이나 이론의 기계적 수용을 강조하는 개념인 '주입'으로까지 표현한다. "혁명에서 주권을 전취한 계급의 리해관계를 대표하는 당은 새로 확립된 사회 경제적 제 관계에 상응하는 사상 의식을 대중 속에 **주입하기** 위하여 목적 의식적인 교양을 진행하게 된다(강조는 글쓴이)." 강덕서, 『새 인간 형성과 천리마 작업반 운동』, 평양: 조선로동당출판사, 1961, 5쪽.

15 김일성, 「해방된 조국에서의 당, 국가 및 무력 건설에 대하여(1945.8.20)」, 『김일성 저작집 1』, 평양: 조선로동당출판사, 1979, 259쪽.

16 김일성, 「당원들속에서 계급교양사업을 더욱 강화할데 대하여(1955.4.1)」, 『김일성 저작집 9』, 평양: 조선로동당출판사, 1980, 264쪽.

17 강덕서, 『새 인간 형성과 천리마 작업반 운동』, 59쪽.

18 강덕서, 위의 책, 59~70쪽.

19 북한은 생활양식을 "사람들의 일상 생활에서 요구되는 물질적 수요와 정신적 및 문화적 수요를 충족시키기 위하여 장기간에 걸친 생활과정에서 일정한 특징을 가지고 관습화된 사람들의 행동 방식과 풍습, 관념의 총체"로 정의한다. 전장석, 『미국식 생활 양식과 남조선에 미친 그 후과』, 평양: 조선로동당출판사, 1965, 4쪽. 이 글의 생활문화와 북한의 생활양식이 비슷한 개념인 셈이다.

20 전장석, 위의 책, 5·41쪽.

21 전장석, 위의 책, 48~122쪽.

22 강덕서, 『새 인간 형성과 천리마 작업반 운동』, 83~84쪽.

23 전장석, 『미국식 생활 양식과 남조선에 미친 그 후과』, 2쪽.

24 강덕서, 『새 인간 형성과 천리마 작업반 운동』, 3쪽.

25 강덕서, 위의 책, 3~4쪽.

26 김광운, 『북한 정치사 연구 Ⅰ: 건당·건국·건군의 역사』, 선인, 2003, 68~69쪽.

27 국가계획위원회 중앙통계국이 밝힌 1946년 말 '주민의 사회 그루빠별 구성'을 보면, '로동자'는 12.5%, '사무원'은 6.2%에 불과하고, '개인농민'은 무려 74.1%였다. 국가계획위원회 중앙통계국 편, 『1946~1960 조선민주주의인민공화국 인민 경제 발전 통계집』, 평양: 국립출판사, 1961, 19쪽.

28 강정구, 『좌절된 사회혁명: 미 점령하의 남한·필리핀과 북한 비교연구』, 열음사, 1989, 312~313·322~335쪽; 김광운, 『북한 정치사 연구 Ⅰ: 건당·건국·건군의 역사』, 283~284쪽.

29 김성보, 『남북한 경제구조의 기원과 전개: 북한 농업체제의 형성을 중심으로』, 역사비평사, 2000, 151~205쪽. 몰수토지와 분여토지 현황에 대해서는 국가계획위원회 중앙통계국 편, 『1946~1960 조선민주주의인민공화국 인민 경제 발전 통계집』, 59~60쪽.

30 대표적인 실례가 토지개혁 이후 농업현물세 징수와 양곡수매사업 과정에서 드러난 농민과 인민위원회의 갈등이다. 김광운은 주로 '일부 간부들의 잘못된 사업행태를 갈등의 주요 원인으로 지적하고 있는데, 이와 함께 당시 자영농민들이 '농업통제' 자체를 싫어했다는 사실에도 좀 더 주목할 필요가 있다. 자세한 논의는 김광운, 『북한 정치사 연구 Ⅰ: 건당·건국·건군의 역사』, 293~304쪽, 김성보, 「해방 초기 북한에서의 양곡유통정책과 농민」, 『동방학지』 77~79 합집호, 연세대학교 국학연구원, 1993.

31 김일성, 「민주선거의 총화와 인민위원회의 당면과업(1946.11.25)」, 『김일성 저작집 2권』, 평양: 조선로동당출판사, 1979, 547~548쪽.

32 전현수는 이와 달리 '쉬띄코프 일기'에 서술된 내용들을 토대로 당시 기독교인들의 선거반대운동은 자발적이라기보다는 선거가 일요일에 치러졌기 때문에 이루어진 '강제된 선택'이었다고 본다. 전현수, 「「쉬띄꼬프 일기」가 말하는 북한정권의 성립과정」, 역사문제연구소 편, 『역사비평』 통권 32호, 역사비평사, 1995, 148~150쪽.

33 당시 투표 방식은 입후보자에게 찬성하면 백함, 반대하면 흑함에 투표용지를 넣는 것인

데, 김일성이 밝힌데 따르면 "신의주 같은곳에서는 반동분자들이 뒤골목으로 숨어다니면서 부인들을 붙잡고 립후보를 찬성하면 검은 통에 넣으라고 기만선동을" 했다고 한다. 김일성, 「민주선거의 총화와 인민위원회의 당면과업(1946.11.25.)」, 548쪽.

34 김일성, 위의 글, 547~548쪽.

35 김일성, 위의 글, 552쪽.

36 김일성은 이날 '건국사상총동원운동'이라는 명칭을 공식적으로 쓰지 않았다. 『김일성 저작집』에 실린 연설은 개작된 것이다. 김재웅에 따르면 김일성은 이날 "전 인민적 차원의 건국정신 총동원과 사상의식을 개조하기 위한 투쟁의 전개"를 제안했고, '건국사상총동원운동'이라는 명칭은 임시인민위원회 기관지 『인민』 1947년 신년호에 처음 등장했다고 한다. 김재웅, 「북한 건국사상총동원운동의 전개와 성격」, 『역사와 현실』 통권 56호, 한국역사연구회, 2005, 244~245쪽.

37 김일성, 「민주선거의 총화와 인민위원회의 당면과업(1946.11.25.)」, 552~554쪽.

38 김재웅, 「북한 건국사상총동원운동의 전개와 성격」, 『역사와 현실』 통권 56호, 한국역사연구회, 2005, 246~247쪽.

39 김광운, 『북한 정치사 연구 Ⅰ : 건당·건국·건군의 역사』, 343~344쪽.

40 김재웅, 「북한 건국사상총동원운동의 전개와 성격」, 『역사와 현실』 통권 56호, 한국역사연구회, 2005, 242쪽.

41 이 과정에서 일부 당 간부들 역시 "농민들로부터 비법적으로 현물이나 현금을 받아들임으로써 그들에게 경제적부담을 주고 농민들로하여금 불만을 품게 하는것과 같은 반인민적인 행동"을 하기도 했다. 김일성, 「일부 당단체들의 사업에서 나타나고있는 오류와 결함을 퇴치할데 대하여(1947.3.15)」, 『김일성 저작집 3권』, 평양: 조선로동당출판사, 1979, 170쪽.

42 김광운, 『북한 정치사 연구 Ⅰ : 건당·건국·건군의 역사』, 344~345쪽. 김재웅, 「북한 건국사상총동원운동의 전개와 성격」, 260~265쪽. 김일성 역시 농민은 애국미헌납운동으로, 노동자는 증산운동으로 건국사상총동원운동을 전개하고 있다고 평가했다. "한마디로 말하면 건국사상총동원운동이란 인민들의 애국심을 높여 전체 인민들로 하여금 새 조국 건설사업에 총동원되도록 하는 운동입니다. 전체 북조선인민들은 이 애국운동에 적극 호응하여나섰으며 열성적으로 참가하고있습니다. 이 운동은 말로만이 아니라 실천활동에서 구현되고있습니다. 로동자들은 생산품을 증산하며 농민들은 애국미를 나라에 바치는것으로써 건국사업에 이바지하고있습니다. 이렇게 전체 인민이 불타는 애국심과 높은 건국열의를 발휘하고있는 이상 우리는 어떤 곤난이라도 극복하고 반드시 승리할것입니다." 김일성, 「조선정치정세에 대하여(1947.2.8)」, 『김일성 저작집 3권』, 평양: 조선로동당출판사, 1979, 74쪽.

43 고승효 저, 이태섭 역, 『현대북한경제입문』, 대동, 1993, 46~49쪽 ; 김광운, 『북한 정치사 연구 Ⅰ : 건당·건국·건군의 역사』, 313~317쪽.

44 서동만, 『북조선 사회주의체제 성립사 1945~1961』, 선인, 2005, 463~464쪽.

45 고승효 저, 이태섭 역, 『현대북한경제입문』, 111~112쪽 ; 당력사연구소, 『조선로동당력사』, 평양: 조선로동당출판사, 2006, 255쪽.

46 서동만, 『북조선 사회주의체제 성립사 1945~1961』, 658~690쪽 ; 당력사연구소, 위의 책,

258쪽. 조선노동당은 1955년에 중농층 가입을 위해 협동조합에는 장기대부를 하고 개인 농에게는 단기대부밖에 주지 않았다. 세금도 협동조합에 적게 지우고 개인농에 더 많이 지우며, 농기계도 협동조합에 공급하고 개인농은 소로 경작하게 하는 등 개인농과 협동 조합에 대한 차별정책도 적극적으로 활용했다. 서동만, 위의 책, 689~690쪽.

47 김남식, 「북한의 공산과정과 계급노선」, 공산권연구실 편, 『북한공산과 과정 연구』, 고려 대 아세아문제연구소, 1972 ; 서동만, 위의 책, 700~705쪽.

48 국가계획위원회 중앙통계국 편, 『1946~1960 조선민주주의인민공화국 인민 경제 발전 통 계집』, 61쪽. 북한 농민들의 협동화 지지는 북한보다 전행 피해를 덜 겪은 동유럽 농민들 의 태도와 뚜렷이 대비된다. 예를 들면 폴란드는 1953년 농업 집단화를 시작했지만 1955 년까지 국영농장과 협동농장을 합쳐 전 농지의 21.6%가 집단화되는 데 그쳤고, 체코슬로 바키아에서는 1949년 농업 집단화가 시작되고 1952년까지 전 농지의 30%밖에 집단화되 지 않았다. 역시 세 형태를 제시하며 비교적 순탄하게 집단화가 이루어진 헝가리의 경우에 도 1948년 집단화 시작 이후 1953년 3월 현재 전 농지의 48.7%(협동농장 26.5%, 국영농 장 12.2%)만이 집단화됐다. 이정희, 『동유럽사』, 대한교과서주식회사, 2005, 491・510~ 511・526쪽.

49 김일성은 경제구조의 사회주의적 개조를 완료한 뒤에도 아래처럼 '계속 전진'을 촉구한다. "개인주의와 리기주의는 사회주의적소유, 다시말하여 집단적소유와 전인민적소유를 공고 히 하는데 장애로 되며 앞으로 전체 포괄적인 공산주의적, 전인민적 소유를 창설하려는 우리의 전진운동을 가로막는것입니다. 지금 우리가 농촌의 협동화를 완성하였다고 해서 우리의 최종목적이 이룩된것은 아닙니다. 우리의 종국적목적인 공산주의를 건설하자면 협동경리를 한걸음 더 나아가서 전인민적소유에까지 끌어올려야 합니다. 사회의 이러한 발전과정은 낡은 자본주의사상잔재인 리기주의와 개인주의를 없애지 않고서는 성과적으 로 추진시킬수 없습니다." 김일성, 「공산주의교양에 대하여(1958.11.20)」, 『김일성 저작 집 12권』, 평양: 조선로동당출판사, 1981, 596~597쪽.

50 김진환, 『북한위기론 : 신화와 냉소를 넘어』, 선인, 2010, 110쪽.

51 서동만, 「1950년대 북한의 정치갈등과 이데올로기 상황」, 서동만저작집간행위원회 엮음, 『북조선 연구 : 서동만 저작집』, 창비, 2010, 127~130쪽.

52 김연철, 「1950년대 북한의 노동정책과 노동자」, 역사문제연구소 편, 『1950년대 남북한의 선택과 굴절』, 역사비평사, 1998, 392쪽.

53 김연철, 위의 글, 392~396쪽.

54 1950년대 북한 노동자들의 실질 임금 지수를 계산한 이태섭에 따르면, 1956년 당시 공업 부문 노동생산성은 1949년에 비해 52% 증가되었으나, 1956년 7월 당시 근로자들의 실질 임금은 1949년의 87% 수준으로 아직 전쟁 전 수준을 회복하지 못하고 있었다. 이태섭, 『김일성리더십 연구』, 들녘, 2001, 66쪽. 노동자들이 생산성을 높인 만큼 당과 국가에 대 가를 요구할 만한 상황이었다는 얘기다.

55 이태섭, 위의 책, 65~67쪽.

56 소련계와 연안계는 한국전쟁을 거치며 권력기반이 약화되어가자 사회 내 각 조직에 대한 통제권 분할을 주장하며 행정경제사업을 담당하는 국가기구를 근거지로 김일성 세력과의 권력투쟁에 임하고 있었다. 이태섭, 위의 책, 169~171쪽 ; 김진환, 「북한 정치・경제구조

의 형성과 특징」, 372~373쪽.

57 행정경제 간부들의 소극성·보수주의는 당시 소련으로부터의 원조 축소에도 영향을 받았다. 김일성 세력은 소련의 사회주의국제분업체제 편입 요구를 거부하고 있었고, 이 결과 소련의 원조액도 1954년 10억 루블에서 1956년 3억 루블로 급감했다. 김진환, 「북한현대사 : 자주와 자립을 향한 지난한 행로」, 강정구 외, 『시련과 발돋움의 남북현대사』, 선인, 2009, 183~184쪽. 상황이 이렇다보니 당에서는 경제 전진 속도를 늦추자는 목소리, 외국에서 돈을 꾸어오자는 소리까지 나왔다고 한다. 당력사연구소, 『조선로동당력사』, 276~277쪽.

58 이태섭, 『김일성리더십 연구』, 81~89쪽.

59 서동만, 『북조선 사회주의체제 성립사 1945~1961』, 619~620쪽.

60 농민, 노동자의 물질적 욕구를 충족시켜 당 경제정책에 대한 불만을 완화시키려던 노력에 대해서는 이태섭, 『김일성리더십 연구』, 69쪽 ; 서동만, 위의 책, 618~619쪽.

61 당내 정치 갈등이 계속되는 가운데 노동자·농민 소비기금이 지속적으로 늘어나면서 1950년대 중반 북한의 축적위기가 가중되고 있었다. 이태섭, 위의 책, 77쪽. 따라서 더 이상 노동자·농민을 추수하며 물질적 욕구를 충족시켜주는 것은 바람직한 해법이 될 수 없었다.

62 "1957년인민경제계획은 중공업을 우선적으로 발전시키면서 경공업과 농업을 동시에 발전시킬데 대한 우리 당 경제건설의 기본로선에 기초하여 세워졌습니다. 우리는 지난날과 마찬가지로 다음해에도 중공업부문에 투자를 집중하고 많은 힘을 돌릴것을 예견하고있습니다. 이것은 전적으로 옳은 조치입니다. 지금 일부 나라들에서는 중공업을 좀 죽이자거니 살리자거니 하는 론의가 많다고 하는데 우리 나라에서는 이런 문제가 절대로 설수 없습니다." 김일성, 「사회주의건설에서 혁명적대고조를 일으키기 위하여(1956.12.13)」, 『김일성 저작집 10권』, 평양: 조선로동당출판사, 1980, 404~405쪽.

63 김일성, 「내부예비를 최대한 동원하여 더 많은 강재를 생산하자(1956.12.28)」, 『김일성 저작집 10권』, 평양: 조선로동당출판사, 1980, 465쪽.

64 김일성, 위와 같음.

65 김일성, 「시, 군 인민위원회의 당면한 몇가지 과업에 대하여(1958.8.9)」, 『김일성 저작집 12권』, 평양: 조선로동당출판사, 1981, 400~402쪽.

66 직업동맹출판사, 『천리마기수독본』, 평양: 직업동맹출판사, 1963, 14~16쪽.

67 당력사연구소, 『조선로동당력사』, 289쪽.

68 천리마운동은 노력경쟁운동이면서 동시에 기술혁신운동이었다. 직업동맹출판사, 『천리마기수독본』, 17~18쪽. 기술혁신의 측면에서 천리마운동을 분석한 연구는 강호제, 『북한과학기술형성사 Ⅰ』, 선인, 2007.

69 이태섭, 『김일성리더십 연구』, 183쪽.

70 김연철, 「1950년대 북한의 노동정책과 노동자」, 397~403쪽.

71 이태섭, 『김일성리더십 연구』, 184~189쪽.

72 김일성, 「시, 군 인민위원회의 당면한 몇가지 과업에 대하여(1958.8.9)」, 407쪽.

73 김일성, 「공산주의교양에 대하여(1958.11.20)」, 591쪽.

74 이태섭, 『김일성리더십 연구』, 192~193쪽.

75 서동만, 『북조선 사회주의체제 성립사 1945~1961』, 850쪽.

76 직업동맹출판사, 『천리마기수독본』, 24쪽.

77 김일성, 「천리마 기수들은 우리 시대의 영웅이며 당의 붉은 전사이다」, 직업동맹출판사 편, 『천리마작업반운동』, 평양: 직업동맹출판사, 1960, 8쪽.

78 직업동맹출판사, 『천리마기수독본』, 19쪽.

79 김일성, 「천리마 기수들은 우리 시대의 영웅이며 당의 붉은 전사이다」, 11~12쪽.

80 직업동맹출판사, 『천리마기수독본』, 32~34쪽.

81 김일성, 「조선로동당 제4차대회에서 한 중앙위원회사업총화보고(1961.9.11)」, 『김일성 저작집 15권』, 평양: 조선로동당출판사, 1981, 203쪽.

82 국가계획위원회 중앙통계국 편, 『1946~1960 조선민주주의인민공화국 인민 경제 발전 통계집』, 18쪽.

83 이태섭, 『김일성리더십 연구』, 177쪽.

84 김일성, 「사회주의적농촌경리의 정확한 운영을 위하여(1960.2.8)」, 『김일성 저작집 14권』, 평양: 조선로동당출판사, 1981, 69~70쪽.

85 예를 들면 김일성은 1960년 2월 당 중앙위원회 상무위원회 확대회의에서 다음과 같이 말하고 있다. "농업협동조합에서 사회주의경쟁을 옳게 조직하는 문제가 중요합니다. 그런데 조합원들의 물질적관심을 효과적으로 자극하지 않고서는 사회주의경쟁이 잘되지 않습니다. 물론 근로자들을 공산주의사상으로 교양하여 그들의 자각적열성을 높이는것이 무엇보다도 중요하지마는 동시에 그들을 물질적으로 자극해야만 열성도 더 높아지고 생산이 올라갑니다. 이것을 떠나서는 경쟁도 생각할수 없으며 경쟁을 사회주의적분배원칙과 옳게 결합시켜야 근로자들의 로력적열성을 적극 불러일으킬수 있습니다.…지난해 12월 당 중앙위원회 확대전원회의에서도 강조하였지마는 우리 농민들이 어느새 벌써 다 공산주의자가 되었겠습니까? 완전한 공산주의의식을 가지게 되자면 멀었습니다. 생산력도 낮고 농민들의 의식도 낮은데 어떻게 그들을 물질적으로 자극하지 않고 생산을 반전시킬수 있겠습니까? 사회주의를 건설한다고 하면서 물질적관심의 원칙을 소홀히 하는것은 맑스-레닌주의의 초보적원리를 어기는것으로 됩니다." 김일성, 「강서군당 사업지도에서 얻은 교훈에 대하여(1960.2.23)」, 『김일성 저작집 14권』, 평양: 조선로동당출판사, 1981, 156~158쪽.

86 김일성, 「인민군대는 공산주의학교이다(발취)(1960.8.25)」, 조선로동당출판사 편, 『천리마운동과 사회주의건설의 대고조에 대하여』, 평양: 조선로동당출판사, 1970, 120쪽.

87 다만, 김일성은 붉은기중대의 판정조건은 천리마작업반판정조건과 비슷하게 하되 좀 더 높은 공산주의 운동으로 되게 해야 한다며 노동자·농민보다 더 높은 집단성을 군인에게 요구했다. 김일성, 위의 글, 120~121쪽.

88 김일성, 「청소년교양에서 교육일군들의 임무에 대하여(1961.4.25)」, 『김일성 저작집 15권』, 평양: 조선로동당출판사, 1981, 76쪽.

89 김일성, 「자녀 교양에서의 어머니들의 임무(1961.11.16)」, 조선 녀성사 편, 『전국 어머니 대회 문헌집』, 평양: 조선 녀성사, 1962.

90 강덕서, 『새 인간 형성과 천리마 작업반 운동』, 25~48쪽.

91 김일성, 「자녀 교양에서의 어머니들의 임무(1961.11.16)」, 22~25쪽 ; 김일성, 「청소년교
양에서 교육일군들의 임무에 대하여(1961.4.25)」, 89쪽.

92 직업동맹출판사가 1960년부터 출간한 『우리 시대의 이야기』 시리즈, 1961년 4차 당 대회
기념으로 출간되기 시작한 『천리마 시대 사람들』 시리즈가 대표적이다.

93 김일성, 「천리마시대에 맞는 문학예술을 창조하자(1960.11.27)」, 조선로동당출판사 편,
『천리마운동과 사회주의건설의 대고조에 대하여』, 평양: 조선로동당출판사, 1970.

94 1960년 이후 작가들이 천리마시대의 새로운 인간상을 어떻게 그려내고 있는지는 유임하,
「천리마운동과 국가주의의 신화 : 1960년대 북한소설의 두 가지 양상」, 『동악어문논집』
제36집, 동악어문학회, 2000.

95 1950~1960년대 북한 인민의 생활을 보여주는 문헌, 구술, 영상 등 다양한 자료를 활용해
조선노동당의 집단주의 생활문화 정착 시도가 어느 정도 성공 또는 실패했는지를 확인하
는 후속 연구를 진행할 계획이다.

북한 문예조직 형성과 문학의 주체화[*]

전영선[**]

1. 머리말

이 글은 북한 문예조직 형성과정을 분석하는데 목적이 있다. 광복의 기쁨을 누구보다 만끽하고자 했던 사람들은 작가들이었다. 말과 글이 막혔던 식민지 상황에서 벗어나 자기의 말과 글로 작품을 창작할 수 있다는 사실은 무엇과도 바꿀 수 없는 기쁨이었다. 문화적인 측면에서 광복은 곧 식민지 문화로부터의 광복이었다. 광복과 동시에 문인들은 문화계의 중심 세력으로 이념적 좌우를 초월한 조직을 만들어 활동하기 시작한다.

그러나 문인조직은 곧 정치 이념에 의해 나누어졌다. 광복은 온전히 민족

---

* 이 글은 『어문논집』 제48집에 실린 논문을 수정한 글입니다.
** 건국대학교 통일인문학연구단 HK연구교수

적 역량에 의해 자주적으로 이루어진 것이 아니었기에 정치적 영향으로부터 벗어날 수 없는 태생적 한계가 있었다. 미국과 소련을 중심으로 한 국제관계의 재편 과정 속에서 한계가 드러났다. 남북의 상황은 소련과 미국의 상이한 국제관계적 이해관계 위에 놓여 있었다. 좌우익 문학의 운명은 정치적 판세에 따라서 정해졌다. 문학이 정치와 분리될 수 없었다.[1] 미국과 소련의 관계를 어떻게 정립하느냐에 따라서 해방정국의 복잡한 세력들의 위치도 정해졌다.

문예조직에 대한 별다른 정책이 없었던 남한과 달리 북한은 정권수립 초기부터 문화예술인들을 적극 포섭하면서 조직화를 주도해 나갔다. 정책적으로 문화예술인들을 조직화 하고, 장악한 것은 당연하게도 정치적 활용 때문이었다. 이런 점에서 북한의 문예조직 과정은 북한 체제의 이념과 정책의 울타리 안으로 포섭하는 과정이라고 할 수 있다.

정책의 울타리 속에 문화예술을 포섭하는 것은 전일적 사회동원의 필요성 때문이었다. 북한은 정권 수립당시부터 지금까지 일관되게 사회를 동원체제로 운영해오고 있다. 사회 전체를 하나의 동원체제로 운영하기 때문에 사회의 모든 조직체는 당의 정책과 방향에 따라 실천으로 복무하는 일관적 구조를 갖는다. 문예조직에서도 이 같은 구조가 가능한 것은 북한의 문예조직은 정권과 상하관계로 존재하기 때문이다. 문예조직은 당의 이념을 인민들에게 충실히 전달하고, 혁명사상으로 무장하고, 선동을 통해 혁명사업에 복무하도록 하는데 목적이 있다. 당의 정책을 선전하고 인민들을 동원하기 위해서는 문예단체의 조직화는 필수적인 사업이었다.

한마디로 남한의 문화정책이 문화예술 창조와 향수의 진흥을 위한 지원기능을 우선한다면 북한의 문화정책은 상위로 설정된 당의 목표를 효과적으로 달성하기 위한 수단으로서의 동원 기능을 우선하는 정책인 것이다.[2] 본 연구는 광복 이후 북한에서 문예정책에 따라 문예조직화 과정이 어떻게 전개되었는지를 살피는데 목적을 둔다.

2. 광복직후의 문단동향

광복을 가장 손꼽아 기다리던 사람들의 하나가 문인들이었다. 글을 써야 하고 작품을 발표해야 하는 문인들이 자기글과 말을 온전히 쓰지 못하는 것만큼 답답한 것도 없을 것이다. 광복 다음날인 1945년 8월 16일 일군의 문인들은 친일문인들의 집합 장소였던 '문인보국회' 사무실을 접수하여 '조선문학건설본부'를 출범시켰던 것만 보아도 문인들의 열망이 얼마나 컸는지를 짐작할 수 있다. 광복 이후 최초의 문인단체였던 '조선문학건설본부'는 이틀 뒤인 8월 18일 범예술단체인 '조선문화건설중앙협의회'로 확대 개편한다. 작가들이 중심이 되기는 하였지만 작가들과 예술인들을 포괄하는 단체로서 출발한 것이다.[3]

단 시간 내에 이처럼 광범위한 조직체가 결성될 수 있었던 것은 광복이라는 상황 속에서 민족독립국가 건설을 위한 열망이 컸기 때문이었다. '조선문화건설중앙협의회'는 민족독립국가 건설을 위한 열망으로 좌우를 포괄하여 결성된 문예조직이었지만 구성원들의 갈등과 대립을 극복하지는 못하였다. 좌우의 갈등과 불만은 이념에 따라 별도의 조직을 결성하였다.

좌파에서는 노선의 선명성을 강조하면서 1945년 9월 17일 이기영, 한설야, 윤기정 등을 중심으로 '조선프롤레타리아 문학동맹'을 결성하였다. 좌파 움직임에 반발하여 우파 문인들은 1945년 9월 18일 중앙문화협회를 조직하여 대응하였다. 이로써 해방직후 좌우를 포괄하던 문단 조직으로 출발한 문예조직은 광복 한 달을 겨우 넘기고 좌우의 이념단체로 갈라선다. 좌파문학인들을 중심으로 결성된 '조선프롤레타리아 문학동맹'은 1945년 9월 30일 예술인들을 포괄하는 범예술 단체를 표방하면서 '조선프롤레타리아예술동맹'으로 확대하였다. 좌익 내의 두 단체인 '조선문화건설중앙협의회'와 '조선프롤레타리아예술동맹'은 1945년 12월 3일 두 단체의 통합을 위한 공동위원회를 개최하고 통합작업에 들어갔다. 그해 12월 6일 합동에 대한 공동성명을 발표한데 이어, 12월 13일 합동총회를 개최하면서 '조선문학동맹'으로 개편하였다. 이 과정에서 '조선프롤레타리아예술동맹'을 주도했던 이기영, 한설야, 송영 등은 활동에 참여하지 않다가 월북하여, 1946년 3월 25일에 결성된 '북조선예술총연맹'에 참여한다.

'조선문학동맹'은 이듬해인 1946년 2월 9일 '조선문학가동맹'으로 이름을 바꾸고 전국적인 조직으로 확대한다. '조선문학가동맹' 전국 6개 지부와 366명의 회원조직으로 확대되었다. 이로써 문학부문에서 문화운동을 전개할 단일하고 통일적인 중앙조직 결성이 완료된 것이다. 비슷한 시기인 1946년 2월 24일에는 조선문화단체총연맹이 결성된다. 조선문화단체총연맹은 '조선의 문화운동을 옳은 길로 인도하며, 건전한 민족문화를 건설하여 조선의 자주독립에 이바지'하는 데 있었다.[4] 이후 문예단체는 좌우의 이념에 따라 대립하는 양상으로 전개되었고, 남과 북의 정치 지형을 따라 문예단체도 이동하게 되었다.

3. '평화적 민주건설기'[5]의 문예정책과 문예조직

1) '평화적 민주건설기'의 소련문화의 수용

광복과 함께 사회주의 국가 소련의 영향 아래 정권수립을 준비한 북한에서 문학인들에게 주어진 임무는 일제 잔재의 청산과 사회주의 문학을 정립하는 것이었다. 일제 잔재의 청산은 반일을 내세운 북한 정권의 정당성을 부여하는 핵심적인 명분이었다.

일제가 남긴 잔재를 청산하면서 새로운 시대적인 조류로 소련의 사회주의가 들어왔다. 낡은 잔재 청산의 대응으로 제시한 사회주의의 전형은 소련이었다. 북한은 해방직후 통치이념과 경제체제를 사회주의로 규정하고, 이를 사회 작동 원리로 정착시키기 위해 노력하였다. 문화정책 역시 사회주의 제도에 대한 선전과 사회주의 정권의 당위성을 설득하는데 초점을 맞추어 졌고, 소련으로부터의 선진적인 문화예술 이론을 수입하고, 적극적으로 창작에 반영하였다. 예술 조직체계가 갖추어지면서 정책적으로 소련의 문화예술을 선진적이고 모범적인 학습대상으로 규정하고 소련의 문화예술을 정착시키기 위한 사업이 진행되었다. 당시 소련은 문화교류의 차원을 넘어 신세계이 하나로 인식되었다. 소련의 영향하에 탄생한 국가들이 그렇듯이 북한 역시 소련을 사회주의 이상국가로 설정하고, 소련의 정치제도, 문화제도를 전폭적으로 수용하였다.

소련군정 3년 동안 사회주의 종주국인 소련식 사회주의 체제를 정치, 경제, 사회, 문화예술 등 모든 분야에서 실현하는 것이 최우선의 과제였다. 문화 분야에서도 예외는 아니었다. 1945년과 1950년 사이에 수백 권의 기술서적, 역사서적, 과학서적 및 잡지가 조선어로 번역되어 소개되었다. 더불어 70여 편의 소련 문학작품이 조선어로 번역되었다. 북한과 소련 사이의 문화교류 사업의 핵심 기관은 '조쏘문화협회'였다. '조쏘문화협회'는 다양한 활동을 통해 빠른 속도로 북한의 문화적 지형을 소련식으로 바꾸어 나갔다. 북한은 소련군을 '해방군'이자 '참된 우정의 원조자', '국제주의의 모범', '조선인민의 진정한 옹호자'로 묘사하였다. 작가와 예술가들에게 주어진 역할은 사회주의 정권 정통성을 선전하고 대외적으로 국가의 실체를 알리는 것이었다.[6]

소련 역시 소련 연방 이외의 지역에서 처음으로 세워진 사회주의 국가 북한에 대한 전폭적인 지원을 아끼지 않았다. 그 결과 소련의 문화와 교육은 여과없이 빠른 속도로 북한 문화정책의 대부분을 차지하게 되었다. 작가, 예술인들은 사회주의 조선의 출발을 가장 빠른 시간 안에 인민들에게 인식시켜주어야 했다.[7]

소련의 우수성을 선전하고, 소련의 문화를 인민들에게 소개하는 작업은 문예조직이 해야 할 최우선적인 과제 중의 하나였다. 문학예술 전반에 걸쳐 진행된 소련식 사회주의의 접목에 대해서 북한은 긍정적인 평가를 내린다. 북한은 결과적으로 소련의 문화로 인하여 민족문화가 복원되고 발전하게 되었다고 평가한다.[8]

2) 조선문학예술총동맹과 문단 일체화

북한 지역에서 가장 먼저 결성된 문화예술 단체는 우익계열의 '평양예술문화협회'였다. 그러나 영향력은 오래 가지 못하였다. 소련군과 좌익의 견제로 점차 활동은 급속히 축소되었고, 문단의 중심은 좌익계열 중심으로 결성된 '평남지구 프롤레타리아예술동맹'이었다. 사회주의 계열이 주도하기 시작하였다.[9] 작가들의 초기 자율적인 움직임은 힘을 잃고 북한 정권의 영향력 아래 북한식 사회주의에 맞는 문예조직으로 재편되었다.

북한 정권 차원에서 작가, 예술인에 대한 조직적 관리는 1946년 2월 8일 북조선임시인민위원회부터 시작되었다. 사회주의 정권이 설립되면서 사회주의 이념에 따라 정치를 뒷받침하는 예술조직으로 개편하였다. 1946년 3월 25일 예술인들을 총괄하는 북한 내에 공식적인 조직 기구로서 '북조선예술총연맹'이 결성되었고, 북한 정권이 추구하는 문화정책을 실현할 수 있는 기구가 만들어 졌다. '북조선'으로 표기한 것은 1945년 9월 8일 서울에서는 이미 박헌영이 조선공산당을 설립하였기 때문에 1국 1당 원칙에 따라서 북한의 공산당은 중앙조직이 될 수 없었기 때문이었다. 박헌영계의 남로당은 1국 1당의 원칙을 내세우면서 북한의 독자적인 창당을 반대하였고, 소련의 주선으로 박헌영과 김일성이 만나 치열한 토론과 논쟁 끝에 '조선공산당 북조선 분국'으로 조직하였다. 이에 따라서 1945년 10월 10일 북한에서 '조선공산당 이북 5도 책임자 및 열성자 대회'를 개최하고 10월 13일 '조선공산당 북조선 분국'이 설치되고, 김용범을 위원장으로 하고, 김일성을 위원으로 하는 집행위원회가 결성되었다.

　이러한 조직화 과정을 통해 당에서는 작가, 예술인들을 국가 사업에 동원하는 동원체제로서 개편이 끝났음을 의미한다. 실제로 이 시기를 전후하여 나온 각종 문건을 보면 작가, 예술인들에게 인민들이 생활하는 현장으로 들어가 문학과 예술로서 일제잔재를 청산하고 민주주의를 건설하는데 앞장 설 것을 강력하게 요구하는 당의 문건을 확인할 수 있다. 당에서 작가, 예술인들에게 요구한 과업의 내용은 모든 농촌과 지역이나 직장에 선전망을 조직하여 선전사업을 벌이고, 민족문화 발전을 위하여 우수한 것을 계승하고 낡은 것을 극복하며, 선진국가의 문화를 받아들여 민족문화를 발전시키라는 것이다.[10]

　이러한 사업을 보다 효율적으로 추진하기 위하여 문화예술조직에 대한 문제가 제기된다. 1946년 5월 27일 인민위원회 결정 제19호 '예술위원회 조직에 관한 건'을 통해 북한 정권 차원에서 문학예술조직 문제와 예술 발전의 원칙 문제를 제시하였다. 북조선임시인민위원회의 명의의 이 결정은 위원장인 교육국장 장경식을 비롯하여 부위원장 이기영, 위원 한설야, 박팔양, 최명익, 한재덕, 태성수, 김사량, 안막, 김창만, 허정숙, 이기영, 안함광의 이름이 올라 있다. 문화발전의 초기부터 정당한 지도방향을 정하기 위한 목적으로 '교육국내에 북조선예술위원회를 조직'을 규정한 것이다. 중앙에 북조선예술위원회를 두고 각도에서는 도예술위원회의를 두고서 문화예술 사업을 원칙 있게 벌려나갈 것을 규정하고 있다.[11]

　작가, 예술인들에게 요구되던 당정책 사업을 총괄하는 기구로 '북조선문학예술총동맹'이 1946년 10월에 결성되었다. 북조선예술총동맹은 북조선예술총연맹이 확대 발전한 단체이다. 북조선예술총연맹은 1946년 10월 13일과 14일에는 노동신문사 강당에서 중앙 및 지방 대표 99명이 참석하에 제2차 북조선예술총연맹 전체 대회를 열고 이 자리에서 "신 정세에 호응하여 북조선예술총연맹을 북조선문학예술예술총동맹으로 재조직할 것을 결정"하면서 발족되었다.[12] 이후 북한의 모든 문화예술인들은 북조선문학예술총동맹의 통제 속에서 활동하게 되었다. 당시 위원장에는 이기영이, 부위원장에는 안막이, 서기장에는 리찬이 선출되었다. 북조선문학예술총동맹은 산하에 7개 동맹 조직을 둘 정도로 확대되었다. 1946년 7월 25일자로 발간된『문화전선』창간호에는 '북조선예술총련맹'을 축하는 쭈시크 소좌의 「북조선예술총연맹결성대회 축하문」이 '김동철(역)'으로 실려있고, 88쪽에서 90쪽에는 '북조선예술총연맹'의 총칙, 가맹단체, 조직, 부서편성, 재정, 부칙이 실려있다.『문화전선』2호 77쪽에는 '북조선문학예술총동맹 중앙위원'과 '북조선문학동맹 중앙위원'의 명단이 게재되어 있다. 이로 볼 때 '북조선문학예술총동맹'의 산하에 '북조선문학동맹'이 산하단체로 통합되었음을 확인할 수 있다. 북조선문학예술총동맹의 산하에는 7개의 동맹과 위원장은 문학동맹(위원장 안함광), 연극동맹(위원장 신고송), 음악동맹(위원장 리면상), 미술동맹(위원장 정관철), 사진예술동맹(이문빈), 무용동맹(최승희), 영화동맹(주인규)이였다. 그러나 '북조선문학동맹 중앙위원'의 명단에 올라 있는 한설야, 이기영, 김사량, 최명익, 안막, 한효, 이찬, 안함광 등은 '북조선문학예술총동맹 중앙위원'의 명단에도 올라 있으며, 연극동맹 중앙위원의 명단에도 희곡작가들이 올라 있으며, 무용위원회의 경우에는 최승희 한 명 만이 중앙위원으로 올라 있다. 이로 볼 때 문학예술총동맹은 실질적으로 문학동맹 중앙위원들을 중심으로 운영되었음을 알 수 있다.

문학예술총동맹 단체의 임무는 민주주의 사상교양사업을 전개하여 근로대중을 교양하고, 근로인민 출신의 작가, 예술인들을 양성하는 것이었다.[13] 그러나 북한 정권 초기 북조선문학예술총동맹의 임무는 제대로 수행되지 못하였다. 1947년 12월 30일에 발행된『조선문학』2집에 실린「북조선문학예술총동맹 제4차 중앙위원회 결정서」에는 '문예총'이 제대로 역할을 하지 못하고 있다는 오류와 결함에 대해 지적하고 있다.[14] 1947년『조선문학』창간 특대호에 실린 한효의 「고상한 리알리즘의 체득」에는 당시 일분 젊은 작가들은 '북조선의 현실'을 그리기 싫어하는 태도를 비판하는 글이 보인다.[15] 이로 볼 때 당시까지 문학예술인들에게 요구했던 정치적 사안들은 현장에서 제대로 작동되지 않았음을 알 수 있다. 당정책과 작가들 사이의 갈등은 현실참여 문제였다. 당에서 요구한 것은 북한의 현실문제에 참여하라는 것이었다. 문학예술이 당의 정책을 떠나 있고, 현실과 거리를 두지 말고 적극적으로 '북조선의 현실'을 그려야 한다는 것이었다.

이러한 비판은 반성과 결의로 이어졌다. 원칙적인 비판과 자기 비판, 고상한 사상성과 예술성을 가진 작품 창작을 위한 현장침투, 독자와의 대중적 모인 조직, 군중문화사업에 대한 원조 강화, 산하동맹과 각도동맹에 대한 조직성 제고, 출판사업의 강화를 결의한다. 김일성은 1949년 12월 22일 문학예술인들에게 한 훈시 「현시기 문학예술인들앞에 나서는 몇 가지 과업」을 통해 "문학예술은 우리 당의 위력한 정치사상교양수단의 하나입니다. 그런것만큼 문학예술인들은 응당 우리 당과 인민의 리익의 옹호자, 대변자가 되어야 하며, 인민들을 교양하고 우리 공화국을 사수하는 투사가 되어야 합니다"라고 하여 문학예술이 정치교양의 수단임을 분명히 하면서 '문학예술인들은 당의 노선과 정책에 따라 정책적으로 분석판단 하며, 당의 정책적 요구에 따라 창작'하도록 요구하였다. 작가, 예술인들의 조직화와 사회적 목적을 분명히 한 것이다.[16]

북조선문학예술총동맹은 1951년 3월에 남북한 문예단체를 통합하여 '조선문학예술총동맹'으로 개편하였다. 작가와 예술인들의 통합체계로 운영되던 조선문학예술총동맹은 1953년 9월 발전적 해체를 통하여 다시 개별 분과 동맹인 '작가동맹', '미술가동맹', '작곡가동맹' 등으로 분리 개편하였다. 개별동맹으로 운영되던 예술조직은 1961년 3월 김정일의 지시에 의해 조선문학예술총동맹으로 재결성되면서 오늘에 이르고 있다.

재결합된 조선문학예술총동맹의 기본 임무는 이전과 마찬가지로 근로자들을 공산주의사상으로 무장시켜, 공산주의적으로 교양개조하는 것으로 김일성은 1961년 3월 4일 '조선문학예술총동맹 중앙위원회 집행위원들 앞에서 한 연설'「문학예술총동맹의 임무에 대하여」를 통하여 조선문학예술총동맹의 임무를 확인한다.17

북한에서 규정한 조선문학예술총동맹의 기능을 정리하면 다음과 같다. 첫째, 문학예술총동맹은 작가들에게 창작 방향을 알려주고 창작량을 배당하는 역할을 한다. 문학예술총동맹에서는 상부의 명에 따라서 배당받은 창작량에 따라서 연간, 분기별 창작 계획과 공연계획을 수립하고, 수립된 계획을 문화성에 제출하여 비준을 받는다. 비준이 내려지면 작가들에게 할당량을 배당하고 통제를 받으면서 예술 활동을 전개할 수 있다. 둘째, 노동당의 영도 밑에 있는 모든 작가, 예술인들을 충실한 문예전사로 키우기 위한 사상교양사업의 수행이다. 셋째 당의 문예정책을 관철하기 위한 창작 사업을 진행하도록 협의, 조직, 집체적 지도를 보장한다. 넷째, 인민들의 생활과 감정에 맞는 혁명적 문학예술을 창작하며 문학예술을 시대의 참다운 혁명적 문학예술의 본보기로 만들기 위하여 투쟁한다. 다섯째, 반당적이며 반동적인 사상의 침투와 발현을 반대, 투쟁하여 노동자, 농민을 비롯한 광범위한 군중 속에서 문학예술의 새세대들을 체계적으로 육성하기 위하여 노력한다. 여섯째, 세계의 모든 진보적이면서 혁명적인 작가, 예술인들과의 연대성을 강화하기 위한 사업을 수행한다.18

문학예술총동맹의 성격은 사회단체의 하나이다. 문화예술 분야의 국가 기관으로 문화성이 있지만 두 단체의 관계는 상하관계가 아니다. 내각기관인 문화성은 사회단체인 문화예술총동맹을 도와주는 행정부서로서 역할이 주어져 있다.19

4. 유일사상체계와 문예 조직

1) 『응향』사건과 문예통제

북한이 사회주의 건설을 추진하면서 문예조직을 재편하는 과정에서 빼놓을 수 없는 것이 '『응향』사건'이다. 1946년 12월 '건국사상총동원운동'의 영향으로 문학예술 분야에서도 반동적 경향과의 투쟁이 중요한 문제로 대두되었다. 낡은 잔재 청산을 명분으로 한 투쟁사업에서 발생한 '『응향』사건'은 북한정권의 문단 정비 과정의 첫 관문이자 출발인 사건이었다.[20]

1946년 북조선문학예술총동맹 원산지부 동맹원들이 공동으로 시집『응향』을 발간하자 북조선문학예술총동맹은 『응향』에 실린 작품에 대하여 혹독하게 비판하고 나선다. 북조선문학예술총동맹은 중앙상임위원회 명의로 '시집『응향』에 관한 북조선문학예술총동맹중앙상임위원회의 결정서'를 북조선문학예술총동맹 기관지『문화전선』3집(1947년 2월)과 문학가동맹 기관지『문학』에 게재한다.

『문화전선』3 집에 실린 '시집『응향』에 관한 북조선문학예술총동맹중앙상임위원회의 결정서'는『응향』에 실린 시에 대한 비판과 이에 대한 결정으로 이루어져 있다. 비판 내용은 다음과 같다. 첫째, 시집『응향』에 수록된 시들은 '조선 현실에 대한 회의적, 공상적, 퇴폐적, 현실 도피적, 심하게는 절망적인 경향을 가졌음을 지적한다.' 둘째, 작가들의 퇴폐적 경향은 복잡하면서도 비상한 속도로 건설되어 가는 조선 현실에 대한 인식부족에서 오는 것이다. 셋째, '역사적 변혁인 해방 후의 현실인식의 사상과 방법이 과거의 그것에 연장이다. 이러한 문제보다 더 큰 문제를 "시집『응향』의 집필자들은 거의 모두 원산문학동맹의 중심인물로 하나나 둘이 이상 지적한 바와 같은 경향을 가진 것이 아니고 여러 사람이 거의 동상동몽인 데에 문제의 중요성이 있다"고 판단하고 사상적인 문제를 제기하면서 작품에 대한 검토 비판과 자기비판은 물론『응향』에 대한 발매를 금지한다.[21]

시집『응향』과 관련한 비판과 결정을 의미하는 '응향사건'은 북한 문학예술계에서 자유주의 성향을 가진 문인들이 배제당하는 첫 사례이자 시발점이 되었다.[22] 이후 1947년 출간한『문장독본』,『예원써클』,『관서시인집』등에 대해서도 서구적 퇴폐와 일제의 잔재가 묻어 있는 이른바 '예술지상주의'적 작품 및 작품집으로 규정하고 뿌리 뽑아야 할 척결의 대상으로 비판하면서 부르조아 잔재 청산을 명분으로 문학예술의 철저한 체제 문학으로의 조직화를 추진하였다.[23]

> 오늘 문화인들이 과거 일제시대의 낡은 사상과 관습을 다 청산하고 완전한 근로인테리가 되었다고 생각한다면 잘못입니다. 사람들의 머리속에 남아있는 낡은 사상잔재는 일조일석에 다 청산될수 없으며 그것은 꾸준하고 인내성있는 사상교양과 사상투쟁을 통해서만 극복될수 있습니다. 지금 문화인들은 근로인테리로 개변되는 과정에 있으며 낡은 사상을 청산해나가는 과정에 있습니다.
>
> 작가, 예술인들 속에 남아있는 일제의 낡은 사상잔재는 우리의 문학예술발전에 이러저러하게 나쁜 영향을 미치고있습니다. 지금 우리의 문학예술은 새 민주조선 건설과 인민들의 요구를 따라가지 못하고있으며 협소한 수공업적형태를 벗어나지 못하고 광범한 대중과 동떨어져있습니다.[24]

잔재청산 작업의 명분은 1950년대에서도 계속되었다. 김일성은 1951년 6월 작가들과 한 담화에서 '자연주의 및 형식주의와의 투쟁을 견결히 전개'할 것을 지시했다. 이 지시에 따라 안함광은 1951년도 문학을 개관하는 자리에서 '우리 창작계에 아직도 자연주의 및 형식주의 요소 내지 경향이 있다는 사실'을 지적하면서 자연주의와 형식주의 요소를 없앨 것을 강조하였다.[25]

부르주아 문학 잔재 청산은 낡은 잔재를 청산함으로써 혁명사업을 온전히 진행하자는 것으로서, 사업을 통해 온전한 사회주의 문예조직화를 시도하면서 일체의 '불순한 요소'도 허용하지 않는다는 취지로 진행되었다.[26] 이러한 명분하에 진행된 잔재 청산은 사회주의적 사실주의에서 주체사실주의로 전환되기까지 주체사상에 입각한 문예조직으로 온전히 전환하기 위한 전가의 보도였다.

2) '8월 종파사건'과 유일사상체계

1948년 5월 10일 남한에서 선거를 통해 단독 정부를 수립하자 북한도 8월 25일 단독 선거를 실시하고 9월 2일 최고인민회의를 개최하고 9월 9일 조선인민공화국으로 정부를 출범한다. 출범 당시의 권력구도는 복합적이었다. 주요 간부로는 수상에 김일성, 부수상에 박헌영, 홍명희, 김책이 선출되었고, 내각의 주요 자리는 북로당계, 남로당계, 연안파, 소련파 등이 두루 기용되었다. 이러한 구성은 북한 내의 정파적인 상황을 고려한 것이었다. 북한 정권 출범 당시만 해도 김일성의 빨치산 계열, 박헌영의 남로당계열, 김두봉의 연안파, 허가이의 소련파 등의 모든 정치세력이 소련의 영향하에 있었고, 어느 쪽으로도 힘이 크게 기울지 않았다.[27]

집권 세력들은 '6 · 25 전쟁'이나 전후복구 경제건설 사업, 농업협동화 사업 등에서 갈등을 보였다. 이들 세력 간의 갈등과 투쟁이 만만치 않았던 상황에서 마침내 1956년 8월 30일 당 중앙위원회 전원회의에서 최창익 · 윤공흠 등이 김일성 1인 체제를 공격김일성 축출을 시도한 '8월 종파'사건이 발생하면서 김일성은 최대의 위기를 맞는다.

'8월 종파사건'은 북한 정권 내의 오랜 권력과 노선 갈등의 산물이었다. 연안파의 거두 무정이 '6 · 25 전쟁' 중에 숙청되었지만 연안파는 여전히 당내에서 상당한 세력을 형성하고 있었다. 소련파 역시 일정 부분 당내 세력을 형성하고 있으면서 전후복구건설 과정 정책에서 마찰을 일으키고 있었다. 김일성은 소련을 본보기로 국방강화의 필요성을 강조하면서 중공업 우선정책을 추진하려 하였던 반면 인민생활 향상이 급하다고 하면서 소비재 생산을 강조하였다. 이와 함께 농업협동화 정책에 대해서도 소련파와 연안파는 생산력 발전이 없는 상태에서 생산관개의 개조는 안 된다는 논리로 반대하였다. 전후복구 건설에 대한 갈등 끝에 1956년까지 '전후 3개년 계획'이 추진되었고, 1957년부터 제1차 5개년 경제개발 계획이 수립되었다.

그러나 김일성 독재와 전후복구 사업에 대한 소련파와 연안파의 불만은 마침내 의회혁명을 통한 김일성 축출시도로 이어졌다. '전후 3개년 계획'이 끝나고 제1차 5개년 경제개혁이 시작되기에 앞서 1956년 김일성은 소련을 비롯한 동구유럽의 지원을 위한 순방에 나선다. 김일성의 부재를 틈타 연안파의 지도적 인물이었던 김두봉, 최창익, 윤공흠, 서휘, 이상조, 이필규, 장평산 등과 소련파의 박창옥, 김승화, 박의완, 김재욱 등이 김일성의 개인숭배를 비판하면서 축출하려 하였다.

김일성은 급히 귀국하였고 1956년 8월 30일 개최된 당 중앙위원회 8월 전원회의에서 최창익·윤공흠 등이 김일성 1인 독재체제를 비판하고 나섰지만 이러한 움직임을 알고 준비하고 있었던 김일성 지지세력은 군대를 동원하여 사태를 진압하였다. 김일성을 제거하려던 이 시도는 오히려 김일성파의 완승으로 끝나고 정치적으로 견제세력은 완전히 축출되었다.

역설적으로 김일성의 최대 위기였던 '8월 종파'사건은 김일성 권력을 절대권력화 하는 계기가 되었다. '8월 종파'사건 이후 권력을 강화해 나가던 김일성은 권력기반을 제도적으로 강화하기 위하여 1966년 당대표자회의와 당중앙위원회 전원회의를 잇달아 열면서 당 조직을 개편한다. 당 중앙위원회 위원장·부위원장 직제를 당 중앙위원회 총비서·비서 체제로 개편하였는데,

당 중앙위원회 조직 개편은 외형상 협의체로서 집단지도 체제의 성격을 유지
하고 있었던 것을 단일지도 체제로 전환하는 것으로서 내부단속 성격을 띠고
있었다. 이러한 권력구조의 개편에 대해 상대적으로 소외되었던 세력들이 반
발하였고, 결과적으로 반대파에 대한 대규모 숙청으로 이어졌다. 대대적인
숙청은 1967년 5월에 열린 당 중앙위원회 제4기 15차 전원회의에서 내려진
갑산파 숙청으로 절정에 달한다.[28]

김일성 유일사상체계 작업이 진행되면서 새로운 방향을 위한 모색으로서
혁명예술이 부각되기 시작하였다. 이러한 전환은 '8월 종파사건' 등의 정치적
상황과 맞물려 문화예술 분야에서도 사회주의 예술로의 전환이 빠르게 이루
어졌다. 그 결과 북한 문단은 1950년대를 거쳐 1967년에 '새로운 시대에 맞는
새로운 문학예술' 창작을 슬로건으로 '새로운 혁명문학예술'의 뿌리이자 원형
으로서 '항일무장혁명투쟁'을 발굴하고 현대적으로 옮기는 재창작 사업에 몰
두하면서 혁명문학예술, 주체문학예술 일변도의 '체제문단'으로 자리 잡게 되
었다.

'8월 종파사건' 이후 김일성은 반대파 세력을 제거하면서 유일체계를 만들
어 간다.[29] 유일사상체계가 시작된 1960년대 중반 이후 북한 문학예술계의
최대 과제는 혁명문학예술의 정립이었다. 혁명문학예술의 정립은 김일성이
항일혁명투쟁 시절에 직접 창작하였거나 연출한 '불후의 고전적 명작'을 현대
적으로 재창작하는 것이었다.

3) 유일사상체계 구축기의 문단동향

북한의 문학예술이 추구하는 것은 유일사상체계를 올바르게 정립하는 것
이다.[30] 문학예술에서 창작의 자유보다 중요한 것은 집체적인 창작을 통해
유일사상체계를 바로 세우는 것이다. 유일사상체계를 올바로 세우지 못하게
되면 수령에 대한 과오로 나타난다고 강조한다.[31]

북한 문학예술이 현재와 같은 조직과 방향성을 갖게 된 것은 1960년대 중반이었다. 1967년을 기점으로 북한의 문화정책은 유일사상체계에 복무하는 문학예술 창작으로 일관되게 유지되고 있다. 유일사상체계를 세우는 과정에서 핵심은 수령형상을 올바로 하는 것이다.32 수령형상은 이른바 '새로운 혁명문학'이 중심적으로 해결해야 할 문제'로 제기되었다. 작가, 예술인들에게는 '새로운'이란 결국 노동계급의 수령을 올바르게 형상하는 것이었다.

수령형상을 강조하면서 북한 문단은 사회주의적 사실주의에서 주체사실주의로 전환한다. 수령의 시대는 새로운 시대의 요구이기 때 주세사상에 입각한 주체사실주의의 창작 원칙이 적용되어야 한다는 것이다. 수령형상은 사회주의적 사실주의와 근본적인 차이로 설명한다. 사회주의적 사실주의에서는 수령에 대한 형상을 제대로 한 작품은 없다는 것을 명분으로 수령을 전면에 내세우는 주체사실주의에 입각한 작품 창작을 요구한다. 수령형상 문제는 새로운 시대에 따라 새롭게 제기된 문제이므로 과거 작품에서는 전면적으로 수령형상을 제기한 작품은 없기 때문에 새로운 시대의 새로운 문학으로서 과거 작품을 허무적으로 대하지 말고 사회주의적 사실주의가 놓친 수령형상의 핵심 고리를 잡아서 새로운 혁명문학을 건설할 것을 요구하기 시작했다.33

이 시기 수령형상 문학과 유일사상체계의 문화정책을 주도한 것은 백인준이었다.34 백인준은 수령형상화를 위한 전문창작단의 필요성을 제기하였고, 이는 북한 최초의 수령가계 전문창작단인 백두산창작단으로 구체화되었다. 백두산창작단의 초대 단장은 백인준으로 김일성 일가의 일대기를 북한 문학예술 창작의 전형으로 내세우는 혁명예술 사업을 진두지휘하면서 북한 문화예술을 지휘한다.35

백인준의 초기 시에서 보이듯이 백인준의 문학은 북한 정권수립 직후 주류로서 인정받지는 못하였다. 오히려 사회주의 창작방식을 제대로 알지 못하는 작가로서 문단의 비판을 받았다. 백인준은 희곡 〈최학신의 일가〉로 인해 당시 문단계의 주요 인물이었던 황철 등으로부터 10년 동안 '반동작가' 취급을 당했었다.[36] 이러한 상황에서 백인준의 작가적 위상을 강화시킨 것은 김일성과 김정일이었다. 김정일은 1966년 12월 27일 문학예술부문 일군 및 창작가들과 한 담화 「예술영화 ≪최학신의 일가≫를 반미교양에 이바지하는 명작으로 완성할데 대하여」를 통해 '반동작가'로 취급당하는 백인준을 변론하면서 영화창작을 지시한다. 김정일의 비호 아래 백인준은 사상적인 문제를 지적받았던 〈최학신의 일가〉를 영화로 만들었다. 김정일의 배려로 완성된 예술영화 〈최학신의 일가〉는 '당의 계급 노선을 옳게 반영한 작품'이라는 평가를 받게 되었고, 백인준은 일약 주체시대의 대표예술인으로 수령형상의 전형을 창조하는 예술가로 평가받게 되었다.[37]

5. 맺음말

광복과 함께 해방의 기쁨으로 한민족국가 건설을 위해 뜻을 모았던 좌우의 문인들의 결합은 오래 가지 못하였다. 해방직후 좌우를 포괄하던 문단 조직으로 출발한 문예조직은 광복 한 달을 겨우 넘기고 와해되었다. 정치적 물결 속에 좌우의 문인들은 이념적 선명성을 내세우면서 좌우의 문단으로 갈라졌다.

문예정책에 대한 별다른 관심이 없었던 남한과 달리 북한은 정권수립 초기부터 정치선전과 사회주의 건설을 위한 필요에 따라 적극적으로 작가, 예술인들을 포섭하고 조직화해 나갔다. 당에 의해 주도된 문예조직화 사업이었기에 당연하게도 작가, 예술인들에게는 당이 필요로 하는 작품이 요구되었다. 소련의 영향 아래 사회주의 정권을 수립한 북한은 이상국가로서 사회주의 소련에 대한 열망으로 소련 문화를 수용하면서 북한은 작가, 예술인들에게 일제

잔재의 청산과 사회주의 문화예술 창작의 임무를 부여하였다. 이러한 임무와 창작경향에 반대하는 작가, 예술인들도 있었지만 힘을 잃고 북한 정권의 영향력 아래 북한식 사회주의에 맞는 문예조직으로 재편되어 나갔다. '북조선문학예술총동맹'은 이러한 조직화 사업의 결정물이었다.

조직화에 이어 사상적 검열에 나섰다. 1946년에 발생한 시집 『응향』을 둘러싼 사건을 통해 공개적으로 사상검열에 들어간다. 사회주의 건설에 필요한 창작 사업을 주도하기 위하여 작가, 예술인들에게 사회주의 체제 맞는 분명한 기준으로 창작할 것을 대외적으로 선언한다. 당주도의 문예조직화 과정에서 작가들과의 갈등은 불가피 했고, '『응향』사건'은 자유주의 성향을 가진 문인에 대한 북한 당국의 조직적 경고였다.

'『응향』사건'을 기점으로 북한 문학예술은 철저한 체제 문학으로 귀속되어 나갔다. 동시에 작가, 예술인들에게는 노동계급의 수령을 올바르게 형상하는 새로운 문제가 주어졌다. 이 시기 수령형상 문학과 유일사상체계의 문화정책을 주도한 인물은 백인준이었다. 백인준은 수령형상화를 위한 전문창작단의 필요성을 제기하면서, 북한 사회가 필요로 하는 문학예술을 창작하고 주도해 나갔다. 남북 사이에 이념적 갈등은 문학예술의 분단으로 이어지고 다시 감성체계의 분단으로 이어지고 있음을 보여준다.

■■■■ 주석 ■■■■

1 강경화, 「해방기 우익 문단의 형성과정과 정치체제 관련성」, 『한국언어문화』 제23집, 한국
 언어문화학회, 2003, 77쪽.

2 오양열, 「남·북한 문화정책의 비교연구」, 성균관대학교 일반대학원 행정학 박사학위논문,
 1997, 41쪽.

3 "카프의 회원인 임화, 이원조, 김남천, 이기영, 한설야 등과 1930년대 모더니즘 운동에 가
 담했던 김기림, 정지용, 김광균, 박태원, 오장환 등과 해외문학파의 김광섭, 이양하, 김진섭
 등과 그 외 순수소설을 쓴 이태준 등이 차감하고 있는 것으로 보아 해방 이전의 중요한
 문단 유파가 여기에 참여하고 있음을 확인할 수 있다"(안학상, 「해방직후의 문단조직 및
 문학론 연구—「문건」과 「문동」의 좌우합작노선을 중심으로」, 『선청어문』 제20집, 서울대
 학교 국어교육과, 1992, 130쪽).

4 박정선, 「해방기 문화운동과 르포르타주 문학」, 『어문학』 제106집, 한국어문학회, 2009,
 381쪽.

5 '평화적 건설시기'는 1945년 광복부터 1950년 한국전쟁 이전까지의 시기를 말한다.

6 "동무들은 문화전선에서 싸우고 있는 투사들입니다. 동무들에게는 동무들의 입으로, 동무
 들의 붓으로 조선사회를 뒤걸음질치게 하려는 반동세력을 처야 할 책임이 있으며 민족문
 화를 발전시키며 인민대중을 애국주의와 민주주의 정신으로 교양할 책임이 있습니다. 우
 리가 반동세력을 분쇄하고 새 민주조선을 건설하는가 못하는가 하는것은 동무들이 문화전
 선에서 잘 싸우는가 못싸우는가에 크게 달려있습니다"(김일성, 「문화인들은 문화전선의 투
 사로 되여야 한다—북조선 각 도인민위원회, 정당, 사회단체선전원, 문화인, 예술인대회에
 서 한 연설 1946년 5월 24일」, 『김일성저작집2(1946.1~1946.12)』, 평양: 조선로동당출판
 사, 1979, 231쪽).

7 북한 정권 초기 북한과 소련의 문화교류에 대해서는 찰스 암스트롱, 「북한 국가형성의 재
 조명 : 북한 문화의 형성, 1945~1950」, 『현대북한연구』 제2권 제1호, 경남대학교 극동문제
 연구소, 1999 ; 전영선, 「북한의 대외문화 교류와 문화외교 연구—해방 이후 북한 민주건
 설시기의 북―소 문화교류를 중심으로」, 『중소연구』 제35권 제1호, 한양대학교 아태지역
 연구센터, 2011 참고.

8 "지금 문학예술총동맹과 인민교육문화후원회 및 조쏘문화협회들은 자기 사업을 성과있게
 전개하고있습니다. 조선인민은 민족문화건설에서의 이와 같은 발전에 대하여 이전에는 상
 상도 하지 못하였습니다"(김일성, 「북조선임시인민위원회사업 총화에 대하여—북조선인민
 회의 제1차회의에서 한 보고, 1947년 2월 21일」, 『김일성저작집3(1947.1~1947.12)』, 평양:
 조선로동당출판사, 1979, 118~119쪽).

9 전영선·김지니, 「북한 공연예술단체의 대외공연 양상과 특성연구」, 『남북문화예술』 창간
 호, 남북문화예술학회, 2007, 204~205쪽.

10 김일성, 「민주건설의 현계단과 문화인의 임무—제2차 북조선 각 도 인민위원회, 정당, 사
 회단체 선전원, 문화인, 예술인대회에서 한 연설—1948년 9월 28일」, 문화체육부, 『북한의
 문화예술행정제도 연구(문헌자료편)』, 문화체육부, 1995, 350~355쪽.

11 북조선예술위원회와 도예술위원회의 사업 내용은 다음과 같다. (가) 예술위원회는 조선의
문화와 예술의 부흥을 위하야 일본제국주의시대의 사상적 殘澤을 肅淸하며 또는 민주주
의적 신문화와 예술을 발전시키기 위하여 사상적으로 지도하여 문화와 예술의 향상을 힘
쓸 것, (나) 예술창작에 있어 민주주의적 정신을 고취하며, 인민의 생활과 풍습을 묘사할
것, (다) 예술은 문학, 연극, 영화, 미술, 음악, 무용, 건축, 조각 등을 총망라하야 인민의
자유와 조국의 민주독립을 위하여 투쟁할 열사들을 표현하여 전세계 평화와 조선을 해방
시킨 소련과 친선하며, 일본제국주의와 파시즘에 대한 적개심을 일으키는 정신을 고취할
것, (라) 민족예술을 부흥, 발전시킴에 있어 예술위원회는 민족문화와 예술적 과업을 좁
은 민족적 범위에 封鎖하지 말고 소련 및 선진민주주의 각국과의 문화교류에 힘써 우수
한 예술가들의 지도적 영향을 섭취할 것(문화체육부, 『북한의 문화예술행정제도 연구(문
헌자료편)』, 문화체육부, 1995, 70~71쪽).

12 「제2차 북조선예술총연맹 전체대회 초록」『문화전선』 3집, 평양: 북조선문학예술총동맹,
1947.2 참고.

13 "문학예술총동맹당단체에서는 작가, 예술인들 속에서 민주주의사상교양사업을 힘있게 전
개하여 모든 작가, 예술인들이 우리 인민들의 현실생활을 생동하고 진실하게 반영한 문학
예술작품을 더 많이 창작하도록 하여야 합니다. 그리하여 새 조국 건설에 일떠선 근로대
중을 교양하는데 이바지하는 훌륭한 교과서, 예리한 무기를 마련하도록 하여야 하겠습니
다. 문학예술을 발전시키기 위하여서는 오랜 작가, 예술인들을 민족문화건설사업에 적극
인입하는 동시에 근로인민출신의 신인 작가, 예술인들을 더 많이 육성하여야 합니다"(김
일성, 「문학예술을 발전시키며 군중문화사업을 활발히 전개할데 대하여—북조선로동당 중
앙위원회 상무위원회에서 한 결론, 1947년 9월 16일」, 『김일성저작집3(1947.1~1947.12)』,
평양: 조선로동당출판사, 1979, 437쪽).

14 지적 내용은 크게 6가지이다. 1) 문예총은 민주주의적 민족문학예술 수립사업에서 민주개
혁의 가능성과 조건을 이용하지 못하였다. 군중운동으로 전개하지 못하고 일제 잔재인
문단주의 경향이 농후하다. 2) 신인 배양사업에 충실하지 못하였다. 3) 고상한 내용과 고
상한 예술성을 위한 투쟁을 전개하지 못하였다. 4) 문예총은 맹원과 각도 하부와 분리되
고 평양 단위로 된 일개 기관에 불과하였으며, 강력한 지도가 미비하다. 5) 문학가, 예술
가들을 사상적 예술적으로 교양 조직하지 못하였다. 6) 사업상 견지보다 명예직 위상 견
제에서 구성됨으로써 직접 지도보다 형식적으로 존재하는 무책임한 태도를 보였다. 이에
대해서는 『조선문학』 2집, 평양: 북조선문학예술총동맹, 1947, 214~220쪽 참조.

15 "金日成委員長은 今年劈頭 朝鮮人民에게 告하는 말슴가운데서 「文學者 藝術家는 北朝鮮
의 현실을 正確히 反映하는 作品을 創造하여야 한다」고 하였다. 이 짤막한 말슴가운데
文學者, 藝術家의 當面의 그리고 最高의 任務가 明確히 提示되어 있다. 그런데 一部 새로
운 文學者들 가운데는 北朝鮮의 現實을 正確히 反映하는 基本任務로부터 文學을 隔離시
키려는 傾向이 나타났었다. … 北朝鮮에 살면서 北朝鮮의 現實을 그리는데 躊躇하거나 또
한 싫어하는 것은 다시말할 必要도 없이 北朝鮮의 現實을 否認하는 태도인 까닭이다"(한
효, 「高尙한 리알리즘의 體得—文學創造에 對한 金日成將軍의 敎訓」, 『조선문학』 창간특
대호, 평양: 문화전선사, 1947, 279~281).

16 문화체육부, 『북한의 문화예술행정제도 연구(문헌자료편)』, 문화체육부, 1995, 340쪽.

17 "문학예술인들과 문학예술총동맹의 기본임무는 근로자들을 공산주의사상으로 무장시키는

데 적극 이바지하는 것입니다. 근로자들을 공산주의적으로 교양개조하는 것은 현시기 우리 당앞에 나서고있는 가장 중요한 과업입니다. 앞으로 열리게 될 당 제4차대회보고에서도 이 문제를 당사업의 중심적인 과업의 하나로 내세우려고 합니다. 사람들의 사상의식을 개조하는 사업은 꾸준하고 인내성있는 해설과 설복의 방법으로써만 성과를 거둘수 있습니다. 물론 사람들을 공산주의적으로 교양하는데서 학교교육과 정치사업이 중요한 역할을 하는 것은 사실입니다. 그러나 학교교육이나 정치선전선동만으로는 사람들을 공산주의적으로 교양개조하는 문제를 원만히 풀어나갈수 없습니다. 사람들 교양개조하는데서 문학예술이 매우 중요한 역할을 합니다. 좋은 소재를 가지고 소설, 영화, 연극, 무용 같은 예술작품들을 잘 만들면 사람들을 공산주의사상으로 무장시키는데 큰 도움을 줄수 있습니다"(김일성, 「문학예술총동맹의 임무에 대하여―조선문학예술총동맹 중앙위원회 집행위원들 앞에서 한 연설, 1961년 3월 4일」, 『김일성저작집15(1961.1~1961.12)』, 평양: 조선로동당출판사, 1981, 39~40쪽).

18 이에 대해서는 윤재근 공저, 『북한의 문화정보 I 』, 고려원, 1991, 20쪽 참고.

19 "문화성은 국가행정기관이며 문예총은 작가, 예술인들의 사회단체입니다. 문화성과 문예총은 다같이 당의 령도밑에 우리나라의 문학예술을 책임지고 지도하는 중앙기관들입니다. 문화성은 문예총의 상급기관이 아닙니다. 문화성은 문예총우에 올라서려고 할 것이 아니라 문예총을 도와주는 국가행정부서로 되어야 합니다. 당의 령도밑에 문화성은 문예총과 한덩어리가 되여야 하며 문예총사업을 행정적으로 잘 보장하여야 합니다. 례를 들어 문예총에서 새로 나온 어떤 문학예술작품의 결함에 대하여 비판을 하면 문화성에서도 같이 비판하고 결함을 고치기 위한 행정조직적대책을 세워야 합니다. 그래야 문화성과 문예총이 문학예술에 대한 지도에서 통일성을 보장할 수 있습니다(김일성, 「문학예술총동맹의 임무에 대하여―조선문학예술총동맹 중앙위원회 집행위원들 앞에서 한 연설, 1961년 3월 4일」, 『김일성저작집15(1961.1~1961.12)』, 평양: 조선로동당출판사, 1981, 46쪽).

20 원종찬, 「북한 아동문단 성립기의 '아동문화사 사건'」, 『동화와 번역』 제20집, 건국대학교 동화와 번역연구소, 2010, 229~230쪽.

21 「시집『응향』에 관한 북조선문학예술총동맹중앙상임위원회의 결정서」, 『문화전선』 3집, 평양: 북조선문학예술총동맹, 1947.2, 82~85쪽 참고.

22 이에 대해서는 김재용, 「북한 문학계의 '반종파 투쟁'과 카프 및 항일 혁명 문학」, 역사문제연구소 편, 『역사비평』 계간 16호, 역사비평사, 1992 참조.

23 신지연, 「서정의 딜레마―1950년대 북한 문단의 논의를 중심으로」, 『우리어문연구』 40집, 우리어문학회, 2011, 90쪽.

24 김일성, 「문학예술을 발전시키며 군중문화사업을 활발히 전개할데 대하여―북조선로동당 중앙위원회 상무위원회에서 한 결론, 1947년 9월 16일」, 『김일성저작집3(1947.1~1947.12)』, 평양: 조선로동당출판사, 1979, 436쪽.

25 신지연, 「서정의 딜레마―1950년대 북한 문단의 논의를 중심으로」, 『우리어문연구』 40집, 우리어문학회, 2011, 89쪽.

26 "문예총중앙위원회 집행위원회에서는 문화예술작품들을 집체적으로 토의하여야 하며 작품들에 대한 대중의 의견도 적극 받아들여야 합니다. 문예총에서는 문학예술작품들에서 당의 로선과 정책을 잘못 반영하거나 낡고 불건전한 사상요소가 나타나면 자그마한 것이

라도 날카롭게 비판하고 제때에 고치도록 하여야 하겠습니다. 독초는 싹이 돋을 때 잘라 버려야 합니다"(김일성, 「문화예술총동맹의 임무에 대하여―조선문학예술총동맹 중앙위 원회 집행위원들 앞에서 한 연설, 1961년 3월 4일」, 『김일성저작집15(1961.1~1961.12)』, 평양: 조선로동당출판사, 1981, 46쪽).

27 박상천, 「'평화적 건설 시기'의 북한 정권 수립에서 문학의 역할」, 『한국언어문화』 제23집, 한국언어문화학회, 2003, 53쪽.

28 당 중앙위원회 제4기 15차 전원회의에서 당중앙위원회 정치위원 겸 조직담당 비서 박금철, 정치위원 겸 대남담당 비서 이효순, 사상담당 비서 김도만, 국제부장 박용국, 과학교육부 장 허석선 등의 고위 인사들이 종파주의 내지 가족주의자, 지방주의자로 몰려 숙청되었다.

29 유일사상체계에서 '유일'은 수령의 사상체계로서 수령의 혁명사상 이외의 다른 어떤 사상 도 허용하지 않는 혁명사상의 유일성과 단일성을 의미한다. 이러한 단일성과 유일성을 구 현하기 위해서는 지도체계가 필요하기에 유일사상체계는 수령을 중심으로 모든 당원과 당 조직이 수령을 위하여 복무하는 체계를 의미하기도 한다. 북한에서는 유일사상이 주체사 상이므로 유일사상체계는 주체사상을 유일한 사상으로 이를 구현하기 위한 지도체계를 의미한다.

30 북한 문학형성기에 있어서 절대적 영향을 미친 작품은 조기천의 『백두산』이었다. '응향' 사건의 분위기 속에서 벌어진 조기천과 안함광의 『백두산』 논쟁은 북한문학에 '고상한 사실주의'를 강화시키는 결정적인 계기가 되었다. 논쟁은 김창만의 가세로 조기천의 승리 로 끝나고 『백두산』에서 그려진 김대장의 투쟁사는 항일투쟁을 넘어 '세계약소민족의해방 운동의 찬란한 전형'으로 인정받는다. 이에 대해서는 김낙현, 「북한문학 형성기의 창작방 법의 이념지향―趙基天 詩를 중심으로」, 『어문논집』 제47집, 중앙어문학회, 2011, 167~ 195쪽 참고.

31 "반당반혁명분자들이 문학예술부문에 뿌려놓은 사상여독은 일부 작가들속에서≪창작의 자유≫를 운운하면서 제멋대로 안일하게 생활하는 현상이 지속되고있는데서도 찾아볼수 있습니다. 이 모든것은 다 당과 수령의 권위와 관련되는 매우 심각한 문제이며 문학예술 부문에 당의 유일사상체계가 똑똑히 서있지 못한데서 오는 엄중한 사상적오유입니다"(김 정일, 「4·15문학창작단을 내올데 대하여―조선로동당 중앙위원회 선전선동부 책임일군 들과 한 담화, 1967년 6월 20일」, 『김정일선집 (1)』, 평양: 조선로동당출판사, 1992, 242쪽).

32 "우리는 새로운 혁명문학을 건설하여야 합니다. 우리가 말하는 새로운 혁명문학은 명실공 히 수령을 형상한 문학을 의미합니다"(김정일, 「새로운 혁명문학을 건설할데 대하여―조 선작가동맹 중앙위원회 위원장과 한 담화, 1966년 2월 7일」, 『김정일선집 (1)』, 평양: 조 선로동당출판사, 1992, 112쪽).

33 "사회주의적사실주의문학건설과정에 로동계급의 수령을 형상한 작품이 일정하게 나오기 는 하였지만 아직까지 수령형상창조사업을 문학의 핵으로, 주선으로 틀어쥐고나가지 못하 고있습니다. 이래가지고서는 사회주의적사실주의문학이 시대와 력사 앞에 지닌 자기의 사명을 다할수 없으며 문학을 주체가 선 새형의 혁명문학으로 건전하게 발전시켜나갈수 없습니다. 우리는 새로운 혁명문학, 수령을 형상하는 새형의 혁명문학을 건설하는데서 바 로 지금까지 사회주의적사실주의문학이 놓치고있던 이 중심고리를 찾아내여 확고히 틀어 쥐고나가는데 첫째가는 주목을 돌려야 합니다"(김정일, 「새로운 혁명문학을 건설할데 대 하여―조선작가동맹 중앙위원회 위원장과 한 담화, 1966년 2월 7일」, 『김정일선집 (1)』,

평양: 조선로동당출판사, 1992, 114쪽).

34 "그가 인생의 중년기에 이르러 창작의 새로운 리정표를 아로새기게 된것은 위대한 장군님의 각별한 보살피심과 가르치심을 받으며 항일혁명투쟁시기 위대한 수령님께서 몸소 창작공연하신 불후의 고전적명작들을 영화와 가극으로, 연극으로 옮기는 사업을 시작한 때부터였다"(최성호, 「위대한 인간' 위대한 스승의 손길로」, 『조선문학』 1999년 6호, 평양: 문학예술종합출판사, 17쪽).

35 "시대와 혁명 앞에 지닌 작가의 숭고한 임무를 자각한 백인준선생은 새로운 창작적흥분에 휩싸였다. 바로 이러한 때인 주체56(1967)년, 불후의 고전적명작들을 영화로 옮기며 위대한 수령님의 영광찬란한 혁명력사를 영화화하실 원대한 구상을 펼치신 경애하는 장군님께서는 몸소 백두산창작단을 창립하시고 백인준선생을 작가로 불러주시는 크나큰 믿음을 안겨주시였다"(최성호, 위와 같음).

36 "위대한 장군님께서는 그가 연극 〈최학신의 일가〉를 쓴후 일부 나쁜놈들에 의해 10년동안이나 ≪반동작가≫ 취급을 당해온 가슴아픈 사연을 몸소 헤아려주시고 작품과 함께 그의 정치적 생명을 구원해주기 위한 대책을 세워주시였다. 그이께서는 학교교육에서가지 반동작품으로 취급되여온 작품을 영화로 옮길 대담한 작전을 세우시고 영화문학창작을 그에게 맡겨주시였으며 문학단계로부터 완성에 이르기까지 구체적으로 지도해주시였다"(최성호, 위의 글, 20쪽).

37 "예술영화 ≪최학신의 일가≫는 우리 당의 계급로선을 옳게 반영한 좋은 작품입니다. 이 영화는 종교인들과는 통일전선을 할수 있지만 친미분자들과는 통일전선을 할 수 없다는 것을 잘보여주고있습니다. 작가들의 계급적립장이 확고하고 계급적 관점이 옳게 서야 똑똑한 작품을 만들 수 있습니다"(김일성, 「혁명주제작품에서의 몇가지 사상미학적문제-예술영화 ≪내가 찾은 길≫첫필림을 보고 영화예술인들과 한 담화 1967년 1월 10일」, 『김일성저작집 21』, 평양: 조선로동당출판사, 1983, 27~28쪽).

대중 동원과 문학의 무기화

1960년대 북한소설에 나타난 천리마운동과 국가신화 만들기

1. 머리말 : 속도전과 김일성 유일체제의 등장

천리마운동은 전후복구 3개년계획을 종료한 시점인 1956년 12월, 조선로
동당 중앙위원회 전원회의에서 사회주의 경제건설을 성공시키기 위한 김일성
의 발의로 시작되었다. 이후 천리마운동은 낙후한 인민대중의 역량을 최대한
가동하여 사회주의 경제 기반을 앞당기는 국가정책으로 채택되어,[1] 1958년이
면 신문 지상에 기적과 생산 혁신의 기사들로 넘쳐난다. 1959년 천리마작업
반운동이 개시되면서 산촌에서 농어촌에 이르는 전 지역의 근로대중이 각 작
업반에 배치되어 함께 일하고 배우면서 항일무장투쟁의 혁명 정신을 계승하

* 한국체육대학교 교양교직과정부 교수

도록 요구받는다. 모범 근로자에게 '천리마 기수', '로력영웅', '천리마작업반' 같은 칭호를 부여하였고 이들이 공장간부나 최고인민회의 대의원이 되는 정치적 보상도 함께 주어졌다.[2] 제1차 5개년계획(1957~1960)의 목표를 4년만에 달성함으로써 북한사회는 전 분야에 걸친 생산수준 제고에 자신감을 얻으며 크게 고무된다. 1961년부터 1970년까지 북한사회는 천리마운동의 열기를 지속시켜 나갔다. 1960년대의 천리마 운동은 단순히 주택건설이나 생산현장에서 전개되는 증산운동이 아니라 "문화, 사상, 도덕 등 노동자들의 모든 생활 영역을 포함하는 집단적 혁신운동"[3]이 되었다. 이러한 시대 현실에서 북한문학은 "천리마 기수들의 진실한 형상 창조를 위해서 무엇보다도 그들의 정신력을 심도 있게 파악해야 하는 것"[4]을 과제로 삼았다. 천리마의 현실을 반영하려면 "온갖 모순 속에서 생활을 보며 거기에서 정당한 갈등을 간파하는 능력"과 "시대적 전형을 창조하는 데 보다 창조적 관심을 돌리는 문제"에 주목하면서, "미증유의 속도를 가하고 있는 우리 근로자들의 앞길"을 이끄는 역할을 담당해야 했다. 그런 맥락에서 "이 숭고한 기대에 영예롭게 보답하기 위해…우리 시대의 영웅인 천리 기수들의 형상 창조에 모든 역량을 집중하자"[5]라는 문학 분야의 제안이 자연스럽게 생겨났다.

이런 사회적 맥락에서 볼 때 1960년대 북한소설은 천리마운동과 김일성 유일체제 등장이라는 배경 속에 '대중 동원을 위한 문학의 무기화'라는 현상을 뚜렷하게 보여준다. 이는 물론 북한문학이 가진, 당이 제시한 문예정책을 충실히 구현하는 체제문학으로서의 특징에서 연유하는 것이기도 하지만, 1960년대 북한사회가 당면한 대중 결속을 통한 사회 동원체제의 등장과 밀접한 관련이 깊다. 북한문학사에서는 1960년대 북한소설의 특징을 1960년―1966년까지와 1967년 이후로 나누어 서술하고 있다. 1960년―1966년까지는 "사회주의의 전면적 건설을 다그치기 위한 투쟁시기"[6]로, 1967년 이후를 '김일성 유일체제의 확립기'로 지칭한다. '사회주의의 전면적 건설을 위한 투쟁시기'란

전후경제 복구를 거쳐 협동농장제를 기반으로 한 사회주의 토대를 구축하는
50년대 후반에 전개된 전사회적인 동원체제의 등장을 가리킨다.

김일성은 천리마운동의 현실을 반영한 작품 생산을 적극적으로 독려했다.
1960년 11월 27일에 이루어진 작가, 작곡가, 영화 등 주로 문학과 예술 분야
일꾼들과의 대담에서, 김일성은 천리마운동의 의의를 설명하면서 문학과 예
술의 역할을 촉구한다. "우리의 문학과 예술은 응당 천리마의 기세로 내달리
고 있는 우리 인민의 이 위대한 창조적 생활을 힘있게 형상화하여야 할 것"이
며, "천리마시대 사람들의 보람찬 생활과 영웅적 투쟁 모습을 그려야 하며 그
들의 희망과 염원을 뚜렷이 나타내야 할 것"7이라고 강조하였다. 김일성의 교
시는 천리마운동 시기의 북한문학에 창작의 절대적인 지침으로 작동했다. 이
에 따라 북한문학은 천리마운동의 전위에 걸맞는 새로운 세대의 영웅적 활약
상을 형상화하는 데 초점을 맞추며, "격동적인 현실에 대한 진실한 반영과 혁
명가의 전형 창조"를 목표로 삼았다. '천리마의 기수들의 전형화'는 사회주의
건설에 따른 군중노선 이념을 적극적으로 내면화하고 '선전교화'라는 문학예
술정책의 과업을 수행해야 할 시대적 과제였던 것이다.

또한, 1960년대 중반 이후 북한사회에서는 김일성의 항일무장투쟁을 '혁명
전통'으로 제시하며 김일성 우상화 작업이 전개되었다. 이는 1950년대 후반
부터 등장한 항일빨치산 참가자들의 회상기가 공산주의적 인간상을 제시하는
교과서적 전범으로 읽혀지면서 항일무장투쟁은 혁명전통으로 자리 잡는 흐름
과 무관하지 않다. 그러나 1967년 김정일의 주도하에 4·15창작단이 조직되
면서 김일성 중심의 항일무장투쟁은 혁명전통으로 문학화를 독려하기에 이르
며 그 성과를 1970년대에 산출하게 되었다. 1960년대 중반 이후에는 김일성
을 국가신화의 차원으로 끌어올려 그를 국가아버지로 재현해 나간다.

이러한 흐름과 문제의식을 바탕으로 이 글에서는 1960년대 북한소설에서 천
리마운동 시기의 문학적 양상과 김일성의 정치적 상징을 논의해보기로 한다.8

2. 천리마운동과 새로운 주역의 등장

천리마운동 시기였던 1950년대 후반 1960년대 북한사회는 전후 복구경제가 전쟁 이전의 경제수준을 회복하면서 명실상부한 사회주의의 제도 확립에 매진한 가장 활기찬 시기였다. 그러나 북한사회의 생산투쟁은 일국적(一國的)인 것에 그치지 않는다. 이 시기는 1950년대에 제공받은 중국과 소련의 원조경제에서 벗어나 명실상부한 사회주의 국가의 면모를 구축하며 자립경제의 틀을 마련하는 데 목표를 두었기 때문이다. 자립경제 역량을 완비하려는 북한사회의 움직임은 1950년대 이후 격화된 중소분쟁 이후 뚜렷하게 사회주의 체제의 우월성과 경제성장을 통한 활력을 제고하는 방식으로 이어졌다. 김일성은 "우리는 몇해 동안 천리마의 대진군을 계속하여 사회주의 공업화의 기초를 쌓았으며 부강한 사회주의 조국 건설의 튼튼한 토대를 마련하여 놓았"[9]다고 표현하고 있다. 1978년 평양 문예출판사에 간행된 『조선단편집(2)』, 『조선단편집(3)』에는 천리마운동 시기의 대표작들이 수록되어 있다. 그 사례로는 김병훈의 「해주—하성에서 온 편지」(1960) 「길동무들」(1960), 강복례의 「수연이」(1960), 김북향의 「동지애」(1961), 하정희의 「생활」(1962), 석윤기의 「행복」(1963), 리병수의 「령북땅」(1963), 진재환의 「고기떼는 강으로 나간다」(1963), 정창윤의 「정보로 걸어라」(1963), 리병수의 「사나운 겨울」(1964) 등을 꼽을 수 있다. 이들 작품은 산업 분야와 일상적 삶에 걸쳐 요구되는 시대의 새로운 인간상을 묘출하는 데 주력하고 있다.

1) 청년의 열정과 시대의 새로운 주역

김병훈의 「해주—하성에서 온 편지」[10]는 편지 형식을 빌려 청년세대가 산업역군이 되는 내력과 건설 현장에 넘쳐나는 열정을 전달하는 작품이다. 청년세대의 패기와 자기갱신, 기적에 가까운 생산목표 달성이 작품의 주된 내용을 이룬다.

서술자인 누이의 열의와 감격은 천리마운동의 현실에서 동참한 모든 인물들의 열정을 반영한다. 누이는 자신을 포함한 청년세대가 "시대의 영웅이며 당의 붉은 전사"[11]임을 밝히고 있다. 이들은 사회주의 건설에 매진하는 혁명적 동지애와 당 사업 원칙에 대한 확고한 믿음과 미래에 대한 확고한 심정을 외친다.[12] 누이의 이러한 발언에는 '사회주의 건설'이라는 과업에 주체적인 역할을 담당한다는 청년세대의 자부심과 열정이 고스란히 드러나 있다.

누이는 철도국 통신교환수가 되었으나 일 년도 되지 않아 "온실에서만 자라난 애들에게 시련이 필요하다"(498쪽)는 생각 끝에 '해주─하성' 철도건설 현장 근무를 자원한다. 건설 현장으로 자리를 옮긴 그녀는, 오빠에게 감격한 목소리로 작업 현장의 열기를 전달한다. 작품은 청년 노동자들의 힘으로 건설한 '해주─하성' 간 청년열차의 개통을 앞두고 누이가 오빠에게 그간의 경과를 편지형식으로 알리는 방식을 취하고 있다. 70여 일의 악전고투에 대한 현장 체험담에서 누이는 기적처럼 철로 건설의 공기(工期)를 단축한 성취감으로 자랑스러워한다. 청년세대들은 백출하는 아이디어, 불굴의 의지를 통해 난공사를 극복하며 공기 단축의 쾌거를 이룬 것이다. 누이가 전하는 공사현장의 목소리는 흡사 르포와 같다. 해주─하성의 200리 길은 "발기와 합리화안, 창안과 발명 등 우리 청춘의 온갖 지혜와 열정이 뭉쳐 (이룩한─인용자) 기적의 꽃"(512쪽)이다. 낮근무를 마치고 교대 뒤 다시 질통을 지고 교량공사를 지원하는 누이의 '도둑작업'과, 기사 박칠성의 근면성으로 무장하고 끝없는 아이디어 창안에서 값진 성과가 만들어진 것이다(518쪽). 누이는 감격스러운 어조로 천리마운동을 다음과 같이 표현한다.

누이의 목소리에는 "공산주의 지상낙원의 건설"(522쪽)이라는 과업을 역설하며 김일성의 교시를 받아가며 "빛의 속도"(523쪽)로 구현하려는 전사(戰士)의 의지가 담겨 있다. 그 의지는 사회주의 낙원 건설에 앞장선 청년세대의 열망에 기입된 대주체 국가의 것이기도 하다. 철도 건설은 낙원건설이라는 이상을 빛의 속도로 이루는 현실적 토대의 한 부분이다. 사회주의 낙원의 건설이라는, 이상을 현실로 개조하는 공업화의 열기는 누이의 목소리를 거쳐 의심의 여지없는 낙관적 신념으로 바뀐다. 그 낙관성은 미래의 현재화로서 누이로 대변되는 청년 전위들의 순수한 열정을 통해서 미래를 현재화하는 동력이 되고 전사회적 동원체제의 등장을 한층 견고하게 이념화한다. 그러나 감격의 담론 안에 있는 '속도전'은 그 뜻하는 바와 같이 '사회주의 낙원 건설을 향한 성스러운 전쟁'으로 기입된다. 전사회적 동원체제의 성립과 국가주의적 열정으로 무장한 공산주의 인간의 전형 하나를 보여준다. 공사현장에서 전해지는 열기는 말 그대로 전투이다.[13]

누이의 또다른 분신인 기사 박칠성의 내면은 '조국해방전쟁'의 유훈이 지배하고 있다. 참전한 군인들을 호명해내는 것은 해방 직후 단행된 토지개혁과 높은 경제성장을 재현하는 한편, 전쟁의 폐허를 극복하는 전후복구 경제가 아직 완료되지 못했다는 사실을 배면에 깔고 있다. 전쟁을 기억해내는 것은 바로 전세대의 역사적 경험을 청년세대에게 전수하는 일련의 제의의 절차이다. 선대의 못다한 꿈을 후대에 계승하는 이 상상적 제의장치[14]는 전쟁의 기억을 전유하며 대중동원을 정당화하는 국가이데올로기의 한 단면을 잘 보여준다. '선렬들의 넋과 그들의 고귀한 피'에 대한 환기는 사회주의적 근대 실현을 애국심과 결부시키는 지점이자 천리마 시대의 새로운 주역이 그 역사적 과업을 감당하는 당위적 가치를 확인하는 경로이기도 하다.

기사 박칠성이 불러낸 유훈이나 누이 명희의 각성은 사회주의적 이상을 내면화하는 공산주의적 인간상의 인준 절차이기도 하다. 누이 명희는 고중(高中)을 졸업할 때 "평탄대로가 싫다는 나의 구호는 조국이나 생활에 대한 진실한 리해와 성실한 태도에서가 아니라 공명심과 허영에 뜬데서 나온 독선적인 것"이었다고 스스로를 비판한다. 자신의 자발성마저 공명심과 허영으로 규정

함으로써 그녀는 국가 동원체제의 한 성원으로 살아가게 된다. 누이는 "사회
와 모든 사람들의 운명 속에서 자신만을 두드러지게 돋보이려는" 자신의 "경
쟁심"을 건설현장에서 교정받은 다음 "조국에 대하여, 참된 생활, 참다운 사
람에 대하여 눈을 뜨고 보기 시작"(이상 538쪽)한다. 그녀는 건설현장에서 나
약한 정신을 육체적으로 단련하고 정신을 개조했음을 스스로 고백한다.

　자기비판과 고백에서 발견되는 누이 명희의 내면은 개인주의적 공명심과
온갖 가치들을 허영으로 타자화한 다음 그 자리에 국가주의에 복속하는 인간
상을 새로이 구축한다. 전사들의 유훈을 받아들이는 청년기사 박칠성의 내면
이 선대의 간절한 조국의 이상을 계승하는 정신의 차원이라면, 누이 명희의
내면은 개인의 차원을 넘어 사회주의 낙원으로 진입하는 공적 개인이다. 이
들은 모두 속도전에 매진하는 청년세대의 새로운 감정과 열정을 담은 주역이
다.

2) 당과 대중의 결속

　「해주―하성에서 온 편지」가 생산 현장에서 발휘되는 젊은 세대의 활력에
적극적으로 전파하는 방식을 취한다면, 김병훈의 「길동무들」(1960)은 당과
대중의 결속을 보여주는 사례이다.

　작품의 화자는 도당전원회의를 마치고 귀환하던 중년의 군당위원장이다.
그는 철도여행길에서 담수양식 사업을 열성적으로 수행하는 처녀 오명숙을
만난다. 그녀는 철로 승강대에서 자신을 가로막는 개찰원 청년에게 항변한
다. 개찰원 청년은 승강대 앞에서 초롱을 붙들린 양어공 처녀의 얼굴을 마주
볼 용기도 갖지 못할 만큼 그녀의 인상은 빛난다. 그녀는 규정에 얽매여 업무
를 기계적으로 처리하려는 개찰원을 설득해서 물초롱에 담긴 잉어 치어 5만
마리를 애지중지하며 기차에 올라탄다.

　그녀는 초롱에 담긴 물고기의 이태 후 모습을 상상하며 기차 속 여행객들

과 대화를 나눈다. 그녀는 이태 후면 한 마리가 반 킬로나 되고 삼 년이면
한 킬로가 되므로, 초롱에는 성장하면 25톤 내지 50톤이 될 물고기가 들어
있다고 당차게 발언한다. 그녀는 잉어 양식의 유리한 점을 설명하면서 풍요
로운 미래를 설파하는 새로운 논객이다. 잉어 양식은 논과 밭, 늪 그 어디서
나 가능하다는 것, 물 속 미생물과 모기 유충, 벼를 괴롭히는 해충을 잡아먹
으며 큰다는 것, 잉어의 배설물은 훌륭한 비료가 된다는 것을 역설하며, 열차
를 탄 모든 승객들을 감화시킨다.

이를 지켜보는 화자는 청년에게서 인민과 조국의 미래를 풍요롭게 만드는
역사(役事), 나라의 부강함을 가져오는 미래를 본다. 작품은 당과 국가의 시
대적 과제를 청년 기수의 열정과 미래를 향한 기획을 재현하고 있다. 양어공
처녀는 "아바이, 우리 사회에선…어떻게 하면 사람들에게 더 많은 행복을 가
져올까? 모든 사람들이 백년 이백년씩 만수무강하여 온갖 기쁨을 다 누리며
살게 할 수는 없을가?…"(565쪽) 하며 풍요로운 미래를 위해 고심을 거듭한
다. 그녀의 발언은 천리마시대가 낳은 애국심의 전형이자 매혹적인 공산주의
적 인간상이 아닐 수 없다. 화자는 양어공 처녀 오명숙의 열정에 감화받아 그
녀의 담수양식 사업을 당에서 전폭적으로 지원하겠다는 결심을 굳힌다. 청년
세대의 열정이 시대를 바꾸는 대(大) 역사의 전환점을 목격한 때문이다. 군당
위원장 눈에 비친 오명숙의 열의는 청년세대가 지닌 활력과 그들이 펼치는
무한한 가능성의 세계로 다가온다. 그녀는 개찰원의 원칙마저도 바꿀 만큼 확
신과 열의를 지니고 있다. 이는 당면한 온갖 시련 속에서도 인민들의 행복한
생활을 쟁취하기 위해 불철주야 노력하는 영웅적인 개인상이 아닐 수 없다.
일상에서 구체적으로 창안한 아이디어는 앞서 보았던 박칠성의 모습과 통하
며 시간외 작업인 일명 '도둑작업'을 감행하는 열의만큼이나 숭고하다. 이들
의 목표는 풍요로운 인민의 삶을 성취하는 데 있다. 화자는 오명숙을 통해서
"인민에게 리로운 것인가 아닌가가 중요하다"(568쪽)는 사실을 절감한다.

작품은 청년세대들의 "크고 뜨겁고 총명한 심장들"을 찾아 "툭 털어놓고 의
논하자!"(573쪽)는 결의를 다지며, 당과 근로대중의 이상적인 연대를 보여주
고자 한다. 당원인 화자의 마음을 매혹시키고 감화시키는 것은 당의 지도를
넘어 효과적인 지원이 이어질 때 모든 사업이 성공하며 인민의 이익에 기여
할 수 있다는 궁극적인 목표이다. 「길동무들」에는 천리마운동을 이끄는 청년
세대의 활력을 바라보는 국가의 시선이 담겨 있다.

3) 산업현장의 대중 영웅상

「길동무들」이 당과 근로대중의 바람직한 결속을 역설한 것이라면, 산업의
각 분야에서 사회주의적 인간상의 표본을 다양하게 산출하는 것도 1960년대
북한소설이 가진 또다른 특징의 하나이다. 김북향의 「동지애」(1961), 고동온
의 「벗」(1961), 김현구의 「잠수견습공」(1962), 권정웅의 「백일홍」(1961), 리
병수의 「령북땅」(1963), 진재환의 「고기떼는 강으로 나간다」(1963), 정창윤
의 「정보로 걸어라」(1963), 석윤기의 「행복」(1963), 리병수의 「사나운 겨울」
(1964) 등은 각계 분야에서 묵묵히 자신의 임무를 다하는 인물들의 모범적인
삶을 형상화하고 있다. 이들 작품에서 발견되는 인물의 공통점은 직업의식,
애국적 심성을 바탕으로 생산성을 제고하려는 일단의 노력을 보여주면서 당
대 북한사회의 활력을 소박하게 그려낸다는 데 있다.

김북향의 「동지애」[15]는 아집에 빠진 당원을 추천인인 선배 당원이 동지애
로 계몽, 선도한다는 내용의 작품이다. 작업현장에서 생산경쟁을 둘러싸고
벌어지는 사회적 일화를 다룬 이 작품은 독선으로 인해 작업장에서 불화를
초래하는 문제적인 개인을 소재로 삼는다. 독선적인 행동으로 작업장에서 불
화가 잦은 당원 강문수의 소식을 들은 추천인 김기순은 휴가를 반납하고 강
문수의 직장을 찾는다. 그는 휴가기간 동안 강문수와 함께 일하면서 대화를
나누고 그를 감화시킨다. 강문수는 자기 창안이라면 무조건 옳다고 생각하면

서 자신의 잘못도 시설이나 제작과정 탓으로 돌리는 "든든히 박힌 좋지 못한 병집"(38쪽)의 소유자다. 김기순은 강문수에게 당원의 마음가짐을 가르친다. 당원은 일반인과 달라야 하며 "혁명사상으로 무장"해야 하고 사상적 행동지침을 수령과 일치해야(49쪽) 한다는 것이다. 그와 함께, 김기순은 지난 날 알짜무식이었던 자신이 당원이 되기까지 받았던 국가의 배려와 혜택을 회상하며 후배 당원을 감화시킨다. 이 감화는, 당원이 직장에서 수령이 내세운 혁명의 행동방식을 절대화함으로써 이를 내면화하여 사회주의적 낙원 건설에 동참하는 인간상이 어떠해야 하는지를 잘 말해준다.

고동온의 「벗」 또한 견습공 영남을 관찰자 시점으로 삼아 트랙터 부품공장에서 상이한 품성을 지닌 인물들 간에 왜곡된 생산 경쟁을 벗어나 함께 목표를 달성하는 전환적인 인식이 또다른 혁명임을 보여준다. 김현구의 「잠수견습공」은 신참과 숙련공의 세대갈등을 소재로 삼은 작품으로, 기성세대에게는 자기교정을, 청년세대에게는 시대가 요청하는 과제에 대한 결의와 열정, 신념을 일깨우며 세대갈등을 봉합한다. 작품에서는 특히 기성세대가 취하는 청년세대에 대한 불신을 거두고 이를 청년세대의 활기로 긍정함으로써 바다자원을 활용하여 풍요로운 사회주의 건설에 매진하겠다는 젊은 세대들의 동참의지를 돋보이게 만들고 있다.

이외에도, 작물재배의 척박한 환경에서 밀의 품종개량을 좌절하지 않고 진척시키는 일화를 포착한 리병수의 「령북땅」(1963), 양어연구가의 끝없는 연구가의 열성적인 일대기를 그린 진재환의 「고기떼는 강으로 나간다」(1963), 세속적인 성공을 마다하고 한평생을 광물탐사에 헌신한 광물학자의 삶을 담은 정창윤의 「정보로 걸어라」(1963), 의사친구의 회고담을 통해 사회주의 세계에서 개인의 행복이란 과연 무엇인가를 성찰한 석윤기의 「행복」(1963), 추운 겨울 벌목장에서 펼쳐지는 생활 속의 활력과 훈기를 담은 리병수의 「사나운 겨울」(1964) 등은 모두 여러 산업분야에서 발굴한 긍정적인 개인, 대중적 영웅상을 형상화한 사례들이다.

산업 전사들이 낙원 건설에 매진하는 사회적 분위기와 합치된 개인들의 모습은 1960년대 북한사회의 성공적인 공업화와 빠른 속도에서 비롯된 내적 결속을 유감없이 보여준다. 이처럼, 당대 북한소설은 산업현장에서 드러나는 제반 문제들에 초점을 맞추어 천리마운동이라는 시대적 과업의 당위성과 조화를 이끌어낸다. 당원으로서의 열린 품성을 요구하는 것이나 세대간의 조화와 타협을 내세우는 것은 모두 생산경쟁을 넘어 사회주의 낙원 건설에 매진하는 과정에서 동원되는 개인과 세대간의 갈등을 사회주의 혁명의 과정에서 내세운 공적 가치로 봉합한다는 특징을 가지고 있다.

4) 일상적 삶과 공산주의적 인간상

1960년대 북한소설에서 천리마운동의 영웅상을 추출해내고 이를 교과서적 수범으로 전파하는 방식에 또다른 짝을 이루는 것은 일상적 삶에 대한 주목이다. 전사회적 동원체제에서는 일상도 동원에 필요한 내면화의 대상이 된다. 일상에 깃든 타성과 개인의 패배주의는 사회주의 낙원 건설에서는 배제해야 할 사회악으로 규정되기 때문이다. '혁명'이라는 말에 담긴 이상적인 사회주의 인간상은 지속적으로 나태를 경계하는 한편, 진보적인 의식으로 무장하고 끝없는 자기갱신을 통한 진보를 영구혁명의 가치를 전제로 삼는다. 강복례의 「수연이」(1960)와 하정희의 「생활」(1962) 등이 그러한 예이다.[16]

「수연이」(1960)는 산간마을 농촌진료소 소장으로 부임해온 현호의 지극한 진료활동과 간호원 수연이의 내면을 대비해서 보여준다. 화자인 수연은 새 소장 현호가 산간마을의 환자를 진심을 다해 보살피는 의사로서의 본분과 그의 도덕성에 감화된다. 수연에게 간호사의 일상이란 딱히 사람을 사랑해본 일도 호의를 가져본 일도 없이 의례적으로 자기 일을 해나가는 업무에 지나지 않는다. 그러한 삶에 깃든 일상은 "이 산간에서 무슨 뛰어난 일, 좋은 일을 할 수 있단 말인가?"(575쪽) 하며 회의를 낳기에 족하다. 이 회의는 더 나은 환경 속에서 살아가기를 바라는 도시적 삶에 대한 선망의식 때문에 더욱 증폭된다. 도시로 발령받아 떠나가는 진료소장 경희의 처지를 부러워하던 간호원 수연이가 새로 부임해온 현호에게 호감을 갖지 못하는 것도 그 때문이다.

반면, 새로 부임한 진료소장 현호는 인민들의 생활감정을 먼저 헤아리고 그들 편에서 진료활동을 벌이면서 선전사업도 앞장 설 뿐만 아니라, 마을의 공동우물을 파는 일이나 마을 청소에도 적극 동참하는 열의를 보인다. 현호의 이같은 열성에 차츰 감화되는 수연은 간호사라는 자기 과업도 중요한 가치를 지니고 있음을 깨닫게 된다. 이 과정은 현호가 적극적으로 펼치는 수범적 행동과 실천에 따른 감화라는 방식을 취하고 있다. 솔선수범을 통해 펼쳐지는 일상적 나태를 추방하는 계몽이라는 차원은 문학의 선전교양으로서의 의미를 재삼 확인시켜준다.

현호의 삶은 수연에게 일상에 드리운 나태와 도시적 삶이 주는 안락함에 대한 유혹을 과감하게 떨쳐버리는 계기가 된다. 이 계몽의 구도는 산간마을에 자리 잡은 나태한 일상이 새로운 주역의 등장과 함께 변화되는 새로운 세계, 곧 사회주의 낙원이 도시와 산간마을의 구별이 따로 있을 수 없다는 내면의 변화에 기초한다는 사회동원의 전언을 담은 것이기도 하다. 수연은 자신이 현호를 통해 깨달았던 귀한 교훈을 "말로써가 아니라 심장으로 깨달았던 것"(590쪽)이라고 표현하며, 계몽된 자신의 자각을 새로 부임해온 간호부인 영애에게 전수한다. '뇌수(당)와 심장(개인)의 일치'는 한 개인의 자각에서 다른 이드의 자각으로 전파되는 셈이다. 작품의 마무리에서 수연은 이후 다른 산간벽촌에 새로 생기는 진료소를 자원하며 내면의 변화를 행동으로 실천한다. 이것이야말로 내적 계몽과 교화를 선도하는 사회주의적 인간상의 요건이라고 할 수 있다.

「수연이」가 산간벽지에서 내면의 변화를 담아낸다면, 하정희의 「생활」은 풍요로운 도시생활의 타성에 빠진 인물을 전면에 내세운 경우이다. 주인공 영옥은 어린 시절부터 이모사촌 언니 순옥에게서 "분초를 다투어 배워라."(96 쪽) 하며 지식과 기술을 함양하도록 강력하게 권고한 사회주의적 인간상의 모 범을 발견한 바 있다. 단과대학 도서실 주임으로 있던 사촌언니가 부쳐준 책 을 통해서 크게 감화받은 그녀는 순옥이 있는 평양의 한 대학으로 진학한다. 그곳에서 영옥은 순옥의 집에서 머물게 된다. 그러나 영옥은 순옥의 피폐해 진 내면에 크게 실망한다.

순옥은 안정된 생활에 빠져 자기 갱신이 없는 나날의 삶에 적응해 있다. 영옥은 순옥의 무기력함을 발견하고 그녀를 세차게 몰아붙인다. 자신의 이상 형으로 그려왔던 혁명하는 사람과는 너무도 달랐기 때문이다. 영옥은 "희망 과 포부가 들끓던 정력적인 언니는 어데로 가고 한걸음 한걸음 세태적인 생 활에 빠져들어가는"(112쪽) 순옥의 모습에서 지난 날의 높은 의식은 간 데 없 고 형해(形骸)만 남았다고 질타한다. 우연과 자기 사업에 대한 긍지를 상실한 언니 순옥을 질타하는 영옥의 태도는 자기혁신을 통한 영구혁명의 도정에서 벗어난 패배적인 의식과 나태함에 대한 청년세대의 비판이기도 하다.

영옥의 질타에 순옥은, "내게도 한때 꿈이 있었다.……물론 지금도 꿈이야 있지. 네 말마따나 그것이 대부분 세태적인 것이기는 하지만…어쨌든 내 세 대는 끝이 나고 네 세대가 시작되는가부다."(112쪽) 하며 힘없이 변명한다. 순옥의 초라한 변명은 일상에 함몰되어 무섭게 성장하는 청년세대에 대한 두 려움과 일상의 안락에 길들여진 자기변호에 지나지 않는다. 이는 자기갱신을 포기한 자의 면모이다. 안락한 일상에 길들어 있는 의식의 안일함과 이기주 의(120쪽), "침체와 퇴보의 검은 그림자"(121쪽)이다. 반면, 영옥은 언니의 생 활에 긍정할 수도 타협할 수도 없는 가슴앓이를 하며, 순옥이 권유하는 중매 도 뿌리치며 하루하루 자신의 공부에 매진한다. 그녀는 "혁명하는 사람"(120쪽) 의 마음과 솔선수범으로 순옥의 생활을 차츰 변화시킨다.

「생활」이 보여주는 순옥과 영옥의 세대간의 갈등은 자기갱신의 지속성이 혁명하는 자에게는 끝없이 요구되는 삶의 지침이라는 것을 떠올려준다. 기성화된 존재에게 깃든 혁명 정신의 퇴락은 언제라도 후발세대들에 의해 추월당할 수 있음을 적시함으로써 직장과 일상에서 요구되는 개인의 윤리적 실천성 문제를 초점화하고 있다. 이는 천리마운동이 단순히 직장에서만 이루어지는 생산성 경쟁이 아니라 하나의 문화적 사상적 운동이라는 점을 보여준다. '생활 속 혁명'이라는 낯익은 관점은 두 여성의 상반된 내면을 대조적으로 보여주며 마르크스가 말하는 '사회적 공민' 개념17을 떠올려주기에 족하다.

  지금까지도 검토해본 대로, 천리마운동이라는 소재를 통해 드러나는 북한의 당대소설은 사회적 열기, 당과 대중의 결속, 산업현장의 다양한 영웅상, 일상의 나태함을 척결하는 자기갱신의 요구를 보여준다. 이는 당대 사회가 요구하는 압력이었을 뿐만 아니라 사회주의적 낙원 건설이라는 시대적 과업에 대한 응답으로 나타난 결과이다. 개인에서 집단에 이르는 사회적 열기와 높은 도덕적 수준은 60년대 북한사회의 급속한 산업화의 또다른 면모에 해당한다. 청년세대라는 새로운 주역에 대한 주목을 통해 이끌어내는 사회 개조의 현실은 혁명적 사고와 그에 상응하는 실천을 요구한다. 그런 점에서 산업현장이나 일상에서 윤리적으로는 조국애와 자기헌신이라는 도덕적 품성, 인간의 끝없는 진보를 요구하는 영구혁명의 신화는 사회적 규율과 혁명의 당위를 결합하여 이를 내면화하는 면모로 나타난다. 산업현장이나 일상적 의식에까지 관철되는 도덕적 요구는 「생활」에서 발견되는, 지식과 배움의 강조, 끊임없는 자기갱신의 요구처럼, 사회주의 세계를 앞당기기 위해서는 자발적이고 헌신하는 품성을 필요로 한다. 전범으로서의 인간상을 재현해내는 서사담론의 구조 안에는 개인의 불만이나 아집, 편의성을 위해 동경하는 도시적인 삶은 모두 배제, 배척되는 타자화의 대상이다. 그 대신 사회주의 이 사태 해결 위주의 교과서적 전범은 전사회적 동원체제 안에 전파되는 문화 텍스트로서 작용하는 모습이 바로 그것이다. 천리마운동 시기의 문학에서는 새로운 공산주의적 인간상은, 갈등과 대립보다 집단과의 조화를 통해 산업현장의 다양한 갈등을 해소하고 높은 생산성을 이룩하며, 일상에까지 관여하는 긍정적인 인간상의 수범이다. 이들은 전사회적 동원체제가 생산해낸 이상적 모델이자 정치적 풍경이기도 했다.

3. 김일성 이미지와 그 정치적 상징

1967년 이후의 문학을 두고 북한문학사는 "당의 유일사상체계를 더욱 철저히 세우며 사회주의의 완전승리, 온 사회의 주체사상화를 앞당기기 위한 투쟁시기"[18]라고 표현한다. 여기에서 '투쟁의 시기'라는 말은 각별한 의미를 가지고 있다. 이 표현의 본래 의미는 1950년대 중반 전쟁 책임을 둘러싸고 벌어진 권력투쟁이 소위 '8월 종파사건'을 계기로 김일성 중심의 유일체제로 재편되는 과정에서 김일성과 항일무장활동이 국가 이데올로기로 승격하는 과정을 함축한다.

1950년대 후반에 구축된 만주 항일빨치산 출신들의 입각과 그에 따른 정치, 군사, 외교 분야에 걸친 김일성의 친정체제 구축은 1960년대 중반에 이르면 정치 분야만이 아니라 문학 분야에도 절대적인 영향력을 행사하게 된다. 그 결과, 김일성의 유일 절대화를 위한 신화화 작업은 1950년대 후반부터 60년대 후반에 이르러서는 국가신화로 등장하기 시작한다. 김일성의 항일무장투쟁은 정권의 이념과 정통성을 보장받는 국가이야기로 만들어지는 것이다.

와다 하루키에 따르면, 김일성의 신화화 단계는 해방 직후부터 전개되지만 이미 1950년의 시점에 이르면 해방 직후부터 1945년 12월에 이르는 출판물을 찾아보기 어렵다. 김일성의 전기물(傳記物)은 1946년 북조선예술총연맹에서 발행한 『김일성장군 찬양특집 우리의 태양』에 수록된 「김일성 장군의 약력」 정도에 불과하다. 이것이 김일성 신화화의 제1기이다. 또한 '조선인민혁명군의 신화'가 확정된 것이 1952년 「김일성장군 약전」이 나올 즈음이며, 조선노동당 제4차 대회에서 항일빨치산 계열의 소위 '만주파'가 당과 정을 전면적으로 장악하는 1961년을 전후하여 신화화의 제2기가 시작된다.[19] 박달의 장편 『서광』을 필두로 해서 임춘추의 『청년 전위』(1, 2부, 1962)가 간행되고, 최현을 비롯한 항일투쟁 참가자들의 회상집인 『항일빨치산 참가자들의 회상기』(전12권, 1959~1969), 백봉(白峯)의 이름으로 집체창작된 『민족의 태양 김일성 장군』(전3권, 1968) 등이 속속 간행된다. 와다 하루키에 의하면 1966년 김일성은 처음으로 자신의 항일무장투쟁의 경력에 관해서 체계적으로 증언했다. 그의 증언은 향후 출간되는 그의 전기의 기초자료가 되면서 신화화 제3기를 열어놓았고 이후에 발간되는 김일성 전기의 뼈대를 이룬다. 또한 김일성 신화화의 제4기는 전기영화 「조선의 별」 1, 2부가 만들어지는 1980년부터 지금까지 이어지고 있다.[20]

와다 하루키의 견해를 좀더 확대시켜 보면, 1967년부터 김정일의 주도로 4·15창작단에 의해 집체 창작되는 이른바 '불멸의 역사총서'는 신화화 작업의 제4기에 해당한다. 1970년대 초반에 이르기까지 김일성 및 항일무장투쟁의 이야기는 체제 정통성을 과시하는 공공의 기억으로서 '역사적 사건', '건국 이야기'로 신성화되는 경로를 밟아 왔다. '불멸의 역사총서'는 김일성의 일대기를 단계별로 집체창작하여 국가주의의 신화로 구현시킨 첫 번째의 국가 주도 사업이었다.[21]

1978년 평양 문예출판사에서 간행된 『조선단편집(1)』에는 김일성의 만주 항일운동의 활동상과 그의 지도자상, 현지지도의 일화를 소재로 한 작품이 수록되어 있다. 여기에는 최학수의 「해빛 밝은 나라」[22] 외에 1967년에 창작된 것만 해도 모두 다섯 편이 실려 있다. 리영규의 「크나큰 사랑」·권정웅의 「력사의 자취」·변희근의 「철의 역사」·고병삼의 「맑은 아침」·최학수의 「큰 심장」 등이 바로 그것이다. 선집임을 감안하더라도 한 해 동안에 창작된 다섯 편의 작품은 다른 시기에 산출된 작품 수에 비해 훨씬 많은 편이다.[23] 이 것은 1950년대 후반부터 시작된 김일성체제의 등장과 1960년대 중반의 체제 확립, 1966년 그의 체계적인 증언이 문학에 직접적으로 영향을 미친 결과라고 할 수 있다.

북한소설에서 항일무장투쟁은 '반제국주의, 반식민투쟁'을 실천한 유일한 주체이며 그 정점에 김일성이 자리한다. 이러한 정치적 표상은 국가사회주의의 성립을 항일무장 투쟁을 통해서 쟁취한 것이라는 체제이념을 생산하는 헤게모니의 근원으로, 근대국민국가의 정통성을 활용되는 근간이 된다. 김일성의 신화화는 이미 한설야의 「혈로」(1946)와 「개선」(1948)에서도 발견되지만, 만주 항일빨치산파가 권력을 점유하는 1956년 8월 종파사건 이후부터 김일성의 항일무장 투쟁은 국가이야기의 신화적 지위로 격상되기 시작한다.[24]

항일빨치산 이야기에서 가장 중요한 부분은 김일성에 관한 형상화이다. 한설야의 「혈로」는 고난 속에서도 여유있고 지략에 능한 민족지도자로 형상화하고 있다. 작품에서 그의 활약상은 "혁명군을 낳은 인민 역시 혁명군과 함께 싸웠다"[25]는 말 속에 집약된다. 여기에는 일본군의 추격 속에서도 빨치산들을 틈틈이 야영시키고, 그 자신은 보초들과 고락을 나누거나 아니면 낚시를 하며 전술을 구상하는, 민족의 대표자, 지략과 인간애로 가득한 장군으로 그려진다. 일제토벌대의 추격을 피해 하루에 60리나 행군하는 사이 치른 전투만도 자그만치 일곱 번이나 치른 상황에서도 여유만만하게 낚시를 드리우고 다음 전술을 구상하는 낙천적이며 여유로운 지략가, 일본군이 불지른 마을에서 아이들을 구해낸 뒤 남은 아이들에게 일본에 대한 복수심을 잃지 않고 살아가도록 권면한다. 여기에는 인간미로 충만한 국가아버지라는 이미지가 부각되어 있다. 또한 「개선」은 해방 직후 귀국한 그가 밤낮없이 국가 건설을 위해 동분서주하다가 뒤늦게서야 군중대회에서 잠시 숙모와 숙부를 상봉하는 장면을 통해서 가족애를 넘어 민족의 유일한 희망이자 인간미를 지닌 국가지도자의 품격을 묘사하고 있다.

한설야의 「혈로」와 「개선」에서 드러나는 김일성 신화화는 추격하는 일본군을 유인하여 패퇴시키는 변화무쌍한 그의 전법을 구사하는 지도자, 난관에서도 좌절하지 않는 인간미 넘치는 혁명가, 불철주야 건국준비에 헌신하는 민족 지도자, 덕성을 구비한 정치 지도자 등의 표상으로 구축된다. 「혈로」와 「개선」에서 발견되는 김일성 이미지는 따뜻한 인간애를 가진 덕성 많은 지도자, 동족과 고향산천에 대한 조국애로 가득 찬 백전불굴의 항전 경험을 가진 전략가, 민족의 유일한 절대적 지도자로서 그려지고 있다.

1960년대 후반 북한소설에서 김일성의 인간적 풍모가 강조된 사례로는 권정웅의 「력사의 자취」(1967)를 꼽을 수 있다. 그는 관동군의 추격에도 아랑곳없이 빨치산 대원들의 안위를 걱정하며 숙영을 명령하고, 일본군의 토벌작전 때문에 천애고아가 된 남매를 보듬는 자상한 아버지로서 김일성의 이미지는 빨치산 분대장의 시선에서 인민들의 고난스러운 삶을 헤쳐 나가는 태양과도 같은 존재로 그려진다. 그는 관동군의 만행으로 부모를 잃은 어린 남매들에게 다음과 같이 타이른다.

> "철들기도 전에 그토록 억울하고 통분하게 흘린 그 눈물의 대가는 응당 웃음과 행복으로 보상되어야 한다. 제 나라 제 땅에서 너희들은 떳떳한 주인이 되어야 한다…너희들은 이제 커서 아버지, 어머니의 원쑤를 갚아야 한다. 총을 메고 싸우고 나라도 지키고…"[26]

아이들에게 민족의식을 고취시키는 김일성의 가르침은 어린 시절의 고초를 웃음과 행복으로 보상하겠다는, 그리하여 나라 잃은 설움을 딛고 미래 떳떳한 주인이 되도록 만들겠다는 국가라는 대가족의 아버지와 같은 풍모를 유감없이 보여준다. 그러니까 여기에는 강고한 일본 제국주의와의 대결에만 몰두하는 전략가가 아니라 나라 잃은 온갖 설움을 위무하며 미래세대에게 풍요

로운 삶을 살아갈 수 있도록 만들어주는 유일한 지도자로 그려지고 있는 것
이다. 역사의 비극적인 의미를 조목조목 아이들에게 가르치는 면모는 나라와
부모를 잃은 세대들을 보살피는 '민족의 아버지'라는 이미지라고 말할 수 있
다. 이것은 김일성 이미지의 정치적 상징조작을 통해서 그의 항일무장투쟁을
국가이야기로 격상시키는 과정에서 형상화시킨 공공의 기억이자 또하나의 신
화이다.

김일성 이미지의 정치적 상징이 신화적 지위로 격상되는 것은 식민지배의
역사를 기억하는 과정에 국한되지 않고 해방 이후 등장한 북한 정권의 대표
자로서도 절대적인 카리스마를 발휘한다고 표현하고 있는 점에서도 잘 확인
된다. 민족이 처한 식민지 현실에서 분연히 일어선 항일혁명의 지도자로서의
면모는 「역사의 자취」뿐만 아니라 그를 소재로 한 북한소설 대부분에서 비범
성과 도덕성, 인간미에 바탕을 둔 국가아버지로서의 정치적 신뢰와 결부되면
서 더욱 확장된다. 김일성에 대한 정치적 상징조작은 정권 초기인 1950년 이
전까지만 해도 세계체제 내에서 남한 정권의 정치권력에 대한 절대적인 우위
를 가진 지도자로 부각시키는 단선적인 방식에 지나지 않았다. 앞서 언급한
한설야 소설의 예가 시사하듯 전쟁 이전까지 김일성의 정치적 이미지는 일제
와 싸워 이긴 능란한 전술가, 동족애와 풍부한 인간미를 지닌 민족 지도자라
는 점에 초점이 맞추어져 있었다. 예컨대, 황건의 「불타는 섬」(1952)과 같은
50년대 북한소설에서는 미국이라는 제국주의와 맞선 전략가로 등장한다. 이
때 김일성의 이미지는 국가를 지키는 '최고사령관'으로 나타난다.

> "지금 이 시각에도 최고사령관 동지께서는 불타는 이 월미도를 지켜보
> 고 계시겠지요?" 하고 조용히 뇌였다./ 대훈이 역시 숭엄한 생각에 잠긴
> 듯 정희가 바라보는 북쪽하늘을 경건한 마음으로 우러르며 다심한 목소
> 리로 말했다./ "지켜보고 계실 겁니다. 위대한 수령 김일성 장군님께서는
> 지도앞에서 월미도를 꼭 보시구 계실 겁니다… 원쑤들이 더러운 발을 들

여놓은 조국땅 어디에나 자신의 사랑하는 아들딸들이, 그중에도 미더운
당원들이 총칼을 들고 서있는 모습을 모든 정을 기울여 지켜보고 계실 겁
니다."/ 이것은 얼마나 귀중한 일인가… 위대한 수령님께서 마련해주신
조국은 말로는 다 표현할 수 없는 얼마나 큰 것인가… 정희는 이런 생각
을 하며 더 입을 열지 못했다.[27]

미군의 인천상륙을 저지하기 위해 해안 포중대원들이 사수를 결의하는 장
면에서 김일성의 이미지는 지도 앞에서 월미도를 지켜보는 대가족 본영의 국
가아버지의 모습이다. 통신원으로 참전한 정희가 포중대원들의 사수의지를
통해서 감화받는 것은 김일성 이러한 이미지이다. 이 이미지를 수락함으로써
그녀는 국가의 사랑하는 딸이자 총칼 들고 조국을 지키는 전사라는 명예로운
지위를 획득하게 된다.

북한사회는 1956년 8월 종파사건 이후 '제한적 집단지도 체제'에서 '김일성
유일체제'로 급속히 이행해 갔다. 이러한 정치적 계기 때문에 '문학 속 김일성
의 이미지'는 빠르게 절대화되는 양상을 보이게 된다. 전후 북한소설에서 김
일성의 정치적 이미지는 제국주의와 대결하는 영도자, 일제에서 해방시킨 지
도자, '국토 완정(完整)'을 위해 불철주야 헌신하는 '장군'으로 묘사된다.

1950년대 후반부터 김일성의 이미지는 유일한 절대적 지도자로서의 지위
를 확보한다. 김일성의 호칭 변화는 1948년 인민민주주의를 표방하는 사회주
의 정권이 수립되는 시기에는 대외적으로 민족지도자로 선포되었다. 그러나
그는 6·25 당시에는 제국주의에 맞서 싸운 '영용한 장군'으로 부각되기 시작
했으며, 1956년부터는 집단체제의 대표자를 지칭하다가 1960년대 후반 유일
체제로 이행하면서부터 '수령님', '원수님'으로 고착화되는 양상을 보인다. 이
러한 이미지와 호칭의 변화는 권력 점유의 과정에 따라 매우 민감하고 다양
한 편차를 보이지만 1960년대 후반부터는 북한소설에서 명실상부한 국가수
반, 국가의 아버지로 통용되는 것을 발견할 수 있다. 김일성 이미지의 정치적

상징 조작은 푸코의 논리로 말한다면, '개인에 관한 권력의 테크놀로지'가 북한사회 구성원들의 신체에 기입되는 특수한 사례이다. 여기에서 두드러지는 것은 김일성의 덕성을 강조하는 소설의 형상화 방식이다. 리영규의 「크나큰 사랑」(1967)은 이러한 특징을 잘 보여주는 사례의 하나이다.

「크나큰 사랑」은 김일성의 전담주치의가 서술자로 등장한다. 작품에서 형상화된 김일성의 이미지는 불철주야를 가리지 않고 국가의 업무를 헌신적으로 관장하는 지도자이다. 그는 몇 번이나 거듭된 주치의의 휴식 권고를 겨우 받아들여 휴양지에 내려간다. 하지만 그는 휴양지에서조차 현지지도에 몰두한다. 이를 옆에서 지켜보던 주치의는 김일성의 휴양 결정과 휴양지 선택조차 산간지역의 경제부흥을 위해 현지 점검의 연장선에서 내린 지도자로서의 결정이라는 사실에 크게 감화받는다. 이러한 설정은 김일성을 개인적 삶을 희생시켜 국가 발전에 헌신하는 도덕적 지도자의 전형 하나임을 드러내는 데 있다.

가족애를 넘어 지도자로서 헌신하는 모습을 형상화한 한설야의 「개선」을 떠올려 보면, 김일성의 형상화 방식은 시간과 공간을 달리하여 반복되는 국가아버지의 이미지의 변주임을 말해준다. 국가에 헌신하는 지도자의 모습을 강조함으로써 서술자는 그의 도덕적 품성을 자애롭고 정력적인 국가의 아버지, 영도자의 이미지라고 단언하며 감격하기 때문이다. 이는 '수령형상'의 문학적 방향이 지도자의 덕성인 "덕과의 합치 honestum"[28]에 복종 감화시키는 통치술을 정당화하는 각별한 근거에 따른 것임을 말해준다. 휴가지에서조차 현지지도에 매진하는 김일성의 모습에 감화된 주치의가 그에게 보내는 절대적 신뢰야말로 인민들이 경외해야 할 수령의 형상에 해당하며, "전 조선 3천만의 태양이요, 어버이요, 스승"[29]이라는 고백으로 이어지는 충성의 맹약으로 이어진다.

「크나큰 사랑」에서 보게 되는 김일성의 정치적 이미지는 그의 내면에 충일한 국가와 민족에 관한 자기헌신과 수범으로서의 도덕적 합일을 잘 보여준다. 그 이미지는 막스 베버가 정당한 지배방식에 관한 세 가지의 순수 유형으로 내세운 합리적 성격, 전통적 성격, 카리스마적인 지배 중에서, "어느 개인의 신성함이나 영웅적인 힘 또는 모범성에 대한 일상외적 헌신과, 이러한 개인에 의해 계시되거나 창조된 질서에 근거"[30]한 '카리스마적 지배'에 해당한다. 그의 정치적 이미지는 창조적 개인의 능력과 모범적인 일상을 통해서 주변 관찰자들의 감격을 거쳐 사회적 인준을 절대화하는 미적 도식을 가지고 있다. 북한소설에서 선전교화가 목적으로 삼는 것은 사회주의적 인간상의 내면화이다.

지도자의 정치적 이미지의 창안은 1960년대 후반 북한소설에서 김일성의 영도를 받은 항일빨치산들의 연전연승의 불패 신화가 내면화하여 국토 완정을 수행하는 6·25의 전사들에게 전이되고, 이들의 수범이 다시 1960년대 천리마운동을 수행하는 당원과 산업분야의 종사자, 청년세대들에게 이어진다. 이들 천리마 세대의 사회 전위(前衛)의 역할은 김일성의 현지지도와 창안을 집단주체에 투사시키는 국가사회주의 첨병으로서의 임무를 충실하게 수행하는 데 있다. 이것은 지도자와 인민의 결속을 강화하는 것이기도 하지만, 다른 한편으로 자애로운 아버지(어버이 수령)와 자식(아들, 딸)이라는 전근대적 가족관계로 재편되는 양상을 보여준다. 매우 역설적이라고 말해야 할 만큼, 이러한 국가의 가족주의는 북한사회 구성원들을 '국가아버지/국가의 자녀'의 관계로 재구성하면서 근대 기획 안에 폐쇄적이고 절대적인 위계에 입각한 전근대적인 요소를 다시 불러들이는 결과를 낳는다. 여기에서 개인들은 언제나 김일성을 유일한 가치이자 도덕적 전범으로 수용하는 수동적이고 계몽적인 대상으로 전락하고 만다.

4. 맺음말

천리마운동 시기의 북한소설은 산업분야와 당조직, 일상분야에서 시대를 선도할 만한 대중적인 영웅상을 부각시키는 데 주력했다. 여기에는 사회주의 낙원 건설의 속도전으로 요약되는 체제의 독려와 함께 생겨난 사회적 활력, 사회구성원들의 자신감을 쉽게 발견할 수 있다. 청년 산업전사와 당원, 견습공·담수양어의 실험가·벌목공·광물학자·의사와 간호사·대학생에 이르기까지, 사회의 다양한 계층에 포진한 대중영웅의 인간상에는 생산목표의 초과달성을 위한 사회적 합의와 헌신적인 노력이 그려져 있다. 대중적 영웅들인 청년 전위들은 자신들에게 부과된 선도적 역할이 궁극적으로는 '낙원과도 같은' 미래를 앞당길 것이라는 점을 의심하지 않는 국가이데올로기의 체현자들이다. 바로 이러한 점에서 천리마시대 북한소설의 역할은 당대 북한사회의 활력을 반영하며 적극적으로 체제를 옹호하는 '상상된 공동체'를 창출하는 데 충실했다.

1960년대 북한소설에서 김일성의 형상화는 그의 항일빨치산 무장투쟁을 국가의 공공 기억으로 채택하면서 반봉건·반식민·반제국주의의 정점에 놓인 대표자의 이미지로 구축하는 길을 열어놓았다. 김일성의 상징 조작은 북한의 근대국가 수립과정에서 그를 정통성의 정점에 올려놓으며 유일체제를 공고하게 만드는 정치적 차원과 결부되어 있다. 그러나 김일성을 정점으로 한 국가 이야기의 신화화는 정치권력의 절대화와 함께 사회주의적 근대 기획의 정당성을 부여하는 헤게모니의 기반을 형성한다. 그러나 김일성의 정치적 상징조작은 권력의 지배에서 감성적 통합을 위한 방식으로 전근대적 가족주의의 관점에 바탕을 둔 국가라는 대가족의 아버지, 곧 국가의 아버지라는 전근대적인 가치를 끌어들이는 특징을 보여준다.

그러나 1960년대 천리마운동을 다룬 작품에서 제시된 청년세대와 대중영

웅들은 빨치산의 후예로서 사회주의 낙원을 앞당기는 주역으로 전파되는 수
범적 인간상이며, 이러한 인간상을 통해 사회동원체제에 합당한 국가주의적
개인을 창출했다고 할 수 있다. 또한, 김일성과 관련한 항일무장투쟁의 신성
화는 국가사회주의의 성립에 관한 절대적인 국가이야기로 신화화로 이어지면
서 사회 성원들의 행동준칙과 사회적 기율의 가장 정점에 놓인 절대화된 전통
으로 자리 잡는다. 이 과정에서 김일성의 절대화는 사회구성원들을 계몽의
모범이자 신적 개인에 복속된 존재로 배치한다. 문학은 수많은 영웅적 개인들
의 서사와 김일성의 항일무장투쟁 서사를 결합시켜 전파하는 수단으로서 수
령을 정점으로 한 동원체제의 등장을 알리며 사회 성원을 교화해 나갔다. 그
결과 북한사회는 근대의 자율적 주체를 만들어낸 것이 아니라 사회주의 대가
정의 일원으로 창출하면서 봉건적인 질서를 새롭게 구축했다. 이는 북한사회
에 통용된 대가정의 준칙이 만들어낸 혈연적 공동체의 감각을 관철시키면서
생겨난 또 하나의 역설이었다.

■■■ 주석 ■■■

1 김성보·기광서·이신철 공저, 『사진과 그림으로 보는 북한현대사』, 웅진지식하우스, 2004, 118~154쪽 참조.
2 김성보·기광서·이신철 공저, 위의 책, 145~146쪽.
3 김성보·기광서·이신철 공저, 위의 책, 145쪽.
4 천세봉, 「천리마 시대와 소설 문학」, 『문학신문』 1961년 3월 21일자.
5 천세봉, 위와 같음.
6 박종원·류만 공저, 『조선문학개관 (하)』, 온누리, 1988, 196쪽.
7 『김일성저작집』 14권, 445쪽 ; 박종원·류만, 위의 책, 197쪽에서 재인용.
8 논의될 텍스트는 『조선단편집』 1권~3권, 평양: 문예출판사, 1978이다.
9 같은 책, 2쪽.
10 인용된 텍스트는 『조선단편집 (2)』, 평양: 문예출판사, 1978이다. 이하 본문인용은 쪽수만 기재함.
11 천세봉, 「천리마 시대와 소설 문학」, 『문학신문』 1961년 3월 21일자.
12 천세봉, 위와 같음.
13 이 군사적 레토릭은 문화와 선전, 교육이 하나로 융합된 동구의 사회주의 신생국가가 가진 일반적인 경향이기도 하다. 찰스 암스트롱 저, 김연철·이정우 공역, 『북조선 탄생』, 서해문집, 2006, 270쪽.
14 성실하며 기사로서의 재능을 갖춘 박칠성은 소대장과 죽은 춘보아바이를 떠올린다. 그가 떠올리는 죽은 전우의 목소리는 "우리가 다 살지 못한 생"과 "사랑하는 이 조국땅의 미래를 두고 우리가 얼마나 아름다운 생각"과 "많은 꿈과 설계도"(537쪽)이다. 그들은 칠성에게 "너와 많은 후대들이 부디 잊지말고 우리의 생각과 꿈이 이 땅에서 꽃으로 피게 하여다오"(537쪽) 하며 당부한다. 그 당부는 앞 세대가 청년세대에게 계승되어야 하는 유훈으로 포장된 국가이데올로기이다. 동료 전사들의 유훈(遺訓)은 전쟁의 이데올로기를 신화화하는 한편, 사회주의 건설의 당위성을 한껏 부각시킨다.
15 인용된 텍스트는 『조선단편집 (3)』, 평양: 문예출판사, 1978이다. 이하 본문 인용은 쪽수만 기재함.
16 인용된 텍스트는 『조선단편집 (2)』, 평양: 문예출판사, 1978이다. 이하 본문 인용은 쪽수만 기재함.
17 마르크스의 인간성 문제는 인간적인 것과 그 존재방식에 대한 헤겔의 인간학을 "시민적이며 프롤레타리아적 계급 인간이며, 정신적인 동시에 육체적인 노동인간"으로서 시민사회의 인간과 대응되는 "개인적 도덕을 가진 인간"과 "사회적 도덕을 가진 사회적 공민"으로 나눌 수 있다. 칼 뢰비트 저, 강학철 역, 『헤겔에서 니체에로 : 19세기사상의 혁명적 결렬—마르크스와 키아케고어』, 민음사, 1985, 362쪽.
18 박종원·류만 공저, 『조선문학개관 (하)』, 온누리, 1988, 235쪽.

19 와다 하루키(和田春樹) 저, 이종석 역, 『김일성과 만주항일전쟁』, 창작과비평사, 1992의 「서 : 자료와 연구에 대하여」 참조(같은 책, 16~23쪽).

20 와다 하루키, 위의 글, 17쪽.

21 불멸의 역사총서에 관해서는 신형기, 「불멸의 역사」, 『북한소설의 이해』, 실천문학사, 1999 참조.

22 이 작품의 창작연도는 불명이나 1963년 9월 낙성된 학생소년궁전의 건축과 관련한 김일 성의 지대한 관심을 소재로 삼았다는 점에서 학생소년궁전이 낙성되는 1963년 이후의 것 으로 보인다.

23 이 선집에는 모두 김일성의 일화를 중심으로 한 작품들만 실려 있다. 1967년작이 5편, 1968년작이 3편, 1969년작이 2편, 1972년작이 1편, 1975년작이 4편, 1976년작이 4편, 1977년작이 1편이다.

24 와다 하루키는 주체사상과 혁명적 전통이 국가이데올로기가 된 결정적인 계기를 1967년 5월 개최된 당중앙위원회 제4기 15차전원회의와 1970년 11월의 제5차당대회라고 지적하 고 있다. 그에 따르면 1967년 이후 김일성 유일체제의 등장을 가리켜 '유격대 국가의 성 립'이라고 표현한다(와다 하루키(和田春樹) 저, 이종석 역, 『김일성과 만주항일전쟁』, 창 작과비평사, 1992, 315쪽).

25 한설야, 「혈로」, 『한설야선집』, 평양: 조선작가동맹출판사, 1960, 13쪽.

26 권정웅, 「력사의 자취」, 『조선단편집 (1)』, 평양: 문예출판사, 1978, 51쪽.

27 황건, 「불타는 섬」, 『조선단편집 (2)』, 182쪽.

28 미셸 푸코, 「개인에 관한 정치의 테크놀로지」, 미셸 푸코 외, 이희원 역, 『자기의 테크놀 로지』, 동문선, 1998, 251쪽.

29 한설야, 「개선」, 『한설야선집』, 평양: 조선작가동맹출판사, 1960, 122쪽.

30 막스 베버 저, 박성환 역, 『경제와 사회 Ⅰ』, 문학과지성사, 1997, 413쪽.

참고문헌

I. 자료

1. 신문

『결정』, 『경남도민일보』, 『경향신문』, 『내일신문』, 『뉴시스』, 『대학신문』, 『동아일보』, 『문학신문』, 『서울신문』, 『선데이서울』, 『신아일보』, 『조선일보』, 『중앙일보』, 『평택시민신문』, 『한국일보』

2. 잡지

『국제영화』, 『문화전선』, 『사상』, 『사상계』, 『새마을』, 『신영화』, 『신태양』, 『여원』, 『영화세계』, 『영화잡지』, 『자유공론』, 『재건통신』, 『정경연구』, 『조선문학』, 『朝蘇文化』, 『조소문화』, 『조쏘친선』, 『학원』

3. 단행본

김일성, 『김일성 저작집』 제1권~3권, 제9권~10권, 제12권, 제14~15권, 평양: 조선로동당출판사, 1980~1981.

국가계획위원회 중앙통계국 편, 『1946~1960 조선민주주의인민공화국 인민 경제 발전 통계집』, 평양: 국립출판사, 1961.

문화체육부, 『북한의 문화예술행정제도 연구(문헌자료편)』, 문화체육부, 1995.

김일성, 『천리마운동과 사회주의건설의 대고조에 대하여』, 평양: 조선로동당출판사, 1970.

조선 녀성사 편, 『전국 어머니 대회 문헌집』, 평양: 조선 녀성사, 1962.

직업동맹출판사 편, 『천리마작업반운동』, 평양: 직업동맹출판사, 1960.

김정일, 『김정일선집』 제1권, 평양: 조선로동당출판사, 1992.

당력사연구소, 『조선로동력사』, 평양: 조선로동당출판사, 2006.

대통령 비서실, 『박정희장군 담화문집: 1961.7~1963.12』, 1965.

대한출판문화협회, 『대한출판문화협회50년사』, 대한출판문화협회, 1998.

리기영, 『공산주의 태양은 빛난다』, 평양: 조쏘출판사, 1954.

문화공보부, 『문화공보30년』, 문화공보부, 1979.

문화관광부 저작권위원회, 『한국저작권50년사』, 문화관광부, 2007.

문화체육부, 『북한의 문화예술행정제도 연구(문헌자료편)』, 문화체육부, 1995.

박완서, 『엄마의 말뚝 2』, 맑은 소리, 2010.

박정희, 『국가와 혁명과 나』, 향문사, 1963.

박정희, 『한국 국민에게 고함』, 동서문화사, 2005.

박종원 · 류만 공저, 『조선문학개관(하)』, 온누리, 1988 영인.

백남운, 『쏘련인상』, 선인, 2005(영인).

병무청, 『병무행정사(상)』, 병무청, 1985.

손창섭, 『잉여인간 외』, 두산잡지BU, 1995.

손창섭, 『비오는 날』, 문학과 지성사, 2005.

심경국, 『한국농촌의 실정』, 사단법인 한국개척단, 1956.

안호상 편, 『일민주의의 본바탕』, 일민주의연구원, 1950.

오상원, 『갯마을/유예 외』, 두산잡지BU, 1995.

이근삼 · 서연호 편, 『오영진 전집』 4 · 5, 범한서적, 1989.

이승만, 『일민주의 개술』, 일민주의보급회, 1949.

이승만, 『독립정신』, 국학자료원, 1999(영인).

장용학, 『요한 시집 외』, 책세상, 2002.

전라북도, 『전북여성발전 50년』, 전라북도여성정책관실, 2000.

주요한, 『부흥논의』, 대성문화총서, 1963.

직업동맹출판사, 『천리마기수독본』, 평양: 직업동맹출판사, 1963.

진실 · 화해를위한과거사정리위원회, 『2009년 하반기 조사보고서 7』, 2010.

최병협, 『농촌을 살리는 길』, 생활과학연구소, 1955.

최인훈, 『광장/구운몽』, 문학과 지성사, 1996.

최인훈, 『회색인』, 문학과 지성사, 2008.

하근찬, 『수난이대』, 하서, 2008.

한국간행물윤리위원회, 『간행물윤리30년』, 한국간행물윤리위원회, 2000.

한국방송공사, 『한국방송70년사』, 한국방송공사, 1997.

한국신문윤리위원회, 『각국신문윤리강령집』, 한국신문윤리위원회, 1963.

한국신문윤리위원회, 『한국신문윤리30년』, 한국신문윤리위원회, 1994.

한국아세아반공연맹, 『제8차 아세아민족반공대회 경과보고서』, 한국아세아반
　　공연맹, 1962.

한국역사연구회 한국전쟁특별연구반 편역, 『소련외무성문서』

한국영상자료원, 『신문기사로 본 한국영화─1945~1957』, 공간과사람들, 2004.

한국영상자료원, 『신문기사로 본 한국영화─1958~1961』, 공간과사람들, 2005.

한국잡지협회, 『잡지예찬』, 한국잡지협회, 1996.

한설야, 『한설야선집』, 평양: 조선작가동맹출판사, 1960.

문예출판사 편, 『조선단편집』 1권~3권 , 평양: 문예출판사, 1978.

4. 증언채록

김□□, 2002년 4월 10일 신촌 독수리다방, 면담자 : 정진아.

우홍식, 2009년 6월 26일 자택, 면담자 : 김영미(국사편찬위원회 2009년 구술
　　사료 수집).

이충웅, 2009년 7월 13일, 면담자 : 김영미(국사편찬위원회 2009년 구술사료
　　수집).

5. 영상자료

국가기록영상관 소장, 『대한뉴스』 제1100호, 1976년 9월 21일자.

II. 연구논저

1. 저서

강덕서, 『새 인간 형성과 천리마 작업반 운동』, 평양: 조선로동당출판사, 1961.
강원룡, 『역사의 언덕에서 2』, 한길사, 2003.
강인철, 『전쟁과 종교』, 한신대학교 출판부, 2003.
강정구, 『좌절된 사회혁명 : 미 점령하의 남한·필리핀과 북한 비교연구』, 열음사, 1989.
강준만, 『대중매체 법과 윤리』, 인물과사상사, 2009.
강호제, 『북한과학기술형성사 Ⅰ』, 선인, 2007.
고승효 지음, 이태섭 옮김, 『현대북한경제입문』, 대동, 1993.
고 은, 『1950년대』, 청하, 1980.
고황경, 『한국농촌가족의 연구』, 서울대학교 출판부, 1963.
김경일, 『한국의 근대와 근대성』, 백산서당, 2003.
김경일 편, 『한국사회사상연구』, 나남, 2003.
김광섭, 『고백과 증언』, 정우사, 1988.
김광운, 『북한 정치사 연구 Ⅰ : 건당·건국·건군의 역사』, 선인, 2003.
김귀옥, 『이산가족 ―반공전사도 빨갱이도 아닌― 이산가족 문제를 보는 새로운 시각』, 역사비평사, 2004.
김귀옥 외, 『전쟁의 기억, 냉전의 구술』, 선인, 2008.
김근수, 『한국잡지사』, 청록출판사, 1980.
김기호, 『새마을수기―이제는 울지 않으련다』, 학문사, 2003.
김덕호·원용진, 『아메리카나제이션 : 해방 이후 한국에서의 미국화』, 푸른역사, 2008.
김동춘, 『근대의 그늘』, 당대, 2000.
김동춘, 『전쟁과 사회』, 돌베개, 2000.
김득중 외, 『죽엄으로써 나라를 지키자 : 1950년대, 반공·동원·감시의 시대』, 선인, 2007.
김병익, 『상황과 상상력』, 문학과지성사, 1979.
김병익·김주연 편, 『해방 40년―민족지성의 회고와 전망』, 문학과지성사, 1985.

김병철, 『한국현대번역문학사연구 (상)』, 을유문화사, 1998.

김삼웅, 『한국곡필사 1』, 신학문사, 1989.

김상웅 편, 『민족 민주 민중선언』, 일월서각, 1984.

김성보, 『남북한 경제구조의 기원과 전개 : 북한 농업체제의 형성을 중심으로』, 역사비평사, 2000.

김성보 · 기광서 · 이신철 공저, 『사진과 그림으로 보는 북한현대사 : 1945~』, 웅진지식하우스, 2004.

김소영 편저, 『트랜스 : 아시아 영상문화』, 현실문화연구, 2006.

김양선, 『한국 기독교 해방 10년사』, 대한예수교장로회 종교교육부, 1956.

김연철, 『북한의 산업화와 경제정책』, 역사비평사, 2001.

김영미, 『그들의 새마을운동』, 푸른역사, 2003.

김영희 외, 『민족과 국민, 정체성의 재구성』, 혜안, 2009.

김윤식, 『한국근대문학사상비판』, 일지사, 1978.

김윤식 · 김현, 『한국문학사』, 민음사, 1996.

김일영, 『건국과 부국』, 생각의 나무, 2004.

김재용, 『북한 문학의 역사적 이해』, 문학과지성사, 1994.

김지운, 『신문윤리위원회의 비교연구』, 성균관대학교 출판부, 1986.

김진환, 『북한위기론 : 신화와 냉소를 넘어』, 선인, 2010.

김흥수, 『한국전쟁과 기복신앙확산 연구』, 한국기독교역사연구소, 1999.

노영기 외, 『1960년대 한국의 근대화와 지식인』, 선인, 2004.

노치준, 『한국개신교의 사회학—한국 교회의 위기와 전망』, 한울아카데미, 1998.

리하르트 반 뒬멘, 최윤영 옮김, 『개인의 발견 Die Entdeckung Des Individuums 1500~1800』, 현실문화연구, 2005.

마이클 부라보이 저, 정범진 역, 『생산의 정치 : 자본주의와 사회주의의 공장체제』, 박종철출판사, 1999.

막스 베버 저, 박성환 역, 『경제와 사회 I』, 문학과지성사, 1997.

막스 베버 지음, 전성우 옮김, 『직업으로서의 학문 Wissenschaft als Beruf』, 나남출판, 2006.

박권상, 『자유언론의 명제』, 전예원, 1984.

박노자, 『나를 배반한 역사』, 인물과사상사, 2003.

박명규, 『국민·인민·시민』, 소화, 2009.

박순성·홍민 엮음, 『북한의 일상생활세계 : 외침과 속삭임』, 한울, 2010.

박찬승, 『한국 근대정치사상사 연구』, 역사비평사, 1992.

박찬승, 『민족·민족주의』, 소화, 2010.

박찬표, 『한국의 국가형성과 민주주의』, 고려대학교 출판부, 1997.

박태순·김동춘, 『1960년대 사회운동』, 까치, 1991.

막스 베버, 김덕영 역, 『프로테스탄트 윤리와 자본주의 정신』, 도서출판 길, 2010.

부산일보사 기획연구실 편, 『비화 임시수도 천일 (상)』, 부산일보사, 1983.

서동만, 『북조선 사회주의체제 성립사 1945~1961』, 선인, 2005.

서동만, 『북조선사회주의체제의 성립과정』, 선인, 2005.

서영채, 『사랑의 문법』, 민음사, 2004.

서영채, 『문학의 윤리』, 문학동네, 2005.

신기철, 『진실, 국가범죄를 말하다』, 도서출판 자리, 2010.

신주백·정근식, 『8.15의 기억과 동아시아적 지평』, 도서출판 선인, 2006.

신형기·오성호, 『북한문학사』, 평민사, 2000.

안드레이 S. 마코비츠 지음, 김진웅 옮김, 『미국이 미운 이유 Uncouth Nation : Why Europe Dislikes America』, 일리, 2008.

엄기형, 『신문윤리론』, 일지사, 1982.

역사문제연구소 편, 『1950년대 남북한의 선택과 굴절』, 역사비평사, 1998.

오영숙, 『1950년대, 한국영화와 문화담론』, 소명, 2007.

와다 하루키(和田春樹) 저, 이종석 역, 『김일성과 만주항일전쟁』, 창작과비평사, 1992.

위르겐 하버마스 지음, 이진우 옮김, 『현대성의 철학적 담론 The Philosophical Discourse of Modernity』, 문예출판사, 1994.

윤재근 외, 『북한의 문화정보 I』, 고려원, 1991.

윤택림, 『인류학자의 과거여행 : 한 빨갱이 마을의 역사를 찾아서』, 역사비평사, 2003.

이광규, 『한국의 가족과 친족』, 민음사, 1990.

이광규, 『한국가족의 구조분석』, 일지사, 1992.

이덕수, 『회극적 갈등양식과 셰익스피어 회극』, 영남대학교출판부, 2002.

이만갑, 『한국농촌사회연구』, 다락원, 1981.

이우영 외,『북한 도시주민의 사적영역 연구』, 한울, 2008.

이임하,『한국전쟁과 젠더 : 여성, 전쟁을 넘어 일어서다』, 서해문집, 2004.

이임하,『전쟁 미망인 한국 현대사의 침묵을 깨다―구술로 풀어쓴 한국전쟁과
　　　전후 사회』, 책과 함께, 2010.

이정희,『동유럽사』, 대한교과서주식회사, 2005.

이종구 외,『1950년대 한국 노동자의 생활세계』, 한울, 2010.

이중한 외,『우리출판100년』, 현암사, 2001.

이태섭,『김일성리더십 연구』, 들녘, 2001.

임지현,『이념의 속살』, 삼인, 2001.

임헌영,『한 중 일 3국의 8.15 기억』, 역사비평사, 2005.

장규식,『일제하 기독교 민족주의 연구』, 혜안, 2001.

전장석,『미국식 생활 양식과 남조선에 미친 그 후과』, 평양: 조선로동당출판
　　　사, 1965.

정진석,『한국현대언론사론』, 전예원, 1985.

조가경,『실존철학』, 박영사, 1961.

조상호,『한국언론과 출판저널리즘』, 나남출판, 1999.

조정아 외,『북한주민의 일상생활』, 통일연구원, 2008.

조희연,『동원된 근대화』, 후마니타스, 2010.

찰스 암스트롱 저, 김연철·이정우 공역,『북조선 탄생』, 서해문집, 2006.

천관우,『言官 史官』, 배영사, 1969.

최완규 외,『북한 '도시정치'의 발전과 체제변화』, 한울, 2007.

최재석,『한국가족제도사연구』, 일조각, 1986.

최재석,『한국인의 사회적 성격』, 현음사, 1994.

최창봉·강현두,『우리방송100년』, 현암사, 2001.

칼 뢰비트 저, 강학철 역,『헤겔에서 니체에로 : 19세기사상의 혁명적 결렬―
　　　마르크스와 키아케고어』, 민음사, 1985.

태혜숙,『다인종 다문화 시대의 미국문화읽기』, 이후, 2009.

표인주 외,『전쟁과 사람들 : 아래로부터의 한국전쟁 연구』, 한울 아카데미,
　　　2003.

피에르 부르디외 저, 최종철 역,『자본주의의 아비투스―알제리의 모순』, 동문
　　　선, 1995.

학술단체협의회 엮음, 『우리 학문 속의 미국』, 한울아카데미, 2003.
함충범 외, 『한국영화와 4·19』, 한국영상자료원, 2009.
허 은, 『미국의 헤게모니와 한국 민족주의 : 냉전시대(1945~1965) 문화적 경
　　　계의 구축과 균열의 동반』, 고려대학교 민족문화연구원, 2008.
A 토크빌 지음, 임효선 옮김, 『미국의 민주주의 Democracy in America』, 한
　　　길사, 2002.

Banfield, E.C., *The Moral Basis of a Backward Society*, New York: The
　　　Free Press, 1958.
Bourdieu, Pierre, *Distinction : A Social Critique of the Judgement of Taste*,
　　　Cambridge: Harvard University Press, 1984.
Bourdieu, Pierre, *Outline of Theory of Practice*, Trans. Richard Nice, Cambridge:
　　　Cambridge Press, 1977.
E. Valentine Daniel & John Chr. Knudsen edited, *Mistrusting Refugees*,
　　　University of California Press, 1995.
Fukuyama, Francis, *Trust : The Social Values and the Creation of Prosperity*,
　　　New York: Simon & Schuster, 1995.
Henderson, Gregory, *Korea : The Politics of the Vortex*, Cambridge: Harvard
　　　University Press, 1968.(그래고리 핸더슨, 박행웅 이종삼 역, 『소용돌
　　　이의 한국정치』, 한울, 2000)
Oliver, Robert, T, *Verdict in Korea*, State Collage, Pennsylvania: Bald Eagle
　　　Press, 1952.

2. 논문

강경화, 「해방기 우익 문단의 형성과정과 정치체제 관련성」, 『한국언어문화』
　　　제23집, 한국언어문화학회, 2003.
강상현, 「1960년대 한국 언론의 특성과 그 변화」, 한국정신문화연구원 편,
　　　『1960년대 사회변화연구』, 백산서당, 1999.
강창동, 「한국학력주의의 사회학적 연구」, 고려대학교 대학원 교육학 박사학
　　　위논문, 1993

기광서, 「8.15해방에서 소련군 참전 요인과 북한의 인식」, 『북한연구학회보』 제9권 제1호, 북한연구학회, 2005.

기광서, 「해방 후 소련의 대한반도정책과 스티코프의 활동」, 『중소연구』 제26권 제1호, 한양대학교 아태지역연구센터, 2002.

김 정, 「해방 직후 반공이데올로기의 형성과정」, 『역사연구』 제7호, 역사학연구소, 2000.

김건우, 「1960년대 담론 환경의 변화와 지식인 통제의 조건에 대하여」, 『대동문화연구』 제74집, 성균관대학교 대동문화연구원, 2011.

김기봉, 「북한에 대한 일상사연구의 가능성과 의미」, 박순성·홍민 엮음, 『북한의 일상생활세계 : 외침과 속삭임』, 한울, 2010.

김낙현, 「북한문학 형성기의 창작방법의 이념지향－趙基天 詩를 중심으로」, 『어문논집』 제47집, 중앙어문학회, 2011.

김남식, 「북한의 공산화과정과 계급노선」, 공산권연구실 편, 『북한공산화 과정 연구』, 고려대 아세아문제연구소, 1972.

김대환, 「6·25가 남긴 가치관의 변화 ; 한국전쟁의 역사적 재조명」, 『향군』 202호, 대한민국재향군인회, 1990.

김동춘, 「1950년대 한국 농촌에서의 가족과 국가－한국에서의 '근대'의 초상」, 역사문제연구소 편, 『1950년대 남북한의 선택과 굴절』, 역사비평사, 1998.

김문겸, 「일상생활과 여가」, 박재환 외, 『일상생활의 사회학적 이해』, 한울, 2009.

김성보, 「해방 초기 북한에서의 양곡유통정책과 농민」, 『동방학지』 77~79 합집호, 연세대학교 국학연구원, 1993.

김연철, 「1950년대 북한의 노동정책과 노동자」, 역사문제연구소 편, 『1950년대 남북한의 선택과 굴절』, 역사비평사, 1998.

김영희, 「반공주의와 일상생활」, 『분단체제 하 남북한의 사회변동과 민족통일의 전망』(연세대학교 국학연구원 학술회의자료집), 연세대학교 국학연구원, 2007.7.19~20.

김인수, 「1930년대 후반 조선주둔일본군의 대소련, 대조선 정보사상전」, 『한국문학연구』 제32집, 동국대학교 한국문학연구소, 2007.

김재용, 「북한 문학계의 '반종파 투쟁'과 카프 및 항일 혁명 문학」, 『역사비평』 계간 16호, 역사비평사, 1992.

김재웅, 「북한 건국사상총동원운동의 전개와 성격」, 『역사와 현실』 통권 56호, 한국역사연구회, 2005.

김진환, 「북한 정치·경제구조의 형성과 특징」, 강정구 외, 『시련과 발돋움의 남북현대사』, 선인, 2009.

김진환, 「북한 지배이데올로기의 형성과 내면화」, 강정구 외, 『시련과 발돋움의 남북현대사』, 선인, 2009.

김진환, 「북한현대사 : 자주와 자립을 향한 지난한 행로」, 강정구 외, 『시련과 발돋움의 남북현대사』, 선인, 2009.

김진환, 「조선노동당의 집단주의 생활문화 정착 시도」, 『북한연구학회보』 제14권 제2호, 북한연구학회, 2010.

나종석, 「1950년대 한국철학계에서의 실존주의-박종홍과 조가경을 중심으로」, 『사회와 철학』 제20호, 사회와 철학연구회, 2010.

나종석, 「고대 그리스 민주주의에 대한 헤겔의 비판과 근대 주체성의 원리」, 『헤겔연구』 제24호, 한국헤겔학회, 2008.

문지영, 「한국의 근대국가 형성과 자유주의 : 민주화의 기원과 전망에 대한 재고찰」, 『한국정치학회보』 제39집 1호, 한국정치학회, 2005.

미셸 푸코, 「개인에 관한 정치의 테크놀로지」, 미셸 푸코 외, 이희원 역, 『자기의 테크놀로지』, 동문선, 1998

박상천, 「'평화적 건설 시기'의 북한 정권 수립에서 문학의 역할」, 『한국언어문화』 제23집, 한국언어문화학회, 2003.

박영신, 「한국의 전통종교 윤리와 자본주의」, 한국사회사연구회, 『한국의 종교와 사회변동』, 문학과 지성사, 1987.

박용옥, 「6·25 전란이 가족제도에 미친 영향」, 성신여자대학교 현대사상연구소, 『6·25가 한국인, 한국사회에 미친 영향』, 성신여자대학교 출판부, 1986.

박재환, 「일상생활 사회학의 이론적 전통」, 박재환 외, 『일상생활의 사회학적 이해』, 한울, 2008.

박재환, 「일상생활의 사회학이란 무엇인가」, 박재환 외, 『일상생활의 사회학적 이해』, 한울, 2008.

박정선, 「해방기 문화운동과 르포르타주 문학」, 『어문학』 제106집, 한국어문학회, 2009.

박진도 · 한도현, 「새마을운동과 유신체제―박정희정권의 농촌새마을운동을 중심으로―」, 『역사비평』 통권 47호, 역사비평사, 1999.

방기중, 「백남운의 《쏘련印象》과 정부수립기 북한사연구」, 백남운, 『쏘련인상』, 선인, 2005 영인.

배경열, 「50년대 실존주의론」, 『한국문학이론과 비평』 제20집, 한국문학이론과 비평학회, 2003.

배수경, 「한국영화 검열제도의 변화」, 김동호 외, 『한국영화 정책사』, 나남출판, 2005.

서동만, 「1950년대 북한의 정치갈등과 이데올로기 상황」, 서동만저작집간행위원회 엮음, 『북조선 연구 : 서동만 저작집』, 창비, 2010.

신지연, 「서정의 딜레마―1950년대 북한 문단의 논의를 중심으로」, 『우리어문연구』 40집, 우리어문학회, 2011.

신형기, 「불멸의 역사」, 『북한소설의 이해』, 실천문학사, 1999.

신효숙, 「소련군정기 북한의 교육개혁」, 경남대학교 북한대학원, 『북한현대사1』, 한울아카데미, 2004.

안한상, 「해방직후의 문단조직 및 문학론 연구―「문건」과 「문동」의 좌우합작 노선을 중심으로」, 『선청어문』 제20집, 서울대학교 국어교육과, 1992.

양정심, 「한국전쟁기 제주지역사회의 변동」, 서중석 외, 『전장과 사람들―주한 유엔 민간 원조사령부 UNCACK 자료로 본 한국전쟁의 일상』, 선인, 2010.

열암기념사업회 편, 「철학개설」, 『박종홍전집 II』, 민음사, 1998.

오양열, 「남 · 북한 문화정책의 비교연구」, 성균관대학교 대학원 행정학 박사 학위논문, 1997.

원종찬, 「북한 아동문단 성립기의 '아동문화사 사건'」, 『동화와 번역』 제20집, 건국대학교 동화와 번역연구소, 2010.

유임하, 「천리마운동과 국가주의의 신화 : 1960년대 북한소설의 두 가지 양상」, 『동악어문논집』 제36집, 동악어문학회, 2000.

윤형숙, 「전쟁과 농촌사회 구조의 변화」, 표인주 외, 『전쟁과 사람들 : 아래로부터의 한국전쟁 연구』, 한울 아카데미, 2003.

이병수, 「분단시대의 철학」, 미발표 원고.

이봉범, 「1950년대 신문저널리즘과 문학」, 『반교어문학연구』 제29집, 반교어문학회, 2010.

이봉범, 「1960년대 검열체재와 민간검열기구」, 『대동문화연구』 75권, 성균관대학교 유교문화연구소, 2011.

이봉범, 「8·15해방~1950년대 문화기구와 문학; 문학관련 법제를 중심으로」, 『현대문학의 연구』 제44집, 한국문학연구학회, 2011.

이상록, 「경제제일주의의 사회적 구성과 '생산적 주체' 만들기」, 『역사문제연구』 제25호, 한국역사연구회, 2011.

이성호, 「한국전쟁과 지역주민의 대응 : 임실 지역주민의 전쟁경험을 중심으로」, 『구술로 읽는 삶』(2010년 한국구술사학회 하계학술대회 자료집), 한국구술사학회, 2010.

이용기, 「19세기 중반 20세기 중반 동계와 마을자치-전남 장흥군 용산면 어서리 사례를 중심으로」, 서울대학교 대학원 국사학 박사학위논문, 2007.

이평전, 「1950년대 소설의 '주체' 문제」, 『한국어문학연구』 제44집, 한국어문학회, 2005

이효제, 「서울시 가족의 사회학적 고찰」, 『한국문화연구원논총』 제1집, 이화여자대학교, 1959.

임경순, 「1960년대 검열과 문학, 문학제도의 재구조화」, 『대동문화연구』 제74집, 성균관대학교 대동문화연구원, 2011.

임경택, 「한국 권위주의체제의 동원과 통제에 대한 연구-새마을운동을 중심으로」, 고려대학교 대학원 정치외교학 박사학위논문, 1991.

장규식, 「20세기 전반 한국 사상계의 궤적과 민족주의 담론」, 『한국사연구』 제150호, 한국사연구회, 2010.

전상기, 「1960년대 주간지의 매체적 위상」, 『한국학논집』 제36집, 계명대학교 한국학연구소, 2008.

전영선, 「북한의 대외문화 교류와 문화외교 연구-해방 이후 북한 민주건설시기의 북-소 문화교류를 중심으로」, 『중소연구』 제35권 제1호, 한양대학교 아태지역연구센터, 2011

전영선·김지니, 「북한 공연예술단체의 대외공연 양상과 특성연구」, 『남북문화예술』 창간호, 남북문화예술학회, 2007.

전현수, 「「쉬띄꼬프 일기」가 말하는 북한정권의 성립과정」, 『역사비평』 통권 32호, 역사문제연구소, 1995.

정승모, 「가족과 친족」, 신용하 외, 『한국 사회사의 이해』, 문학과 지성사, 1995.

정진아, 「6 · 25전쟁후 이승만정권의 경제재건론」, 『한국근현대사연구』 제42집, 2007.

정현준, 「언론과 실정법」, 『언론과 법률』(매스콤관계세미나 제3집), 한국신문편집인협회, 1967.

조 은, 「전쟁과 분단의 일상화와 기억의 정치-월남가족과 월북가족 자녀들의 구술을 중심으로」, 『사회와 역사』 통권 77호, 한국사회사학회, 2008.

조준형, 「해방 후 1960년대 초까지 영화검열-수행주체, 법규, 작동방식」, 『탈식민 냉전국가의 형성과 검열』(성균관대학교 동아시아학술원 학술회의 자료집), 성균관대학교 동아시아학술원, 2011.2.

조혜정, 「가족윤리-공리적 가족집단주의와 도덕적 개인주의」, 『현대사회와 가족』, 아산사회복지사업재단, 1986.

주요한, 「1952년을 보내며(1952)」, 『주요한 문집 : 새벽 II』, 요한기념사업회, 1983.

주요한, 「와신상담(1953)」, 『주요한 문집 : 새벽 II』, 요한기념사업회, 1983.

주요한, 「정치 · 경제 재건의 기본문제(1954)」, 『주요한 문집 : 새벽 II』, 요한기념사업회, 1983.

증훈혜 · 장여홍 저, 박강배 역, 「적(異己) 쓰기-50년 백색 테러시기 비첩(匪諜)의 상징분석」, 『제노사이드 연구』 제2호, 한국제노사이드연구회, 2007.

찰스 암스트롱, 「북한 국가형성의 재조명 : 북한 문화의 형성, 1945~1950」 『현대북한연구』 제2권 제1호, 경남대학교 극동문제연구소, 1999.

찰스 암스트롱, 「북한 문화의 형성 : 1945~1950」, 경남대학교 북한대학원, 『북한현대사 1』, 한울아카데미, 2004.

최길성, 「6 · 25 동란과 한국사회의 변화」, 『비교민속학』 제16집, 비교민속학회, 2000.

한국산업사회학회 엮음, 「인간과 문화」, 한국사업사회학회 엮음, 『사회학(전면개정판)』, 한울, 2004.

함충범, 「종파분쟁기 북한영화 연구」, 『영화연구』 33호, 한국영화학회, 2007.

홍석률, 「1960년대 지성계의 동향」, 한국정신문화연구소, 『1960년대 사회변화연구 : 1963~1970』, 백산서당, 1999.

홍정완, 「전후 재건과 지식인층의 '도의' 담론」, 『역사문제연구』 제19호, 한국역사연구회, 2008.

후지이 다케시, 「제1공화국의 지배이데올로기-반공주의와 그 변용들」, 역사
　　문제연구소 편, 『역사비평』 통권 83호, 역사비평사, 2008.

George Meredith, "An Essay on Comedy", *Comedy : An Essay on Comedy
　　by George Meredith and Laughter by Henri Bergson*, Wylie Sypher
　　edited, Johns Hopkins University Press, 1980.

Lash, Scott, "Structure, Agency, and Practical Knowledge." *Contemporary
　　Sociology* Vol 21. No.2, March, 1992.

Liem, Ramssay, "History, Trauma, and Identity - The Legacy of the Korean
　　War for Korean Americans." *America Journal* 29:3, 2003~2004.